Dr. Norman Bethune

닥터 노먼 베쑨

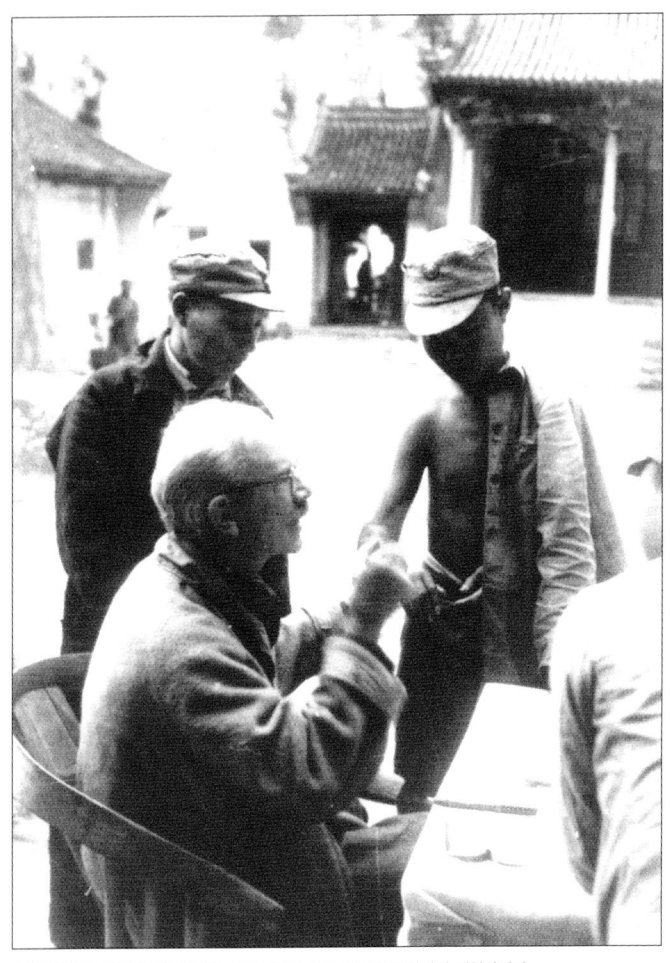

부상당한 팔로군 병사를 치료하고 있는 베쑨. 그는 전시의료 분야의 개척자였다.

베쑨은 앉아서 환자를 기다리기보다는 직접 전쟁터를 찾아다니면서 부상병을 치료했다.

베쑨은 문학과 예술에도 소양이 깊었다. 베쑨의 이 자화상은 1971년 중국 정부에 기증되었다.

베쑨은 파시즘을 병균으로 생각했다. 그는 파시즘에 대항해 싸우는 스페인 공화당원들을 돕기 위해 1936년 몬트리올을 떠났다

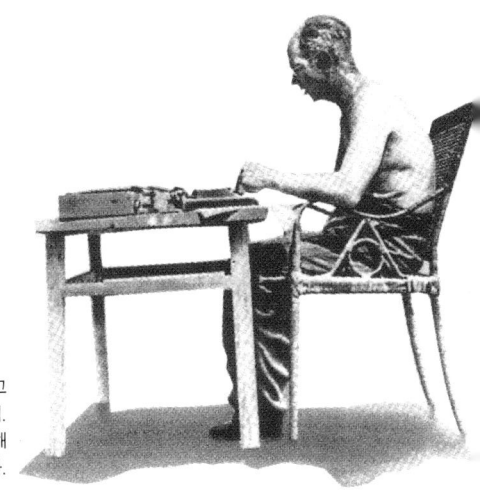

베쑨이 늘 곁에 두고 소중히 여긴 타이프라이터. 그는 이 타이프라이터를 이용해 게릴라전 의서를 저술하였다.

베쑨은 대중연설가로서도 뛰어난 자질을 발휘했으며, 홍군 병사들은 그를 깊이 존경하고 따랐다.

베쑨은 1939년 11월 13일 오전 5시 20분에 파란 많은 일생을 마쳤다.

중국 석가장 소재 화북군구 열사능원에 안치된 베쑨의 묘.

캐나다와 중국에서 동시에 발행된 베쑨 기념우표.

캐나다 트뤼도 수상이 1973년 중국 방문시 모택동 주석에게 증정한 기념메달.

중국 장춘의 베쑨의과대학.

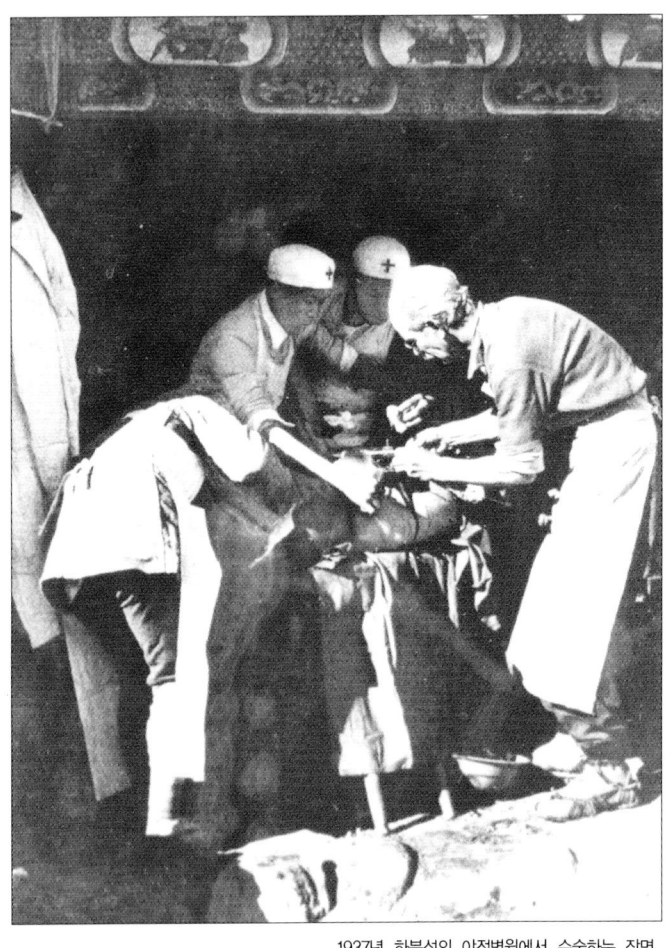

1937년 하북성의 야전병원에서 수술하는 장면.
이 사진은 베쑨 기념우표의 배경으로 사용되었다.

닥터 노먼 베쑨

테드 알렌, 시드니 고든 지음 / 천희상 옮김

The Scalpel, The Sword:
The Story of Doctor Norman Bethune by Ted Allan
First published in English by Dandurn Press Limited, Canada
Text ⓒ Ted Allan, 2009
All rights are reserved

Korean Copyright ⓒ Silcheonmunak 2011
This edition published by arrangemwnt with Dundurn Press Limited, Ontario, Canada
Through Bestun Korea Agency, Seoul, Korea.
All rights reserved.

이 책의 한국어 판권은 베스툰 코리아 에이전시를 통하여
저작권자인 Dundurn Press Limited와 독점 계약한 실천문학사에 있습니다.
저작권법에 의해 한국 내에서 보호를 받는 저작물이므로
어떠한 형태로든 무단 전재와 무단 복제를 금합니다.

역사인물찾기 1

닥터 노먼 베쑨

2011년 03월 29일 1판 1쇄 펴냄
2022년 09월 22일 2판 39쇄 펴냄

지은이	테드 알렌 · 시드니 고든
옮긴이	천희상
펴낸이	윤한룡
관리 · 영업	이소연

펴낸곳	(주)실천문학
등록	10-1221호(1995.10.26.)
주소	남양주시 퇴계원읍 퇴계원로 52 405호
전화	02-322-2161~3
팩스	02-322-2166
홈페이지	www.silcheon.com

ⓒ 테드 알렌 · 시드니 고든, 2011

ISBN 978-89-392-0414-0 03990

이 책 내용의 전부 또는 일부를 재사용하려면
반드시 저작권자와 실천문학사 양측의 동의를 받아야 합니다.

■ 추천사

큰의사의 길

　질병을 돌보되 사람을 돌보지 못하는 의사를 작은의사(小醫)라 하고, 사람을 돌보되 사회를 돌보지 못하는 의사를 보통의사(中醫)라 하며, 질병과 사람, 사회를 통일적으로 파악하여 그 모두를 고치는 의사를 큰의사(大醫)라 한다고 했다. 이 책은 그것이 세균이든 사회체제이든 인간의 건강과 생명을 좀먹는 것이라면 그 대상을 가리지 않고 온몸으로 맞섰던 진정한 큰의사, 노먼 베쑨의 전기이다. 노먼 베쑨은 결핵의 수술적 치료법 개발 등으로 의학발전에 기여한 탁월한 흉부외과의사이자 캐나다의 공중보건제도확립에 앞장섰던 보건의료운동가이며, 스페인의 반파쇼 투쟁, 중국의 신민주주의혁명과 항일투쟁의 최전선에서 종군의사로서 몸바쳐 싸웠던 혁명가였다.

　우리 나라에서는 인류에 대한 한없는 사랑으로 평생을 보낸 훌륭한 의사로서 히포크라테스와 슈바이처가 많은 사람들의 존경을 받아왔고, 최근에는 『동의보감』을 쓴 허준이 대중에게 알려지게 되었다. 히포크라테스와 허준이 각각 서양과 동양 의학의 당대 체계를 집대성하였다는 데에서 큰 평가를 받는다면, 슈바이처는 부귀영화를 버리고 한평생 아프리카의 밀림 속에서 흑인 원주민을 위해 의료봉사사업을 펼쳤다는 것이 높이 평가되어 왔다고 할 수 있을 것이다.

 우리가 어린 시절 위인전기를 통해 알게 되는 슈바이처의 생애는 어린이들에게 아무리 강조해도 모자라는 자기희생과 봉사정신의 예가 된다는 면에서 일정한 교육적 효과를 가지고 있음을 부인할 수 없다. 그러나 어른이 되어 슈바이처의 자서전인 『물과 원시림 사이에서』라는 책을 직접 읽어보면 슈바이처의 봉사정신이라는 것이 참으로 한계가 명백하다는 것을 알고 실망하게 된다. 특히 당혹스러운 것은 슈바이처가 원주민을 보는 시각이 아프리카를 분할 지배했던 제국주의자들의 백인우월주의와 크게 다르지 않다는 것이다. 휴머니스트의 대명사처럼 알려진 슈바이처의 의료봉사활동이 어떤 면에서 유럽문명의 우월성을 선전하고 유럽제국주의의 아프리카에서의 만행을 은폐하기 위한 방편으로 당시의 제국주의자들에 의하여 교묘하게 활용되지 않았나 하는 의심이 들기도 하는 것이다. 무엇보다도 슈바이처는 그가 평생을 다해 보살핀 원주민의 비참한 상태가 바로 어디에서 기인하는지를 몰랐고 알려고 하지도 않았으며 그런 일이 의사의 과제가 된다고는 생각지도 않고 있었던 것이다. 그런 면에서 슈바이처는 사회를 개조하는 차원의 큰의사 축에는 들지 못한다고 할 수 있을 것이다.

 그러나 슈바이처에게 실망했다고 해서 우리의 모범이 없어지는 것은 아니다.

우리는 질병의 원인을 신체의 현미경적 병변에만 두지 않고 사회구조와 연관 속에서 총체적으로 파악하며, 인류의 건강증진이라는 보건의료의 궁극적 목적을 투약, 수술 등 치료 서비스의 제공에만 국한시키지 않고 인간다운 삶을 보장하는 새로운 사회체제의 창조로 폭넓게 받아들였던 큰의사들을 여럿 알고 있다. 사회의학의 창시자로서 요즘도 보건의료와 사회와의 관련을 말할 때 항상 인용되는 '의학은 넓은 의미의 사회과학이고 사회과학은 넓은 의미의 의학'이라는 대명제를 설파한 독일의 세포병리학자 루돌프 비르흐, 식민지의 많은 정신신경질환이 제국주의의 식민지 지배의 결과로서 생겨난다고 주장하고 자주독립국가의 건설을 위해 알제리민족해방전선의 종군의사이자 알제리혁명의 이론가로서 활약한 프란츠 파농(1925~1961), 카스트로와 함께 쿠바혁명을 승리로 이끌고 혁명정부에도 잠시 참가하였으나, 전 남미의 해방을 꿈꾸며 볼리비아의 산악 게릴라부대에 합류했다가 미국의 그린 베레에 의하여 살해당한 아르헨티나의 의사 혁명가 체 게바라, 전세계 진보적 지식인들의 환호를 받으며, 선거를 통해 사회주의 정권을 수립한 지 2년 만에 미국의 지원을 받는 군부쿠데타에 의하여 살해당한 칠레의 대통령 살바도르 아옌데 등이 그들이다.

이제 이 책이 출간됨으로써 우리는 보건의료인이 본받아야 할 참모습의 전형을 또 하나 갖게 되었다. 이 책의 장점은 무엇보다도 그 사실성에 있다. 저자 서문에 씌어진 바와 같이 공저자 중의 한 사람은 베쑨과 스페인 내전에 함께 활동한 베쑨의 가까운 친구이고 다른 한 사람은 베쑨의 전생애에 걸친 행적을 샅샅이 추적한 사람이어서 사실적인 전기를 쓰는 데는 훌륭한 콤비이다. 그리고 베쑨이 생전에 기록으로 남긴 회고담, 일기, 편지 등을 적절히 인용함으로써 베쑨이 가지고 있던 문제의식을 생생하게 전달해 준다.

노먼 베쑨이 살았던 시대의 문제들은 지금 이 시대 우리에게도 그 현상만 바뀌었을 뿐 본질에서는 크게 다르지 않게 나타나고 있다. 환경오염으로 인한 공해병, 노동자들의 산업재해와 직업병, 도시빈민의 만성질환, 아직도 창궐하는 결핵, 장티푸스 등의 전염성 질환, 농민의 과로와 농약 사용에 의한 건강피해, 저소득층이 상대적으로 더 불리한 의료보험제도, 의료자원의 지역계층간 불균등 분포, 의료의 상품화와 비인간화 등 이루 헤아릴 수 없는 보건의료문제들이 산적해 있고 그들은 사회구조적 조건과 뗄래야 뗄 수 없는 관계를 맺고 있는 것이다.

따라서 노먼 베쑨이 자기 시대의 문제를 회피하지 않고 정면으로 부딪쳐 해결해 나감으로써 역사의 진보에 기여한 것은 우리에게 여전히 유효한 앞선 자의 길인 것이다.

김록호(사당의원 원장)

차례

추천사 / 김록호 · 11
서문 · 17
헌사 / 송경령 · 21
개정판 서문 · 27

제1부 우리 시대의 영웅 · 33
제2부 생명의 칼 정의의 칼 · 117
제3부 스페인공화국 · 231
제4부 중국 인민의 영원한 동지 · 343

에필로그 · 611
역자후기 · 615

■ 서문

 이 전기의 토대가 되고 있는 자료들은 온타리오 주의 그레이 븐허스트를 비롯한 캐나다의 대다수 도시와 미국의 주요 도시, 영국, 프랑스, 러시아 그리고 마지막으로 중국 등지에서 닥터 노먼 베쑨의 삶을 추적하는 조사과정에서 수집되었다. 우리 두 사람은 모두 캐나다에서의 베쑨의 출생 및 성장배경, 1936년에서 1939년에 걸친 스페인 내전의 원인들, 현대 중국의 발전과정 그리고 베쑨의 삶에 영향을 미치고 또 그가 자기 나름의 독특한 방식으로 반응을 보였던 여러 세계적 사건들의 상호작용 등에 대해 잘 알고 있지 않으면 안 되었다.

 베쑨이 처음으로 국제적 명성을 얻게 된 것은 흉부외과의사로서였지만, 그는 또한 화가, 시인, 군인, 비평가, 교수, 연사, 발명가, 의학자로서의 재질도 발휘한 사람이었다. 그는 기복이 심한 생활 속에서 여러 가지 경험을 쌓았고, 그 과정에서 무수한 사람들을 만나면서 우리 시대의 몇몇 중대한 사건들을 몸으로 짊어지고 간 사람이었다.

우리 두 사람 가운데 한 사람은 베쑨의 가까운 지기로서 스페인 내전의 고통을 잠시나마 함께 나눈 사이였다. 그리고 또 한 사람은 그를 몬트리올에서 그저 우연히 만나본 사이에 불과하지만, 태어나서 죽을 때까지의 그의 행적을 샅샅이 추적한 사람이었다. 따라서 우리는 한 가까운 친구의 주관적 통찰력과 한 관찰자의 객관적 초연성을 결합시킬 수 있는 행운을 가지게 되었다. 말하자면 우리는 처음부터 베쑨을 '안팎으로' 알고 있다고 자처하는 셈이다.

그는 죽고 나서도 대단히 많은 생생한 회고담과 일기와 편지 등을 남겼는데, 그 때문에 이 전기의 문체에, 이를테면 사후적 영향력을 행사한 셈이며, 또 그 덕분으로 우리의 작업은 굉장히 수월하게 진행될 수 있었다. 우리는 이 전기를 집필하면서 설명적인 서술은 되도록 피하려고 노력했다.

왜냐하면 그 동안 수집한 자료들을 정리하는 과정에서 우리는 그 개개의 일들에 대해 우리가 조사한 대로 일일이 설명한다면 그것이 또 한 권의 책을 엮을 수 있을 정도로 많은 분량이라는 사실을 발견했기 때문이다. 따라서 출처를 밝히지 않은 모든 부분에 대해서 독자들은 우리가 누군가로부터 들었거나 베쑨의 편지에 나오거나 그의 친지들이 회고한 이야기로 생각해 주기 바란다.

이 전기의 중간중간에서 우리는 베쑨의 사상이랄까 속생각이랄까 하는 것에 대해 가끔 언급했는데, 그것은 모두 그가 스스로 한 말을 부연해서 정리하거나, 그의 편지와 일기에 나타난 내용을 그대로 옮겨적은 것이다.

우리는 이 서문의 마지막 부분에서 이 전기가 발간되는 데 도움이 된 많은 분들에게 감사의 뜻을 표했다. 그러나 우리는 그에 앞서 아무런 차별적 언급 없이 몇몇 분들의 이름을 특별히 거명할 필요를 통감한다. 베쑨의 어머니인 고 엘리자베스 앤 베쑨 여사, 그의 동생인 고 말콤 베쑨 목사, 그의 누이인 자네트 스타일스 여사, 이들은 우리에게 베쑨의 가계에 대해 필요한 모든 자료들을 제공했다. 그리고 베쑨의 전처인 프란시스 캠벨 페니 여사는 그녀가 아니면 그 누구도 제공할 수 없는 많은 유용한 정보들을 우리에게 제공했다.

우리는 또 베쑨의 중국 생활에 대한 자료들이 여러 가지 면에서 대단히 자세하게 문서화되어 있다는 사실에 대해 다음의 네 분께 감사드리지 않을 수 없다. 베쑨이 중국에서 생활했던 대부분의 기간 동안을 그와 함께 지내면서 그의 '분신'이자 통역관이자 친우로서의 역할을 다한 동월천(董越千)은 우리에게 매우 귀중한 개인적인 메모들을 제공해 주었다. 우리는 또 이 전기에 헌사를 써주신 손문의 부인 송경령 여사의 도움으로 베쑨이 중국에 머물면서 작성한 모든 글들을 이 전기의 집필에 이용할 수 있었다. 우리는 또한 아마도 영문 저술로는 현대 중국의 배경에 대한 가장 탁월한 저술일 『미완의 중국혁명(The Unfinished Revolution in China)』의 저자인 이스라엘 엡스타인(Israel Epstein)에게도 베쑨의 문건과 일기 등을 꾸준히 수집해 주신 데 대해 특별한 감사를 드리지 않을 수 없다. 만약 중국에서의 그의 노력 그리고 송경령 여사가 추가로 제공해 준 메모와 문서들이 없었다면, 아마 베쑨의 마지막 극적인 생활을 묘사하기 어려웠을 것이다.

뿐만 아니라 우리는 베쑨의 중국 활동에 대해 중국 작가 주이복(周而復)이 쓴 자세한 연대기로부터 참으로 크나큰 도움을 받았다. 그의 직접적인 설명은 베쑨의 개인일기와 더불어 특히 외국어로는 전혀 알려져 있지 않은 여러 사건들의 배경을 이해하는 데 중요한 자료였다. 주의 연대기는 다른 미출간 중국 자료들과 마찬가지로 진(Chen Wei Shi) 장군이 우리를 위해 직접 번역해 주었다.

마지막으로, 베쑨의 동료의사들은 이 전기를 위하여 전심전력의 협력을 아끼지 않았는데, 그들 가운데 많은 사람들이 현재 자기 분야에서 세계적인 명성을 떨치고 있는 사람들이다. 그리고 우리는 특히 미국 결핵협회, 미국 흉부외과학회협의회, 토론토 대학교, 맥길 대학교, 트뤼도 요양소(뉴욕 새러넉 호수 소재), 왕립 빅토리아 병원(몬트리올 소재), 성심병원, 연방보사부, 몬트리올 외과학회에서 일하는 그의 동료들에게 감사의 말씀을 드린다. 우리는 이 전기의 출간을 위하여 일곱 분의 의사들로부터 감수를 받았다. 그러나 의학 관계의 잘못된 서술이 있다면 그것은 모두 우리 두 사람의 책임일 것이다.

1952년 토론토에서
테드 알렌 · 시드니 고든

■ 헌사

 세상은 이제 전과는 달리 대단히 복잡해졌다. 고도로 발전된 교통 및 통신수단들 덕분으로 지구 전역에서 일어나는 인간사회의 모든 사건들이 서로 긴밀한 관계를 맺게 되었다. 따라서 어디에선가 재앙이 생겨나면 그것은 지구 전역에 영향을 미치며, 어디에선가 진보가 이루어지면 그것 역시 지구상의 모든 사람들에게 영향을 미치게 되었다.

 이러한 상황은 우리 인간들의 정신 속에서도 그대로 반영되고 있다. 우리 인간들의 정신내용 또한 그 범위와 깊이가 전세계화되어 있는 것이다. 이제 누군가가 자신의 민족과 국가의 행복을 모색하면서 그 국내 상황을 바로 이웃 국가들과의 관계 속에서만 고려한다면, 그것은 불충분한 태도일 것이다. 우리 모두가 이제는 지구촌의 일원들이기 때문이다. 따라서 우리가 우리 자신의 미래를 제대로 개척하기 위해서는 전 지구적 대의에 몸소 참여하여 그것에 기여하지 않으면 안 된다. 오늘날 우리 인간들에게 제기되고 있는 최고의 임무는 무엇이 압제와 죽음의 세력들인지를 밝혀내어 그것에 대항하고, 모든 인간의 보다 나은 삶을 위해 오늘의 세계가 제공하고 있는 여러 가능성들을 강화시키고 현실화시키는 것이다.

어느 시대이든 영웅이란 자기 시대가 모든 사람들에게 제기하고 있는 주요 과제들을 뛰어난 결단력과 용기와 능력을 가지고 헌신적으로 수행하는 사람들을 의미한다. 오늘날 이러한 과제들은 전세계적인 성격을 띠고 있으며, 따라서 현대의 영웅은 그가 자국에서 활동하든 타국에서 활동하든 간에 역사적인 의미에서뿐만 아니라 당대적인 의미에서도 세계적인 영웅이라 아니할 수 없다.

노먼 베쑨은 바로 그러한 영웅이었다. 그는 특히 3개국에서 생활하고 활동하고 투쟁한 인물이었는데, 첫째는 그의 조국인 캐나다였으며, 둘째는 만국의 양심 인사들이 암흑의 나치즘과 파시즘에 대항하기 위해 군집한 스페인이었으며, 그 셋째는 바로 우리 중국이었다. 그는 일본의 군사 파시스트들이 득실거리는 중국 땅으로 몸소 뛰어들어 우리 게릴라 군대가 민족의 자유와 민주주의를 위한 새로운 기지들을 건설하여, 마침내 중국 전토를 해방시키는 강력한 인민군으로 발전하는 데 크게 기여한 사람이었다. 특별한 의미에서 그는 이들 3개국 인민들과 피를 함께 나누었다고 할 수 있다. 그리고 보다 넓은 의미에서는 그가 민족과 인민에 대한 압제에 반대하여 투쟁한 모든 사람들과 피를 함께 나눈 사람이었다고 할 수 있다.

노먼 베쑨은 의사였다. 그리고 그는 자신이 가장 잘 아는 무기를 가지고, 즉 자신의 직업을 가지고 그 일을 통해 투쟁했다. 그는 자신의 분야인 의학에서 전문가이자 개척자였다. 그는 자신의 무기를 늘 새로이 날카롭게 갈았다. 그리고 그는 파시즘과 제국주의 반대투쟁의 선봉에 서서 자신의 능력을 초지일관의 자세로 열성적으로 발휘했다. 그가 볼 때, 파시즘이란 인류에게 그 어느 질병 못지않게 사악한 질병이었다. 그것은 무수한 사람들의 정신과 육체를 파괴할 뿐만 아니라 또한 인간의 가치 자체를 완전히 부정함으로써 인간의 건강과 활력과 번영에 기여하는 모든 과학들을 부정해 버리는 전염병과도 같은 것이었다.

노먼 베쑨이 일본군의 포위 아래서 중국인 학생들에게 가르친 의술이 그 가치를 발휘할 수 있었던 까닭은 그 의술이 사용된 목적이 올바르기 때문이었다. 독일과 일본은 과학과 기술이 크게 발전한 나라들이었다. 그러나 그들은 인간의 진보를 가로막는 사악한 무리들의 지배를 받고 있었기 때문에, 그들의 과학과 기술은 인류에게 재앙만을 가져다주었다. 인민을 위해 투쟁하는 전사들에게는 최고의 기술적 능력을 익혀야 할 의무가 있다. 왜냐하면 기술이라는 것도 올바른 사람들의 손에 의해 사용될 때 비로소 인간에게 제대로 봉사할 수 있기 때문이다.

닥터 베쑨은 혈액은행을 전장에서 운영한 최초의 의료인이었다. 그리고 그의 수혈 덕분으로 스페인공화국의 사수를 위해 뛰어든 수많은 사람들의 잃을 뻔한 목숨을 구할 수가 있었다. 중국에서 그는 "의사들이여, 부상병들이 찾아오기를 기다리지 말고 그대들이 먼저 그들을 찾아가시오"라는 슬로건을 내걸고 활동했다. 스페인과는 아주 판이하게 다를 뿐만 아니라 그보다 훨씬 더 후진적인 중국 땅에서, 그는 의무대를 조직해서 게릴라 부대들이 싸우고 있는 전장터들을 찾아다니면서 수만 명의 훌륭한 우리 용사들을 구했다. 그의 계획과 실천은 의학과 그 경험에 기초한 것이었을 뿐만 아니라, 인민전쟁의 실제에 대한 군사적 정치적 연구와 그 경험에 기초한 것이었다. 스페인과 중국에서 베쑨은 전시의료 분야의 개척자였다.

그는 현지의 인민들이 수행하고 있는 투쟁의 조건과 전략 및 전술 그리고 그 환경을 철저히 이해하고 있었기 때문에, 전선의 동료 자유인들과 함께 그들의 가정과 조국 그리고 민족의 장래를 위해서 싸우고 있는 자유인 의료 노동자들이 어떻게 움직여야 하는지를 잘 알고 있었다. 그가 훈련시킨 군의관, 위생병, 운반병들은 자신들이 기술적 조력자일 뿐만 아니라 전선에서 싸우고 있는 일반 병사들과 마찬가지로 그 임무가 막중한 전사이기도 하다는 사실을 익히 깨우치고 있었다.

닥터 베쑨은 이러한 일들을 제대로 교육받은 의료인들이 거의 전무한 조건 속에서 수행해냈다. 만약 그에게 자신의 임무에 대한 폭넓은 이해가 없었다면 아마 그러한 일들은 수행되지 못했을 것이다. 그리고 그는 이러한 일들을 중국에서 가장 오지에 해당하는 산간마을에서 그것도 주위 사람들의 말을 거의 알아듣지 못하는 상태에서 수행했다. 그 자신의 육신도 결핵으로 망가졌던 몸인지라 기력이 크게 남아 있을 리 만무했지만,

불타는 신념과 강철 같은 의지로 자신의 길을 꿋꿋하게 밀고나 갔다.

다미안(Damien) 신부나 그렌펠(Grenfell) 박사 같은 사람들도 그와 유사한 애절한 조건들과 싸운 영웅적 의료인들이었지만, 베쑨의 활동이 우리의 시대에 그들보다 보편적인 의미를 갖게 되는 까닭은 그의 활동이 그의 폭넓은 세계 이해에서 비롯된 것이기 때문이다.

무엇이 베쑨을 죽였을까? 닥터 베쑨은 자신의 열정과 능력을 다하여 수행한 파시즘과 반동에 대한 투쟁 속에서 쓰러졌다. 그가 활동했던 지역은 적군인 일본군들에 의해 봉쇄되어 있었을 뿐만 아니라, 인민전쟁을 계속하기보다는 늘 타협적 자세를 보여왔던 장개석의 반동정부에 의해서도 봉쇄되어 있었다. 따라서 베쑨의 전사들은 무기와 탄약이 변변치 못했을 뿐만 아니라 부상병들을 치료할 의약품들조차 제대로 보급받지 못하고 있었다. 따라서 그들은 별것도 아닌 전염병으로도 많이 사망했는데, 그것은 예방 주사 한번 제대로 맞을 수 없었던 사정 탓이었다. 베쑨은 패혈증으로 사망했다. 이것은 고무장갑도 끼지 못하고 수술해야 했는가 하면 설퍼제조차 없었던 실정 때문이었다.

닥터 베쑨이 건립한 국제평화병원 사람들은 현재 새로운 조건하에서 일하고 있다. 중국이 마침내 해방되었기 때문이다. 그러나 베쑨이 사망한 후 후임자로 지명한 닥터 키슈(Kisch)는 장개석의 봉쇄로 말미암아 베쑨의 뒤를 이을 수가 없었다. 그는 스페인에서 베쑨과 함께 일했던 의사였다. 그리고 마침내 그 봉쇄를 뚫고 들어와서 용감하게 자신의 일을 수행한 인도 의무대의 닥터 코트니스(Kotnis)도 임무수행중에 순사했다. 그의 경우도 베쑨과 마찬가지로 치료약을 구할 수 없었기 때문이었다.

아무튼 뒤늦게나마 자유를 위한 투쟁에서 만민의 사표가 된 우리 시대의 진정한 영웅인 닥터 노먼 베쑨의 삶을 많은 사람들에게 소개할 수 있게 된 것을 대단히 기쁘게 생각한다. 그의 삶과 죽음 그리고 그가 남긴 유산은 나에게 각별한 의미가 있다. 그것은 그가 우리 인민의 민족해방전쟁에 크게 기여했을 뿐만 아니라 내 자신이 의장으로 있는 중국복지연맹(The China Welfare League)에서 의장으로서 활동해 왔기 때문이다. 이 연맹은 지금까지 베쑨 국제평화병원과 베쑨 의과대학의 확충을 위한 지원사업을 계속해 왔다.

새로운 중국은 닥터 노먼을 결코 잊지 않을 것이다. 그는 우리의 자유 쟁취를 도와준 여러 사람들 가운데 한 사람이었다. 그의 활동과 그의 기억은 우리와 함께 영원히 남을 것이다.

송경령(손문의 부인)

■ 개정판 서문

 캐나다에서 『생명의 칼, 정의의 칼(The Scalpel, the Sword)』이란 제목으로 처음 출간된 지 19년이 지난 오늘, 이 전기는 이미 지구를 한 바퀴 돈 셈이다. 이 전기는 세르비아어, 히브리어, 중국어를 포함해서 19개 언어로 출판되었으며, 1백만 부 이상의 판매실적을 올렸다. 그리고 지금도 3개 대륙에서 계속해서 번역, 출판중이다. 말하자면 캐나다 역사상 가장 널리 번역, 출판된 책인 것이다.

 닥터 노먼 베쑨은, 그의 인생과 그의 활동은 북미의 학생들과 네덜란드의 노동자들과 독일의 의료인들과 이탈리아의 지식인들과 인도의 수많은 헐벗은 사람들과 자유를 위해 싸우는 아프리카의 투사들과 중국 본토의 거대한 대중들에 의해 그들 자신의 유산의 일부로 받아들여지고 있다.

 베쑨의 일생이 이처럼 전세계인들에게 거대한 충격을 준 까닭은 무엇인가? 이 물음에 대한 해답은 아마도 이 전기 속에서 가장 잘 찾아질 수 있을 것이다. 그러나 몇 가지 점을 여기에서 미리 설명해 두고자 한다.

베쑨은 독특한 캐나다인, 독특한 인간존재였다. 그러나 그도 물론 자신의 조국과 현대세계가 만들어낸 사람이었다. 그는 참으로 인생의 모든 것을 경험하고 추구하고자 하는 욕구를 가지고 자신의 삶을 살다 간 네오르네상스적인 인물이었다. 그에게 겉만 번드르한 관습 같은 것은 아무런 의미도 없었다. 사랑과 지독한 굶주림과 생명에 대한 끝없는 긍정, 외과의사로서의 자신의 활동과 사회참여, 그리고 우리 세계의 점증하는 잔인성과 신체의 부상, 이러한 것들이 그에게는 의미가 있었다. 결국 의사이자 군인으로서 그가 선택한 죽음과의 대결은 자유를 위한 모든 전장터에서 굶주림에 허덕이고 군홧발에 짓밟히면서도 용감하게 싸워나가는 사람들의 외침에 대한 당연한 반응이었다고 할 수 있다.

그는 자신의 인간적 약점들을 아주 고통스럽게 의식하는 사람이었다. 그러나 그는 그 약점들에 굴복하기보다는 오히려 그것들을 극복함으로써 위대함을 달성했다.

심사숙고 끝에 그는 사치스러운 방탕아의 생활을 포기하고, 생존을 위해 몇 줌의 쌀만 가지고 생활해 가는 전선의 의사, 짚신 차림의 게릴라, 혁명가가 되었다. 그리고 그 유혈전투의 한가운데에서 수술이 행해졌다. 그는 자신을 형제라고 부르는 이방인들과 동지애를 함께 나누었는데, 그의 지칠 줄 모르는 힘은 세계를 재창조하겠다는 그의 원대한 꿈으로부터 비롯되는 것이었다. 이리하여 마침내 그의 개인적 삶은 세계 인민들의 운명과 완전히 융합하게 되었다. 오늘날 그가 내세운 대의가 성공을 거둔 곳에서는 그 어디에서나 그에게 경의를 표하고 있다. 그리고 아직도 그 대의를 위해 계속 싸워야 하는 곳에서는 그 어디에서나 그를 동원의 깃발로 내세우고 있다.

베쑨과 같은 사람은 수많은 사람들을 고통 속으로 몰아넣는 전쟁과 유혈 그리고 사회와 개인의 붕괴가 종식되기를 열망하는 모든 사람들에게 희망을 가져다준다. 그러나 베쑨과 같은 사람은 또한 세계가 우리 앞에서 변화하고 있다는 사실을 아직도 인정하기를 거부하며 안락에 도취되어 점잔을 빼는 속물들에게는 거북한 방해물이 된다.

그가 최근 몇몇 새로운 문학작품들과 영화작품들에서 주인공으로 등장하게 된 것은 결코 우연이 아니다. 물론 이들 모두가 이 전기에 대해서는 일절의 언급을 하고 있지 않지만 말이다. 이러한 작품활동들은 이 나라 저 나라에서 널리 이루어지고 있지만, 아무래도 캐나다에서 가장 집중적으로 행해지고 있는 것 같다. 아무튼 베쑨에 대한 새로운 관심을 다시금 불러일으키고 있는 이러한 활동들은 그것이 인간 베쑨의 힘과 매력을 제대로 드러내는 한 환영할 만한 일로서 받아들여질 수 있으나, 만약 그것이 베쑨의 이미지를 왜곡시키고 변조시킨다면 마땅히 그것은 즉시 중단되지 않으면 안 될 것이다.

우리는 이 노골적인 표절과 왜곡의 사례를 한 가지만 들어보아도 그 폐해를 충분히 헤아릴 수 있을 것이다. 최근에 발표된 어떤 캐나다 소설에서는 베쑨을 세 주인공들 가운데 한 사람으로 내세우고 있다. 어떤 의미에서 그는 가장 힘있는 사람으로 등장한다. 물론 이름은 다르게 붙였지만, 그가 베쑨과 동일인물임은 분명하다. 그런데 이 소설의 작가가 그린 인물묘사는 사실의 근처에도 못 가고 있는 것이다. 여기에서 베쑨은 교묘하게도 '반(反)베쑨적 인물', 즉 그의 본연의 모습과는 정반대의 인물로 해석되고 있다. 이 소설에서는 그를 외과의사이자 군인으로서 전쟁터에서 사망하는 한 각성된 혁명가로서 묘사하는 것이 아니라, 만신창이의 패배 속에서 자신이 한때 신봉했던 모든 것들에 대해 쓰디쓴 환멸감을 느끼며 미몽에서 벗어나는 한 이상주의자로서 묘사하고 있다. 이것은 가련하기 짝이 없는 진실의 왜곡일 뿐만 아니라 가장 악의에 찬 표절이라 아니할 수 없다.

이것은 동시에 베쑨이 오늘날 그 누구보다도 생생히 기억되고 있으며, 따라서 베쑨이라는 사람이 의미하는 모든 것, 베쑨이라는 사람이 죽음을 무릅쓰고 추구한 모든 것들에 대해 두려움을 느끼고 있는 사람들에게 그가 아직도 커다란 두려움을 주고 있다는 증거이기도 하다. 이러한 모든 이유들 때문에 이 『생명의 칼, 정의의 칼』의 신판이 나오게 되었는데, 이는 시의적절한 일이라 하겠다. 물론 이 신판에도 많은 장단점들이 있을 것이다. 그렇지만 우리는 이 신판을 통해 사실을 더욱 충실히 제시함으로써 냉소주의자들의 못된 기도에 일침을 가하고 새로운 세대들에게 용기를 불어넣어 주려고 노력했다. 이 전기는 인간이란 누구나 자포자기 속에서 무기력하게 영위하던 삶에서 벗어나 사상과 행동의 위대함을 직접 경험할 수도 있다는 사실을 일깨워줄 것이다.

그리고 또한 우리는 이 전기를 통해 세상에는 그 정신과 행동이 영웅적인, 그리하여 우리들에게 희망과 용기를 불어넣어 주는 인물들이 존재한다는 사실을 다시금 상기하게 될 것이다.

1971년

테드 알렌·시드니 고든

제1부

우리 시대의 영웅

1

중국 북부의 하북성…….

그들은 꾸불꾸불한 협로를 통해 골짜기 밖으로 빠져나왔다. 이 협로는 적군이 들어서기를 두려워하는 음산한 곳으로서, 말을 끌고 걷기에도 너무나 비좁아 말들이 그냥 제발로 따라와야 하는 아주 좁다란 산길이었다.

그들은 그를 들것에 눕혀 운반하고 있었다. 처음 그는 들것에 눕히려는 것을 성난 기세로 뿌리치고 자신의 갈색 암말에 올라탔었다. 그러고는 왼쪽 팔을 축 늘어뜨린 채 안간힘을 쓰면서 안장 위에 버티고 앉아 있었지만, 그들이 마천령(摩天嶺)을 떠난 지 몇 리를 못 가서 그만 기절해 버리고 말았던 것이다. 다시 정신이 들었을 때, 그는 자신의 몸이 들것 위에서 운반병들의 발걸음에 따라 규칙적으로 출렁거리고 있다는 사실을 깨달았다. 그러나 이번엔 그저 눈만 말똥말똥 뜨고 그들을 둘러보았을 뿐, 아무런 저항도 하지 않았다.

사람과 말과 노새들로 이루어진 그들의 행렬은 하루 낮과 하루 밤 동안을 꼬박 하북성 서부의 산간오지를 터벅터벅 말없이 오르락내리락거렸다. 낮에는 11월의 태양이 찌푸린 구름 사이로 눈물을 머금은 얼굴로 그들을 내려다보았고, 밤에는 절벽 위에 낮게 걸쳐진 별들이 서늘한 빛을 뿌리며 그들을 정답게 어루만져주었다. 뒤편에서는 아직도 포성이 먼 천둥소리처럼 들려오고 있었다. 그들은 하루종일 하늘을 머리에 이고 바람 속을, 계곡 위로 희뿌옇게 솟아오르는 은빛 안개 속을 걷고 또 걸었다. 길은 가파른 절벽과 잡목숲 사이로 끝없이 이어졌기 때문에 한 걸음 한 걸음이 살얼음판 위를 걷는 것이나 다를 바가 없었다. 그들이 마침내 높다란 산봉우리들 사이로 빠져나오자, 이제 갈색 암말을 타고 진두에서 지휘를 하고 있던 동이라는 땅딸막한 사나이가 한 손을 번쩍 치켜들었다. 대열이 정지했다. 널따란 골짜기가 그들의 발치 아래로 나타났다.

"저 아래가 황석구(黃石口)입니다."

봉이라는 사내가 손가락으로 아래쪽을 가리키며 이렇게 말하자, 대열은 하산을 시작했다.

그들이 산허리를 타고 지그재그로 약 한 시간 동안을 내려오자, 황석구의 갈색 지붕들과 함께 사람들이 들판에서 달려나오는 모습이 선명하게 보이기 시작했다. 그들이 골짜기 어귀에 이르렀을 땐, 마을 사람들은 이미 북문에 모여 있었고, 그들이 마을로 다가감에 따라 승리의 환호성이 골짜기에 메아리쳤다.

"백구은! 백구은!"

마을 어귀에 모여든 사람들은 희색이 만면하여 손을 흔들며 그의 이름을 연호했다. 그러나 갈색 암말을 선두로 하여 대열이 북문 앞에 도착했을 때, 마을 사람들의 입술 위에서 환영의 외침은 굳어져버리고 말았다. 그들은 안장 위에서 얼굴을 일그러뜨린 채 고개를 푹 수그리고 있는 봉의 모습을 걱정스러운 눈빛으로 이리저리 살펴보았다. 봉이 그들 앞을 지나가자, 마을 사람들은 서로들 수군거리기 시작했다.

"어째 백구은의 모습이 보이지 않지?"

"오늘은 어째서 이렇게 조용히 들어올까?"

"들것 운반병들이 고개를 숙이고 땅만 쳐다보면서 걸어오다니 대체 무슨 일일까?"

이렇게 수군대는 마을 사람들 사이로 들것이 다가왔다. 그러자 마을 사람들의 표정이 고통으로 일그러지기 시작했다.

동이 말고삐를 잡아당기자, 대열이 그 자리에 정지했다. 그리고 들것 운반병들이 무릎을 꿇으면서 들것을 땅바닥에 조심스럽게 내려놓았다. 그들은 모든 잘못이 자기들 책임이라는 듯이 고개를 푹 숙이고 있었다.

마을 사람들이 천천히 들것 주위로 몰려들었다. 역시 예상대로였다. 들것에 눕혀져 있는 사람은 바로 그 외국인 백구은(白求恩: White Seek Grace)이었던 것이다. 2주일 전 그는 대열의 진두에서 그 멋진 은발을 휘날리면서 쏜살같이 말을 몰아 마을 밖 언덕 사이로 달려갔던 사람이었다. 바로 2주일 전에 그렇게 전선으로 떠났던 그가 지금은 그들 앞에서 이렇게 목을 뒤로 젖히고 두 눈을 감은 채 들것에 누워 있는 것이었다. 그들은 입을 딱 벌리고 그의 모습을 내려다보았다. 그렇다. 그는 틀림없이 백구은이었다. 그러나 그가 이렇게 죽은 사람처럼 말없이 누워 있다니, 이게 도대체 무슨 날벼락이란 말인가? 해방지구 전역에서 그는 기적 같은 일들을 수행해 오던 사람이었다. 그는 산서성 사람들의 얼굴을 환하게 만들어준 사람이었다. 그는 하북과 섬서에서 선구적인 역할을 수행해 온 사람이었다. 그는 적지에서조차 그 침입자들을 우롱했던 사람이었다. 그는 자신의 이름 자체가 적들을 벌벌 떨게 하는 정의의 칼과도 같은 사람이었다. 그런데 어찌하여 이런 불상사가 발생했단 말인가?

그들은 별일이 아니라는 위안의 말을 기대하며 동의 표정을 살펴보았다. 그리곤 다시 백구은을 내려다보았다. 그 동안의 기적 같은 일들을 생각할 때, 그에게는 아직도 자기 자신의 몸을 벌떡 일으킬 힘이 조금은 남아 있을 것이었다. 그는 분명 다시금 불기둥처럼 일어나 여느 때처럼 푸른 눈에 웃음기를 머금고 은발을 휘날리면서 두 손을 쳐들고 그들을 안심시킬 것이었다. 그러나 그들이 이런 희망 속에서 그를 지켜보는 동안, 그가 갑자기 고통스럽게 몸을 뒤틀면서 자신을 덮고 있던 모포를 획 뿌리쳐버렸다. 그러자 푸르뎅뎅하게 부어오른 팔에 붕대가 감겨진 모습이 드러났다.

마을 사람들은 자신도 모르는 사이에 '앗' 하는 신음소리를 내며 한 걸음 물러섰다. 아이들은 어른들의 바지춤에다 얼굴을 파묻었고, 들것 운반병들은 안색이 새파랗게 변해 버렸다. 백구은은 마치 깊은 잠에서 깨어난 사람처럼 두 눈을 껌벅이며 팔꿈치로 힘겹게 몸을 일으키더니 주위를 둘러보며 동을 찾았다. 그는 잠시 동만이 알아들을 수 있는 이상한 말로 무어라 몇 마디 하더니, 다시 맥없이 풀썩 드러누워 버리는 것이었다.

동이 말에서 내려 마을 사람들을 둘러보았다. 그리곤 무거운 목소리로 이렇게 말했다.

"여러분, 우린 이 마을에서 일단 행군을 멈춰야 합니다. 여러분, 하루 낮 하루 밤을 계속 행군한 상태라, 이분에게는 더 이상 움직일 기력이 없습니다. 이분은 이제 이 마을에서 잠시 휴식을 취하며 병마와 싸우지 않으면 안 됩니다."

마을 노인들 가운데 한 사람이 앞으로 나섰다. 그는 들것으로 다가가더니 전통적인 하북식 인사법으로 정중하게 허리를 굽히며 이렇게 말했다.

"처음에 우린 적군일지도 모른다고 생각했다오. 아주 두려웠어요. 그러다 갈색 암말과 들것 운반병들의 모습이 나타나자, 그 두려움이 사라지면서 아주 즐거운 마음이 되었지요. 그러나 당신의 지금 모습을 보니 커다란 슬픔을 느끼지 않을 수 없다오. 차라리 적들이 쳐들어와서 마을이 몽땅 초토화되고 가족들이 온통 뿔뿔이 흩어진다 해도 당신이 이렇게 고통스러운 모습으로 돌아온 것보다는 나았을 것을……"

백구은이 힘겹게 머리를 들면서 노인에게 한 손을 내밀었다.

동이 노인에게 물었다.

"이분이 다시 움직일 수 있을 때까지 어디 쉴 만한 곳이 없을까요?"

노인이 허리를 펴면서 동에게 대답했다.

"지주인 유의 집으로 모십시다. 이 마을에선 그 집이 제일 좋으니까요."

들것이 유의 집 안마당으로 옮겨질 때, 마을 사람들도 그 집까지 따라왔다. 그리곤 밖에서 걱정스러운 눈초리로 서성거렸다. 아이들도 마을 어른들의 뒤를 좇아와 부모들의 눈치를 살폈다. 어른들의 표정이 모두들 심상치 않았다. 골짜기 전체가 어두운 분위기에 휩싸여졌다. 아니 이 하북의 모든 산악들이, 아니 이 광대한 중국 대륙 전체가 무겁게 가라앉고 있었다. 그리고 지금의 이 비탄은 그 동안 계속 그들의 걱정거리였던 적군의 위협보다도 더욱 가슴 저미는 것이었다.

오후 늦게 마을 사람들 사이에 또다시 작은 소동이 일어났다. 이 소동은 본부로부터 산악을 타고 급히 달려온 전령 때문이었다. 그는 본부에서 어제 무선통신으로 전선의 소식을 듣자마자 섭영진 장군이 파견한 사람이었다. 백구은이 쓰러졌다는 소식에 모두들 크게 놀라고 있으며, 연안에 있는 모택동에게도 곧바로 보고되었다는 전언이었다. 이 비보에 접한 연안에서는 긴급지시를 통해 백구은의 용태를 주덕과 모택동에게 계속 알림은 물론 그를 참모본부로 옮기는 데 모든 노력을 다하라고 섭 장군에게 명령했다는 것이었다. 전령은 급히 달려오느라 몸도 지치고 배도 고팠지만 초조한 내색을 하며 식사를 사양했다. 그는 이렇게 말했다.

"백구은 선생이 쓰러졌다는 소식을 듣고 오대산과 연안에서는 모두들 제가 자세한 소식을 가지고 속히 돌아오기를 학수고대하고 있습니다. 제 일을 빨리 수행하지 못하면 우리 부대에서는 야단이 날 것입니다. 식사 말씀은 고맙지만 저는 지금 당장 그를 만나보아야 합니다."

봉은 섭의 전령을 집 안으로 안내하면서, 지난밤을 뜬눈으로 새운 사람들이 여기 황석구의 유의 집에만 있는 것이 아니라, 그가 쓰러진 모습을 지켜본 마천령에만 있는 것이 아니라, 진찰기(晉察冀) 전역이 모두 그렇다는 것을 백구은도 알았으면 하는 생각이었다.

마을 사람들은 계속 소식을 기다렸다. 그러나 시간이 지나가면서 모두들 뿔뿔이 흩어지고 두 사람만이 유의 집에 남게 되었다. 마을 사람들은 일하면서도 종종 손으로 태양빛을 가리며 무거운 분위기 속에 잠겨 있는 마을 쪽을 돌아다보았다. 아낙네들은 어려운 살림 속에서 아끼고 아껴두었던 닭, 기장부침, 달걀, 야채 등을 바구니에 담아서 유의 집으로 가지고 왔다. 수레바퀴 자국이 어지럽게 나 있는 한길에서 뛰놀던 어린아이들도 놀이를 중단했다. 소귀(小鬼 : 장정 때 홍군을 따라 행군한 16세 아래의 소년)들은 백구은이 누워 있는 방으로 몰래 다가가서 나가달라는 당부에도 불구하고 드나드는 어른들을 붙잡고 이렇게 물었다.

"내일이면 움직일 수 있을까요? 드시고 싶은 음식이 무엇인지 제가 직접 물어볼 수 없을까요?"

봉은 그날 밤을 그 방에서 꼬박 새웠다. 다음날 아침 그는 괴

제1부 우리 시대의 영웅 41

로운 표정을 지으면서 급한 걸음으로 마을 밖으로 빠져나갔다. 동이 마을 문 밖에 있는 바위에 걸터앉아 빈 하늘만 멍하니 바라보고 있는 봉의 모습을 발견했다. 동이 조용히 다가가 봉의 옆에 주저앉았다. 그리고 나뭇가지로 먼지가 풀풀 나는 땅바닥에다 무의미한 낙서를 계속했다. 태양은 아직도 산악 뒤에 숨어 있었다. 마을로부터 첫닭 우는 소리가 희미하게 들려왔다. 동이 고개도 들지 않고 봉에게 물었다.

"선생은 지금 어떻소?"

봉이 두 손으로 얼굴을 감싸면서 대답했다.

"선생을 처음 만나 그의 가르침을 받게 되었을 때 제 마음은 기쁘기 한량이 없었습니다. 그러나 지금 제 마음은 돌처럼 굳어져 있습니다. 선생은 중태인데, 제가 해드릴 일은 아무것도 없습니다."

봉이 다시 고개를 들며 동에게 물었다.

"섭영진 장군과 모택동 동지한테 무어라 설명해야 합니까?"

동은 이렇게 대답했다.

"선생은 나를 보고 자신의 '분신'이라고 했소. 나 역시 지금 선생과 함께 죽어가는 느낌이오. 아무튼 선생의 곁으로 다시 가보도록 합시다. 선생을 그대로 놓아둘 수는 없지 않겠소?"

동은 마당에서 엉성한 의자 하나를 발견했다. 그는 그것을 백구은이 있는 방의 창가로 옮겼다. 그리고 거기에서 밤을 새기로 했다.

다시 밤이 되었다. 그림자 하나가 마당 안으로 미끄러져 들어왔다. 그림자가 물었다.

"여기가 백구은 선생이 계신 곳입니까?"

"그렇소"

동이 소리가 나는 쪽으로 몸을 돌리며 대답했다. 그의 앞에는 청색 솜옷을 입은 젊은 유격대원 한 사람이 서 있었다. 그 유격대원이 말했다.

"우리는 인민군 부대원들입니다. 지금 마천령으로 가는 길인데 마을 사람들한테서 대단히 슬픈 소식을 듣게 되었습니다. 그래서 우리는 백구은 선생의 이름으로 결사항쟁을 결의했습니다. 부대원들은 모두가 전선에 도착하자마자 무슨 일이든지 목숨을 내걸고 떠맡기로 서약했습니다. 우리의 이 결의를 백구은 선생께 전해 주시지 않겠습니까?"

동이 대답했다.

"그렇게 하지요."

그 병사는 동에게 경례를 하고 다시 어둠 속으로 조용히 사라져갔다. 그때 봉이 동에게 다가와서 이렇게 물었다.

"선생이 나를 찾지 않습니까?"

동이 대답했다.

"아니오, 지금 조용히 누워 있소 아까는 잠시 책상 앞에 앉아 무얼 쓰는 것 같던데……"

"선생한테 아직도 자리에서 일어나 책상 앞에 앉아 있을 기력이 남아 있다니, 참으로 놀랍군요."

봉은 생각에 잠기며 벚나무 타는 불빛이 번쩍거리는 방 안을 들여다보았다.

"선생은 지금 무엇을 쓰고 있을까요? 선생은 지금 마음속으로 무슨 생각을 하고 있을까요?"

동이 말했다.

"글쎄요 아마도 자신의 상념 속에 떠오르는 많은 일들을 비감에 젖어 적고 있을지도 모르지요. 오늘밤은 유난히 별이 많군요. 선생은 이런 밤을 아주 좋아했습니다. 선생은 자신한테는 별만큼이나 많은 추억이 있다고 가끔 말하곤 했지요. 산간에 있으면서 밤하늘이 대웅전의 천장처럼 찬란하게 보일 때면 선생은 내게 이렇게 말하곤 했습니다. '여보게, 나의 분신. 이 하북의 밤은 어릴 적 고향의 밤처럼 느껴진다네……' 그는 늘 나를 '여보게, 나의 분신'이라고 불렀소……. 그리고 조금 전에 병사 한 사람이 여기를 들렀었소 마을을 통과하다가 선생의 비보를 듣고, 백구은의 이름으로 결사항쟁을 맹세했다는 이야기였소 그러니 그들 역시 선생의 '분신들' 아니겠소?"

봉이 말했다.

"나도 당신도 그들도 모두…… 어쨌든 일단 들어가보기로 합시다. 선생을 저대로 계속 놓아둘 수는 없지 않겠습니까?"

동이 부끄럼도 잊어버리고 갑자기 흐느끼기 시작했다.

"예, 먼저 들어가보시오 나도 곧 뒤따라갈 테니……. 이렇게 약한 눈물을 보인 것을 용서하시오. 눈물이란 곧 말라버리는 샘 아니겠습니까? 선생의 저 모습을 보니 그 어느 때보다도 비감해지는군요. 선생이 지금 돌아가시면 그것은 선생의 두번째 죽음이오. 이제 나이 마흔아홉밖에 안 되었는데……. 물론 모두들 죽기 마련입니다. 그 동안 죽어간 동지들이 얼마나 많습니까? 그러나 우리의 경우는 모두 한 번 살다 한 번 죽는데, 선생은 다릅니다. 선생은 여러 인생을 경험해 왔습니다. 그리고 이번이 두번째 죽음입니다. 알고 계시지 않습니까? 이것이 두번째 죽음이란 것을……. 선생의 이 두번째 죽음을 애도하려면 아마 중국 대륙 전체의 눈물로도 모자랄 것입니다……."

봉이 무거운 마음으로 일어서며 말했다.

"아니오, 동지. 어찌 중국 전체의 눈물만으로 충분하겠습니까? 아마 세계 전체의 눈물로도 모자랄 것입니다……."

2

1926년, 미국 디트로이트…….

그의 나이 서른여섯 때 그는 의학적으로 사망선고를 받고 있었다.

그는 침대에 누워서 자신의 삶이 어떻게 진행되었으며 이제 또 어떻게 끝날지를 곰곰이 생각하다가 이렇게 중얼거렸다.

"역사란 놈은 한 개인의 죽음에 대해 눈길 한번 보내지 않고 아무 일 없다는 듯이 그대로 스쳐가겠지."

그는 역사란 놈이 1926년 당시에도 이미 전쟁과 폭동, 대학살과 영웅적 행위를 위해 거대한 땅덩이들과 두드러지지 못한 인간들을 정리중에 있다는 사실을 꿈에서조차 생각할 수 없었다. 그는 또한 시시각각 닥쳐오고 있는 죽음의 그림자에 자신이 다시 휩싸이게 되리라는 사실, 또 훗날 인류의 4분의 1이 백구은이라는 자신의 이름을 기억하게 되리라는 사실, 그리고 또 전혀 뜻하지 않던 이국의 황량한 산악에서 동이라는 사나이가 자신을 내려다보며 이 첫번째 '죽음'을 회상하게 되리라는 사실 등을 전혀 상상조차 할 수 없었다.

후에 그는 "죽음에 직면했다가 다시 살아난 사람이 느낄 수 있는 삶의 진실을 그냥 살다가 죽어간 많은 사람들은 느끼지 못할 것"이라고 쓴 적이 있다. 그러나 지금 그는 오로지 자신이 죽어가고 있다는 사실, 그 동안의 삶 전체가 그만 물거품이 되고 말 것이라는 사실만을 곱씹고 있었다. 그러면서도 여한은 없다고 생각했다. 그렇다면 도대체 왜 자신의 삶이 어디에서 잘못되었나를 자문했던 것인가?

창 아래 길가에는 소음이 가득하고 계속해서 불빛이 명멸하는 이 디트로이트의 긴긴 밤들을 그는 끝없는 악몽에 시달리며 보냈다.

그는 혼란스러웠던 자신의 삶을 하나하나 되돌아보며 회한과 연민에 가슴을 저미면서 자신을 이 지경으로까지 몰아넣은 실마리들을 찾으려고 끊임없이 노력했다. 그리고 그는 이 탐색을 죽을 때까지 계속하기로 마음먹었다.

그는 많은 얼굴들과 도시들, 상처들과 좌절들을 기억해냈다. 그는 집과 전쟁을 기억해냈고, 보헤미안적인 생활로의 탈주와 허랑방탕했던 나날들을 기억해냈고, 자신이 행했던 일들과 자신이 맛보았던 육체적 전율, 퇴색해 버린 사랑과 사무치는 그리움 그리고 자신이 사로잡혔던 열정과 절망들을 기억해냈다. 인생이라는 이 황량한 허허벌판에서, 그는 도대체 어디에서, 왜 자신의 길을 잃어버린 것일까?

3

목사관과 목조교회 그리고 수영을 즐기고 나비를 쫓아다니던 호수와 언덕들, 이것이 그가 태어나고 어린 시절을 보냈던 캐나다 온타리오 주 그레이븐허스트의 정다운 풍경이었다.

그는 이 모든 것을 생생하게 기억하고 있었을 뿐만 아니라 16세기 중반 북부 프랑스에서 스코틀랜드로 이주한 베쑨 가의 옛이야기들도 잘 기억하고 있었다. 베쑨의 조상은 프랑스의 비국교도인 위그노들이었다. 그는 이미 3백 년도 더 되는 이 사실을 생각할 때마다 종종 은근한 자부심을 느꼈다. 약 5세기 동안 베쑨 가의 사람들은 스코틀랜드에서 의사, 교사, 목사 등을 배출해내면서, 그 일부는 스카이 섬 영주들의 세습주치의로서 봉직하기도 했다. 그러다 베쑨의 선조들은 18세기에 다시 캐나다로 이주하게 되었는데, 이들 가운데에는 영국 국교의 주교를 지낸 사람도 있었고, 맥길 대학교의 총장을 지낸 사람도 있었다. 베쑨의 할아버지는 토론토에서 활동한 유명한 외과의사였다.

그는 할아버지에 대해 들은 이야기들을 기억하고 있었다. 그의 할아버지는 주관이 뚜렷하고 권위에 굴복하지 않으며 과학적으로 사고하는 사람이었다. 그는 그 할아버지 이야기가 자신의 소년기에 어떠한 영향을 미쳤는지를 잘 알고 있었다. 그는 또 그 누구보다도 열정적으로 설교에 임했던 아버지와 외유내강한 성품의 어머니에 대해서도 또렷이 기억하고 있었다. 그의 어머니는 언젠가 자기 자식이 위대한 일을 하게 되리라는 믿음을 늘 마음속에 간직하고 있었던 분이었다.

그의 아버지 말콤 니콜슨 베쑨(Malcolm Nicholson Bethune)은 스물한 살 때 가문의 전통인 의사, 목사, 교사 등의 길을 외면하고 세속적인 장삿길에 나섰던 사람이었다. 1880년 그는 그의 형 앵거스(Angus)와 함께 배를 타고 하와이로 갔다. 거기서 그는 오렌지 밭을 사서 큰돈을 벌게 되었는데, 그곳 호놀룰루에서 장로교 선교사인 엘리자베스 앤 굿윈(Elizabeth Ann Goodwin)을 만나게 되었다. 이 만남은 그의 인생을 완전히 변화시킨 중대한 사건이었다.

미스 굿윈은 영국인 가구제조업자 헨리 굿윈(Henry Goodwin)의 딸이었다. 그녀는 열 살 때부터 이미 자신의 고향인 런던 거리에서 종교 팸플릿을 나누어주며 전도활동을 했던 열렬한 기독교 신자였다.

스물한 살 때 그녀는 영국을 떠나 하와이로 와서 선교사 일을 하였다. 그녀는 인류에 대한 커다란 사랑과 그리스도의 말씀을 전파하여 이교도들을 구원하고자 하는 굳은 결심으로 가득 차 있던 여성이었다. 그녀가 열성으로 그를 설득한 결과, 말콤은 자신의 조상들이 지켜온 교회로 마음을 돌리게 되었다. 그리하여 그는 오렌지 밭과 재산을 모두 포기하고 토론토로 돌아갔다. 그리고는 그녀에게 결혼하자는 편지를 호놀룰루로 계속 써보내기 시작했다.

그의 설득 또한 그녀의 설득에 못지않은 것이었다. 그리하여 그녀도 그가 있는 캐나다로 건너와서 그와 결혼하게 되었다. 1888년 그들의 결혼생활에는 경사에 경사가 겹치게 되었다. 그들의 첫 아기인 자네트(Janet)가 태어났을 뿐만 아니라, 말콤이 목사가 되기 위해서 녹스 대학에 들어갔기 때문이다. 하와이에서 시작된 그의 인생 전환은 이제 완전히 본 궤도에 오르게 되었다. 성직을 맡게 되자, 그는 가족과 함께 온타리오의 북부에 있는 그레이븐허스트로 이사했다. 그리고 거기에서 목회일을 시작했다. 1890년 3월 바람이 몹시 불던 어느 날, 바로 그 목조 교회에서 1백 야드 정도 떨어져 있는 목사관에서 그들의 첫번째 아들인 헨리 노먼 베쑨(Henry Norman Bethune)이 태어났다 (그들의 세번째 아이인 말콤은 이로부터 3년 후에 태어났다).

목회자로서 말콤 베쑨은 자신의 개인적 견해를 강력하게 피력하는 사람이었다. 그는 자신의 확신에 찬 설교 덕분으로 보통의 목회자들보다 더 인정받을 수 있었지만, 부자들에 대한 그의 태도는 아주 냉랭하기 짝이 없었다. 부자들이 너무나 세속적이라는 것이 그의 생각이었다. 그는 오로지 기독교적 삶에 대한 자신의 가르침을 잘 따르는 사람들 앞에서만 설교하려고 했다. 그 결과 그는 온타리오에서 이곳저곳으로 가족들을 데리고 계속 옮겨다녀야 했다.

노먼이 두 살이었을 때, 말콤 베쑨 목사는 비버턴으로 전임되었다. 그리고 다시 토론토로, 계속해서 얄머, 수생트마리로, 오웬사운드로 또다시 토론토로 전임되었다. 그러나 여러 해 동안 여름만 되면 노먼은 그레이븐허스트에서 지냈다. 이곳 머스코커 호수에서 그는 수영에 온통 정신을 빼앗겼고, 또 숲과 여름 하늘을 열렬히 사랑하게 되었다.

베쑨의 가족들은 어디에서 살든 간에, 가족생활이 활달하고 풍부하며 따뜻했다. 여러 해 동안 가족들이 즐겨하던 놀이는 낱말게임이었다. 저녁식사 때 가족들이 모이면, 새로운 낱말을 제대로 발음하고 그 의미를 정확히 설명하는 아이에게는 5센트의 상금이 주어졌다. 노먼은 번번이 그 상을 받곤 했는데, 그 때마다 누나와 동생과 나누어 가졌다. 또한 노먼이 혼자서 즐겨하던 놀이는 가구 옮기기였다. 그는 모양과 색깔에 대한 자신의 판단에 따라 방마다 들락거리며 가구를 다시 배치해 놓는 것이었다. 가족들은 그가 아직은 실내장식가 노릇을 하기에는 좀 어리다고 생각했지만, 참을성 있게 그가 하고 싶어하는 대로 내버려두었다.

아주 어릴 때부터 그의 모험정신과 외과의적인 취향은 당연한 것으로 받아들여졌다. 여덟 살이 되었을 무렵, 그는 파리를 해부한다거나 닭뼈를 맞추어본다든가 하는, 어수선해 보이기는 하지만 과학적으로는 필요한 일들을 시도하기 시작했다. 그의 이러한 해부벽 때문에 한번은 이런 일이 있었다. 어느 날 오후 집 안에 갑자기 지독한 냄새가 배어들게 되었다. 어머니는 냄새의 출처를 찾아 조사에 나섰는데, 그녀는 다락에서 아들이 자기가 금방 삶아놓은 암소다리에서 조심스럽게 살점을 떼어내고 있는 모습을 발견했다. 그녀는 기겁을 하면서 아들에게 물었다.

"애야, 대체 거기서 무슨 짓이냐?"

아들은 간단히 대답했다.

"살점을 발라내고 있어요. 뼈들을 조사해 보려구요. 그래서 훌륭한 표본을 만들 생각이에요."

이 대답에 그녀는 아들의 행동을 내버려두었다. 노먼은 한참 후 다락 위에서의 작업이 끝나자 그 뼈들을 말리기 위해 뒷마당 벽에다 쭉 걸어두었다. 그리고 그가 굳은 표정으로 이제는 헨리라는 이름 대신에 노먼이라는 이름을 쓰겠다고 선언하면서 자신의 침실 방문에다가 노먼이라는 이름의 외과의사였던 할아버지의 놋쇠명패를 걸었던 일 역시 그의 나이 여덟 살 때의 일이었다.

베쑨의 가족들이 토론토에 처음 정착한 것은 베쑨의 나이 겨우 일곱 살 때의 일이었지만, 그는 이 대도시를 아주 사랑하게 되었다. 한번은 어머니와 쇼핑을 하러 나갔다가 혼자서 몰래 어머니 곁을 떠난 적이 있었다. 몇 시간 후에 그는 경찰과 함께 집으로 오게 되었는데, 어머니는 펄쩍 뛰면서 도대체 어찌 된 일이냐고 아들에게 물었다. 그는 장난기 어린 웃음을 지으며 이렇게 대답했다.

"길을 잃어버리면 어떻게 되나 시험해 보고 싶었어요. 그래서 경찰관한테 뛰어가서 길을 잃었다고 했지요. 정말 재미있었어요."

그의 호기심과 모험심은 해가 갈수록 점점 더 대담해졌다. 그는 나비를 쫓아다니는 목가적인 유희를 위험한 스포츠로 바꾸어버리기도 하였다. 한번은 그레이븐허스트의 교외에서 동생 말콤과 함께 놀다가 가파른 절벽 위에서 나비가 노는 것을 발견한 적이 있었다. 그래서 두 형제는 그 나비를 잡으러 절벽을 기어오르기 시작했다.

중간쯤까지 가다가 너무 위험하다고 판단한 그는 동생에게 그 자리에서 그대로 기다리고 있으라고 했다. 그는 여러 차례 미끄러지면서도 바위와 나무뿌리와 관목을 붙잡으며 기어코 꼭대기까지 올라갔다. 그가 아까의 그 나비를 잡아 다시 동생이 있는 곳까지 내려왔을 때, 동생 말콤은 너무나 무서워서 엉엉 울고 있었다. 그는 가쁜 숨을 몰아쉬며 동생에게 말했다.

"말콤, 나비 잡기에는 두 가지 요소가 있어. 첫째 잡는다는 행동이고, 둘째 나비라는 대상이야."

그는 성장기에 이와 비슷한 모험을 행동으로 옮겨 두 번씩이나 다리를 부러뜨리기도 했다. 그의 나이 열 살 때, 베쑨의 가족들이 조지아 만에서 휴가를 보낸 적이 있었다. 이때 그는 아버지가 그 조지아 만을 가로질러 허니 항까지 헤엄쳐 가는 것을 보았다. 노먼이 이 일을 그냥 넘길 리가 없었다. 그 다음날 당연히 그 일을 시도했던 것이다. 때마침 아버지가 보트를 타고 오지 않았더라면 그는 이때 익사했을 것이다. 그러나 그 다음해, 노먼은 그 항구까지 기어코 헤엄쳐 건너갔다. 아버지는 아들의 물불을 가리지 않고 행동하는 버릇에 점점 더 참을 수가 없었다. 그러나 어머니가 늘 조용한 말씨로 남편을 설득했다. 그녀는 남편에게 이렇게 말했다.

"내버려두세요. 저렇게 운명에 맡기고 이것저것 시도해 가노라면 자기 나름의 방식을 익히게 될 테니까요."

어린 시절 그는 잦은 이사로 여러 학교를 전전하며 다녀야 했다. 그가 결국 졸업을 하게 된 학교는 토론토의 제시켓첨 공립학교와 오웬사운드 대학 부속 고등학교였다. 그리고 대학에 진학할 나이가 되었을 무렵에는 가족이 다시 토론토로 이사했기 때문에, 노먼과 말콤은 토론토 대학교로 진학하게 되었다.

새로운 바람이 대양을 건너 캐나다 자치령으로 불어닥치고 있었다. 노먼이 출생한 바로 그 해는 저 광활한 캐나다를 관통하는 첫번째 철도가 완공된 해였다. 노먼의 소년기에 윌프리드 로리어 경(Sir Wilfrid Laurier)은 점점 더 분명한 어투로 캐나다의 국민의식을 고취시키고 있었다. 또한 산업시설이 전 국토로 확대되면서 영국과 미국으로부터 수십억 달러의 투자가 유치되고 있었다. 그리고 유럽으로부터 이주민들이 물밀듯이 들어옴에 따라 농민의 수가 늘어났고, 동부의 공장에는 노동자의 수가 증가했다. 대초원의 밀은 오대호를 거쳐 세인트로렌스 강까지 증기선으로 운반되었으며, 그것이 다시 세인트로렌스로부터 세계 도처의 항구로 수출되었다. 산업과 이민의 증대와 더불어 근대적 기술들이 도입되고, 세계 무대에의 참여가 확대되었으며, 새로운 사상의 싹들이 나타나게 되었다. 그리고 이것들은 곧 베쑨의 가족들을 혼란에 빠뜨리면서 그들의 아들에게 도전장을 보낼 것이었다.

젊은 베쑨이 대학에서 흡수하고 있었던 새로운 사상들 가운데에는 다윈의 진화론이라는 것이 있었다. 그리고 그의 부모들에게 이 다윈주의라는 것은 반그리스도란 말과 동의어였다. 그의 부모들은 당시 시카고의 유명한 복음주의자인 드와이트 무디(Dwight Moody)의 입장을 온타리오에서 선도적으로 지지하고 있었다. 드와이트 무디는 미국의 학교에서 진화론을 가르치는 것에 대해 열성적으로 반대투쟁을 벌인 인물이었다. 베쑨 부인이 노먼의 학교 교과서에서 다윈의 『종의 기원』을 발견했을 때, 그녀는 기겁을 하면서 신에 대한 그와 같은 불경을 상쇄시키기 위하여 아들의 과학서적들 갈피에다 종교 팸플릿들을 계속 끼워넣게 되었다.

한동안 노먼은 그 종교서적들을 호의적인 태도로 읽어주었다. 그러던 어느 날 밤 그는 부모의 침실로 몰래 들어가 어머니가 잠들어 있는 사이에 『종의 기원』한 권을 그녀의 베개 밑에 밀어넣었다. 그의 이 행동은 어머니의 참을성을 폭발시켰다. 그녀는 그 책을 부엌 난로에 넣고 태워버렸다. 그는 어머니에게 사과를 했다. 그러나 어머니는 노먼이 사랑스런 아들로서 용서를 구한 것이지, 자신의 정신적 독립을 선언하고 나선 성인으로서 용서를 구한 것은 아니었다는 사실을 분명히 느낄 수 있었다.

가정생활이 화목하고 활달하기는 하였지만, 장로교 목사의 봉급으로는 두 아들을 한꺼번에 대학에 보낼 수가 없었다. 몇 년 전에 신문배달을 해서 이미 용돈을 벌어본 경험이 있는 노먼은 대학생이 되자 수업료를 벌기 위해 여기저기 일을 하러 다녔다.

1학년 때는 대학의 구내식당에서 웨이터 노릇을 하여 학비를 벌었다. 그러다 여름이 되자 오대호를 운항하는 증기선에서 화부 노릇을 했다. 그 다음에는 윈저(Windsor)에서 기자로서 고정 아르바이트를 했다. 이 기간 동안 그는 낱말들을 연결시킨다는 것이 얼마나 즐거운 일인가를 발견하게 되었다. 그리고 또 한 해 동안은 대학을 아예 휴학하고 다음 학기의 돈을 충분히 벌기 위해 온타리오의 에질리라는 곳에서 선생 노릇을 하기도 했다. 자기보다도 나이가 많은 학생들이 간간이 섞여 있는 교실에서 읽기, 쓰기와 산수를 고래고래 소리를 지르며 가르쳤는데, 이때 3백 달러를 벌었다. 또 그 다음에는 성경반 선생 노릇도 하였고 북부 온타리오의 삼림에서 벌목노동도 했다. 이 벌목일 덕분에 그는 사나이답게 어깨가 벌어지고 근육이 탄탄해졌다. 그는 늘 자신이 벌목노동자로 일한 적이 있다는 것을 자랑스럽게 생각했는데, 여러 해 동안 네 명의 '진짜' 벌목노동자들과 함께 찍은 사진을 소중하게 간직하기도 했다. 그 네 명 모두가 6피트 이상의 장신으로 그보다 키도 크고 근육이 우람하게 튀어나온 사람들이었다.

이제 그의 나이 스물네 살이 되었다. 그는 작은 코와 넓고 강한 턱과 금발을 어머니로부터 이어받았으며, 아버지로부터는 넓은 이마와 녹청색의 눈동자를 이어받았다. 그는 종종 이렇게 말하곤 했다.

"나는 어머니로부터 복음주의자적인 기질을 물려받았고, 아버지로부터는 행동파적인 기질을 물려받았다."

그는 이러한 고학 시절에 도안과 회화와 조각에 대한 열정도 키워나갔다. 그리고 그는 길고 힘센 손을 가졌는데, 그의 자신감은 바로 여기에서 비롯된 것이다.

그는 캐나다가 제1차 세계대전에 참전을 선언한 바로 그날로 육군에 입대했는데, 이것은 의학박사 학위 취득을 1년 앞두고 일어난 일이었다. 그는 토론토에서 열번째로 지원한 신병이었다. 그는 캐나다군 제1사단 야전병원의 들것 운반병으로 프랑스로 떠났다.

프랑스계 캐나다 사람들 안에서는 '그들의 전쟁'에 대해 말들이 많았다. 퀘벡 시의 거리에서는 '제국주의자들'과 징집을 비난하는 군중집회가 열리고 있었다. 그러나 베쑨한테는 온타리오의 대다수 젊은이들과 마찬가지로 아무런 양심의 가책도 없었다. 그는 일반적인 분위기와 호흡을 같이하고 있었다. 그리고 프랑스에는 새로운 사람들, 새로운 광경, 새로운 경험이 기다리고 있을 것이었다.

그러나 프랑스는 더 이상 그 아름다운 프랑스가 아니었다. 그것은 이미 처참한 납골당으로 변해 있었다. 그는 부상병들 사이를 이리저리 뛰어다니면서 불구가 된 사람들과 이제는 더 이상 사람이라고도 할 수 없는 시체나 마찬가지인 사람들을 운반했다. 땅바닥에는 붉은 피가 흥건히 고여 있었고, 그의 손도 온통 피투성이었다. 그는 죽어가는 사람들에게는 저승사자였고, 아직도 가망이 있는 사람들에게는 생명의 천사였다. 그리고 정치가들의 달콤한 웅변이나 후방에 있는 모든 애국자들의 이야기와는 달리, 그의 두 눈에 들어오는 것은 폐허와 진창과 살육의 광경뿐이었다. 그의 폭음은 이때부터 시작되었다. 고국에 있는 어느 친구에게 보내는 편지에 그는 이렇게 썼다.

"잔인한 학살의 광경에 나는 오싹거리고 있네. 과연 이런 행위들이 무슨 가치가 있는지 참으로 의심스럽기 짝이 없네. 의무대에 배속되고 나서 내가 본 것은 전쟁의 영광이 아니라 전쟁의 황폐뿐이네."

그러다 이프레스(Ypres)에서 독일군의 포화 앞에서 캐나다군들이 무더기로 쓰러질 때, 그도 역시 유탄에 쓰러지게 되었다. 왼쪽 허벅지를 관통한 유탄이 뼛속까지 파고들었던 것이다. 이제 전선에서 후송되어야 할 사람은 바로 그였다. 그는 많은 출혈로 몸이 쇠약해졌고, 부상병들의 신음소리와 전투시의 고막을 찢는 듯한 포성의 기억 때문에 악몽에 시달리게 되었다.

그는 그후 6개월을 프랑스군과 영국군의 병원에서 보냈다. 그리고 다시 병상병으로 본국에 송환되었다. 적어도 배쑨에게는 전쟁이 끝났던 것이다.

 몇 주 후 그는 대학에 복학했다. 그리고 곧 학위를 취득했다. 졸업을 하자 토론토의 어느 육군병원으로부터 인턴직을 제안받았으나, 그는 거절해 버렸다. 그는 전선을 떠나 집으로 돌아와 있으면서도 그 학살과 파괴 뒤에 무엇이 남아 있을까를 궁금해했다. 그러나 그것은 단순한 궁금증이었을 뿐이었다. 그는 자기 나름의 그 어떠한 예측도 하지 않고 있었으며, 그 어떠한 분명한 의문들조차도 갖고 있지 않았다. 그가 괴로워하고 있었던 것은 단지 다른 사람들은 여전히 그곳에 남아 있다는 사실뿐이었다. 그리고 만사를 불문하고 자신이 캐나다에서 방관자 노릇을 하고 있다는 사실 자체가 굉장히 부담스러웠다. 자신도 마땅히 그들 속에 있어야 한다고 생각했던 것이다.

 그래서 그는 다시 영국 해군으로 입대했다. 그리고 1918년까지 페가수스(Pegasus) 호에서 해군 대위 계급장을 달고 외과 군의관으로 근무했다. 휴전이 성립되기 6개월 전에 그는 또다시 프랑스에 있는 캐나다 비행단으로 전출을 요청하여 그곳에서 의무장교로 근무했다.

 독일이 항복을 선언했을 때, 그는 프랑스에 있었다. 승리의 축하가 끝났을 때, 그는 파리의 어느 술집에 앉아 친구들과 함께 이제 또 무슨 일이 일어날 것인지를 궁금해했다.

 그의 나이 이제 스물여덟 살밖에 안 되었으나 귀 밑에는 이미 흰 머리카락이 나 있었다. 그의 청춘은 전쟁으로 파괴되었던 것이다. 전쟁은 베쑨의 학창 시절에 종지부를 찍어주면서, 성인이 된 베쑨에게 강한 의문부호를 던져주었다. 그는 갑자기 자신이 나이 든 패배자라는 느낌에 사로잡히기 시작했다. 그와 동시에 새로운 그 무엇에 대한 동경이 막연하나마 강하게 그의 내부로부터 싹터오르고 있었다.

학창 시절 그는 캐나다밖에 몰랐었고 어른이 된 지금은 유럽만을 알고 있었다. 그는 모든 것을 박탈당했다는 느낌에서 쉽게 벗어날 수가 없었다. 이제 그에게는 되찾을 것도, 돌아갈 곳도 남아 있지 않았다. 그에게 남아 있는 것은 오로지 정리되어야 할 잃어버린 시간뿐이었다. 그는 서구의 소설가들이 그후 4반세기 동안 떠들어댄 '잃어버린 세대'의 한 사람이 되었던 것이다. 그는 콧수염을 기른 얼굴로 영국에서 제대했다.

4

그는 후에 전후의 런던 시절을 회상할 때면 자기 자신을 '외국에 나가 천진난만하게 지낸 사람'이라고 표현하곤 했다.

런던에 도착했을 때 그가 가진 돈이라곤 공군에서 받은 봉급밖에 없었다. 그러면서도 곧 무분별한 생활의 수렁으로 빠져들었다. 그는 당시의 사정을 이렇게 설명했다.

"나에게 물론 돈이 있을 턱이 없었다. 그러나 예술에 대한 사랑은 대단했다. 게다가 나는 곧 부자들이 예술에 대해서는 일자무식이라는 사실을 발견하고, 유쾌한 기분으로 나의 비평력에 시동을 걸었다."

그는 프랑스와 스페인으로 건너가 예술가들의 작업장과 매매인들의 상점 그리고 먼지 나는 창고들을 샅샅이 뒤지고 다녔다. 물론 런던으로 가지고 들어와 큰 이문을 남기면서 팔려는 목적에서였다. 이 첫번째 장삿길 때의 밑천은 1백 파운드였는데, 이 역시 친구들한테서 빌린 돈이었다.

그는 사가지고 온 골동품과 예술품을 2백 파운드의 순이익을 보면서 런던에서 팔았다. 돈이 떨어지려 할 때마다 그는 영국해협을 건넜다. 2년 동안 이런 식으로 많은 돈을 벌 수 있었다. 그는 이 돈으로 최고급 옷을 걸치고 최고급 음식을 먹으며 최고급 술을 마시고 손을 벌리는 친구들에게 군말없이 돈을 꾸어주면서도 점토와 물감과 캔버스를 충분히 살 수가 있었다. 그가 근무하던 아동병원과 열병원의 동료들은 그의 이 '사업여행'을 모르고 있었다. 그래서 그들은 베쑨을 어느 부유한 캐나다 농장주의 상속자쯤으로 눈을 흘기고 있었다. 그는 그들의 이러한 착각을 굳이 깨뜨리려 하지 않았다. 왜냐하면 자신이 늘 풍족한 생활을 해온 것으로 여기는 동료들을 보면서 고국에서의 고학 생활을 회상해 보는 일이 즐거웠기 때문이었다. 백만장자의 자식만이 돈에 대해 그러한 경멸감을 내보일 수 있을 것이었다. 그는 자신이 대학을 다니기 위해 한푼 두푼 악착같이 벌어야 했던 그 시절을 스스로 보상하고자 했던 것이다.

그는 허연 귀밑머리에 콧수염을 기르면서 지팡이를 들고 거리를 활보했기 때문에 실제보다 나이가 더 들어 보였다. 게다가 늘 몸에 딱 들어맞는 옷차림의 말쑥한 신사였다. 그는 당시 프랑스에서 만난 한 오스트레일리아 출신 의사와 숙식을 같이 하고 있었다. 그 집은 소호(Soho)에 있는 플랫식 주택이었다. 사정이 이러하니 거리에 나선 그의 모습은 영락없이 영국신사였다. 바로 소호의 심장부에서 이 두 사람은 '방랑자의 행색'을 완전히 벗어버리고 지냈던 것이다.

그의 집에는 이상한 조각 즉 석고로 만든 심장, 신장, 뇌, 뚤뚤 휘감긴 내장, 골격, 다리, 손, 손가락 등이 여기저기 흩어져 있었다. 이 인체의 여러 형태들 속에서 살면서 그는 그 구성부분과 내부에 대해서도 깊은 흥미를 나타냈던 것이다. 후에 그는 이렇게 회상했다.

"집 자체가 마치 살벌한 푸줏간 같았지요"

이 '푸줏간'에서 그는 밤이면 밤마다 그의 매력적인 이야기를 들으려고 또는 공짜 술을 마시려고 몰려드는 사람들과 작가들, 미술가들과 음악가들 무리에 둘러싸여 주인 행세를 했다. 전쟁이 물러나고 평화가 이야기되는 분위기 속에서, 어지러운 세상에 대한 공포와 자만과 환멸 속에서 그는 자신의 인생철학을 그들에게 설파했던 것이다.

그가 자신의 손님들에게 유창한 말솜씨로 즐겁게 떠들고 있을 때, 다른 사람들은 세상의 여러 불확실한 문제들에 대해 그보다 훨씬 덜 유창하게 그 해답을 추구하고 있었다. 유행적 사조와 종교적 숭배 그리고 요란한 재즈와 산문적인 시들을 가지고 새로운 이름의 예언자들이 대중의 의식 속으로 침투하기 시작했다. 어떤 사람들은 윌슨의 14개 조항을 새로운 세계의 지침으로서 동경했으며, 또 어떤 사람들은 페이비어니즘적 사회주의를 그렇게 받아들였다. 그리고 또 어떤 사람들은 지그문트 프로이트의 이름으로 무의식을 왕좌에 앉혔으며, 또 어떤 사람들은 칼 마르크스의 깃발을 내세우며 행동에 나섰다.

당시 조지 버나드 쇼의 인기는 절정에 달해 있었다. 그러나 그의 희곡들과 페이비어니즘적 견해들은 베쑨의 비판을 모면하기 어려웠다. 1920년 초의 런던에서 쇼를 비판한다는 것은 결코 쉬운 일이 아니었다. 그러나 베쑨은 대담하게 그 비판을 감행했는데, 후에 그 자신도 쇼의 숭배자가 되면서 이때의 일에 너털웃음을 터뜨렸다.

당시 베쑨은 어떤 사람을 자기 자신의 운명에 대한 예언자로 받들어 모시고 있었다. 그 예언자는 당시 아주 희미해져 버린 존재였지만, 한때는 영국의 문학계에 강력한 영향력을 행사했던 사람이었다. 오스카 와일드의 정신적 아버지였던 그의 이름은 월터 페이터였다. 교수로서, 저자로서, 비평가로서, 감각과 취미와 쾌락의 예언자로서 그는 빅토리아 시대의 많은 영국 학생들에게 지성세계의 영웅이었다. 그는 베쑨의 취향에 그대로 꼭 들어맞는 사람이었다. 당시 베쑨은 다음과 같은, 저 유명한 페이터의 격언에 철저히 자신의 몸을 내던지고 있었다.

"경험이란 그 열매가 목적이 아니라 그 자체가 바로 목적이다. 늘 격렬하면서도 우아한 불꽃으로 타오르는 것, 인생에서의 성공이란 바로 이것인 것이다."

1920년대 초의 런던에서, 베쑨은 월터 페이터가 말하는 '성공'을 위해 열심히 움직였다.

전후 런던의 자유분방한 분위기에 푹 빠진 젊은 의사로서, 그는 병원 일에도 열심이었고, 연구에도 열심이었고, 밤을 새워 먹고 마시고 노는 일에도 열심이었다. 당시의 생각은 모든 것을 다 경험해 보겠다는 것이었다. 전쟁의 경험은 그에게 인생이란 값싼 것이고 죽음이란 불현듯 닥쳐오는 것이며 따라서 인생의 모든 것을 맛볼 시간은 충분하지 못하다는 사실을 가르쳐주었다.

베쑨이 이렇게 허랑한 생활을 하는 동안, 그의 어머니는 아들에게 계속 편지를 보내면서 성경을 기억하고 죄악의 구렁텅이에 빠지지 않도록 교회에 나가라고 거듭 촉구하고 있었다. 그는 그때마다 충실한 답장을 보내면서 자신이 의사로 성장해 나가는 과정을 어머니께 잘 설명드렸다.

그는 이 3년 동안 병원 일과 회화, 조각에 몰두하면서 또 새로운 사람들을 만나 페이터를 해석하며 위대한 외과의사가 되겠다는 자신의 결의를 다지면서 바쁜 나날을 보냈다. 그는 이렇게 자신의 인턴과정을 끝마쳤다. 이제 그가 훌륭한 외과의사가 된다는 것은 단지 시간문제였다. 그는 런던의 이스트엔드(East End)에 있는 개인병원에서 일자리를 얻었다.

후에 그는 이 개인병원 시절을 회고하면서, "아, 나의 운명은 두 여인에 의해 좌우되었다"고 말했다.

첫번째 여인은 영국의 부유한 실업인의 부인으로 베쏜이 근무했던 이스트사이드 병원의 원장인 닥터 엘리너 델(Eleanor Dell : 가명)이었다. 그녀 역시 자신의 재산이 많은 여자였다. 델은 베쏜의 친구이자 후원자였다. 그녀의 자극과 지도하에서 그는 열심히 공부하면서 왕립 외과의사 대학에 들어가기 위한 시험을 준비했다. 이 공부를 위해 젊은 의사에게는 돈이 필요했다. 그것도 그가 프랑스와 스페인을 다니면서 벌 수 있었던 액수보다도 훨씬 더 많은 돈이 필요했다. 델이 그 돈을 대주었다. 그리고 베쏜은 나중에 갚아야 할 금액을 꼬박꼬박 기입해 나갔다. 그는 델에게 유럽 대륙에서 2년을 더 공부한 후에 그녀의 도움을 받아 런던에서 개업하겠다고 약속했다.

1923년 가을 그는 왕립 외과의사 대학의 시험을 보기 위해 에딘버러로 갔다. 거기에서 그는 두번째 여인인 프란시스 캠벨 페니(Frances Campbell Penney)를 만났다. 그는 후에 그녀를 처음 만났을 때의 느낌을 그녀의 '첫 음성을 듣자마자 나는 사랑에 빠져버렸다'고 말하기를 좋아했다.

프란시스는 부드럽고 음악적인 에딘버러식 억양으로 말을 했다. 그녀의 음성, 그녀의 미모 그리고 '세속성을 거의 찾아보기 어려운 그 천진난만한 태도와 뛰어난 지성'이 모든 것이 그를 완전히 매료시켜 버렸다. 그리고 그의 박력 있는 구애 또한 그녀를 매료시켰다. 그래서 두 사람은 시험이 끝난 지 몇 달 후 런던에서 전격적으로 결혼했다. 당시 스물두 살의 나이였던 그녀는 에딘버러 명문가의 외동딸이었다. 영국과 유럽 대륙에서 최상의 교육을 받은 상류층의 재원이었다.

결혼 다음날, 그는 자신이 무일푼이라는 사실을 털어놓았다. 그러면서 공부는 일단 미루고 개업준비부터 하겠다는 의견을 내놓았다. 에딘버러에서 두 사람이 처음 만났을 때 그는 그녀에게 유럽 대륙에서 공부를 계속할 계획이라고 말했던 것이다.

왜 그 계획을 포기하느냐고 그녀가 물었다. 대답은 간단했다. 결혼을 했기 때문에 남편으로서의 책임을 지겠다는 것이었다. 따라서 자신의 계획을 일부 연기하겠다는 답변이었다.

그러나 프란시스로서는 그 이유를 납득할 수 없었다. 그녀는 자기한테 유산이 좀 있으니까 우선 그것으로 공부를 계속하자고 제안했다. 그녀에게 유산이 좀 있다는 것은 참으로 뜻밖의 아주 좋은 뉴스였다.

그래서 그는 그 일부로 런던에서 개업하자고 제의했다. 하지만 프란시스는 그런 생각에는 전혀 귀를 기울이지 않았다. 그녀는 자신들의 결혼이 그의 앞길을 방해해서는 안 된다고 생각했다. 1924년 봄, 그들은 신혼여행과 유학을 겸해서 유럽 대륙으로 떠났다.

스물두 살의 프란시스는 유난히 수줍음을 잘 타는 내성적인 성격이었다. 그리고 서른네 살의 베쑨은 대단히 솔직하고 불같은 성격의 소유자였다. 그들은 서로를 사랑했다. 그러나 두 사람의 출신배경은 사뭇 달랐다. 당시의 여느 상류계층의 젊은 여성과 마찬가지로, 프란시스는 결혼의 내밀성에 대해 병적인 두려움 같은 것을 갖고 있었다. 두 사람 사이에는 곧 좌절과 적대와 오해가 생기기 시작했다. 그리고 그것이 서로에 대한 존경과 사랑에 균열을 만들기 시작했다. 베쑨에게 결혼은 곧 실패의 상징이 되었으며, 전후 유럽의 혼란스러운 분위기가 그의 그러한 혼란을 가중시켰다.

그는 자신의 개인적 좌절감 때문에 종종 엉뚱한 행동을 저지르곤 했는데, 이러한 행동들은 프란시스와의 관계를 더욱 악화시켜 버렸다. 부부싸움과 화해, 분노와 다정함, 맞비난과 자책이 꼬리에 꼬리를 물고 계속되었다. 그들 두 사람은 셀 수 없을 정도로 자주 서로의 마음에서 떠나곤 하였다. 그러다가도 늘 두 사람은 서로 떨어져서는 도저히 살 수 없다며 다시 화해하곤 하였다. 하나의 성급함이 또 다른 성급함을 불러일으키면서 베쑨은 어린아이처럼 그녀의 사랑을 시험했는데, 그녀는 실제의 일 때문이든 그저 상상에 의한 기우이든 간에 그와의 관계를 오해 속에서 곱씹게 되곤 하였다.

한번은 그가 폭우 속에서 영국해협에 뛰어들었다가 익사할 뻔한 적이 있었다. 그는 자신이 폭우가 쏟아지는 영국해협에서 수영해 보는 것이 늘 꿈이었다고 수줍은 말투로 간곡히 설명을 했지만, 그녀에게 그것은 그가 자기 파괴적 성격의 소유자로서 비추어졌을 뿐이었다.

또 한 번은 그가 그녀에게 넓은 벼랑 사이를 뛰어보라고 재촉한 일이 있었다. 그것은 자칫 잘못하면 심한 부상을 당하거나 죽을지도 모르는 일이었다. 그녀는 그의 재촉에 못 이겨 그

벼랑 사이를 건너뛰기는 하였지만, 그러자마자 곧바로 호텔로 가서 보따리를 싸가지고 첫 여객선을 타고 런던으로 돌아가버렸다. 그는 그녀에게 용서를 구하는 편지를 썼다. 편지 속에서 그는 자신도 이해할 수 없는 그 이상한 행동에 대해 스스로 매우 난감해하고 있다고 사정했다. 그녀는 화가 풀려서 다시 돌아왔지만, 서로 다정하게 지낸 지 일 주일이 지나가기가 무섭게 또다시 두 사람 사이에는 틈이 벌어지고 말았다. 그리고 좌절감과 적대감으로 괴로워해야 하는 나날이 계속되었다.

또 한 번은 이탈리아에서 지오토(Giotto)의 「성 프란시스의 삶」이라는 그림을 보면서 그는 계시를 받은 듯한 기분을 느꼈다. 그는 이때 자신이 되고자 하는 것은 수도승이라는 생각에 사로잡혔다. 그러나 빈으로 오자, 그 생각은 온데간데 없이 말끔히 사라져버렸다. 그래서 그는 빈에서 몇몇 유수한 외과의사들 밑에서 열심히 공부를 했다. 그러면서 그는 자신의 장래는 오로지 외과의사가 되는 것이라는 생각을 다시금 확신하게 되었다.

그로부터 몇 주 후, 그는 또다시 모험을 맛보고 싶어 몸살이 났다. 그래서 그들은 스키를 타러 스위스로 갔다. 그는 스키를 아주 잘 탔다.

그러나 모험에 대한 욕구가 너무나 지나쳐서 심장이 약해졌기 때문에 그는 3주일 동안이나 꼼짝없이 침대에 누워 있지 않으면 안 되었다. 이 3주일이 유럽생활 중 그들이 가장 조용하게 보낸 기간이었다.

그는 열심히 마셔대고, 열심히 공부하고, 열심히 생활했다. 이러한 생활이 1년 가까이 계속되자, 드디어 프란시스의 유산은 거의 바닥이 드러나게 되었다.

그러나 그 한 해가 그냥 소모된 것은 아니었다. 왜냐하면 그는 파리와 빈과 베를린 등지의 유럽에서 가장 훌륭한 외과의사들이 일하는 모습을 지켜볼 수 있었기 때문이다. 그러나 후에 그는 늘 이때의 일들을 진저리치면서 회상했다. 프란시스에게 보내는 편지에서 그는 이때의 생활을 이렇게 표현했다.

"당시 나는 삶에 대해서나 죽음에 대해서나 아무런 목적도 갖지 못하면서 마치 불빛을 향해 날개를 퍼덕이며 맹목적으로 돌진하는, 그리하여 어리석게도 그 주위를 무작정 돌고도는 한 마리의 나비와 같은 존재였소"

이 신혼여행은 미친 방황이었다. 그의 결혼도 그의 인생도 매한가지였다. 그들이 유럽 대륙을 천방지축으로 이리저리 다 돌고 났을 때, 적어도 그는 그렇게 생각했다.

5

신혼여행이 끝나자, 프란시스의 유산은 단돈 2백 파운드밖에 남아 있지 않았다. 그들은 이 돈으로 런던으로, 그리고 런던에서 캐나다로, 다시 캐나다에서 미국 미시건 주의 디트로이트로 전전했다. 왜 디트로이트가 선택되었는가? 베쑨은 나름대로의 답변을 갖고 있었다.

캐나다의 국경에서 아주 가까운 이 도시는 활력이 넘쳐나는 곳이었다. 그곳은 이미 자동차산업의 중심지로서 미국의 대기업들이 속속 진출해 들어오는 지역이었을 뿐만 아니라, 헨리 포드의 예언을 신봉하며 기회를 노리는 사람들이 마구 뛰어드는 미국의 새로운 산업 메카가 되어 있었다. 미국은 부유했고, 그 부가 디트로이트로 엄청나게 투자되었다. 미국은 당시 예전에는 꿈조차 꿀 수 없었던 번영을 구가하고 있었고, 특히 디트로이트는 무한한 미래를 약속해 주는 도시였다. 디트로이트에는 돈과 일자리가 있었고, 비약을 위해 노력하는 사람들이 넘실대고 있었다. 이곳에 가면 그는 그 누구의 손에도 키스를 하며 살랑거릴 필요가 없었고, 상류계층의 그 어떠한 귀부인에게도 무릎을 꿇으며 아부할 필요도 없을 터였다. 그곳은 미국의 빛나는 미래를 약속하는 땅이었다. 베쑨은 '우리가 첫 개업을 할 곳은 마땅히 디트로이트'라고 단언했다.

1924년 늦겨울, 노먼 베쑨 부부는 캐스 가(Cass Street)와 셀던 가(Seldon Street)가 마주치는 구역에서 플랫식 주택을 임대하여 병원을 개업했다. 이제 그들에게 남은 것은 단돈 24달러와 유럽에서 가져온 백랍으로 만든 이상야릇한 옛 기물(器物)들 그리고 여러 가지 예술품들과 루이 14세 때의 의자들뿐이었다. 프란시스에게 디트로이트는 황량하고 소란스러우며 더럽고 구역질나는 곳이었다. 그러나 베쑨에게는 많은 기회가 널려 있는 20세기 기계시대의 요새였다.

그는 할아버지의 패찰을 내걸고 기회가 찾아오기를 기다렸다. 개업을 한 지 1년이 지나가고 있었다. 그러나 그의 병원을 찾는 노크 소리는 단지 들릴락말락하게 희미할 뿐이었다.

  베쑨이 캐스 가와 셀던 가가 만나는 구역을 선택했던 이유는 그곳이 디트로이트에서 번잡한 지역이라고 생각했기 때문이었다. 그리고 그곳은 처음 생각보다도 훨씬 더 번잡한 곳이라는 사실이 곧 밝혀졌다.

  그곳은 당시 홍등가의 중심지였다. 집기를 임대하고 매트리스를 사들여 영업을 시작하였을 때, 그는 자기 자신이 나이 많은 매춘부들에게 봉사하는 풋내기 히포크라테스라는 사실을 발견하게 되었다. 이 도시의 다른 지역에서는 공업과 상업이 급속도로 성장하고 있었다. 그리고 캐스 가와 셀던 가 일대에서는 시간이 흘러감에 따라 매춘이 더욱더 번성하게 되었다. 환자들이 드문드문이나마 서서히 그의 병원 문을 두드리기 시작했지만, 돈을 낼 수 있는 사람들은 주로 매춘부들뿐이었다.

  자신의 휑뎅그렁한 병원에서, 베쑨은 토론토, 런던, 빈, 베를린에서 의학을 공부하는 동안에는 전혀 들어보지도 못했던 한 가지 교훈을 깨닫게 되었는데, 그것은 의료행위를 가장 필요로 하는 사람들은 그 의료비를 감당할 여유가 없는 가장 가난한 사람들이라는 사실이었다.

  어느 날 그는 동네에 있는 식료품점으로 왕진을 가서 그 집 부인을 진찰하게 되었다. 그 부인은 한쪽 다리가 매우 심하게 부어 있었다. 그리고 식료품점 주인의 침 튀기는 설명에 의하면, 어떤 의사가 그 다리를 절단해야 한다고 단언했다는 것이었다. 베쏜은 감염부위를 절개한 다음, 절대로 자기가 없을 때 손대지 말라고 신신당부를 하고 환부의 고름을 며칠 동안 뽑아냈다. 그러자 환자는 위험상태로부터 벗어나 회복 기미를 보이기 시작했다. 식료품점 주인은 참으로 고마웠지만, 금고에는 돈이 없었다. 그는 아주 황송해하며 이렇게 말했다.

"의사 선생님, 제가 치료비를 지불할 수 있는 유일한 길은 물품으로 대신하는 것입니다. 선생님이 수고하신 대가로 우리 가게의 식품들을 필요한 대로 그냥 가져다 잡수시면 안 되겠습니까?"

이렇게 해서 식품문제는 해결되었다. 나머지 식품문제는 후에 길 건너 정육점 주인 덕분으로 해결되었는데, 그는 아이들을 무척이나 좋아하는 사람이었다.

그는 신발에서 톱밥을 뚝뚝 떨어뜨리면서 병원 계단을 올라오더니 다급한 어조로 이렇게 말했다.

"우리 집에는 아이들이 잔뜩 있는데요, 선생님께서 우리 아이들을 돌봐주시면 고기는 필요한 대로 갖다 드시도록 하겠습니다."

이리하여 먹는 문제는 완전히 해결되었다.

베쏜은 프란시스에게 말했다.

"이제부턴 적어도 식사는 제대로 하게 되었소."

또 한 번은 가구점 주인이 아픈 부인을 데리고 찾아왔다. 이 덕분에 집기 등의 문제도 완전히 해결되었다. 그들은 매트리스를 놓을 침대와 부엌에서 사용할 냄비와 접시들을 가지고 왔다. 또한 그랜드래피즈 식의 가구도 가져왔는데, 이것은 루이 14세 때의 의자들과 묘한 부조화를 이루었다.

개업 후 처음에는 환자를 돌보는 시간이 그리 길지 않았다. 물론 점차 이 시간은 길어졌지만, 그렇다고 해서, 그의 생활형편이 그를 찾아오는 환자들의 수준보다 나을 것은 없었다. 환자들의 수는 점차 늘어났지만, 환자가 적었을 때나 환자가 늘어났을 때나 그의 수입은 별 차이가 없었다. 환자들 대부분이 다 가난했기 때문이었다. 또한 그는 일부 환자들을 보면서 종종 분노가 치밀지 않을 수 없었다. 그들은 병원으로 직접 찾아오거나 사람을 시켜서 그를 자기들 집으로 불렀는데, 초기 단계에서 손을 댔으면 쉽게 치료할 수 있었을 병들을 그대로 방치했기 때문에 심각한 상태에 빠져버린 경우가 허다했던 것이다. 대개 치료를 하지 않고 그대로 내버려두었기 때문에 맹장이 터졌다든가 성병이 심해졌다든가 혈관이 막혀 장이 썩어들어가게 되었다든가, 몇 가지 사소한 질병이 부주의로 말미암아 합병증세를 일으켰다든가, 이런 식들이었다. 그는 화를 내면서 환자들에게 이렇게 묻곤 하였다.

"왜 빨리 의사를 찾아오지 않고 상태가 이 지경이 될 때까지 여태껏 그냥 있었소?"

그러면 슬라브 사람이나 헝가리 사람이거나 미국 태생의 자동차 노동자인 환자들은 당황해하는 표정으로 돈이 없어서 그랬다고 더듬거리는 것이었다.

급속하게 발전해 가고 있는 이 번영의 도시에서 꾀죄죄한 플랫식 주택들과 휴지나 다름없는 청구서들 그리고 도처에 널려 있는 한심한 질병들에 대해 그는 혐오감을 느끼기 시작했다. 그는 프란시스에게 이렇게 말하곤 하였다.

"이건 의사 노릇을 하는 게 아냐. 나무다리에다 겨자씨 연고를 바르는 격이지. 환자들은 몸에 이상이 생겼는데도 그 사실을 모르고 그냥 지나가거나 돈 걱정 때문에 알아도 쩔쩔맬 뿐이야. 그러다 결국 병원을 찾았을 땐 이미 늦어버리는 경우가 태반이야. 게다가 매춘부들의 경우, 내가 그들에게 해줄 수 있는 게 도대체 뭐지? 그들의 경우, 진짜 문제는 병에 걸렸다는 데 있는 것이 아니라 그들이 매춘부라는 사실 자체에 있거든."

그는 세상을 비난의 눈길로 바라보지 않을 수 없었다. 그러면서 이렇게 뇌까리곤 하였다.

"그래 그까짓 것, 내가 알 바가 아니지. 나는 의사일 뿐이고, 세상은 세상이야. 그러니까 나는 다리가 부러진 환자한테는 그것을 붙여주고, 내장이 빠져나온 환자한테는 그것을 집어넣어 주고, 메리(Mary)라는 여자가 '직업병'에 걸렸다면 성병을 취급하는 병원으로 보내주면 그만인 거야."

이렇게 무료한 시간을 수개월이나 보내는 동안, 그의 단조롭기 짝이 없는 생활에 새로운 걱정거리가 생겨나게 되었다. 몸이 쉬 피곤해지면서 자꾸만 졸음이 왔다. 이러다가 그렇게도 자신만만해하던 박력과 정력이 사라지는 것이 아닌가 걱정되었다. 그리고 피로의 정도가 점점 더 심해지면서 의심과 변덕도 심해졌다. 게다가 간간이 몸이 말을 안 듣는 경우가 나타나기 시작했다.

이러한 가운데 그는 어떤 환자에게 왕진을 가게 되었다. 그 환자는 죽어가고 있었다. 그는 환자의 육체와 정신을 앗아가고 있는 그 미지의 병마와 완강히 싸우지 않으면 안 되게 되었다. 그는 아주 열성적으로 그 질병의 원인과 처방법을 찾으려 노력했고, 그 결과 환자의 병을 고칠 수 있었다. 그는 다시 승리감과 성취감을 가슴 뿌듯이 느끼면서 예전과 같은 자신감을 되찾게 되었다. 다시 한 번 그는 가난에 낙담하지 않고 미래를 확신하며 때를 기다리는 자신만만한 외과의사로서의 용기를 얻게 되었다.

이렇게 생활하던 그는 자신도 미처 깨닫지 못하는 사이에 실패에서 성공으로 나아가고 있었다. 즉, 돈이 쏟아져 들어오기 시작했던 것이다. 그는 이미 얼마 전부터 자신의 병원 일 외에도 이 도시의 어느 버젓한 병원에 다니면서 상례적으로 외과 시술을 하고 있었다. 어느 날 그가 수술일을 마치고 수술실에서 나오는데, 말쑥하게 차려입은 사람 하나가 그의 앞으로 다가왔다. 그는 상냥한 태도로 자신을 소개했다. 그의 이름은 그랜트 마틴(Grant Martin)이었다. 마틴은 이 디트로이트에서 아주 성공한 개업의 가운데 한 사람이었기 때문에, 베쏜도 그의 이름을 익히 알고 있던 터였다.

닥터 마틴이 그에게 이렇게 제안을 했다.

"아주 훌륭한 솜씨입니다. 제게 한 가지 제안이 있습니다. 다름이 아니라 저희 병원의 외과 환자들을 당신한테 보낼까 하는데, 조만간 부인과 함께 저희 집으로 오셔서 이 문제에 대해 좀 더 상의해 보시지 않겠습니까?"

"좋습니다."

두 사람은 굳게 악수를 나누었다. 닥터 마틴이 말했다.

"아마 우리 두 사람은 좋은 관계를 맺을 수 있을 것입니다."

짧은 대화였지만, 이 일이 베쑨의 생활을 일변시키게 되었다.

베쑨과 프란시스는 마틴의 집에서 여러 저명한 의사들과 사회적 명사들을 만날 수 있었다.

캐스 셀던 가에 있는 병원도 이제 사회적 지위가 있는 부유한 사람들이 찾아오는 곳이 되었다. 다른 의사들도 마틴이 하는 방식대로 모두들 베쑨에게 자신의 외과 환자들을 소개시켜 주게 되었다. 이러한 상황은 마틴의 칭찬에 의해 점점 더 가속화되었고, 베쑨이라는 사람은 '꼭 만나보아야 할 사람'이라는 말이 디트로이트의 개업의들 사이로 널리 번져나갔다. 이제는 돈이 쏟아져 들어오기 시작했다. 그의 이웃 환자들은 아주 다급해져서야 병원 문을 두드리며 자기들의 가난을 사정했지만, 이 새로운 환자들은 아주 사소한 일을 가지고도 베쑨의 병원을 찾아왔다. 그리고 별것 아닌 진료행위에도 돈을 척척 내는 것이었다. 그는 자신의 병원에서 유럽의 대가들 밑에서 배웠던 기술을 실제로 사용할 수 있게 되면서 자신의 수술을 크게 발전시키기 시작했다. 그러자 몇 달이 채 지나지 않아 그들은 고급 주택가에 있는 값비싼 집으로 이사를 할 수 있었다. 그는 이제 부유한 환자들이 찾아오는 의사였다. 그러나 병원은 옮기지 않았다.

성공은 반가운 것이었다. 그러나 그는 새롭게 단장한 자신의 병원에서 종종 자신의 두 손을 바라보면서 스스로 이렇게 자문하는 것이었다.

"도대체 무엇이 변했단 말인가! 이 두 손은 예전과 달라진 바가 없다. 그런 이 두 손에 전에는 없었던 마력이 갑자기 붙어버리기라도 했단 말인가."

그는 그 대답을 알고 있었다. 전에는 그 두 손이 가난한 사람들만을 상대했었다. 그러나 지금은 그 두 손이 부유한 사람들을 상대하고 있는 것이다.

이제 그가 추구하는 목표는 돈이었다. 그는 돈이 필요했다. 그러나 그는 돈을 벌면서도 돈을 버는 자신의 방법 자체에 혐오감을 느끼지 않을 수 없었다. 성공과 함께 그는 더 이상 예전의 닥터 베쑨이 아니었다. 그는 "오는 정이 있으면 가는 정도 있다"는 틀 속에서 자신에게 환자를 보내주는 일반 개업의들에게 리베이트를 지불하지 않으면 안 되었다. 그는 그 틀 속에 갇혀버린 포로임이 분명했다. 일반 개업의들이 환자를 보내주면 전문의인 베쑨은 그 환자한테서 받은 치료비의 일부를 그 일반의들에게 되돌려줌으로써, 이틀은 계속 가동되고 있었다.

돈이 알파요 오메가였다. 그는 자신이 벌 수 있는 만큼 악착같이 벌었다. 그리고 그렇게 번 돈을 가지고 빈민가에 있는 그의 처음 환자들에게 돌아갔다. 그럼으로써 그는 자신의 잃어버린 평화감 그리고 병들고 가난한 사람들에게 봉사한다는 빛바랜 이상을 다시금 맛보는 것이었다.

돈은 이 체제의 목표였다. 모든 열망들이 돈에 의해 좌우되었다. 그래서 그는 이 성공의 기운을 타고 나날의 소득을 악착같이 불려갔다. 그러나 현실은 돈이 없어서 치료를 받지 못하는 가난한 사람들투성이었다. 그리고 그는 나날의 생활에서 그 고통스러운 현실과 맞부딪치지 않으면 안 되었다.

어느 날 밤 그는 문을 쾅쾅 두드리는 소리에 잠에서 깨어났다. 병원 문앞에는 한 사나이가 어둠 속에 서 있었다. 그는 무어라 한무더기의 말들을 토해내기 시작했는데, 베쑨은 나중에야 그 요지가 자기 부인이 산고를 겪고 있는데 분만을 도와줄 의사를 찾을 수 없다는 내용이라는 것을 간신히 알아차릴 수 있었다. 그는 그 사나이를 따라 나가서야 그 이유를 깨달을 수 있었다. 그 사나이가 아내와 두 아이와 함께 살고 있는 곳은 시외곽에 버려진 박스카였던 것이다.

그는 두 아이를 구석에 쭈그려 앉히고, 등유 램프 아래서 남편의 도움을 받아 보통의 경우보다 아주 작은 쭈글쭈글한 갓난애를 받아냈다. 그는 갓난애를 씻어낸 다음 남편이 건네주는 담요 조각으로 그 아이를 싸서 산모 곁에 뉘어주었다. 아기 침대 같은 것이 있을 턱이 없었다.

그는 밖으로 나와 드럼통에서 물을 한 대야 떠서 손을 닦았다. 아이 아버지가 1달러짜리 지폐 한 장을 손에 쥐고 부리나케 쫓아 나왔지만, 베쑨은 그 지폐를 다시 그 사나이의 셔츠 주머니에 찔러넣어 주었다.

아침이 되자 그는 음식 한 바구니와 아기용 기저귀 그리고 산모용 나이트가운을 마련해 가지고 다시 그곳으로 갔다. 그는 영양실조에 걸린 산모에게 그 음식 바구니를 풀어놓으면서 갓난애의 상태를 다시 한 번 살펴보았다. 그가 떠나려 했을 때 아기 아버지는 황송해하며 감사의 말을 하기 시작했는데, 그는 그것을 모질게 잘라버렸다. 산모는 회복되겠지만 그 갓난애는 아마 한 달이 못 가서 죽을 것이었기 때문이었다. '신성한 의술? 이 무슨 개뼈다귀 같은 말인가?' 베쑨은 그곳을 나서면서 이렇게 생각했다. 그 남편에게는 불운한 자식의 생사보다도 주급 20달러의 일자리가 더 중요할지 모른다. 인술이라? 거 참 말이 좋군. 그 사기꾼들은 자신의 안락한 수면을 위해서 그 박스카에 사는 남편의 간청을 거부했지 않은가? 그는 이제 서서히 일부 자신의 동료의사들에 대해 거침없는 말들을 내뱉게 되었다.

프란시스가 조용히 독서를 할 때, 그는 자신의 쓰디쓴 감정들을 왈칵왈칵 토로하곤 하였다. 그는 이렇게 말했다.

"알고 지내는 의사들 중에는 중세의 이발사 자격밖에 없는 사람들이 적지 않아. 그 가운데 반은 카운터나 보아야 할 작자들이지. 그 나머지 반에게도 그들이 장사꾼이 아니라 의사라는 사실을 상기시켜 주고 싶은 심정이야."

다른 의사가 망쳐놓은 접골 시술을 다시 하러 왕진을 다녀온

후, 그는 새로 사귄 친구인 닥터 쇼트(Short)에게 이런 이야기도 하였다.

"그런 작자가 외과의사라니. 차라리 남자인 내가 아이를 낳는 편이 더 쉽지. 그 바보 천치들은 자기들이 실업계에 뛰어들었다고 생각하는 모양이야. 이곳 의료업계에서도 심사위원회 같은 것을 만들어서 이 '사업'에 뛰어든 지 이 년이 되면 그 자격을 다시 한 번 심사해야 할 걸세. 윤리를 들먹이면서 변호사들을 욕하고 있지만 일부 의사들에 비하면 필라델피아의 변호사들 쪽이 한참 더 윤리적이지."

이렇게 어느 곳에서나 공공연하게 표출되는 그의 강한 비판은 일부 의사들을 분개시켰다. 그는 또 친구들에게 이런 불평도 하였다.

"의사들 가운데 일부는 지독히 권위적인 사람들이야. 그들은 일반인들이 모두 저 요정 이야기와도 같이 자기들의 무오류성과 헌신성을 곧이곧대로 받아들여주기를 기대하거든. 그들은 비판을 당하면 견디지를 못해. 그들은 자기들이 절대로 오류를 범할 수 없다고 남들이 생각하기를 바래. 그뿐이 아니지. 그들 가운데 또 일부는 실제로 자기들에게는 결코 잘못이 있을 수 없다고 스스로 믿는 모양이니까. 말하자면 겉만 멀쩡하게 고쳐주면 임무끝이라는 게 그들의 신조인 셈이지. 그들한테는 바로 그 겉모습만이 전부란 말일세. 빈민가 사람들은 의사가 필요하지만 돈이 없어서 병원을 찾지 못하고 있어. 내 수입도 이젠 전보다 몇 배나 되지. 다른 사람들이야 물론 그 점에서는 나보다도 여러 수 위지만. 말하자면 한 푼도 받지 않고 누군가의 생명을 구했다면 그것은 실패가 되고, 만약 어떤 부인네한테 운동만 좀 하면 될 증세에 대해 강장제 한 첩을 조제해 주고 그 약값을 엄청나게 받았다면 그것이 성공이 된다는 말일세."

이제 프란시스가 베쑨과 얼굴을 맞대고 지내는 시간은 점점 줄어들게 되었다. 그는 병원 일에 거의 완전히 매달리다시피 했다. 친구들과 어울려 밤새도록 술을 마실 때가 많아졌다. 그는 몸에 모종의 이상이 생기고 있다는 것을 느끼기 시작했는데, 그 때문에 또다시 새로운 불안에 휩싸이게 되었다.

술을 마셔대고 분노를 터뜨리고 한참 동안씩 쓰디쓴 감정에 사로잡혀 어쩔 줄 몰라 하면서, 그는 서서히 이상한 육체적 변화과정을 겪고 있었다. 동료들은 그 사실을 눈치채고 지나치게 일에만 매달리지 말라고 그에게 주의를 주었다. 그러나 그는 그런 충고에 오히려 화를 낼 뿐이었다.

'나는 이제 성공한 외과의사가 아닌가? 그리고 성공이란 수입이 얼마냐 하는 것으로 측정되는 것이 아닌가? 그렇다, 돈을 벌어야 한다. 왕창 벌어서 하고 싶은 일을 할 수 있을 때까지 악착같이 벌지 않으면 안 된다. 돈이 있어야 뜻을 펼 수 있는 것이 아닌가. 그래 시답잖은 감기 나부랭이로 안달복달하는 저 부자놈들의 주머니를 우려낸들 그 무슨 대수란 말인가.'

그러나 그의 정력과 박력이 완전히 사라지는 순간이 드디어 닥쳐왔다. 아침에 일어났을 때부터 피곤기가 느껴지기 시작했다. 그리고 오전에 환자들을 쭉 둘러볼 때도 여전히 피곤하면서 몸이 고통스러웠다. 특히 가난한 환자들의 부탁이라면 밤낮을 가리지 않고 그들의 요청에 응하는 것이 그의 성격이었다.

프란시스는 걱정스런 눈초리로 그를 지켜보면서 그에게 좀 쉬라고 권유했다. 그녀는 이렇게 말했다.

"당신은 지금 스스로를 저승길로 인도하고 있어요. 아마 이러다가는 쓰러질 수밖에 없을 거예요."

"염려 마오, 아직 멀쩡하니까."

아내의 걱정에 그의 대답은 늘 이렇게 퉁명스러웠다.

그는 이즈음 심한 기침으로 고통을 받고 있었다. 처음에는 이 기침을 아예 무시하다가 나중에는 보통의 감기약들을 복용했다. 그러나 기침증세는 가라앉지 않았다. 오히려 점점 더 심해졌다. 이제 그는 집에 들어오면서도 쿨럭거렸고 밤중에 자다가도 쿨럭거렸는데, 프란시스는 그때마다 섬뜩섬뜩 놀라지 않을 수 없었다.

그의 두 뺨이 열병 환자처럼 점점 붉어져갔다. 또 그가 몸을 움츠리는 모습이 눈에 띄게 잦아졌다. 어느 날 체중을 달아보니 몸무게가 23킬로그램이나 줄어들어 있었다. 그는 깜짝 놀라지 않을 수 없었다. 얼마 후 다시 체중을 재보았다. 그랬더니 이번에는 몸무게가 52킬로그램을 가리키고 있었다. 이것은 분명 예삿일이 아니었다. 그는 강장제를 한 잔 타 마시고 거울을 들여다보았다. 이마가 많이 벗겨진 데다 머리카락까지 허옇게 세어 있었다. 그는 프란시스가 자신의 머리를 걱정스러운 눈초리로 지켜보면 이렇게 말했다.

"걱정할 것 없어. 아버지도 그랬으니까. 우리 집 유전인 모양이지."

이런 속에서도 그는 기를 쓰고 일에만 매달렸다. 그러나 곧 그는 만사가 귀찮아지는 완전한 무력감 속으로 빠져들게 되었다. 그저 침대 속으로 기어들어가고만 싶은 심정이었다. 그리고 한밤중에 식은땀을 흘리며 갑자기 깜짝 놀라 깨어나는 일이 잦아졌다. 이유는 모르겠지만 가슴이 벌렁벌렁 미친 듯이 뛰고 오한으로 파자마가 축축해지는 것이었다. 그러면 그는 잠을 이루지 못하고 몇 시간 동안을 쿨럭거리며 마루를 서성이곤 하였다.

어느 날 저녁 그는 일찍 집으로 돌아왔다. 프란시스는 그를 맞이하러 나가다가 그의 이상한 모습에 갑자기 걸음을 멈추었다. 그는 손수건으로 입을 막고 있었다. 그리고 그 손수건은 온통 피로 물들어 있었다. 그는 피투성이가 된 손수건 위로 잠시 그녀를 응시하더니, 다시 비틀거리면서 이층 자기 방으로 올라갔다. 그녀는 한동안 장승처럼 꼼짝 않고 서 있다가 급히 전화통으로 달려갔다. 근처의 의사에게 전화를 하기 위해서였다. 의사가 달려왔을 때, 베쏜은 백짓장처럼 하얗게 질린 얼굴로 두 눈을 감은 채 침대에 누워 있었다. 턱에는 타월을 받치고 있었는데, 그 타월은 피 묻은 가래덩이로 얼룩져 있었다. 그리고 말을 할 때는 숨이 가쁘고 목젖이 떨리면서 그렁그렁한 소리를 내고 있었다.

의사는 "으음" 하고 신음소리를 내더니 프란시스를 옆으로 비켜서게 했다. 그리고 허리를 굽혀 베쑨의 가슴에 청진기를 갖다댔다. 잠시 후 그는 아주 분명한 어조로 이렇게 선언했다.

"증세가 아주 뚜렷하군요. 그래도 좀더 정확해야 하니까 즉시 엑스레이를 찍어보도록 합시다."

6

 2주일 동안 그는 꼼짝없이 자리에 누워 있어야 했다. 머리 속은 마치 희뿌연 안개가 자욱이 끼어 있는 듯이 무겁고 띵해서 아무 생각도 할 수 없었다. 때때로 그는 입술을 뒤틀면서 잠깐씩 쓴웃음을 짓기도 하였다. 간간이 의사들의 얼굴이 어른거렸고, 현관에서 사람들이 두런거리는 소리가 들려왔다. 또 어쩌다 한 번씩 머리 속의 안개가 걷히면서 프란시스의 모습이 시야에 들어오기도 했다. 그는 그녀의 얼굴을 마치 생면부지의 사람을 대하듯 무심히 쳐다보았지만 일절 말이 없었다. "아주 지독한 각혈이군" 하는 의사들의 중얼거리는 소리를 들으면서도, 그는 꼼짝 않고 천장만 응시했다. 그는 각혈이니 출혈이니 하는 말들을 들으면서 그 이상의 것들을, 그 의사들이 빈약한 용어로 표현하거나 엑스레이 사진을 보고 지적할 수 있는 것들보다도 훨씬 더한 것들을 생각하고 있었다.

 수일 동안 현관에서는 두런거리는 소리가 계속되었다. 그리고 프란시스가 늘 그림자처럼 곁에 있었지만, 그는 자신의 목

속에서 뜨겁고 짠 핏덩이가 솟구치는 것을 느끼면서 밤낮없이 자다깨다 자다깨다 할 뿐이었다. 사람들이 그를 잠깐씩 둘러보다 떠나가곤 하였는데, 천장에 비치는 그들의 그림자들이 서로가 서로를 쫓는 악마의 춤처럼 여겨졌다.

"닥터 베쑨……."

의사들 가운데 한 사람이 침대 옆으로 다가와 이렇게 점잖은 말투로 자기를 불렀다.

'왜 이들은 아직도 날 괴롭히려 하는 걸까? "닥터 베쑨……." 잘 가다듬은 턱수염에 깔끔한 옷차림새, 그리고 아주 교양 있는 말투로 침대 곁으로 다가서는 그들의 태도, 비싼 진료비로 통통하게 살이 붙은 그 번들거리는 얼굴들. "용태가 어떠십니까?" 그들 모두가 너나할 것 없이 내뱉어대는 그 판에 박힌 말투. 지금의 내 몸 상태가 어떠냐구? 그래, 나는 지금 죽음의 기분을 맛보는 중이지. 그럼 이런 나를 쳐다보는 당신 기분은 어때?'

그는 눈만 말똥이 뜨고 이렇게 조롱조로 속으로 대꾸했다. 그 턱수염의 사나이가 물러났다.

'늙은 염소 같으니라구……. 한밤중에 실직한 남편이 찾아와서 저 변두리의 박스카까지 가서 도와달라고 호소한다면 저자는 과연 그 부탁에 응할 것인가?'

그는 이런 생각을 얼핏 떠올렸으나 이제는 너무도 지친 몸이라 생각을 계속 이어나갈 수가 없었다. 그는 두 눈을 감고 육체가 원하는 대로 스스로 잠속으로 빠져들어 갔다.

어느 날 그는 일찍 잠에서 깨어났다. 정신이 좀 맑아진 기분이었다. 그는 창문을 통해 비껴 들어오는 햇살을 바라다보았다. 숨쉬기도 편해졌고 각혈도 완전히 그친 것 같아 기분이 아주 편안했다. 그는 오늘이 며칠이나 됐을까 생각해 보면서 거리에서 나는 소리들에 망연히 귀를 기울였다. 거리의 소리들을 들으면서 불현듯 오늘 역시 다른 날들과 다를 바 없는 또 하나의 날일 뿐이며 거리의 소음 역시 여느 때와 마찬가지라는 생각에 묘한 느낌을 맛보지 않을 수 없었다. 그는 남들이 계속 전과 다름없이 생활해 나가고 있다는 사실을 자신이 미처 깨닫지 못했다는 생각에 실소를 터뜨렸다.

디트로이트의 아침은 굴뚝 사이를 날아다니며 지저귀는 새들의 노랫소리와 등교길의 아이들이 불어대는 휘파람소리로 시작되었다.

'런던은 지금이 아마 정오쯤 되겠지, 지중해 연안이라면 낮잠을 잘 시간이고.'

이런 화창한 날 만약 그가 소호에 있었더라면 아마 템즈 강으로 나가서 보트놀이라도 즐길 생각을 했을 것이다. 빈에 있었다면 알프스로 달려가서 스키를 탈 생각을 했을 것이며, 로마에 있었다면 남쪽의 뜨거운 바닷가를 떠올렸을 것이다. 그러나 이젠 그 모든 것이 다 아련한 일들이었다. 그는 자신이 그동안 지난 일들을 까마득히 잊고 지내왔다는 생각에 새삼 놀랐다. 그레이븐허스트, 런던, 유럽, 전쟁의 기억들, 프란시스와의 결혼, 디트로이트에서의 가난과 행운, 이 모든 일들이 이상하게도 아득히 먼 과거의 일처럼 느껴질 뿐이었다.

'이 모든 일들이 이렇게도 희미하고 별 의미 없는 것으로 느껴지다니.'

그는 야릇한 기분을 느끼지 않을 수 없었다.

'그래, 모두가 다 과거지사일 뿐이지, 이젠 다 끝장이야. 막이 내리고 있는 지금, 그 일들은 각기 연극의 일부일 뿐이지.'

그는 가만히 프란시스의 모습을 머리 속에 떠올렸다. 그리고 그 이름을 나직이 불러보았다. 왈칵 연민의 정이 솟구쳤지만, 씁쓸한 기억들만이 연이어 떠올랐다. 그가 그녀에게 낭패감을 던져주었는지, 또는 그녀가 그에게 낭패감을 던져주었는지는 모르겠지만 하여튼 두 사람 사이는 무언가 잘못되어 있었다. 아니, 온통 엉망진창이었다. 그들 사이엔 아이조차 없었다. 따라서 적어도 자신의 일부가 이 세상에 계속 생존하며 자신의 생명이 그 아이를 통해 계속 이어진다는 환상조차 품을 수가 없었다.

'그래, 이제라도 프란시스를 보내주자. 그녀까지 내 곁에서 사라진다면, 그럼 나한테 남아 있게 될 것은 과연 무엇일까? 아무것도 없게 될 테지⋯⋯. 물론 전에는 어렸을 적부터 키워왔던 꿈이 있었다. 나는 그 꿈을 내 자신의 운명처럼 받아들이고 있었다. 그것은 내가 위대한 외과의사가 된다는 것이었다. 위대한 외과의사라⋯⋯ 참으로 얼빠진 생각이지. 뼈다귀나 짜맞추면서 부자들한테서 돈이나 우려내는 외과의사. 이것이 무슨 위대한 외과의사란 말인가?'

그의 두 눈은 방 안 여기저기를 둘러보다가 침대 옆 테이블 위에 있는 거울에서 정지하였다. 그는 그 거울을 끌어당겨 자신의 모습을 비춰보았다. 그는 섬뜩 놀라지 않을 수 없었다. 자신의 모습이 이렇게도 많이 변했으리라고는 미처 생각하지 못했던 것이다. 체중이 계속 줄어들고 있다는 사실은 전부터 알고 있었지만, 자리에 누워 있는 사이에 이렇게까지 두 뺨이 홀쭉해지고 머리카락은 더 허옇게 세고 두 눈이 벌겋게 충혈되어 있으리라고는 생각조차 못했다.

　그는 기운이 쑥 빠져나가는 것을 느끼면서, 털썩 침대에 쓰러졌다. "격렬하면서도 우아한 불꽃으로 타오르는 것!" 페이터의 이 경구조차도 환상이었더란 말인가······.

　그의 이런 공상은 계단을 올라오는 발소리에 중단되었다. 발소리의 주인은 프란시스였다. 그는 테이블 위에 우유잔을 내려놓는 그녀의 모습을 유심히 바라보았다. 그녀의 얼굴은 수심에 가득 차 있었다. 그는 그녀의 도움을 받아 등에다 베개를 받치고 앉았다. 그러고는 단호한 어조로 이렇게 말했다.

　"당신한테 꼭 할말이 있소. 의사들이 당신한테 뭐라고 설명하는지는 모르겠소. 그러나 난 아오. 나는 지금 죽어가고 있소. 내 인생은 이제 끝이오. 그러나 당신은 아직도 앞날이 창창한 사람이오. 이혼해 주시오. 그리고 당신 자신의 길을 새롭게 가기 바라오."

7

몇 주 동안 그는 부근의 한 병원에서 입원 치료를 받았다. 그리고 몸이 여행할 만큼 회복되자, 그는 그레이븐허스트에 있는 캘리더 요양소(Calydor Sanatorium)에 입원하기로 했다. 말하자면 '귀향'을 함으로써 자신의 아이러니컬한 인생을 마감하겠다는 생각이었다.

역 대합실은 바삐 움직이는 사람들로 술렁거리고 있었다. 프란시스가 베쑨의 곁에 꼭 붙어 있었고, 붉은 모자를 쓴 짐꾼 하나가 그의 짐들을 들고 있었다. 그는 역 주위를 돌아보면서 디트로이트야말로 미국의 새로운 중심이라는 생각을 다시 한 번 확인했다.

'야바위꾼들이 설쳐대면서 이 도시는 또 전처럼 흘러가겠지.'

그는 야릇한 감회가 솟구치는 것을 억제할 수 없었.

프란시스가 그의 팔을 꼭 잡았다. 그녀는 자기도 따라가겠다고 계속 졸라대고 있었다. 그러나 그는 자신의 확고한 주장, 즉 자기는 지금 죽어가고 있으며 따라서 두 사람이 지금 깨끗이 이혼을 해서 부인이 새로운 삶을 찾는 것이 서로에게 가장 좋은 길이라는 주장을 완강히 고수하고 있었다.

아내는 처음 그의 이혼 제의에 어안이 벙벙했었다. 그리고 곧 성을 내며 대들었으나 그는 그녀의 간청을 묵살해 버렸다. 그녀는 남편에 대한 충절과 사랑의 모든 감정을 항의로써 터뜨렸다. 두 사람 사이에 그 동안 무슨 일들이 있었든지 간에, 그녀는 아내로서 아무리 미미한 도움이라도 최선을 다하겠다는 생각밖에 없었다. 그러나 그녀의 이 모든 간청을 그는 단호히 뿌리쳤다. 그는 아내에게 조용히 말했다.

"이젠 다 부질없는 일이오. 당신의 인생은 아직도 창창하오. 나는 당신의 새로운 생활을 망치고 싶지 않소. 당신이 정 나와 이혼하지 않겠다면 나도 요양소 행을 포기하고 여기에서 그냥 죽어버릴 테니까 알아서 하시오."

이러한 그의 태도에 결국 그녀도 어쩔 수가 없었다.

이제 그는 아내에게 작별인사를 하기 위해 돌아섰다. 그녀는 무언가 말을 하려고 애썼지만 말문이 막히고 눈물만 흘러내렸다. 그가 드디어 몸을 앞으로 숙이며 그녀에게 작별키스를 했다. 그리고 부드러운 음성으로 이렇게 말했다.

"끔찍이도 예쁜 내 스코틀랜드 여인, 자 그럼 안녕……. 고향 에딘버러로 돌아가시오. 가서 더 행복해지기를 빌겠소. 디트로이트 일은 당신이 다 정리하기 바라오……."

그는 이 말을 마치고 플랫폼을 빠져나갔다.

그는 이튿날 토론토에 도착했다. 역에서는 부모가 기다리고 있었다. 그를 그레이븐허스트로 데리고 가기 위해서였다. 아버지는 전보다 더 늙어 보였다. 허리도 약간 구부러져 있었다. 그리고 손을 펼 때마다 손가락이 부르르 떨렸다. 어머니의 그 자긍심에 찬 굳센 얼굴도 수심으로 가득 차 있었다.

세 사람은 함께 온타리오 북부로 가는 기차에 올라탔다. 어머니가 그의 곁에 앉았다. 기차가 돈 강을 건널 때, 그는 갈색으로 물들어가는 들판과 그 도시의 끄트머리에 듬성듬성 자리 잡고 있는 몇 채 안 되는 집들을 조용히 바라보았다. 어머니가 도중에 그에게 눈길을 돌리며 "노면, 많이 아프지?" 하고 물었으나, 그는 고개를 흔들었다. 이제 그런 종류의 아픔은 사라진 지 오래였다.

들판 너머로 모래땅들이 나타났다. 그리고 억세고 푸른 소나무들과 바위투성이의 낮은 언덕들과 머스코커 호수의 수면들이 차례로 나타나기 시작했다. 그리던 고향 그레이븐허스트의 땅이었다. 그들은 자동차로 바꿔 타고 시내를 빠져나갔다. 자동차는 어릴 적 아버지의 설교를 듣던 그 작은 교회를 지나 바위로 뒤덮인 언덕들 사이로 들어섰다. 시내를 빠져나와 달린 지 얼마 지나지 않아 다시 호수가 보이기 시작했다. 정성스럽게 가꾼 소나무 숲 사이로 아스팔트 길이 이어져 있었다. 그들은 그 길을 따라 요양소로 자동차를 몰았다.

입원수속을 마치자, 그는 엉성한 병원복으로 갈아입었다. 그리고 침대에 누웠다. 어머니가 그의 침대 옆에서 눈물을 글썽거리며 머리를 숙였다. 그녀는 기도를 시작했다. 그러자 어머니의 손을 부드럽게 잡으며, 그는 이렇게 말했다.

"그만두세요, 어머니, 이젠 기도도 눈물도 필요가 없습니다. 전 아무런 후회없이 살아왔어요. 지금은 그저 피곤할 뿐입니다. 병이 나아서 일어나게 되면 다시 옛날얘기 하며 살 겁니다."

8

그는 고향에 있는 캘리더 요양소에서 세상과 절연된 생활을 계속하고 있었다. 그러나 트뤼도 요양소(Trudeau Sanatorium)로부터 편지를 받고부터 그의 투병생활은 일변하게 되었다.

디트로이트에서 누워 있을 때 처음 그의 생각은 뉴욕 주의 새러넉 호수에 있는 트뤼도 요양소에 입원하겠다는 것이었다. 그러나 입원수속을 밟으려 하자 병상이 남아 있지 않다는 회신이 왔었다. 그런데 이 캘리더 요양소에 입원한 지 약 1개월이 지난 지금, 트뤼도 요양소로부터 즉시 입원할 수 있다는 통지가 온 것이었다.

북아메리카에서 요양치료의 위대한 개척자로 알려진 에드워드 리빙스턴 트뤼도(Edward Livingston Trudeau)에 의해 세워진 새러넉 호수의 병원은 평판이 자자한 곳이었다. 베쑨은 이미 삶을 포기한 상태였지만, 한번 더 변화를 모색하기로 결정했다.

그는 12월 16일 트뤼도 요양소에 도착했다. 건물 여기저기에 꽃장식을 한 것이 병원 전체가 크리스마스 분위기였다. 그는 캘리더에서와 같이 상례적인 검사를 받으면서 모든 테스트에 순순히 응했다. 엑스레이 사진은 정말 그의 기운을 완전히 빠지게 하는 것이었다. 그는 책도 보고 편지도 쓰고 또 누워서 몇 시간씩 생각에 잠기며 지내고 있었다. 그는 아무런 불만도, 희망도, 두려움도 없었다. 그가 취했던 태도는 말하자면 중립적인 입장이었다. 그러나 그는 병원측의 규칙을 무시하고 멋대로 행동했다. 간호사들이 무어라 하건 간에 막무가내였다. 그는 침대에 누워 있으면서도 입원할 때 가져온 낡은 밀짚모자를 쓰고 지냈다. 또 침대에서 일어나 생활해도 좋다는 허락이 떨어지자, 파자마 차림으로 복도를 어슬렁거렸다. 이런 제멋대로의 행동 때문에 그는 결국 피스가 산록에 위치한 '리'(Lea)라는 이름의 별관지역으로 옮겨졌고, 그제야 병원 직원들도 안도의 한숨을 내쉴 수 있었다.

1927년 1월, 의학사의 새로운 장을 추가하게 될 이 작은 세계에서 환자들은 아침이면 자리에서 일어나 자신들의 독한 숨을 대기 속으로 내뱉고 있었다. 의사들은 몸속의 열 때문에 얼굴에 발진이 돋은 환자들을 차례로 둘러보면서 그들에게 마음을 편히 갖도록 하라고 충고했다.

창립자인 트뤼도 자신은 요양소 입구에서 단단한 청동상의 모습으로 환자들이 들어오고 나가는 모습을 지켜보고 있었다. 그리고 '리'라는 별관에서는 오직 죽음만을 기다리는 네 명의 사나이들이 서로에게 자신의 속마음을 털어놓으면서 삶을 마감해 가고 있었다.

이 네 사람은 모두 결핵으로 사망선고를 받은 사람들이었다. 게다가 이 가운데 세 사람이 전직 의사였다. 따라서 이 질병에 대해 알만한 것은 이미 다 알고 있었다. 그들은 시시각각으로 변해 가고 있는 자신의 증세들을 초연한 자세로 관찰하면서 죽음의 순간만을 기다리고 있었다. 2백25평방피트의 공간 속에서

네 사람은 칸막이를 하고 각기 침대 하나씩을 쓰고 있었다. 삼면은 창과 문으로 되어 있었고, 나머지 한 면은 조그만 목욕실로 통했다. 바람이 점점 더 거세게 불고 눈도 점점 더 높이 쌓이기 시작했다. 그들은 이 죽음의 공동체 속에서 자신들의 몸뚱이를 침대 속으로 더욱더 깊이 밀어넣으면서, 누구의 취미는 무엇이고 누가 불편해하는 것은 무엇이며, 또 누구의 버릇이 어떻다든가 누가 심하게 기침을 한다든가 누가 밤중에 깨어났다든가 누가 악몽에 시달린다든가 하는 것들을 서로들 잘 알고 지냈다.

한 사람은 금발에 푸른 눈, 잘생긴 용모에 따스하고 명랑한 웃음을 짓는 남부 출신의 B라는 의사였다. 또 한 사람은 미시건에서 태어나 뉴잉글랜드에서 성장한 닥터 링컨 피셔(Lincoln Fisher)였다. 그는 까무잡잡한 피부에 기민하고 열성적인 성격의 젊은이였다. 이 밖에 예의가 바르고 다정한 성품의 땅딸막한 남 리라는 중국인이 있었고, 마지막으로 노먼 베쑨이 있었다. 베쑨은 그들 한 사람 한 사람의 성격을 재빠르게 간파하면서 그들 모두와 곧바로 친해졌다. 네 사람은 모두들 매우 친숙한 관계로 곧잘 어울렸다.

이 네 사람 모두에 대해 트뤼도 병원측에서는 취침시간과 휴식시간을 지킬 것은 물론, 늘 정숙한 생활을 요구하고 있었다. 그러나 그들은 자신들의 여생을 어떻게 보낼지에 대해 자기들 나름의 생각이 분명했다. 그들은 몇몇 병원 사람들을 매수하여 외부세계와 '지하 통로'를 개설했고, 이 '지하 통로'를 통해서술과 음식 그리고 그 밖의 필요한 물품들을 은밀히 반입시켰다. 그들은 낮과 밤이라는 자연적 경계를 아예 무시하고 생활했다. 그들은 다른 별관들에서는 불이 다 꺼진 시간인데도 종종 목욕실로 모여들어 밤새도록 러시아 뱅크 놀이를 즐겼다. 물론 이들은 불빛이 새어나가지 않도록 목욕실의 창들을 실내복으로 가리는 등 세심한 주의를 게을리하지 않았다. 그들은 또 모두들 노래를 아주 좋아해서 하루에 몇 시간씩이나 축음기를 틀기도 하였다. 이 행위는 '합법적인' 것이었고 그들은 「외로운 길(Lonesome Road)」이라는 노래를 좋아했다. 그들은 비밀 '식품창고'에다가 먹을거리들을 감추어두고 꺼내먹었는데, 그 속에는 요양소측에서 알면 틀림없이 난감해할 것들이 많았다. 그들은 또 가끔 다른 환자들까지 초청해서 파티를 열기도 하였다. 밤새도록 놀고 나서는 그 다음날 낮에 잠을 잤다. 그들은 인생에 대해, 결핵에 대해, 그들이 읽은 책들에 대해 끝없이 이야기를 나누었다. 그들은 정말로 그러했든 아니면 그저 겉으로만 그런 척하는 태도를 취했든 간에 '과학적 무사공평'의 자세로 각기 자신의 사망예정일을 표시해 놓고 하루하루를 지워나가고 있었다.

이들의 당시 심정은 베쑨이 그린 일련의 벽화 속에 잘 나타나 있는데, 나머지 세 사람은 이 그림들을 흥미롭게 지켜보고 있었다.

그는 이 벽화 시리즈의 제목을 '어느 결핵환자의 1막 9장의 드라마'(AT.B.'s Progress : A Drama in One Act and Nine Painful

Scenes)라 이름붙였다. 이 드라마는 아홉 개의 상징적 그림으로 이루어져 있었는데, 그 하나하나가 출생에서 사망까지 자신의 인생역정을 나타낸 것이었다. 생생한 색채와 대담한 선으로 그려진 이 그림들은, 그들 네 사람의 때 이른 종말을 예언적으로 표현하고 있었다. 그는 이 상징적 그림 하나하나마다 그 밑에 풍자적 문구를 써놓았다.

첫번째 그림은 생명의 천사(the Angel of Life)가 아기 배쑨을 안고 있는 그림이었다. 그 다음 그림들은 어릴 적에 앓았던 질병들을 상징하는 것으로 사나운 짐승들한테 그 아이가 둘러싸여 있는 그림들이었다. 그 다음은 성년이 되어 명성, 부, 사랑, 예술이라는 이름의 네 요정의 유혹 때문에 항로를 잃어버린 젊은이가 뱃머리에 서 있는 그림이었다. 이 네 요정들은 욕망의 성(Castle of Heart's Desire)을 가리키고 있었다. 그 다음 그림은 그 성이 단지 환영에 불과하다는 것을 보여주고 있는데, 헐리우드의 무대 세트를 배경으로 하여 그 젊은이가 '결핵 박쥐떼'에 의해 공격당하고 있는 그림이었다. 그리고 그 다음 그림들은 그가 트뤼도 생활을 포기하고 애리조나 평원으로 가서 죽는 모습을 그리고 있었다.

마지막 것은 죽음의 천사가 배쑨을 데려가는 그림이었다. 그 죽음의 천사는 그를 다정한 표정으로 내려다보고 있었는데, 전경에는 조그만 묘지가 있고 그 묘지에는 묘비들이 늘어서 있었다. 그리고 이 마지막 그림 밑에는 다음과 같은 시구가 적혀 있었다.

달콤한 죽음이여

그대는 천사들 중에서도 가장 친절한 천사,

그대의 부드러운 품안에서

오! 마침내 나를 잠들게 하라.

불타는 태양이 사라진 지도 이미 오래

지금은 밤하늘에 별들만 반짝거릴 뿐,

보잘것없는 내 연기의 끝과 함께

지루한 연극도 막을 내리네.

이 벽화에 그려져 있는 죽음의 천사가 이들을 자비로운 눈길로 내려다보는 가운데 다시 봄이 찾아왔다. 그리고 그 봄과 함께 프란시스의 편지가 날아왔다. 이혼수속이 끝나 에딘버러로 떠난다는 내용이었다.

그는 그 편지를 읽고 또 읽었다. 그러다 그 편지를 구겨 던진 다음 코트를 입고 밖으로 나갔다. 몇 시간 동안 그는 사람들을 피해 언덕 사이를 거닐었다. 그 편지가 그에게 예기치 못했던 향수를 불러일으켰던 것이다. 그는 갈등하지 않을 수 없었다. '꼭 이혼을 했어야 했는가?' 그는 자문을 거듭했다. 그러나 이미 엎질러진 물, 먼저 이혼을 요구했던 사람은 바로 그였다. 그러나 막상 프란시스의 편지를 받고 나니 외부세계와 연결되어 있었던 마지막 가느다란 끈까지 끊어져 나간 느낌이었다. 자신의 내부에서 아직도 무엇인가를 고대하고 있었다는 사실이 다시금 가슴이 에이도록 고통스러웠다. 녹아서 질척거리는 눈길을 철벅철벅 걸으면서, 그는 무력감과 울분 그리고 자기 연민이 솟구치는 것을 느꼈다.

리에 돌아왔을 때는 이미 날이 어두워진 상태였다. 피셔와 리 그리고 B가 그를 기다리고 있었다.

"술 남은 거 있습니까?"

베쑨은 침대에 걸터앉으면서 이 사람들에게 마구 이야기하고 싶은 강한 충동을 느꼈다. 세 사람은 그의 괴로운 심정을 이해하고 그의 이야기를 경청해 주었다.

바깥에는 다시 눈이 오기 시작했다. 창에 부딪친 눈들이 주르르 녹아내렸다. 밤이 깊어갔지만, 눈 때문에 바깥은 점점 더 환해졌다. 베쑨은 줄담배를 피워대면서 계속해서 이야기를 했다. 그리고 마시고 또 마셨다. 그가 자신의 지나간 삶에 대해 두서없는 이야기를 계속하고 있을 때, 바깥에서는 바람이 거세게 불고 있었다. 바람이 얼마나 세찬지 창문들까지 부르르 떨려왔다.

세 사람은 그의 착잡한 심정을 잘 이해할 수 있었다. 그들 역시 이미 나름대로 비슷한 경험을 맛본 사람들이었다. 그러나 그들은 자신의 고통스러운 추억에도 불구하고 이 신참 환자의 이야기를 끈기있게 들어주었다.

베쑨의 말수가 점차 줄어들었다. 그러다 마침내 침대에 벌렁 드러누웠다. 그는 프란시스의 편지가 그 동안 잊고 지냈던 그 무엇을 상기시켜 주었다고 생각했다. 그는 자신의 운명을 조용히 받아들이고 이 트뤼도로 왔었다. 그러나 그는 이제 죽음을 앞에 두고 살아간다는 것이 어떠한 것인지를 절실히 깨닫고 있는 중이었다. 이제 다시는 결코 프란시스를 볼 수 없다는 생각 때문에, 그녀가 떠나버린 상태에서 이곳 피스가 산록에 완전히 고립되어 종말만을 기다려야 한다는 쓰디쓴 생각 때문에, 참을 수 없는 공허감이 다시금 물밀듯이 밀어닥쳤다. 그는 이제껏 죽음이란 것의 거죽만을 알고 지냈을 뿐이었다. 그러나 지금은 죽음의 완만한 마지막 고통까지 맛보게 되었다.

"빌어먹을!"

그는 이렇게 내뱉으며 다시 몸을 벌떡 일으켰다. 그의 폐는 요즈음 급속한 속도로 썩어가고 있었다. 그리고 그 때문에 곧 모든 고통과 번민이 사라질 것이었다. 그가 동료들에게 외쳤다.

"한잔 더 합시다."

피셔가 술병을 가지러 가자, 그는 축음기에다 음반 하나를 얹었다. 풍부한 바리톤 성량의 노래가 방 안을 그득 메우기 시작했다. 「외로운 길」이었다.

방 안이 다시 조용해졌다. 어둠 속에서 베쑨을 지켜보던 세 사람은 이제 그에게 더 이상 할 이야기가 없다는 것을 눈치챘다. 그러자 각기 조용히 잠 속으로 빠져들었다. 베쑨은 침대 램프를 켜고 프란시스에게 보낼 편지를 쓰기 시작했다.

사랑하는 프란시스에게
당신이 에딘버러로 돌아간다니, 정말 잘 생각했소 얼마나 상심이 많겠소 그런데도 당신을 위해 해줄 것이 없구려.

이곳엔 별일이 없소. 아니 별일이 없는 것처럼 보이는 것인지도 모르지. 실제로는 많은 일들이 일어나는데도 말이오. 나는 명상이라는 것이 하나의 분명한 행동이라는 것을 이곳에서 깨닫게 되었소. 물론 강요된 명상이지만, 아무튼 그 명상의 결과 불가피하게 나타나는 여러 심리적 변화와 자각 그리고 보다 심화된 자기 인식, 이곳에 오면 그 누구도 그것을 피할 수 없게 된다오.

　나도 한때는 막연하나마 내 자신의 특별한 개인적 숙명 같은 것을 많이 생각했소만, 이젠 그런 생각도 물거품처럼 꺼져버리고 말았소. 살아 있는 세계와의 완전한 절연, 이것이 오히려 이곳 사람들에게 때때로 보다 철저한 현실 인식을 가져다주고 있는지도 모를 일이오. 물론 그러한 이해가 모두 절망과 희망과 체념이 맴도는 속에서 이루어지지만 말이오.

　그러나 아무래도 난 좀 늦된 놈인가 보오.

　환경의 희생자가 자신의 패배를 감수하는 대가로 자기 운명의 지배자가 된다니, 이 얼마나 무서운 아이러니겠소······.

그는 '이게 다 쓸데없는 짓이지' 하는 느닷없는 생각에 펜을 멈추었다. 그의 내부에서는 야릇한 감정이 스멀거리고 있었다. 그는 엄습해 오는 외로움과 두려움에 진저리를 쳤다. 두려움의 맛과 냄새와 본질이 그의 가슴속으로 예리하게 파고들어왔다. 그가 프란시스를 마음에서 지워버릴 수 있다는 것은 거짓말이었다. 그가 자기의 삶에 더 이상 의미를 두지 않는다는 것은 거짓말이었다. 그에게 이젠 아무것도 남아 있지 않다는 것도 거짓말이었다. 그는 이제껏 아무것도 제대로 한 일이 없었고, 아무것도 뒤에 남길 것이 없었고 이렇다 할 만하게 살아놓은 것이 없었다. 그는 램프를 끄고 절망에 몸부림쳤다.

'어느 결핵환자의 1막 9장의 드라마' 속에 그려진 죽음의 천사의 온화한 모습이 어둠 때문에 소름끼치도록 잔인한 모습으로 일그러져 가는 것 같았다.

9

늦여름의 어느 무더운 밤이었다. 별관 주위의 나무숲에서 따스한 미풍이 창 안으로 불어왔다. 리에서는 네 사람의 동숙인들이 침대에 누워 독서를 하고 있었다. 그들은 각기 소설, 잡지, 의학지들을 한아름씩 안고서 이제 막 요양소 도서실에서 돌아온 참이었다.

베쑨은 신간소설을 손에 잡았다가 이내 싫증을 느끼고 닥터 존 알렉산더(John Alexander)라는 사람이 쓴 『폐결핵 수술』(The Surgery of Pulmonary Tuberculosis)이라는 책을 집어들었다. 그는 건성으로 책장을 넘기다 다시 엄지손가락으로 앞쪽을 펼치면서 큰소리로 외쳤다.

"이것 한번 들어들 보세요."

그는 자신의 눈길을 끌어당긴 대목을 천천히 읽어나갔다.

우리가 그 동안 폐결핵 수술 분야에서 개척적 자세를 별로 보이지 못했다는 사실은 참으로 의외의 일이라 아니할 수 없다. 미국의 대다수 의사들이 이 책을 읽는다면, 흉부외과 분야가 꾸준한 진보를 보이면서 절망에 빠져 있는 많은 사람들에게 활기찬 희망을 줄 수 있다는 사실에 크게 놀라게 될 것이다.

피셔가 졸린 목소리로 말했다.
"다 보고 나면 우리도 한번 훑어봅시다."
베쑨은 침대 램프를 조절한 다음, 다시금 마음을 가라앉히고 그 책을 처음부터 읽어내려가기 시작했다. 첫 문장은 조용한 어투였지만, 그러나 그것은 분명 혁명적 의미를 내포한 발언이었다.

우리는 현재 폐결핵 수술 분야의 진보를 도외시하고는 20세기 외과술의 발전에 대해 말할 수 없을 것이다.

'폐결핵 수술이라, 이것은 금시초문 아닌가. 누군가가 이런 수술을 시도했다는 말인가?'
미국의 의학잡지에 실렸던 결론적 보고서는 전에도 읽어본 적이 있었다.
'수술 치료라…… 단호한 수술을 통해…… 무작정 시간을 끌면서 침대에서 막연히 휴식만 취하는 방법이 아니라 그 반대로…… 나 역시 이렇게 휴식이나 취해 가지고는 해결이 안 된

다고 투덜대지 않았던가?'

그는 불현듯 엄습해 오는 흥분에 사로잡혔다.

지금으로부터 단지 몇 년 전만 해도 폐결핵에 대한 수술은 일체 분별없고 쓸데없는 간섭이라고 여겨졌었다. 그러나 흉곽성형술과 이에 따른 기술의 발전은 결핵균이 주로 한쪽 폐에 몰려 있는 많은 사람들에게 죽음에서 생명으로 나아갈 수 있는 좋은 기회를 제공하게 되었다.

그는 이 대목을 조심스럽게 다시 읽었다.

'이 저자는 지금 주로 한쪽 폐에 결핵균이 집중되어 있는 절망적인 환자들을 외과적 방법으로, 즉 수술을 통해 완치시킬 수 있다는 주장 아닌가? 그리고 그것은 바로 왼쪽 폐가 문제인 나의 경우에 대한 것이 아닌가?'

베쑨은 빠른 속도로 그 책을 계속 읽어나갔다. 외과수술을 통해 치료를 시도할 만한 충분한 증거가 있으며 미국에서 이 방법이 시도되지 않고 있는 것은 지독한 편견과 무지 때문이며 수천 명의 남녀들이 이 때문에 죽어가고 있는데도 잘못된 오해로 이 방법이 전적으로 무시되고 있다는 알렉산더의 논리정연한 주장을 보면서 베쑨은 계속 고조되어 가는 흥분감을 억누를 수 없었다. 또 다음의 구절이 그를 다시 긴장시켰다.

코흐(Koch) 시대 이래 많은 사람들의 목숨을 앗아간 이 인류의 천형을 해결하기 위해 행해져온 엄청난 노력을 생각할 때, 의학계 전체가 아직도 폐 허탈(pulmonary compression, deflation of the lung) 기술에 대해 별로 알지 못하고 있다는 사실은 놀라운 일이라 아니할 수 없다. 그러나 의심할 바 없이 이 기술은 1870년대에 데트바일러(Detweiler)가 요양소 휴식방법을 주장한 이래 폐결핵 치료를 위해 이루어진 가장 가치 있는 기여라 아니할 수 없다. 일부 폐결핵환자들에 대한 이 외과술의 가치는 이제 더 논의를 필요로 하지 않는다.

이제 문제는 이 수술을 위해 대상 환자의 여러 징후와 금기 징후를 자세히 파악하여 환자들의 생명을 구하기 위해 수술을 시도하느냐 마느냐이다. 그리고 이 결단은 그 어디에서나 의사들 자신의 몫이라 아니할 수 없다.

영어로 처음 출판되는 이 책에는 그대로 놓아두면 매년 틀림없이 죽게 될 수천 명의 환자들을 외과술을 통해 살릴 수 있는 기본원리들과 세부방법들이 실려 있다. 폐결핵을 다루는 의사 여러분의 지대한 관심을 바라 마지않는 바이다.

다른 세 사람은 이미 깊이 잠들어 있었다. 그의 침대 램프만이 어둠 속에서 홀로 타고 있었다. 베쑨은 그 책을 두 손에 들고 다시 한 번 바라다보았다.

이런 이야기를 왜 전에는 듣지 못했을까? 그는 책장을 넘겨 출판 연도를 찾아보았다. 1926년, 바로 작년에 출판된 책이었다.

'수천 명의 목숨을 살리기 위하여! 절망적인 환자들에게 희망을 주기 위하여! 새로운 방법이 발견되어 이젠 다른 사람들이 뒤쫓기만 하면 된다는데, 이것이 과연 참말일까?'

 동이 텄지만, 그의 침대 램프는 아직도 타고 있었다. 마침내 그는 책을 옆으로 던져놓았다. 그러나 좀체 잠이 오지 않았다. 그의 마음속에서 무엇인가가 꿈틀거리기 시작했으나 그는 그것을 억누르려고 애썼다. 그것은 다시 살아날 수 있다는 일말의 희망이었다.

 '아냐, 아직은 그런 마음을 가져서는 안 돼. 지금 필요한 것은 오로지 결단뿐이야.'

 이렇게 나직이 중얼거렸다.

 그는 뜬눈으로 새벽을 보내고 나서야 겨우 잠들 수 있었다. 닥터 존 알렉산더의 책은 옆으로 치워져 있었지만, 그 책 여기저기가 밑줄투성이었다. 이제 그의 인생은 어떤 방향이 될지는 몰라도 분명 결정적인 변화를 맞이할 것이다.

 그후 며칠 동안 그는 입을 다물고 지냈다. 그는 자신의 시간을 대부분 요양소 도서실에서 보내면서 폐결핵 수술에 대해 나와 있는 글들을 모조리 뒤져보았다. 그는 이 주제를 다룬 글들이 너무나 없다는 사실에 실망하지 않을 수 없었다. 의학잡지들에서 몇몇 논문을 찾아보기는 했지만, 닥터 알렉산더의 논리에는 한참 모자라는 것들뿐이었다. 볼 만한 것이라곤 닥터 알렉산더 자신이 이미 예전에 썼던 것들이었다. 그래서 그는 다시 그 전문가의 책으로 되돌아가지 않을 수 없었다. 그러나 그가 거기서 발견한 내용만으로도 그의 머리는 충분히 새롭게 움직일 수 있었다.

수주일 동안 그는 자신이 찾아볼 수 있는 모든 자료를 뽑아냈다. 알렉산더의 책을 읽으면서 그는 편협한 인습에 대항하여 결핵 퇴치를 위해 혁명적 방법을 추구한 사람들에 대해 찬탄을 금치 못하였다. 스위스의 드 세렌빌(De Cerenville), 독일의 브라우어(Brauer), 빌름스(Wilms), 자우어브루흐(Sauerbruch), 슈투에르츠(Stuertz), 프랑스의 구르데(Gourdet), 투피에(Tuffier), 베라르(Bérard), 스웨덴의 야코바에우스(Jacobaeus), 영국의 데이비스(Davies), 미국의 게클러(Gekler)와 머피(Murphy), 캐나다의 아취볼드(Archibald) 등과 같은 사람들이 바로 그러한 사람들이었다. 이들은 의학의 개념들을 정태적으로 받아들이기를 거부한 사람들이었다. 이들은 미지의 것들을 공략하여 그 해명을 위해 노력했다. 만약 사람들이 결핵으로 죽어간다면, 의학의 의무는 그런 죽음을 방지할 방법을 찾는 데 있다고 그들은 주장했다.

만일 현존의 기술이 실패하고 있다면 새로운 기술이 발견되어야 한다는 것이 그들의 주장이었다. 베쑨이 온몸에 차오르는 흥분 속에서 짜릿한 전율까지 느꼈던 것은 '절망적인 사람에게 희망을'이라는 새로운 신조를 내세운 사람들 가운데 캐나다의 외과의사인 몬트리올의 닥터 에드워드 윌리엄 아취볼드라는 사람이 있다는 사실을 발견했기 때문이었다.

이들은 모두 침대에만 누워 있을 때는 아무런 차도도 보이지 않았던 환자들이 개개인의 상태를 감안하여, 영구적으로 또는 일시적으로 그 전염된 폐를 처치했을 때 건강을 되찾을 무수한 사례들을 보여주었다. 이 문제를 더욱더 깊이 파고들어감에 따라, 베쑨의 마음은 초조감에서 격렬한 분노로 변해 갔다.

리에서는 이제 인공 기흉술(artificial pneumothorax : 결핵이 발생한 한쪽 폐를 허탈시키기 위해 흉부에 공기를 투입하는 행위)과 흉곽성형술(thoracoplasty)이라는 과감한 방법에 대해 연일 토론이 벌어졌다. 베쑨은 그럴 때마다 이렇게 울분을 토로했다.

"정말 믿기 어려운 일입니다. 환자들이 무수히 죽어나가고 있는 판인데도, 수술을 시도하고 있지 않다니 말입니다. 자우어브루흐와 브라우어 등이 개발한 방법을 쓰는 외과의사들이 이 나라에는 불과 17명밖에 안 된답니다. 그리고 미국에서도 지난 칠 년 동안 수술을 받은 사람들의 총수가 단지 삼백 명이라는군요. 이거야 원, 양동이에 물 한 방울격 아닙니까? 그리고 바로 이 순간 이 나라에서만도 결핵환자의 수가 삼만 명이 넘는다는데, 그 가운데 얼마나 되는 사람들이 이러한 방법으로 전염된 폐를 처리해 보았는지 나로서는 심히 의심스럽기 짝이 없습니다. 기존의 방법으로는 희망이 없고 수술을 해야 희망이 생길지도 모르는 환자들에 대해서 말입니다."

그는 우울한 심정으로 마루 위를 이리저리 거닐었다.

"이건 그저 단순한 무지도, 그저 단순한 보수성이 아닙니다. 이건 철저한 야만임에 틀림없습니다. 우리 경우는 또 어떻습니까? 이렇게 누워만 있으면 우리들 가운데 누가 살아날 가망이 있단 말입니까?"

그는 이야기를 잠시 중단하고 세 사람을 둘러보았다. 그리고 다시 말을 이었다.

"알렉산더는 모든 증거들을 수집해서 제시하고 있습니다. 인공 기흉술이란 것은 우리 나라에도 오래 전에 알려진 것입니다. 그런데도 악마가 성수를 두려워하듯 무슨 이유에서인지 그것이 기피되어 왔어요. 그러나 그보다 더 간단한 방법이 또 어디 있겠습니까? 흉강에 바늘로 공기를 주입시켜 전염된 폐를 필요한 만큼 허탈(虛脫)시킨다는 것 아닙니까? 그래야 전염된 폐가 휴면상태에 들어가 더 이상의 악화를 막는다는 말 아닙니까? 그 방법에 비해 이대로 자리에 누워 있는다는 것은 전염된 폐를 계속 소방차처럼 혹사시키는 것 아니겠습니까? 그리고 그 방법으로 효과를 봤다면 필요한 만큼 자주, 즉 매주 한 번씩 또 매달 한 번씩 또는 두 달에 한 번씩 필요한 기간 동안 계속 공기를 주입시켜 보라는 것 아니겠습니까?"

그는 그 책을 앞으로 흔들어대면서 말했다.

"난 이런 식으로 죽음을 기다리는 데 짜증이 났어요."

피셔가 물었다.

"무슨 뜻입니까? 더 이상 이런 침대휴식 같은 방법은 받아들이지 않겠다는 말입니까?"

"그래요. 이젠 이러고 있을 생각이 완전히 달아났어요. 난 인공 기흉술을 받아보고 싶습니다. 알렉산더의 책을 읽고 나니 확신이 섰습니다. 기존의 방법들은 그저 장난에 불과합니다. 난 오늘 당장 요양소측에 인공 기흉을 요구할 생각입니다."

그날 오후 그는 관리실로 뛰어들어갔다. 그리고 직원회의가 열리고 있는 자리에서 즉시 인공 기흉을 요구했다. 트뤼도의 직원들은 그의 불 같은 성미를 잘 알고 있었다. 그래서 의사 한 사람이 그 방법의 문제점들을 거론하며 위험이 따른다고 조심스럽게 설명했다.

베쑨은 싱긋 웃으며 셔츠를 열어젖혔다. 그리고 그들에게 외쳤다.

"신사 여러분, 나는 그 위험을 환영하기로 결심했습니다."

후에 그는 트뤼도의 '보수적' 치료에 대한 이러한 자신의 비판에도 불구하고 자신이 그곳에 갔다는 것을 아주 큰 행운이라고 술회했다. 19세기 말 창건된 이래, 이 요양소는 북미대륙에서 결핵 퇴치를 위해 전위에 서서 투쟁해 온 곳이었다.

당시의 선도적인 결핵 전문의사들은 그 대부분이 트뤼도에서 훈련을 받았거나 그곳에서 행해지는 치료행위의 효과를 확신하는 사람들이었다. 닥터 존 알렉산더와 닥터 에드워드 아취볼드 등의 결핵 전문가들도 그 점은 마찬가지였다. 베쑨은 요양소에서 퇴원하기 전에 그 두 사람을 만날 수 있었다. 그러나 당시 요양소 관리자들은 다른 동시대인들보다는 진보적인 입장에 있었음에도 불구하고, 결핵의 외과적 치료에 대해서는 당시의 일반적 태도를 크게 반영하고 있었다. 따라서 외과시술은 중환자들에게만 권고되었다. 기흉 치료에 대해서도 요양소 의사진들은 잘 알고 있었지만, 아직도 실험단계에 있는 치료방법으로 여기고 있었다. 그리고 머지않아 의학계 전체가 곧 닥터 알렉산더의 보고와 주장에 대해 찬반 양론으로 갈라질 터였다.

알렉산더의 견해가 결국 우위를 점할 것이 분명했지만, 베쑨이 운명적으로 담당한 역할은 트뤼도에서의 그 시도를 촉진시키는 것이었다. 그는 그 자신을 실험대상으로 내놓을 만반의 태세를 갖추고 있었다. 트뤼도의 일부 의사들이 완전히 확신할 수 없는 치료방법의 시도를 꺼려했던 터에 오히려 환자 쪽에서 그것을 시도해 달라고 강력히 요청했던 것이다. 그것도 환자 자신이 그에 따른 모든 위험을 잘 이해하고 있는 경험 많은 의사이지 않은가?

기흉 치료의 효과는 아주 신속하게 나타났다. 아니 그것은 참으로 극적인 사건이었다. 한 달이 채 지나지 않아 기침이 사그라들고 가래가 사라졌다. 베쑨은 새로운 활력이 샘솟는 것을 느끼기 시작했다. 기분이 좋아지고 정신이 맑아졌다. 그에 따라 정력과 희망이 커져가는 것을 느낄 수 있었.

건강을 회복해 가면서 그는 결핵환자들의 사회복귀를 위한 프로그램을 입안하기 시작했다. 결핵환자들이 귀환장병들과 똑같은 곤경에 부딪치고 있다는 것이 그의 주장이었다. 그들은 병으로 인해 정상생활에서 이탈되어 지내왔기 때문에 결핵이 완치되어도 그 후의 생활대책이 막연했다. 그들은 인생을 다시 시작할 충분한 채비없이 요양소 밖으로 떠나가고 있었다. 그의 계획은 이 요양소 안에 부속대학 같은 것을 설치하는 것이었다. 물론 교수직은 스스로가 결핵환자인 사람들이 맡을 것이었고, 학생들은 다시 건강을 회복중인 환자들일 터였다. 이 프로그램의 목적은 사회복귀를 위해 아무런 대비가 없는 환자들에게 직업적, 정신적 교육을 제공하는 것이었다.

당시 베쏜의 이 계획은 결국 유토피아적인 꿈으로 무산되고 말았다. 그러나 이 계획은 그로부터 10년 후 그 실현을 보게 되었다(트뤼도의 의무과장 부인인 F. H. 하이제 부인에 의하면 트뤼도 요양소에서 이 프로그램을 실시하게 된 데에는 베쏜의 선구적 노력이 크게 기여했다는 사실을 알 만한 사람들은 다 알고 있다는 것이다).

그는 이 프로그램의 입안만으로는 만족할 수 없었다. 그는 자신의 미래를 위한 준비에도 아주 열성적이었다. 그는 자신의 사회복귀를 위해서도 준비하고 있었던 것이다. 그는 탐욕스럽게 책들을 뒤적이면서 기흉 치료에 대한 자신의 임상 반응을 계속 기록하면서 결핵 치료를 위한 외과술을 깊이 연구했다. 또한 그는 옛 친구들에게 계속 편지를 하는 한편, 이 요양소의 후원으로 운영되는 옥덴 밀스 간호학교에서 생리학 및 해부학 강의를 맡았다.

인공 기흉을 시작한 지 두 달 후 그는 머리끝에서 발끝까지 마지막 검사를 받았는데 엑스레이검사 혈액검사 등의 모든 결과가 퇴원해도 좋다는 판정이었다. 그의 경우 기흉 치료의 효과는 참으로 기적적인 것이었다. 단 두 달 만에 거의 완전한 회복을 보았던 것이다. 인공 기흉과 일시적 횡경막 절개(phrenicectomy : phrenicotomy라고도 한다. 횡경막 신경을 마비시키기 위해서 행해지는데, 이렇게 하면 전염된 폐가 허탈되는

데 도움이 된다) 덕분이었다. 감염의 징후는 전혀 보이지 않았다. 그리고 앞으로 수년 동안 그의 왼쪽 폐는 그 상태로 수축된 채 남아 있을 것이었다.

저녁 내내 의사들과 동료 환자들이 작별인사를 하러 왔다. 손님들이 다 가고 나자, 이제 네 사람이 다시 남았다. 피셔가 서운한 표정으로 말했다.

"당신이 떠나고 나면 이곳도 전 같지 않을 겁니다."

베쑨이 웃으면서 말했다.

"그것 참 잘됐군요."

그는 다정한 손길로 피셔의 등을 두드리며 말했다.

"바보천치 여러분, 저 역시 여러분 곁을 떠나게 되어 몹시 섭섭합니다. 그러나 단 한 가지 점만은 전혀 서운하지 않습니다. 그것은 모두가 곧 건강한 몸으로 회복되리라는 사실입니다. 물론 그러기 위해서는 기흉 치료를 받아야 될 테지만 말입니다."

이튿날 아침이 되자 네 사람은 서로 굳은 악수를 하며 작별을 고했다. 눈으로 뒤덮인 관리실 앞에는 썰매가 대기하고 있었다. 그들은 네 마리의 새끼 고양이들처럼 키득거리며 서로의 어깨를 두드렸다. 썰매가 출발했다.

그는 정문을 통과해서 언덕을 돌 때까지 두 팔을 계속 흔들었다.

역에 도착하자, 에딘버러로 즉시 급전을 쳤다.

"완치로 오늘 퇴원했소 당신에 대한 사랑은 변함이 없소 다시 결혼합시다."

그는 잠시 눈에 덮인 새러넉 호수를 마지막으로 바라보고 기차에 올라탔다. 덜거덕거리며 기차가 달리기 시작하자 언덕들이 연이어 나타났다.

그는 기쁨에 들떠 차창에 얼굴을 비벼댔다. 이것은 꿈이 아니라 현실이었다. 그는 떠나고 있었다. 그는 자유로운 몸이었다. 그는 저승사자의 손아귀에서 빠져나온 행운아였다. 1년 전 그는 자포자기의 상태에서 모든 사람들에게 작별을 고하고 운명에 몸을 맡긴 채 '이것이 마지막'이라고 생각하며 이 언덕들을 지나 요양소에 입원했었다. 그는 자신이 디트로이트에서 쓰러졌을 때 스스로 절망했던 일들을 회상해 보았다. 그러나 그는 이 트뤼도에서 다시 한 번 생명을 되찾았던 것이다. 디트로이트…… 그것은 이제 그에게 아주 아득하게만 여겨지는 도시였다. 산업화에 따른 사치, 부자와 빈민 그리고 미국의 신화가 한데 어우러져 꿈틀대는 도시. 그는 그곳에서 스스로 외로운 반란자가 되어 좌절했었다. 그러나 그가 좌절했던 이유는 환멸스러운 현실을 조롱하면서도 그 화려함과 부에 스스로 집착했기 때문이었다. 그러나 이제는 편안한 마음으로 그 도시를 마주할 것이었다. 그는 자신이 떠벌리는 이상에도 불구하고 인술이 홀로 자리하고 있어야 할 의학의 왕조에 명성과 부를 대신 앉혀놓았던 것이다. 그러나 이제 다시는 그런 일이 없으리라.

다시는 결코 메스를 들면서 그 어떠한 생명체에 대해서도 단순한 기계적인 유기체로 취급하지 않으리라. 사람이란 육체가 전부가 아니다. 사람이란 꿈을 가진 것이다. 따라서 이제부터 나의 칼은 육체와 동시에 그 꿈을 구하리라. 피셔와 리 같은 사람들이 아직도 얼마나 많이 트뤼도에 남겨져 있는가? 또 수만, 수십만의 사람들이 앞으로 계속 그들과 같은 신세에 빠질 것이 아닌가? 지금 그는 트뤼도를 뒤로하고 있지만, 1년 내내 그는 자신의 직업과 재능을 결핵에 빼앗겨버리고 고통과 절망 속에서 몸부림치는 사람들을 생각해 왔다. 그리고 그 일부는 미지에의 행군을 스스로 거부함으로써, 그리고 또 일부는 단순한 무관심에 의해 그들 모두가 교살되고 있었다. 그러나 진정한 의료인들도 있었다. 그들은 긍정도 부정도 하지 않으면서 눈앞의 이익을 좇지 않고 모색을 계속하는 사람들이었다.

'앞으로는 그들과 뜻을 함께하리라.'

그는 다짐했다. 그의 왼쪽 폐는 주저앉았지만 그의 가슴은 그들과 뜻을 함께하리라는 희망으로 들끓고 있었다.

'모든 음악과 그림과 시들보다도 그들의 재능이 더욱 위대하지 않은가? 그리고 나의 재능 역시 지금 두 손과 머리에서 잠자고 있는 것이 아닌가? 모든 음악과 그림과 시들이 모든 인간의 생명 자체를 위해 만들어진 것이 아닌가? 그렇다. 앞으로 나는 나의 믿음을 되살려준 그들, 생명의 모색자이자 교란자이자 수여자인 그들과 함께할 것이다.'

기차가 빈 들판을 질주하고 있었다.

그는 가슴 깊숙한 곳으로부터 새로운 믿음과 삶에 대한 긍정이 솟구치는 것을 느끼지 않을 수 없었다. 그는 이러한 자신의 생각을 「사도신경」의 형식에 따라 다음과 같이 적어가기 시작했다.

전능하사 미국에 요양소를 만드셔서 결핵환자들을 구해 주신 트뤼도 아버지를 내가 믿사오며, 인공 기흉을 믿사오니, 이는 카슨(Carson)의 창안과 폴라니니(Forlanini)의 수고로 태어나셨으나, 시건방진 오만과 편견하에서 고난을 받으사 그 환자들을 죽여 장사지낸 비뚤어진 사람들한테 비난을 받으셨도다. 그러나 이제 수천의 사람들이 제3기라 할지라도 그 덕분으로 침대에서 다시 일어나게 되었나니, 그들은 이제 하늘에 오르사 불멸의 의학인들의 반열에 드셔서 우리 아버지 히포크라테스의 오른쪽에 앉으셨도다. 거기에서 그들은 자신의 일을 제대로 수행한 결핵 의사들과 그렇지 못한 결핵 의사들을 심판하시리라. 보딩턴과 브레머, 머피와 프리드리히, 빌름스, 자우어브루흐, 슈투에르츠, 야코바에우스를 믿사오며, 허탈요법을 행하지 않은 죄악이 용서받지 못할 죄임을 믿사오며, 환자가 다시 건강한 몸으로 회복될 것을 믿사오며, 결핵환자들이 조심만 잘하면 영원히 살아갈 것을 믿사옵니다. 아멘.

그는 이렇게 쓰기를 마치고, 자리에 몸을 깊숙이 기대고 차창을 스쳐가는 바깥 풍경을 다시 한 번 바라보았다. 그는 자신의 인생이 기차와 같다고 생각했다. 출발할 때는 천천히 움직이지만, 어느 정도 시간이 지나가면 있는 김을 다 내뿜으며 최고 속도로 달려가는 기차 말이다.

 맙소사. 그는 곧 서른일곱 살이 될 터였다. 그가 지금까지 얼마나 오랫동안 시간을 허비하고 기회를 흘려보내며 살아왔던가. 그러나 그 모든 것은 이제 다 지난날의 일이었다.

 자, 이젠 지난날의 일들을 모두 지난날의 도시들에다 말끔히 장사지내자. 그리고 그 나머지 모든 일들도 타구(唾具)와 요양소 사람들과 결핵균과 불확실성과 두려움들과 함께 트뤼도에다 벗어버리자. 폐허여 안녕, 트뤼도여 안녕. 자 그럼 또다시 나를 기다리고 있는 도시들을 맞이하자.

제2부

생명의 칼 정의의 칼

10

 1929년 1월의 어느 쾌청한 겨울날, 닥터 노먼 베쑨은 몬트리올의 파크 애비뉴를 따라 북쪽으로 걷고 있었다. 그는 파크 애비뉴가 나오자 서쪽으로 돌아서 왕립 빅토리아 병원(the Royal Victoria Hospital)으로 들어섰다. 이 육중한 회색 건물은 마운트 로열의 남쪽 산록에 위치해 있었는데 첫눈에 들어오는 인상은 병원이라기보다는 스코틀랜드식의 고성처럼 보였다.

 이 거대한 건물 속 어딘가에 닥터 에드워드 아취볼드가 그를 기다리고 있었다.

 그리고 또한 흉부외과의사로서의 새로운 인생행로가 그를 기다리고 있었다. 지난 2년 동안 베쑨은 되찾은 생명에 값하기 위해 자신의 생활을 하나의 목표에 맞추어 살아왔다.

 새러넉 호수로부터 나온 그는 일단 개인적인 일들부터 정리할 요량으로 잠시 디트로이트로 돌아갔다. 예전의 동료들은 그를 충심으로 환영해 주었다. 그의 명성은 짧은 기간 안에 구축된 것이었지만 지금도 여전히 지속되고 있었으며, 동료들도 그를 성심껏 도와주려고 했다. 그는 개업을 해서 전처럼 돈벌이를 다시 시작할 수도 있었다. 그러나 이제는 디트로이트에도, 개업에도, 돈벌이에도 관심이 없었다. 그는 친구들에게 앞으로는 일반 외과일을 그만둘 생각이라고 말했다. 그의 유일한 관심사는 폐결핵이었다. 그는 동료의사들을 만날 때마다 '허탈, 조기의 허탈, 보다 더 조기의 허탈'이란 말을 무슨 주제가처럼 되뇌이고 다녔다.

그는 당장의 다급한 비용들을 지불하고 다소의 여유 자금을 확보할 때까지 예전에 연이 있는 병원에서 수술일을 하였다. 그리고 뉴욕 주의 레이 브룩(Ray Brook)에 있는 결핵병원으로 가서 2년 가까이 일했다.

레이 브룩에서 일하면서, 그는 자신이 트뤼도에서 깨달은 교훈들을 몸소 실천했다. 그는 여기에서 두 명의 다른 의사들과 공동으로 흰쥐를 대상으로 폐 압축에 대한 일련의 박테리아 실험을 하였다. (베쑨과 공동으로 연구한 두 의사는 데이비드 T. 스미드와 J. L. 윌슨이었다. 그때의 연구 결과는 1930년 스미드, 베쑨, 윌슨의 공동 명의로 『세균학 저널』에 발표되었다.) 이러한 연구를 통해 이제 일에 직접적으로 뛰어들 만하다는 판단이 서게 되자, 그는 아취볼드에게 서신을 보냈다. 그리고 이 캐나다 흉부외과의 대부는 베쑨을 자신의 수석 조수로 맞이하겠다고 답장을 해주었다. 그는 자신감에 넘쳐서 몬트리올에 도착했다. 그리고 이 자신감은 운명적으로 그렇게 되리라는, 예전 같은 신비적 사고에 기초한 것이 아니라 그 스스로가 성취한 연구업적에 기초한 것이었다. 그는 아취볼드 밑에서 2년 동안을 또 열심히 연구했다.

왕립 빅토리아 병원은 옛부터 유명한 맥길 대학교 의과대학의 부속병원이다. 베쑨은 아취볼드의 조수가 된 지 몇 달 후, 이 의과대학의 교수로 임명되었다. 그는 가르치는 것을 좋아했다. 그의 교수방법은 정통적인 것이 아니었다. 그 강의를 수강했던 학생들의 기억에 의하면, 그의 교수방법은 상투적으로 받아들이는 태도를 신랄하게 공격하면서 일상적 경험들을 중시하는 것이었다. 그는 수술대에 누워 있는 환자의 입장에서 외과적 문제들을 극적으로 설명하기를 좋아했다. 그는 자신의 학생들이 메스를 가하는 방식 또는 혈관을 묶는 방식뿐만 아니라 그 환자 자신에 대해서도 배울 수 있도록 노력했다. 그의 교실강의와 수술실에서의 시범강의는 맥길 대학교 의과대학에서 가장 인기 있는 강의 중의 하나가 되었다.

왕립 빅토리아 병원의 흉부외과장 아취볼드 밑에서 일하면서 맥길 대학교로 출강을 하는 동안, 그는 가끔 시간을 내서 트뤼도 요양소를 방문했다. 그리고 거기에서 흉부외과술을 강의도 하고 시범도 보였다. 연구와 강의에 몰두할 때는 정신없이 바쁘게 시간이 흘러갔다. 그러나 집으로 돌아와 쉴 때나 프랑스어를 쓰는, 세상에서 두번째로 큰 이 도시의 낯선 거리를 배회할 때는, 견딜 수 없는 외로움에 시달렸다. 그는 그 원인을 잘 알고 있었다. 그것은 프란시스 때문이었다.

물론 몬트리올에 와서도 그녀에게 종종 편지를 보냈다. 처음엔 그녀의 반응에 대해 확신이 서지 않았지만, 점점 그녀에 대한 그리움을 억제할 수 없었다. 그들의 결혼생활을 파탄시킨 것은 옛날의 자기였다. 그러나 이젠 그 옛날의 자기가 사라지지 않았는가? 그는 자신의 삶이 두 개의 기둥에 의지하고 있다고 생각했다. 그 하나가 그녀였고, 또 하나가 일이었다. 그는 자신의 외로움을 온통 편지에다 쏟아부으면서 자신의 일상생활의 미세한 부분까지도 써보냈다. 처음에 보낸 편지들에는 자책과 회한, 불행과 사과, 필사적인 호소 등으로 가득 차 있었지만, 이제 그는 보다 차분하고 보다 부드러운 어투로 몬트리올의 거리를 묘사하고 자신의 생활을 설명하는 가운데 가슴속 깊이 괴어 있는 사무치는 그리움을 표현할 수 있었다. 이 즈음 그의 생활은 프란시스에게 보낸 다음과 같은 편지 속에 잘 나타나 있다.

9시에 일어나 커피와 토스트 그리고 마멀레이드로 아침을 때우지. 병원까진 셰르브룩 가를 따라 걸어가는데, 대충 25분 정도면 도착한다오. 1시까지 진료소에서 일을 보다가 점심을 먹소. 식사 후 두세 시간 정도 연구를 하다가 저녁 6시면 귀가를 하는 그런 식이오. 집에 돌아오면 우선 잠시 눈부터 붙이고 저녁을 먹은 다음 독서를 하는데, 11시나 12시 정도면 잠자리에 든다오. 그리고 가끔은 영화도 보고 하키시합에도 구경간다오……

건강은 아주 좋은 편이오. 오늘 엑스레이를 찍어보았더니 아주 말짱합니다. 물론 감염자국은 아직 남아 있지만 말이오. 길 모퉁이에서 기다리다가 "여보슈, 산보나 같이 합시다" 하고 당신을 깜짝 놀라게 하는 아침이 다시 오기를 기대하오.

프란시스의 답장 내용은 전처럼 서로 투닥거리지 않고 살 수 있을지 여전히 의문이라는 것이었다. 그는 그 문제에 대해 점잖게 이렇게 답변했다.
"나는 조용한 성격으로 변하고 있소. 변화된 나를 보면 당신은 틀림없이 깜짝 놀랄 것이오."
프란시스가 여전히 그와 다시 합친다는 데 계속 난색을 표명하자, 그의 외로움은 더욱더 깊어져 갔다. 그는 또다시 그녀에게 편지를 보냈다.

지난주에는 지독한 감기로 쩔쩔매다가 그런 내 모습에 짜증이 났소. 그래서 일요일 8시 35분 스키를 메고 집에서 나왔소. 기차를 타고 40마일 정도 떨어져 있는 산으로 가서, 6마일을 스키로 달렸다오. 숲속에서 식사를 하고 다시 기차로 집에 왔더니 밤 9시더군. 그대로 잠자리에 뻗어버렸지 뭐요.
오늘은 기분이 아주 개운하오. 스키 덕에 감기가 달아나버렸나보오. 로렌시아 대지는 스위스처럼 정말 멋진 곳이오. 기차도 빈에서처럼 달리지. 우리 둘이 그곳에 가곤 했을 때를 당신도 기억하겠지. 종이 봉지에서 샌드위치를 꺼내먹는 사랑스러운 젊은이들 하며 귀갓길에 서로 어깨를 기대고 잠자는 모습하며 그 모두가 그곳과 꼭 같다오. 내 스키 솜씨는 정말 끔찍했소 여기저기서 마냥 자빠지기만 하고……. 당신을 사랑하오. 늘 당신을 기다리며…… 당신의 베쑨

그녀의 답장은 점차 다정해져 갔다. 그러나 그녀는 아직도 그에게 따질 것이 많았다. 무참하게 실패했던 두 사람의 사랑이 어떻게 다시 잘되리라는 보장이 있겠느냐는 투였다. 그녀 역시 그를 사랑했다. 그리고 그녀 역시 외로웠다. 그러나 그녀의 우려는 여전히 쉽게 가셔지지가 않았다. 그러나 그는 더 이상 기다릴 수 없었다.

서로 사랑하는 두 사람이 왜 떨어져 있어야 한단 말이오. 난 당신과 함께 얼마든지 행복해질 자신이 있소 그런데도 당신은 떨어져 있겠다는 말이오? 나는 당신이 이곳으로 오기만 한다면 처음엔 서로 떨어져 살면서 그저 친구처럼 가끔 만나는 일에서부터 다시 시작할 수도 있다고 생각하오. 아마, 현재로서는 그것이 최선일지도 모르지.

이 편지에 대한 그녀의 답장은 아주 짤막했다. 즉시 오겠다는 내용이었다. 그녀는 이미 몬트리올로 떠나기 위해 짐을 싸두고 있었던 것이다.
그녀는 여름에 도착했다. 그는 모든 것을 미리 준비해 두고 있었다. 지난번 편지에서는 떨어져 살면서 서로의 관계를 차차

모색해 보자고 했지만, 그는 그녀가 오기가 무섭게 그녀를 데리고 목사한테 달려갔다. 그들은 다시 결혼했다.

프란시스가 집에 돌아오자, 그는 아주 든든한 기분으로 일에 임할 수가 있었다. 그는 이제 완전한 성인이었다. 결혼, 사랑, 일. 그리고 여기에 아이들까지 생긴다면 두 사람의 사랑은 완성될 것이었다.

당시 그는 모든 일에는 다 목적이 있다고 생각했다. 그의 미친 듯한 추구와 환멸 그리고 발병과 소생, 이 모든 일에는 다 목적이 있다는 것이었다. 그 모든 일들이 그를 형성시키고 그를 인도했다. 그의 나이는 이제 마흔을 넘어서고 있었다.

앞으로의 세월이 지난날 소모해 버린 세월을 보상할 것이었다. 그에게 시간이 많이 남아 있는 것은 아니었다. 그러나 지금은 예전에 디트로이트에서는 몰랐던 것들을 알고 있었다. 언젠가 그는 또 죽게 될 것이었다.

그러나 앞으로는 아마 결핵으로 죽을 사람들은 없게 될 것이었다.

11

대형 수술실의 정적이 갑자기 커다란 욕설과 함께 깨뜨려졌다. 간호사들과 조수들이 깜짝 놀라 고개를 들었다. 베쑨이 수술대 옆에서 허리를 펴고 한 손엔 환자의 등에서 집어낸 검자를 아직도 쥔 채 다른 손에 든 늑골박리기(rib stripper)를 쏘아보고 있었다. 마스크 위로 눈을 부라리고 있는 그의 모습은 마치 귀신의 형상을 연상케 했다.

"이런 얼빠진!"

그는 이렇게 내뱉으며, 그 기구를 바닥에 내동댕이쳤다.

수술이 끝나자, 그는 그 수술기구를 다시 조용히 집어들었다. 자기 방으로 돌아온 그는 그 기구를 책상 위에 올려놓고 오랫동안 관찰했다. 그러고는 종이에 스케치를 하기 시작했다. 그는 자신이 원하는 대로 스케치가 다 됐다고 생각하자, 병원의 기계기사를 불렀다.

그는 기사에게 먼저 그 늑골박리기를 보인 다음 자신이 그린 스케치를 가리키면서 말했다.

"이것 좀 보시오. 내가 나름대로 스케치해 본 것인데, 이놈의 물건을 이렇게 바꾸어주시오"

1주일 후, 기사가 늑골박리기를 다시 만들어가지고 왔다. 닥터 아취볼드가 흉곽성형 수술을 하면서 그것을 직접 써보았다. 그는 감탄을 금치 못했다. 그 후부터는 그 새로 만든 기구가 실제 수술에 사용되었다.

이 늑골박리기 이야기는 그가 제시한 많은 개선책 가운데 단지 하나에 불과했다.

시간이 지남에 따라 베쏜은 발명자이자 혁신자로 급속히 변모하고 있었다. 닥터 아취볼드 밑에서 일하면서, 그는 자신이 아메리카 대륙에서 가장 훌륭한 흉부외과의사들 가운데 한 사람임을 확신하게 되었다. 그러나 결핵의 완전 퇴치를 자신의 목표로 삼고 있었던 이 무명의 의사는 필요한 것을 다 익힐 때까지는 결코 만족하지 않았다. 기존의 지식은 과거의 창고였다. 따라서 그는 탐구를 계속하면서 또한 끊임없이 그것을 확대시키고자 했다. 닥터 아취볼드는 수술일을 점차 그에게 떠맡기기 시작했다. 그는 이 기회를 맞이하여 나름대로의 수술기술을 발전시키게 되었다. 그의 마음은 새로운 기술과 새로운 방법 그리고 새로운 기구에 대한 아이디어로 가득 차 있었다. 옆에서 수술을 지켜보면서 그는 기존의 방식들에 불만을 품고 더 나은 방도들을 모색하고자 했다. 아취볼드는 현대적 기술들을 수술에 도입해야 한다고 굽힐 줄 모르고 주장하는 이 조수의 모습에 깊은 감명을 받곤 하였다.

그는 스스로의 책임하에서 첫 수술을 시작하기도 전에 이미 새로운 인공기흉장비를 만들어낸 사람이었다. 그러나 이것으로도 만족할 수 없었던 그는 또 발 펌프를 사용하여 흉강으로부터 유동물질을 뽑아내는 장치도 생각해냈다. 이 장비는 일석이조의 목적을 지닌 것이었다. 그는 곧바로 기사한테 이 장비를 만들게 했고, 그것은 곧 1926년 베쑨이 한 달간 요양생활을 했던 그레이븐허스트의 캘리더 요양소를 포함한 다른 병원들에서도 널리 이용되었다(당시 흉부외과 수술의 대가들에 의해 세계 곳곳에서 만들어진 기구가 약 25종 정도밖에 없었기 때문에, 자신이 만든 기구가 사용되었다는 것은 대단히 가슴 뿌듯한 일이었다).

어느 날 아취볼드가 흉곽성형 수술을 하는 동안 베쑨은 늑골견인기(retractor : 상처를 벌리는 기구)를 붙잡고 씨름을 해야 했다. 그는 수술이 끝나자 이 방법이 대단히 원시적이라고 생각하여 그후 몇 주 동안 개선책을 궁리하느라 끙끙거렸다. 그 결과 그는 기계팔을 고안해냈다. 이 기계팔은 어떠한 수술대에도 아주 손쉽게 부착될 수 있었고 사람보다도 훨씬 효과적으로 그 역할을 다할 수 있었기 때문에, 조수 한 사람의 일손을 덜 수 있었다. 그는 이 새로운 장비를 '철완의 인턴'(the Iron Intern)이라고 명명했다(그는 그후 계속 이 기계팔을 사용했다. 그리고 이 장비에 대한 설명을 『캐나다 의학회보』 1936년 12월호에 발표했다).

그는 수술의 대가들에 의해 전해 내려온 수술기구들에 대해 깊은 존경심을 갖고 있었다. 그러나 동시에 변화라든가 신기술의 가능성에 대해 마음의 문을 닫고 있는 의사들에 대해서는 깊은 경멸감을 느꼈다. 그의 지적에 의하면, '그런 사람들은 자신이 유사(流砂) 속으로 서서히 빠져들어가고 있는데도 그 사실을 깨닫지 못하고 있다'는 것이었다. 예컨대 자우어브루흐, 릴리엔탈(Lilienthal), 슈틸레(Stille) 같은 사람들은 여러 가지 늑골절단기(rib shears)들을 처음으로 발전시켰는데, 그는 그 기구들을 예술작품과 다를 바 없다고 생각했다. 그러나 다목적 늑골절단기는 그를 분노케 했다. 그는 그 기구를 사용할 때마다 자기도 모르게 욕설이 튀어나왔다. 그는 수술만 끝나면 자기 방에서 그것을 개량하기 위해 무수한 도안들을 스케치했다. 이 문제는 전에 레이브룩 요양소에서 일할 때도 그의 관심을 불러일으킨 것이었다. 그러나 스스로 새로운 고안을 할 때마다 그것은 어설프거나 너무 무겁거나 지나치게 날카롭거나 해서 전보다 나을 것이 없었다. 이럴 때 그가 묘안을 발견한 과정은 종종 아주 비정통적일 경우가 많았는데, 그 때문에 다른 의사들은 자주 불안을 느끼곤 했다.

어느 날 그는 밑창을 갈기 위해 맡겨두었던 구두를 찾으러 간 적이 있었다. 그때 그는 우연히 구두장이가 구두에서 못을 끊어내는 모습을 보게 되었다. 그는 구두장이가 쓰는 도구를 유심히 관찰하였다. 늑골절단도 저렇게 간단하다면 하는 생각이 순간적으로 그의 뇌를 스치고 지나갔다. 그는 밖으로 나가다 말고 갑자기 어떤 생각이 떠올라 아까의 그 도구 좀 보자고 구두장이에게 부탁했다. 구두장이는 영문도 모르고 그것을 건네주었다.

잠시 후 그는 "알았어, 바로 그거야" 하며 부리나케 집으로 돌아왔다. 그는 구두장이로부터 구입한 그 절단기를 의기양양하게 테이블 위에 올려놓았다.

"그래, 그렇게 간단한 것을. 구두장이들의 수선하는 모습을 보면서도 아무도 그 생각을 해낸 사람이 없었다니. 그것 참, 연합구두기계상사에서 커다란 선물을 주었군."

프란시스는 예전과 마찬가지로 새로운 그림이나 책 또는 오만가지 잡동사니 물건을 가지고 집으로 돌아오는 그의 모습에 익숙해 있었다. 그런데 이번에는 전혀 뜻밖이었다. 그래서 이렇게 말했다.

"당신 지금 그런 걸 가지고 그렇게도 흥분해요? 제가 보기엔 고철 조각 같은데……."

베쑨이 씩 웃으며 대꾸했다.

"그렇지, 고철 조각이나 다름없는 아주 볼품없는 도구지. 그러나 이 주일만 기다려보시오. 이 고철 조각이 갈비뼈들 사이를 삭삭 누비고 다니는 아주 근사한 늑골절단기로 변할 테니까."

그후 수일 간 그는 그 구두장이의 절단기를 들여다보며 이렇게도 고쳐 그려보고 저렇게도 고쳐 그려보면서 궁리를 하였다. 급기야 그는 만들어낸 기구를 가지고 수술실에서 실제로 사용해 보았다. 그것은 본래 구둣방에서 쓰던 도구를 새로운 목적을 위해 개량한 것이었다. 손잡이가 앞쪽의 절단 부분보다 아홉 배나 길었는데 그것은 강력한 절단력을 갖추기 위해서였다. 절단 부분에는 강철이 사용되었다. 그리고 손잡이에는 고무를 입혔다. 이 기구는 즉시 그 우수성을 인정받았다. 베쑨 늑골절단기(the Bethune Rib Shears)는 이렇게 하여 태어났던 것이다.

베쑨은 가끔 이렇게 말하곤 했다.

"수술에 임하는 의사라는 사람들이 자연과 세계 속에서 아무런 힌트나 해답을 떠올리지 못한다면, 그는 인명을 학살하는 일을 즉시 중지하고 도랑이나 청소하는 편이 나을 것이다."

그는 늘 확실한 지식 앞에서 겸손했다. 그러나 그의 성마름은 끊임없이 그에게 기술 혁신을 위한 여러 가지 착상을 던져주었다. 이럴 때 그는 공격적일 정도로 변화에 적극적이었다. 이러한 기질은 종종 주위 사람들을 쩔쩔매게 만들었는데, 때로는 대단히 격렬한 기세로 표출되기도 했다.

한번은 폐와 흉벽이 유착된 환자의 수술문제를 놓고 토론이 벌어진 일이 있었다. 압박을 가하여 폐를 허탈시키기 위하여 유착부위를 제거해야 하는 그러한 경우였다. 이때 그는 자신이 고안한, 유착부위에 대한 새로운 절단술을 시도하자고 제안했다. 이 방법은 대단히 복잡한 것으로서, 흉강에다 두 개의 가느다란 튜브를 주입시켜야 했다. 튜브 하나는 시술자 자신이 흉강을 들여다보기 위한 것이었고, 또 하나는 복잡한 조작을 통해서 각 유착부분을 은으로 된 클립으로 고정시키기 위한 것이었다. 유착부분을 이 클립 안에서 완전히 제거하는 방법인데, 이때 클립은 절단부분의 출혈을 방지하는 '지혈대' 역할을 했다. 유착부분이 제거되면 폐 수축은 인공 기흉에 의해 가능할 것이었다.

이 테크닉은 종전의 방식과는 전혀 다른 복잡한 것이었다. 닥터 아취볼드는 이 방법의 시도에 대해 회의적인 기색을 보였지만, 베쑨은 예의 그 고집스러운 열정으로써 시도를 주장했다. 결국 닥터 아취볼드는 베쑨을 보고 정말 노새처럼 고집이 센 사람이라며 승복하고 말았다. 그러나 만약 그 방법이 효과를 보지 못한다면 그 사실을 제일 먼저 인정하라고 덧붙였다.

이 방법은 효과를 보았다. 그래서 베쑨은 곧 그것을 그림과 함께 설명하는 글을 써서 의학지들에 게재시켰다. 그러나 많은 실험을 거친 후 그는 자신의 방법이 전기응혈법(전열 금속기구로 유착부분을 절단하는 방법)보다 못하다는 사실을 마침내 깨닫게 되었다. 그러자 그는 이 사실을 즉각 인정하고 자신의 입장 변화를 『캐나다 의학회보』에 게재시켰다.

그러나 이 유착문제는 그를 정반대의 실험에 몰두하게 하는 새로운 계기가 되었다. 아취볼드의 연구팀은 다른 사람들이 예전에 발견했던 것과 마찬가지로 어떤 수술에서는 폐의 어떤 부분들이 허탈되는 것을 방지하기 위하여 폐와 흉벽 사이에 유착을 유도하는 것이 바람직한 경우가 있다는 사실을 발견했다.

많은 연구가들이 이 문제를 가지고 계속 씨름을 해왔지만, 그 결과는 매번 신통치 못했다. 베쑨도 유착을 유도하는 몇몇 방법들을 개발했는데, 그러나 그 방법들은 대부분 그 유착부분에 병발을 일으켜 유착이 유지되지 못했다. 결국 그는 개 여섯 마리와 고양이 여섯 마리를 대상으로 하여 실험에 착수했다. 이 실험을 통하여 마침내 그는 보통의 활석옥도 분말을 주사바늘을 통해 문제의 폐 표면에다 투입시키면 이 표면에 유착조직이 신속히 성장하여 흉벽에 빠른 속도로 붙게 된다는 사실을 입증했다. 그리고 이 유착조직이 이번엔 또 그 폐 표면의 수축을 방지시켜 주었다. 베쑨의 이 방법은 유착을 흉강에 감염이나 합병증세를 일으키지 않고 발전시키는 것이었다. 아취볼드는 이것이 수술을 획기적으로 진전시키는 방법이라고 생각했다. 그는 후에 이 분말처리법과 다른 혁신적 방법들을 '기구 혁신에 있어서 베쑨의 천재성을 기정 사실화하는 실례들'이라고 우리 저자들에게 극찬해 주었다. 이 분말처리법은 후에 베쑨 흉막분말처리법(the Bethune Pleural Poudrage)이라 명명되었으며, 베쑨은 이에 대한 설명을 후에 『흉부외과학회보』1935년 2월호에 게재시켰다.

그가 이렇게 자신의 탐구정신에 따라 이 문제에서 저 문제로 연구를 계속하고 있을 때, 일부 의사들은 '현시적인' 것을 좋아하는 성격 때문에 그가 기구상의 혁신에만 눈이 팔려 환자들에 대한 그 효과문제에는 거의 관심을 보이지 않고 있다고 비난했다. 이러한 수군거림에 대한 그의 공식적인 반응은 완전한 무관심 바로 그것이었다. 그러나 겉으로는 이렇게 침착하게 대응하면서도, 그의 내심은 그러한 빈정거림과 격렬한 투쟁을 벌이지 않을 수 없었다. 물론 그를 진실로 잘 아는 사람들은 베쑨이 자신을 실험대상으로 시도할 생각이 없는 방법들을 환자에게 시도할 리 없다는 것을 잘 알고 있었다.

자신의 왼쪽 폐가 계속 수축되고 있는 동안 그는 자신이 새롭게 고안한 기흉장치로 자신을 대상으로 끝없이 실험을 하면서 기흉술을 보다 효과적으로 발전시키기 위한 여러 방법들, 그리고 그것을 사용했을 때 환자들이 나타내는 모든 반응들을 샘플링하고 있었던 것이다. 그는 자신의 횡경막 신경을 다시 묶기도 하였는데 이것은 환자의 입장에서 횡경막 절개술의 효과를 시험하기 위해서였다(그가 이 재수술을 행한 것은 횡경막 신경의 재생력을 관찰하기 위해서였을 뿐만 아니라 자신의 횡경막 신경이 다시 재생되고 있다고 확신했기 때문이었다. 이것은 보조적인 횡경막 신경을 절단하는 근본적인 횡경막 절개수술이었다). 또한 폐 속의 피의 존재가 엑스레이에 나타나느냐 나타나지 않느냐의 문제가 제기되자, 그는 스스로를 실험대상으로 삼기로 결심했다. 그는 팔에서 피를 뽑아 그 피를 기관지수에 주사하여 엑스레이검사를 받아보았다. 결과는 그 피가 나타나지 않았다는 것이었다. 이 한 번의 실험 결과가 꼭 전체적인 결론이 될 수 있다고는 말할 수 없었지만, 이 사실은 그의 실험 자세를 그대로 드러내는 것이었다. 그는 탐구자로서의 역할뿐만 아니라 모르모트의 역할까지도 받아들이고 있었던 것이다.

입원 환자 한 사람이 알 수 없는 증세로 사망했을 때, 베쏜은 검시 결과 폐에서 낯선 이물질이 검출되자 놀라지 않을 수 없었다. 그는 실험실에서 검사를 하기 위해 그 이물질을 곰팡이로 만들어 조사해 보았다. 그러나 그 조사 결과 아무것도 알 수 없었다. 그러자 그는 이 이물질이 결핵성이냐 아니냐만을 가리기 위해 그 곰팡이의 일부를 토끼에다가 주사해 보았다. 그러나 토끼는 아무런 반응도 나타내지 않았다. 이제 그는 다시 그것을 자신의 귀에다 문질러보았다. 실험실 연구원들은 깜짝 놀라면서 그를 주시하지 않을 수 없었다. 몇 주 후 다시 실험실에 나타난 그는 다정한 목소리로 연구원들에게 이렇게 묻는 것이었다.

"여러분, 지난번 그 이물질이 무엇이라고 생각합니까?"

불안스런 눈초리로 베쏜을 주시하던 그들은 자기들은 잘 모르겠다며 뭔가 발견했느냐고 그에게 되물었다. 그는 이렇게 대답했다.

"아닙니다. 알아낸 것이 전혀 없어요. 그러나 아무튼 그 물질이 결핵성이 아니라는 것만은 틀림이 없습니다. 만약 결핵성이 있었다면 내 몸이 이렇게 멀쩡할 리 없을 테니까요. 어쨌든 조사는 성공적이었다고 할 수 있습니다. 결핵성이 없다는 것이 판명되었으니까요."

이러한 실험사건들이 그의 동료들에게 어떻게 비춰졌든 간에, 그는 남들에게 혁신자로서 인정받으면서 자신의 연구를 급속히 진전시켜 나갔다.

닥터 아취볼드 밑에서 자신의 새로운 인생행로를 걷기 시작한 지 1년이 지난 1931년 여름 어느 날, 그는 몬트리올에서 개최된 어느 의학관계 회의장에서 한 중년의 미국인과 긴 이야기를 나누게 되었다. 그 미국인은 위엄 있는 태도로 자신을 소개했는데, 그의 이름은 조지 필링(George P. Pilling)이었다. 그는 전부터 베쑨을 만나고자 했다면서, 자신의 이번 몬트리올 방문에는 두 가지 목적이 있는데, 첫째가 이 의학회의에 참석하는 것, 둘째가 베쑨을 만나는 것이라고 했다.

필링은 필라델피아에 있는, 국제적으로 유명한 수술기구 제조업체 필링 앤 선즈(Pilling and Sons)사의 사장이었다. 그는 만족스러운 표정으로 이렇게 말했다.

"닥터 베쑨, 난 당신이 고안한 기구들을 몇 가지 보고 참으로 놀랐습니다. 그래서 당신이 고안한 발명품들에 대해 독점 제조권 및 독점 배포권 계약을 맺었으면 합니다."

다음날 베쑨은 필링의 호텔방을 찾아갔다. 그는 방 안으로 들어서자마자 책상 위에 걸터앉으며 이렇게 말하였다.

"당신의 계약조건을 들어보기로 합시다."

그리고 그는 패드 하나를 스케치하기 시작했다. 필링은 베쑨의 스케치 속도에 놀라움을 나타내더니 이야기를 중단하려는 눈치였다. 그러자 베쑨은 고개를 들며 필링에게 말했다.

"스케치는 손으로 하니까 염려 마시고 계속하세요."

필링이 조건을 제시하는 동안, 베쑨은 스케치를 그대로 계속했다. 이 미국인은 말을 마치면서도 상대가 자신의 말을 제대로 들었는지 미심쩍어하는 눈치였다. 그래도 베쑨은 여전히 스케치를 계속하면서 "좋습니다" 하고 승낙했다. 그리고 수술기구들이 갖고 있는 문제점을 자세히 설명하기 시작했다.

그가 한 이야기의 요점은 수술기구들이 20세기 기술발전의 성과를 일면 받아들이고 있으면서도 아직도 중세적인 고식적 틀에서 벗어나지 못하고 있다는 것이었다. 외과의 훌륭한 대가들이 고군분투 끝에 그것을 개혁시켜왔지만, 아직도 종종 편견과 타성의 늪에서 허우적거리는 경우들이 많다는 것이었다. 외과의사들이 산업발전을 너무나 도외시해 왔기 때문에 그 성과들이 수술실에서 활용되지 못하고 있었다. 따라서 그러한 편견과 비전 결여와 무관심을 공격하면서, 기술진보에 기초하여 새롭게 접근해 나갈 필요가 있다는 것이었다. 요컨대 그의 결론은 '수술실에서 봄맞이 대청소를 해야 된다'는 것이었다.

베쑨의 일장연설에 감동된 필링은 베쑨에게 수술기구 문제를 가지고 논문을 써보라고 진정으로 권유했다.

"그렇지 않아도 그럴 생각입니다."

베쑨은 고개를 끄덕이면서 기흉장치와 여섯 개의 다른 기구들을 그 자리에서 대충 스케치한 종이들을 필링에게 건네주었다(그는 후에 자신의 발명품들에 대한 설명을 『캐나다 의학회보』 1936년 12월호에 발표했다). 필링은 이 방문객을 충심으로 전송해 주었다. 그후 곧 필링의 회사에서는 베쑨 기흉기(the Bethune Pneumothorax Apparatus), 베쑨 늑골절단기 등 베쑨이 고안한 여러 가지 기구들을 선전하게 되었다. 그것으로 인해 베쑨은 새로운 명성을 얻게 되었다.

아취볼드의 이 생도는 이미 자신의 힘으로 성장해 가고 있었다. 그후 반결핵투쟁을 벌이는 곳에서는 그 어디서나 '베쑨'이라는 이름이 붙은 기구들이 그 투쟁의 필수적 무기가 되었다.

12

그는 이렇게 계속 앞만 보고 달렸다. 트뤼도에서 생명을 되찾자 이 사나이는 시도하지 못할 일이 하나도 없다고 생각하였다. 그런데 갑자기 모든 것이 무너져내리는 사건이 찾아왔다. 다시 결혼한 지 1년 정도 지났을 때, 이번엔 프란시스 쪽에서 이혼을 요구해 왔던 것이다.

두 사람이 두번째로 결혼한 후 처음 몇 달 동안은 모든 일이 비교적 순탄하게 진행되었다. 예전과 같은 갈등이 일상생활 속에서 또다시 나타났을 때조차도 두 사람은 더욱 깊어진 신뢰감으로써 그것을 극복해 나갈 수 있었다. 그러나 불안감과 좌절감이 한꺼번에 몰아닥치자, 두 사람은 가정생활이 다시 전처럼 되어간다는 것을 느끼게 되었다. 두 사람 모두 무슨 원인 때문인지는 정확히 꼬집어낼 수 없었지만, 특히 프란시스는 어수선한 마음속에서 자신이 점점 더 불행해지고 있다는 생각을 떨쳐버릴 수가 없었다.

'우리는 정말 부부로서는 어울리지 않는단 말인가? 그렇다면 우리가 함께 나눈, 화해하면서 우리가 서로에게 보인 그 강력한 애정은 도대체 무엇이었을까?'

막연하기는 했지만, 두 사람은 그 갈등이 여러 가지 일들의 복합적 결과라고 인식하고 있었다.

우선 일에 대한 베쑨의 집념이 남다르다는 것이었다. 이 집념은 집에 와서도 계속되었기 때문에 프란시스 쪽에서는 자신이 그의 인생의 단지 일부에 불과하다는 생각을 갖게 되었고, 남편이 일에만 몰두하면서 또 이러저러한 요구를 계속해 왔기 때문에 자신의 생활이 억눌리고 있다는 느낌이 들게 되었다. 그의 어머니나 엘리너 델과 마찬가지로 그녀에게도 역시 그가 언젠가는 남다른 일을 해낼 사람이라는 확신이 있었다. 그러나 곰곰 생각해 보니 막연하긴 하지만 자신이 그의 길을 가로막고 있으며 자신이 그의 좋은 아내감이 못 된다는 느낌조차 드는 것이었다. 그리고 이러한 느낌과 동시에 그 역시 자기에게 좋은 남편이 아니라는 생각이 드는 것이었다.

어느 날 오후 외출에서 돌아와 보니, 남편은 마룻바닥에 책상다리를 하고 앉아서 소형 해골을 유심히 관찰하고 있었다. 그녀는 그날 아침 남편에게 쇼핑을 부탁했었기 때문에 이렇게 물었다.

"저녁때 먹을 쇠고기를 부탁했는데, 당신 사오셨어요?"

그는 무심결에 이렇게 대답했다.

"응, 그래. 냉장고를 열어봐."

그녀는 냉장고 문을 열었다. 그런데 그녀의 눈에 들어온 것은 쇠고기 덩이가 아니라 사람의 창자였다.

남편이 연구를 위해 그것을 병원에서 가져왔음이 분명했다. '사람의 창자를 냉장고에 넣어두다니, 정말이지 너무한다'고 생각했다. 이 사건은 그냥 그 정도로 끝나지를 않았다. 웬일인지 그 일이 그녀의 마음속에서 쉽게 가셔지지 않았던 것이다. 그녀는 그 동안 참아왔던 많은 일들을 자꾸만 그 일과 관련하여 생각하게 되었다.

'남편한테는 자신의 일이 있다. 남편은 우리 두 사람 사이가 나쁠 때도 그 일에 몰두하면 그만이었다. 그런데 나는 뭔가?'

그녀에게는 두 사람의 관계가 삶의 전부였다. 따라서 그 관계가 어그러지면 낙을 붙이고 살 데가 없었다.

아마 이때조차도 그들은 그 모든 긴장의 반복에도 불구하고 두 사람이 함께 있다는 사실에 만족하고 결혼생활을 계속할 수 있었을지도 모른다. 그러나 프란시스는 자신도 모르는 사이에 '다른 남자와 함께라면 자신이 예전에 기대하고 있었던 평범하고 조용한 삶을 살 수도 있었을 것 아닌가?' 하는 생각에 빠져들게 되었다.

그녀는 이러한 생각을 남편에게 솔직히 털어놓았다. "사정이 이러하니 당신과 더 이상 함께 살 수 없는 것 아니냐"며 이혼을 요구했던 것이다. 그러나 그의 반응을 그녀로서는 종잡을 수가 없었다. 처음엔 굉장히 화를 내서 놀라게 하더니, 조금 지나자 굉장한 아량을 보여서 놀라게 했다. 꼭 다른 남자와 함께 살아야 행복해질 수 있다면 즉시 이혼하자는 것이었다. 겉으로는 침착을 가장하고 있었지만, 마음이 매우 여린 베쑨은 내심으로 쓰디쓴 비참함을 맛보고 있었다. 이 무렵 그는 시간이 나면 세상을 달구고 있는 뜨거운 사회적 문제에 깊은 관심을 보이는가 하면 또 가끔은 깊은 사색 속으로 빠져드는 모습을 보이기 시작했다. 병원 동료들은 그가 날이 갈수록 점점 과민해지는 것을 느낄 수 있었다. 그는 프란시스에게 그녀가 재혼하면 그것을 충심으로 축하해 주겠다는 자세를 견지하고 있었다. 친구 한명이 그의 집을 방문했을 때, 그 친구는 커다란 인형을 발견했다. 베쑨은 인형을 보고 놀란 표정을 짓는 친구에게 씁쓸한 어투로 이렇게 말했다.

"음, 그 인형? 이상한 나라의 앨리스지. 우리의 결혼생활을 상징하는 걸세. 프란시스와 난 그 인형을 잘 이해하네. 왜냐하면 여섯 달은 나하고 지내고 여섯 달은 프란시스하고 지내야 하니까 말일세……."

사랑과 그리움의 그 모든 세월이 그에게 단지 인형 하나만 남기고 사라졌던 것이다.

13

1933년 봄, 베쑨은 미국의 유수한 병원들 가운데 하나인 디트로이트의 허먼 키퍼 병원(the Herman Kiefer Hospital)에서 흉부외과 과장직을 잠시 맡게 되었다. 이 병원의 흉부외과 과장인 닥터 에드워드 오브라이언(Edward O'Brien)이 자동차 사고로 크게 다치면서 그 공백 기간을 위해 베쑨을 천거한 것이었다. 베쑨은 닥터 오브라이언이 회복되면 그 자리를 그만두어야 한다는 것을 잘 알고 있었다. 그런데도 그 자리를 떠맡은 까닭은 그것이 부서장으로서 자신의 방식대로 독립적으로 일할 수 있는 기회였기 때문이었다. 그는 만감이 교차하는 가운데 '그 누구보다도 많은 것을 가르쳐준 분'인 닥터 아취볼드에게 작별을 고하고, 디트로이트로 떠났다.

그는 이곳 디트로이트에서 거의 1년 가까이 허먼 키퍼 병원과 노스빌에 있는 메이버리 요양소(the Maybery Sanatorium), 그리고 미국 재향군인회병원(the American Legion Hospital)인 배틀크리크(Battle Creek)를 오가며 닥터 오브라이언이 하던 일을 모두 떠맡았다. 그리고 이 경험은 그에게 매우 귀중한 것이었다.

오브라이언이 다시 병원으로 복귀하자, 베쑨은 즉시 몬트리올로 돌아가지 않고 미국의 각 지방을 순회하고 다녔다. 이것은 자신의 시술방법을 보여주면서 다른 의사들과 의견을 교환하기 위해서였다.

1934년 봄, 그는 다시 몬트리올로 돌아왔다. 그는 자신의 기량이 전보다 크게 성숙했다고 생각했으나 그를 불러주는 병원이 없었다. 트뤼도에서 퇴원한 이후 그는 개업문제를 전혀 고려하지 않았다. 그것은 그가 외과의사로서 대성하기 위해서였다. 그는 자신의 목표를 위해 한걸음 한걸음을 내딛고 있었지만, 그 과정에서 완전히 '빈털터리'가 되었던 것이다.

그는 스스로 고안한 수술기구들이 커다란 호응을 받고 있는 의사였다. 그는 자신이 발전시킨 기술을 미국의 의사들에게 소개해 준 의사였다. 그리고 자신의 의학논문들은 여러 사람에 의해 세밀히 연구되고 있었다. 그런데 그런 사나이가 지금 일자리를 찾고 있었다. 그는 여러 병원과 요양원 그리고 친구들에게 어디든 일할 테니 자리를 마련해 달라고 편지를 했다. 몇몇 병원에서는 답신을 보내 왔는데, 그들의 대답은 "당신의 뛰어난 능력은 익히 알고 있습니다. 자리가 나면 고려하도록 하겠습니다"라는 약속뿐이었다.

당시는 어디에서나 대대적인 감원선풍이 불고 있던 시기였다. 대륙 전체가 대공황에 따른 경기침체로 몸살을 앓고 있었다. 구석구석이 다 질병투성이였고, 아메리카의 부는 흔들리고 있었으며, 병원에서도 의사의 수를 축소시키고 있었고, 따라서 유명한 의사라도 쉽게 발붙일 만한 데가 없었던 것이다.

바로 이때 기대하지도 않았던 성심병원(the Sacré Coeur Hospital)에서 답신이 왔다. 그를 새로 신설되는 흉부외과 과장으로서 맞이하겠다는 내용이었다.

그가 이 제의를 받아들였음은 물론이다. 그는 의기양양해져서 닥터 B에게 다음과 같은 편지를 썼다.

카티어빌에 있는 성심병원에서 나를 흉부외과의사 및 기관지경 검사관으로 임용하였네. 병상이 4백50석에다 몬트리올에서 20마일 떨어져 있는, 프랑스계 캐나다인들이 운영하는 가톨릭 병원이라네. 1주일에 하루 쉬고 연봉 1천2백 달러라니까 크게 무리가 없을 것 같네. 정식 직책이 '흉부외과 및 기관지경과 과장'이니까, 앞에다 '과장'이란 마크가 달린 모자를 쓰고 일하게 될 걸세. 아주 잘된 일이지, 그렇지 않겠나? 지금까지는 횡경막 환자들만 예외적으로 가끔 다루어본 병원이라는데, 앞으로는 흉부외과 일 전체를 취급한다는 거야. 어제 일을 시작했다네. 수술을 했는데, 수녀들의 아, 오, 하는 탄성이 성가대의 합창소리 같더군.

성심병원은 카티어빌 고속도로 부근에 위치했는데 그 앞에는 널따란 잔디밭과 정원이 있었다.

그 동안은 흉부외과 일을 취급하지 않았지만, 베쑨이 오게 되자 이 새로운 과가 이 병원에서 아주 중요한 과로 변모하게 되었다.

그는 여러모로 이곳 가톨릭 기관에서 눈에 거슬리는 존재였다. '장의사인지 호텔 지배인인지 알 수 없는 옷차림새'를 한 인습적인 의사들과는 달리, 그는 종종 중절모자에 어두운 셔츠와 실크 넥타이 그리고 영국식 재킷에다 회색빛 플란넬 차림으로 나타나곤 했다. 처음엔 수녀들까지도 분개하는 눈치였지만, 시간이 흐르자 모두들 그의 그러한 모습에 익숙해지면서 그를 좋아하게 되었다. 그러자 이내 성심병원에서의 직장생활이 안정감을 갖게 되었다.

그는 책임자인 과장이라 누구의 간섭도 받지 않고 자신의 생각과 기술대로 수술에 임할 수 있었다. 그는 이곳에서 전에 왕립 빅토리아 병원의 닥터 아취볼드 밑에서 스스로 시도한 많은 혁신적 방법들을 개선시키고 발전시킬 수 있었다. 그는 이곳에서도 여러 가지 새로운 수술기구들을 고안해내고 사용하였다.

그의 흉부외과는 무에서 출발한 셈이지만, 1년 정도가 지나자 결핵환자의 수가 1천1백 명이나 되는 큰 규모로 성장하게 되었다. 그의 재직기간 동안 이 병원에서는 그의 감독하에서 매년 3백 건에 가까운 대소의 흉부수술이 시행되었는데, 이 가운데 흉곽성형수술도 매년 73건 꼴로 행해지게 되었다.

이러한 그의 꾸준한 수술작업은 실험에 대한 열성과 결핵에 대한 새로운 공략을 무디게 한 것이 아니라 오히려 그것을 강화시켰다. 그는 예전의 원기를 되찾으면서 일에 대한 의욕이 솟구치는 것을 다시 느낄 수 있었다. 그는 친구들과 밤늦게까지 지내다가도 아침이면 병원에 나가 수술도 하고 틈틈이 환자들도 둘러보면서 오후에는 실험실에서 연구를 계속했다. 그리고 의학사에도 전례가 없는 환자가 생겼을 경우에는 남들을 가슴 졸이게 하는 대담성을 가지고 그것에 대처했다.

한번은 노령의 남성환자 때문에 왕립 빅토리아 병원에 그 상담역으로 초청된 적이 있었다. 이 노인은 2년 전에 수술로 오른쪽 흉부에서 고름을 잔뜩 뽑아냈던 환자였다. 그런데 그 부위가 재감염되어 다시 통증이 생겨났다는 것이었다. 이 경우 문제는 그가 고령의 환자이기 때문에 재수술을 받을 경우 그것을 견뎌낼 수 없을지도 모른다는 염려였다. 베쑨이 환자의 가슴에서 흡출방식(문자 그대로 주사기로 고름을 뽑아내는 방법)을 사용하여 고름을 500cc나 뽑아냈으니, 노인의 상태는 알 만한 것이었다. 그러나 그 고름을 검사한 결과 연쇄상구균과 다른 간상균들은 있었지만 결핵균은 없다는 것이 밝혀졌다.

베쑨은 깊은 생각 끝에 노령이긴 하지만 결핵은 아니라는 사실을 고려하여 진기한 방법을 시도해 보기로 결심했다. 그는 환자의 가슴을 감염부위까지 절개한 다음, 고름을 빼내기 위해 그 환부를 9일 동안이나 계속 열어두었다. 그리고 열흘째 되는 날, 시험관에 들어 있던 산 구더기들을 그 환부에다 직접 투입시켰다. 환부는 다시 가는 철망으로 안전하게 덮여졌고, 구더기들이 환부 깊숙이 들어갈 수 있도록 철망 위에다 전등을 설치했다.

이 치료법은 암브로이스 파레(Ambroïse Paré : 1509~1590) 이래 사용된 것인데, 그 동안 거의 무시되어온 방법이었다. 이것은 관리소홀로 재발된 환부에 구더기들을 넣으면 환부가 치유된다는 생각에 기초한 것이었다. 실험실에서의 실험 결과로 구더기들이 감염 세균을 '잡아먹는다'는 사실이 여러 차례 입증된 바 있었기 때문이었다. 환자의 상처에 구더기를 투입시킨 베쑨은 이제 조용히 그 결과를 기다렸다.

철망을 덮고 난 다음날, 구더기들의 상태는 아주 생생했다. 이틀 후에도 여전히 생생했다. 그러나 전날보다 크기는 커졌지만, 그 생생함은 덜해진 것 같았다. 상처로부터 나오는 고름은 이제 현격하게 줄어들었고, 그 농도도 더 옅어졌다. 사흘째 되는 날에는 마침내 구더기들이 죽었다. 그리고 방출된 고름의 상태가 훨씬 나아졌다. 실험실에서 그 고름을 다시 검사한 결과 연쇄상구균이 크게 줄어들었고, 노출된 폐의 표면은 건강한 빛깔을 되찾고 있었다. 베쑨은 구더기들을 생리식염수로 씻어내고 그로부터 이틀 후 새 구더기들을 다시 투입시켰다. 이로부터 다시 엿새 후 구더기들을 또 씻어내자, 감염부위가 5분의 1로 줄어든 것이 확인되었다. 그로부터 엿새 후 환자는 기력을 회복하여 자리에서 일어나게 되었고, 2주 후에는 환부를 꿰매고 퇴원하게 되었다(이 일이 행해진 것이 설퍼제나 여러 가지 항생제들이 나타나기 이전이라는 사실을 기억하기 바란다).

베쑨은 이 방법을 그 후에도 여러 차례 사용했는데, 그는 이 사실을 1935년 3월 『캐나다 의학회보』와 『흉부외과학회보』에 발표했다.

이 무렵 베쑨의 생활은 일과 성취 그리고 성장과 안정의 연속이었다. 그는 자기 자신의 주인이었다. 그는 자신의 의지대로 자신의 목표를 추구할 수 있었다. 따라서 그는 또다시 기질 때문에 윗사람과 충돌할 필요가 없었다. 그는 자신의 견해대로 자유롭게 실천하면서 그 누구와도 동등한 입장에서 자신의 생각을 주장할 수 있었다. 또 이 성심병원 시절 그는 여러 의학지에 빈번한 기고를 하고 있었는데, 때로는 전통적 사고와 상반되는 주장으로 논란을 일으키기도 했다. 그는 북미대륙의 흉부외과의사들이 모이는 자리에서 명사 취급을 받으면서 활동하게 되었다. 닥터 아취볼드 밑에서 일을 시작한 지 4년밖에 지나지 않았지만, 지금은 아메리카 흉부외과학회의 위원으로 선임되어 있었다. 따라서 위원회에 나가면 트뤼도 요양소 시절 그의 인생에 막대한 영향을 준 존 알렉산더와도 자리를 함께하게 되었다. 자신의 명성이 높아지자, 그는 세인트 아가테에 위치한 마운트시나이 요양소와 연방정부와 지방정부, 보건성 자문 위원으로 위촉되었다. 성심병원이 프랑스계 캐나다에서 결핵의 외과적 처치에 커다란 역할을 하게 되자, 이제는 결핵의 외과적 치료는 물론 이론적 문제에까지 자신의 영역을 넓히기 시작했다.

전에 죽음을 눈앞에 두었을 때 과감한 치료에 대한 기피행위를 불만스럽게 생각했던 것과 마찬가지로, 그는 이제 결핵에 대한 단편적인 접근방법에 대해 불만을 느끼게 되었다. 그는 글을 쓸 때마다 결핵이란 질병이 단지 폐의 질병이라는 사고방식을 버려야 한다고 강조했다. 그것은 실제로 몸 전체의 병이었다. 폐에 대한 간상균의 공격은 결국 유기체 전체에 대한 환경의 공격에서 생겨난 결과였다. 그는 기회만 있으면 "인간을 전체적으로 보려 하지 않는, 즉 환경적 스트레인(strain)과 스트레스(stress)의 결과로 보려 하지 않는 한 그 어떠한 기도도 이 질병을 치유시킬 수 없다"고 주장했다.

1932년 중반 그는 「폐결핵 치료에 있어서 조기 기흉술의 필요성」이라는 논문을 발표하여 결핵균에 대한 직접적인 공격만으로 최종 치료가 가능하다는 명제를 반박하면서 결핵은 그 이전에 박멸되어야 한다고 주장했다. 그는 이 논문에서 신체에서 결핵균을 쫓아내기 위해서는 감염된 폐에 대해 기흉술을 즉각 실시해야 한다고 주장했다. 그는 계속해서 이렇게 주장했다.

"폐결핵이란 질병은 치유 경향이 전혀 또는 거의 나타나지 않는 만성적인 심장, 신장, 간 질환과 비교할 때 회복이 빠르다는 점에서 이들 장기질환들 가운데 독특한 질병이라 할 수 있다. 따라서 이 질병은 그 퇴치를 위해 국가적 투자를 해야 한다. 의사들에 대한 재교육, 공공교육, 정기적 신체검사와 엑스레이검사의 강화, 조기 진단, 조기 휴식, 조기 기흉술, 아동들의 격리 보호 등이 우리의 처방전이다."

의료계에 만연되어 있는 보수성과 무기력에 대한 그의 비판적인 태도는 점점 더 신랄해졌다. 앞으로의 전진을 거부하는 태도가 인명피해를 늘리는 것은 물론, 피할 수도 있었던 발병과 그로 인한 입원이 결국 국가의 재정을 더 많이 지출하도록 만든다고 주장했다. 결핵의 '적극 퇴치'를 반대하는 사람들은 '20세기 초에 맹장염 수술을 반대했던 사람들'과 다름없다는 것이었다. 예방 조치, 조기 진단, 조기 치료, 수술의 적극적 시도, 이것이 바로 그의 계속적인 주장이었다.

그의 이러한 태도 결과 성심병원에서는 고무적인 현상들이 나타났다. 10년 아니 5년 전만 해도 틀림없이 가망이 없다는 소리를 들었을 환자들이 적극적인 수술 결과 완전히 치료되거나 커다란 회복을 보였다. 그러나 입원해 들어오는 환자와 완치되어 퇴원해 나가는 환자의 비율을 검토해 보았을 때, 그는 이상한 모순을 느끼지 않을 수 없었다. 그는 성난 어조로 이렇게 말하곤 했다.

"무언가 크게 잘못돼 있어. 치료 능력이 크게 향상되었는데도 입원 환자의 수는 오히려 더 많아지니……. 결핵 치료법에 대한 과학지식이 그 최고점에 달해 있는 바로 이 순간, 결핵의 발생률도 마찬가지로 최고라니, 이거 원……."

캐나다의 다른 어느 지방보다도 퀘벡 지방의 경우가 결핵 발생률이 높았다. 병원과 요양소에 수용할 수 있는 인원보다도 훨씬 더 많은 환자들이 고통을 겪고 있었다. 생활수준이 제일 낮은 지역에서 결핵 발생률이 제일 높았다. 그리고 전국적으로는 도시의 빈민가들과 경제력이 파탄난 오지의 농촌들에서 결핵의 발생률이 아주 높았는데, 그들은 자신이 결핵이라는 사실도 모르는 채 서서히 죽어갔다.

'도대체 무슨 조화란 말인가?'

조기 기흉술을 계속 주장하면서도 이 의문을 가지고 씨름하지 않을 수 없었다. 그는 이 질문을 끈질기게 파고들었다. 그리고 이 과정에서 세계를 집어삼키고 있는 또 하나의 질병, 결핵균보다도 훨씬 더 치명적이고 중세의 콜레라보다도 훨씬 더 급속하게 번지고 있는 또 하나의 질병과 마주치게 되었다. 그것은 바로 가난이라는 질병이었다.

진지한 의사들이라면 다 알고 있는 바와 마찬가지로, 그 역시 결핵이란 질병이 늘 가난을 먹고 자란다는 사실을 잘 알고 있었다. 그런데 지금 가난이라는 것이 무슨 이유에서인지 도처에서 기승을 부리고 있었다. 의사들이 환자 한 명을 고쳐내면, 가난이란 놈은 열 명의 새로운 환자들을 생산해냈다. 그는 그 이유를 계속 파고들었다. 그러자 대답은 전과 다르게 도처에 깔려 있었다.

신문을 보면 온통 위기니, 경기침체니, 파산이니, 실업이니, 구제니 하는 말들로 가득 차 있었다. 1929년 10월 뉴욕의 주식시장에서 미진이 발생한 후 그 여파가 점점 더 확대되고 있었다. 그러나 사람들은 크게 걱정할 필요가 없다며 불안 속에서 모두가 서로를 진정시키려 하고 있었다. 그런데 은행과 공장과 광산들이 사상누각처럼 차례로 파산해 갔고 '조심스러운 낙관론'을 펴던 사람들도 월 가의 고층빌딩에서 몸을 던지는 일이 빈번해졌다.

　물론 베쑨도 많은 논란을 일으키고 있었던 경제적 불안상태를 몰랐던 바는 아니었다. 그러나 경제학자들은 지금의 경기침체가 주기적인 것이기 때문에 시간이 지나면 곧 회복될 것이라는 주장을 하고 있었다. 결핵 퇴치에 발벗고 나선 이 사나이는 수술실에서는 실천적 효력을 발휘하는 자신의 모든 멋진 이론들이 수술실 바깥의 일들 때문에 그 위력이 잠식된다는 것을 깨닫게 되었다. 그는 불안을 느끼지 않을 수 없었다.

　캐나다의 전체 인구 가운데 10분의 1에 해당하는 1백만의 사람들이 정부의 구제에 생활을 의존하고 있었다. 베쑨은 실업자들에 대한 기사를 읽고 실업자 가정이 성인 1인당 1주일에 1달러 20센트와 아동 1인당 1주일에 80센트라는 정부의 급료로 생활하고 있다는 사실에 분개하지 않을 수 없었다. 그것은 분명 말도 안 되는 일이었고, 따라서 변화되지 않으면 안 된다고 생각했다. 그가 이러한 자신의 생각을 말하자, 그의 동료들은 이상한 눈초리로 보았다. 그런 사실을 지금껏 몰랐느냐는 표정이었다. 사실이 그랬다. 그는 이제야 현실에 눈을 떴던 것이다. 각국의 대통령과 장관들이 '이제 곧 번영'이라는 말을 떠들고 있었지만, 모든 대륙이 다 실업과 파산과 공포에 휩싸여가고 있었다. 리베라 수상이 군사독재를 행하고 있는 스페인, 독재자 히틀러의 국가사회주의가 권력을 장악하고 있는 독일, 장개석이 반대파들에 대한 대량 학살을 통해 인구수를 급속히 축소시키고 있는 중국, 군국주의 집단이 아시아 전체의 지배를 꿈꾸고 있는 일본, 이런 나라들을 거쳐 세계의 엄청난 파국이 시시각각으로 다가오고 있었다.

베쑨은 세계가 갑자기 대중적 광증에 휩싸여 있다고 생각했다. 밤이 낮 같았고, 낮은 결코 다시 오지 않을 것 같았다. '허리띠를 더 졸라매시오'라는 것이 무책임한 각국 정부 대변인들이 국민들에게 하는 충고였다. 그러나 지구 전역의 실업자 수가 4천만 명에 이르게 되자, 그러한 통계작업도 중단되어 버렸다. 그들은 지금의 사태가 단지 과잉생산의 결과일 뿐이라 말했지만, 그 어디에서도 민중들은 아무것도 갖고 있지 못했다.

세계 전역이 이해하기 어려운 모순 덩어리였다. 수백만의 사람들이 제대로 입지 못한 채 헐벗고 있었지만, 미국에서는 목화밭들을 뒤엎어버렸고, 수천만의 사람들이 굶주리고 있었지만, 캐나다에서는 수확한 밀을 태워버렸다. 길모퉁이에서마다 사람들이 커피 한잔을 마시기 위해 동전 한 닢을 구걸하고 있었지만, 브라질에서는 생산된 커피를 바다에다 무더기로 쏟아 넣었다. 몬트리올의 노동자 거주 지역에서는 어린이들이 구루병으로 앙가발이가 되고 있었지만, 남부에선 오렌지들을 짓밟아버렸다. 사태가 이러하자, 캐나다 의학회 회장은 치료비를 지불할 능력이 없는 대다수 시민을 위해, 그리고 치료비를 받지 않고서는 환자를 치료할 여유가 없는 의사들을 위해 "의료제도에 일대 변혁이 이루어지지 않는다면 의사와 국민 모두가 커다란 불행을 맞이할 것이다"라고 경고했다.

어느 날 밤 베쑨은 아파트 거실에서 이젤을 세워놓고 그 앞에 서 있었다. 그는 비버홀 광장이 내려다보이는 커다란 창 앞에서 그 야경을 화폭에 담고 있었다. 그는 천천히 물감을 칠하면서 대단히 불만스러운 표정을 지었다. 몸소 고쳐 단 이 창 앞에서는, 밤이면 비버홀 언덕 아래로 거리의 야경과 항구의 불빛을 내려다볼 수 있었으며 그 창의 남쪽과 서쪽으로는 거대한 마천루들이 솟아 있는 정경을 바라다볼 수 있었다. 창가에 서면 세인트로렌스 강에서 움직이는 터그보트들의 소리가 명료하게 들려왔다. 북쪽에 있는 세인트캐서린 가는 이 도시에서 가장 번잡한 거리였다. 그리고 그 위로 마운트 로열이 우뚝 서 있었다. 그는 가끔 그 자리에서 자신이 도시에 둘러싸여 있다는 느낌을 받곤 하였는데, 지금 그 느낌을 캔버스에 담으려 하는 것이었다.

그는 이곳저곳에 물감을 칠하면서도 불만스러운 감정을 억제할 수 없었다. 그는 캔버스를 다시 새것으로 바꾸었다. 그러고는 창가를 떠나 타자기 앞에 앉았다. 그는 얼마 동안 자신을 괴롭히고 있는 의문들과 불안들에 대해 글을 쓰기 위해 곰곰이 생각해 보았다. 그리고 환자 차트에 그들의 병명을 '폐결핵'이라고 써넣어야 할지 또는 '경제적 빈곤'이라고 써넣어야 할지를 다시 한 번 생각해 보았다. 트뤼도에서는 외과수술이야말로 결핵의 해결책이라는 것이 그의 명백한 결론이었다. 그러나 지금은 한 가지 사실만 빼놓고는 그 어느 것도 명백하다는 생각이 들지 않았다. 그렇다. 적어도 한 가지 사실만은 명백했다.

그 명백한 사실이란 결핵이라는 것이 어떤 특정 환경에 대한 인간 유기체의 특정한 반응이라는 것이었다. 그것은 결코 새로운 사실이 아니었다. 그러나 이젠 그것을 보다 정확하게 진술하지 않으면 안 되었다. 트뤼도는 "부자들의 결핵이 있고 가난한 사람들의 결핵이 있다"고 썼었다. 베쏜은 바로 이 이야기가 지금 다시 강조될 필요가 있다고 생각했다. 그리고 그는 그 이야기를 지붕 꼭대기로 올라가서 몰려든 사람들에게 큰소리로 외쳐야 한다고 생각했다.

"부자들의 결핵이 있고 가난한 사람들의 결핵이 있다. 부자들은 회복되지만 가난뱅이들은 죽음을 면치 못한다. 경제학과 병리학은 이렇게 밀접한 관계가 있다."

사람들을 결핵에 걸리게 하는 여러 가지 악조건들이 확산되고 있었다.

"어떤 사람이 이런 환경 속에서 계속 산다면 그는 반드시 죽게 될 것이다."

남녀노소를 불문하고 매년 많은 사람들이 결핵으로 사망하고 있지만, 그들을 위해 어떻게 해볼 방도가 없었다. 그는 외과의사로서 이러한 상황을 그대로 지나칠 수 없었다. 그러나 설사 그들을 치료해 줄 의사들을 충분히 확보한다고 할지라도, 같은 가정, 같은 거리, 같은 도시에서 또 다른 환자들이 나타날 것이었다. 따라서 세상에 대해 경고할 필요가 있었다.

"앞으로 5년 동안 요양소들을 가득 채우게 될 결핵환자들이 지금 당장 손을 쓰면 치료가 가능한데도 그 상태 그대로 거리를 활보하며 책상머리에서 일하고 있다. 시간과 돈이 없기 때문이다. 가난한 사람들은 여유가 없어서 치료를 못 받고 죽어가는 것이다. 이것이 바로 경제학자와 사회학자가 만나는 공통적 기반인 것이다."

그는 씁쓸한 감정으로 자신이 지금 쓴 글을 다시 읽어보았다. 경제학이나 사회학에 대해서 자신이 도대체 무엇을 알고 있단 말인가?

그는 자신의 인생을 거의 대부분 외과의사가 되는 일에만 소비한 사람이었다. 외과의사로서 그는 인체의 병을 고칠 수 있었다. 그러나 사회라고 하는 참으로 어리석은 골칫덩어리에 대해서는 완전히 속수무책이었다. 그는 계속해서 이렇게 썼다.

"우리 의사들은 감염과 재감염의 소인이 되는 외부환경에 대해 아무런 작용도 가할 수 없다. 가난과 조악한 음식, 비위생적 주위환경과 감염원에의 노출, 과로와 정신적 긴장 등 모두가 우리의 통제권 밖에 위치한다. 이들에 대한 본질적이고도 근본적인 수정은 경제학자들과 사회학자들의 과제이다"(이 글은 후에 『캐나다 의학회보』에 발표되었다).

그는 이 글을 읽고 또 읽었다.

과연 이 글이 가치 있는 글일까? 이 글에 의미가 있을까? 아니면 이 글 역시 정곡을 벗어난 또 하나의 쓰레기는 아닐까? 그는 자신의 글과 자기 자신 그리고 모든 일들에 대해 불만을 느꼈다. 그는 지금 자신이 이해하지도 못하는 일들에 대해 너무나 많은 생각들을 그저 떠올리고 있는지도 모른다고 생각했다. 그는 다시 이젤 앞으로 돌아갔다. 그는 밤이 깊도록 그 자리에서 무서운 속도로 그림을 그려갔다. 그러자 우울한 마음이 점차 사라져가기 시작했다. 그림을 다 마치자 피로감과 안도감이 한꺼번에 몰려왔다. 그는 이젤에서 몇 걸음 물러서서 자신의 작품을 만족스러운 눈초리로 바라보았다.

캔버스의 중앙에는 정의와 공평을 나타내는 하나님이 인상파적 화풍으로 그려져 있었고, 그 앞에는 외과의사 한 사람이 판결을 기다리면서 고개를 떨구고 서 있었다. 그 외과의사를 둘러싸고 있는 것은 그 의사가 지상에서 접했던 남녀 환자들의 영혼들이었는데, 그들이 그 의사를 가리키면서 비탄과 분노의 소리로 신에게 고발하고 있었다.

그는 캔버스 뒤에다 그림의 제목으로 「심판날의 외과의사」라고 연필로 썼다.

14

그는 이미 성공한 의사, 사회적 명사, 쓸 만한 독신남이었다. 따라서 야회에 나가면 인기가 있었다. 그리고 늘 아첨과 냉소와 교제가 그를 따라다녔다.

안락한 가정과 담보 능력 그리고 보험과 예금의 증대를 생활의 기둥으로 삼고 있는 일부 동료들은 그의 낭비에 어이없어하였다. 그는 돈을 잘 벌었지만, 그것을 모두 써버리고 있었다.

프란시스조차도 요 몇 년간 그가 주는 선물을 볼 때마다 놀라지 않을 수 없었다. 그는 마음에 드는 물건을 보면 값의 고하를 막론하고 뭐든지 사들였다. 그는 특히 생활이 어려운 몬트리올의 젊은 화가들한테 큰 도움이 되는 사람이었는데, 작품이 마음에 들면 곧바로 사들였기 때문이었다. 그는 자신의 씀씀이가 지나치다고 생각하는 사람에게 준비된 대답을 갖고 있었다.
  "돈 말입니까? 그거야 교환수단에 불과한 것 아니겠습니까?"
  자신의 직업을 과시하기 좋아하는 동료들을 만날 때면 외과의사란 늘 숙련되어 있지 못하다면 배관공이나 다를 바 없는 사람이라는 것이 그의 충고였다. 그는 본의 아니게 싫어하는 부류의 사람들 속에 끼게 되면 인사치레도 없이 그 자리를 훌쩍 떠버리는 사람이었다.
  비버홀 언덕에 위치한 그의 아파트는 사치스럽게 꾸며져 있었는데, 그것은 런던 시절의 쾌락주의적 태도를 그대로 반영하는 것이었다. 가구는 그가 직접 설계한 것들이었고, 벽에 걸린 그림들은 캐나다의 젊은 화가들 작품이었다. 그리고 그 사이사이에 자신의 작품도 끼어 있었다. 방마다 책들로 가득했고, 예술품과 양탄자와 휘장들은 색채와 디자인과 품질이 모두 마음에 들어야 선택되었다. 그러나 그의 목이 긴 스웨터가 같잖은 동료들의 턱시도를 야유했던 것과 마찬가지로, 집 내부의 심미적 외양은 자못 풍자적인 냄새를 풍겼다. 보통 의사들 같으면 자기 과시를 위해 제일 눈에 띄는 곳에 내걸어놓을 면허증은 목욕탕 벽으로 밀려나 있었다. 그는 마음에 드는 물건에 대해서는 값을 따지지 않았다. 그러나 그의 친구들은 그가 또한 모든 것을 함께 쓰기를 좋아한다는 사실도 잘 알고 있었다. 서재에 있는 모든 장서들에는 간단한 열람표들이 달려 있었는데 거기에는 "이 책은 노먼 베쑨과 그의 친구들 것입니다"라는 문구가 박혀 있었다. 그의 책이 그러하듯 그의 집도 마찬가지였다. 궁핍 속에서 그림을 그리는 화가들, 캐나다 예술계의 현황에 낙심하고 뉴욕이나 런던으로 떠나고자 하는 배우들, 또 총명하지만 궁핍하기 짝이 없는 여러 젊은이 등 그의 집은 이들 모두에게 개방되었으며, 이들 모두가 그의 따뜻한 환대 속에서 참된 애정을 느꼈다. 그들은 마음대로 책들을 꺼내 보고 음반을 틀곤 하였는데, 그러면 그는 나가는 길에 명랑한 어조로 이렇게 말하곤 하였다.

"환자 때문에 지금 나가야 하네. 음식은 냉장고에 있고 술은 목욕실에 있으니까 잘들 지내게나."

그는 소유에 무관심했다. 그는 가진 것들에 대해 거들먹거리는 태도를 혐오했다. 그는 쇼 식의 돌연한 행동으로 그의 가장 가까운 친구들조차도 깜짝 놀라게 하는 일들이 많았다. 어느 날 저녁, 서로 알고 지내던 젊은 숙녀 한 사람이 그의 아파트로 놀러 온 적이 있었다. 그녀는 창에 늘어져 있는 멋진 휘장을 보고 찬탄을 금치 못했다. 그 기다란 휘장은 진홍색 비로드만으로 만들어진 것이었다.

그가 물었다.

"이 휘장이 마음에 듭니까?"

그녀가 대답했다.

"그럼요. 정말 멋지군요."

그러자 그는 가위를 꺼내서 한쪽 휘장의 반을 자르더니, 그것을 그녀 쪽으로 던졌다. 그러면서 그는 이렇게 말했다.

"내가 직접 고른 겁니다."

그녀가 기겁을 해서 소리쳤다.

"아니 도대체 무슨 짓을……"

그는 그녀의 놀라는 표정을 보고 웃음을 참으면서 이렇게 말했다.

"당신의 맘에 든다니까 선물하는 겁니다."

험담을 좋아하는 사람들 그리고 그를 먼발치로만 알고 있는 사람들은 여성에 대한 그의 '익살맞은 행동'에 대해 곧잘 눈살을 찌푸렸다. 그의 태도는 때때로 너무나 솔직해서 점잔을 빼는 사람들을 당황하게 만들기 일쑤였다. 그는 예쁜 발목을 가진 여자가 자기 곁을 지나가면 그것을 찬탄의 눈길로 바라보았다. 또한 거리에서나 거실에서나 식탁에서나 그의 논평은 늘 거침이 없었다. 예컨대 "엉덩이가 근사해……" "골반을 보니 애를 잘 낳겠어" "흉곽성형에는 아주 그만인 둥이군" 등등, 이런 표현이 막힘없이 나왔다.

그는 화가로서, 의사로서, 남자로서 여성의 아름다움을 사랑했다. 그러나 여성의 아름다움 이상으로 그의 흥미를 끄는 것은 여성의 마음이었다. 그는 이런 질문으로 동료를 무안하게 만든 적도 있었다.

"당신은 여자를 그렇게 싫어하면서도 어떻게 여자와 동침을 합니까?"

당시 르네 아도레라는 헐리우드의 미녀 영화배우가 있었는데, 그녀가 결핵을 앓고 있을 때 베쑨은 그녀를 위해 특별히 횡경막 절개 목걸이를 만들어준 적이 있었다. 그녀는 수술 전후의 대화에서 그의 덕분으로 인생 전체가 바뀌게 되었다고 말했다. 그녀는 회복 후 적당한 시를 골라서 그에게 편지를 보냈는데, 그녀의 인생에 있어서 의미 있는 모든 것은 다 그의 덕분이라는 내용이었다(그가 미스 아도레의 수술을 행한 곳은 애리조나 주 턱슨이었다). 그러나 여성의 '특별한 마음' 운운하는 대화는 그를 분노케 했다. 그는 종종 이렇게 말했다.

"여성들은 너무나 오랫동안 노예생활에 시달려왔다. 나는 여성적 마음을 계속 '설명'하고자 하는 자들을 보면 아주 곤혹스럽기 짝이 없다. 여성의 마음은 인간의 마음이다. 그것은 비인간적 조건들하에서 고통을 받을 것이다. 이른바 여성적 심성을 떠들어대는 신화들은 여성을 계속 예속시키고자 하는 남성들에 의해 만들어지고 있을 뿐이다."

양성 사이에서의 위선 역시 의사 직업을 과시하는 행위만큼이나 그를 분개시켰다. 그는 허세와 '점잔'을 지독한 야유로 깨부수곤 하였다. 그러나 이 과정에서 그는 아버지와 같은 온화한 태도로 그에게 나름대로의 애정을 나타냈던 사람들까지도 기겁을 하게 만들었다.

베쑨을 규정적으로 바라보는 사람들은 모든 말들을 다 동원하여 여러 가지 특징으로 그를 규정짓고자 했다. 어떤 사람들은 미친놈이라 했고, 또 어떤 사람들은 자만심이 강하다, 매력적이다, 무책임하다, 예민하다, 거만하다, 의리 있는 친구다, 훌륭한 의사다, 흥행꾼이다, 천재다, 보채는 어린애 같다는 등. 요컨대 어떤 사람들은 호감을 느꼈고 어떤 사람들은 반감을 느꼈다. 또 어떤 사람들은 고마움을 느꼈고, 어떤 사람들은 불쾌감을 느꼈으며, 또 어떤 사람들은 슬픔을 느꼈고, 어떤 사람들은 기쁨을 느꼈다. 그는 이렇게 여러 가지 평판을 받으며 많은 사람들의 삶 속을 들락거린 혜성과도 같은 사람이었다.

물론 진실로 그를 잘 아는 몇몇 사람들도 있었다. 목사의 아들로 태어나 한때 트뤼도 요양소에 입원하여 죽음을 앞에 두고 인간의 운명을 사색하던, 또 한때는 페이터와 지오토의 사도였던 그를 가까이에서 알고 지냈던 소수의 사람들이 있었다. 또 그가 여전히 '나의 아내'라고 부르던 프란시스도 있었다. 그녀는 종종 자기가 그를 버렸으며 자기가 좀더 사랑의 마음으로 그를 대했으면 만사가 다 풀렸을 것이라고 자책하곤 하였다. 아무튼 그녀는 그의 마음속까지를 알고 있는 사람이었다. 그녀는 또 그가 그녀의 승낙을 바라며 데리고 오는 많은 사람들을 만나면서, 그를 재미있는 사람, 유별난 사람, 재능 있는 사람이라고 생각하는 많은 사람들이 그에 대해 무엇을 모르고 있는지도 알고 있었다.

프란시스는 알고 있었다. 그의 야유와 변덕과 분노는 실제로 느닷없는 것일 수도 있었다. 그러나 곧잘 분노하는 이 사람은 또한 존경스러울 정도로 부드러운 의사이기도 하였다. 그는 의사들의 거만한 태도를 참으로 질색으로 여겼다. 한번은 그가 프란시스에게 이렇게 침통하게 말한 적이 있었다.

"우리 의사들은 수도승과도 같아야 하오. 그렇소. 헐벗은 옷차림에 샌들을 신고 이리저리 배회하는 수도승 같아야 한단 말이오. 우리의 목적은 인체를 보호하고 소생시키는 것이오. 그것은 신성한 일이오. 따라서 우리의 자세도 신성한 목적에 맞게 치열하지 않으면 안 되오."

그는 누구 못지않게 자긍심과 자부심이 강한 사람이었다. 또한 병원에서 환자들을 돌볼 때면 환자들의 모든 고통과 염원을 속속들이 짐작하는 중늙은이 같은 사람이었다. 바깥에 나오면 그는 사람들에게 여러 가지 모습으로 투영되었다. 그러나 일단 병실에 들어서면 환자들 모두가 간호사 수녀들이 그러하였듯이, 또한 그의 가까운 친지들이 그러하였듯이 인간적인 의사인 그를 깊이 사랑해 주었다.

1934년 크리스마스 때 그의 카드를 받아본 사람들은 그것을 흥미롭게 살펴보지 않을 수 없었다. 카드의 한쪽에는 그의 기흉술 수술 강령이 적혀 있었고, 다른 쪽에는 기흉장치가 스케치되어 있었는데, 그 밑에는 "당신의 평안한 기흉을 바라며"라는 문구가 적혀 있었다. 그리고 카드 밑에는 휘트먼의 다음과 같은 시구가 인쇄되어 있었다.

나는 부상병들을 동정하지 않는다.

나 역시 부상병이 될 테니까.

그는 아무리 사소한 일일지라도 제대로 처리되지 않으면 간호사 수녀들에게도 화를 벌컥 내는 사람이었다.

그러나 다음 순간 그 간호사 수녀의 보살핌을 받던 젊은 여자 환자가 악성결핵으로 죽어가면서 "내게 키스해 주실 수 있겠어요?"라고 속삭이자 그는 그 여자 환자를 가만히 내려다보았다. 그리고 자신도 전에는 이처럼 누워서 해바라기가 태양을 향해 고개를 돌리듯 남은 인생의 몇몇 바람들을 간절히 좇으려 했던 시절을 되돌아보았다. 그는 잠시 망설이다가 곧바로 허리를 굽혀 그녀에게 키스를 했다. 그러자 지금 막 그에게 야단을 맞았던 그 간호사 수녀가 화들짝 놀라며 그의 팔을 슬쩍 붙잡았다. 그후 며칠 동안 그는 예방약을 먹어야 했다. 그후 어떤 병원 직원이 그런 악성 환자와 키스를 하고서도 어떻게 괜찮으냐고 묻자, 그는 어깨를 으쓱거리며 짤막하게 대답했다.

"의사라는 직업이 의학지식만 가지고 일하는 게 아닌 모양입니다그려……"

그는 생명을 소중히 생각했다. 그는 자신의 마음과 두 손과 가슴을 소중히 생각했다. 그리고 자신에게 그 생명을 되찾게 해준 모든 것들을 소중히 생각했다. 그리고 자신의 개인적 소망이 한 조각의 어리석은 감상주의로 평가되고 생명이 현금 몇 달러와 동일시되는 이 세상에서, 그는 자신의 몸을 질시의 눈초리로부터 꼭꼭 숨기고 있었다.

그는 자신의 직업이 생명과 직결된 일이라는 것을 깊이 자각하고 있었다. 프란시스는 그가 병으로 몸이 망가져서 병원으로 찾아오는 모든 환자들에게 보호자이자 아버지 노릇을 하는 사람이라는 것을 잘 알고 있었다. 그는 병원 바깥에서는 곧잘 으르렁거리는 사나이였다. 그러나 환자들 앞에서는 미소를 짓는 다정한 의사였다. 그는 병원 바깥에서는 세상이 돌아가는 꼴에 조소 어린 표정을 짓는 사나이였다. 그러나 병원에 들어서면 죽음을 앞두고 사소한 인간적 애정에 목말라하는 젊은 여자 환자에게 키스를 할 줄 아는 친절한 의사였다. 그는 여러 가지 모습으로 비춰지는 불 같은 사나이였으나 환자를 대할 때의 표정은 늘 부드러운 의사의 얼굴이었다.

프란시스는 이 모든 것을 잘 알고 있었다. 그리고 그것이 어디에서 연유하는 것인지도 잘 알고 있었다. 그러나 한꺼번에 다 알게 된 것은 아니었다. 그녀 역시 생활 속에서 조금씩 조금씩 알게 된 것이었다. 그는 어쩌다 한 번씩 병원 문을 나서서부터 집 안에 들어설 때까지 계속 묵묵한 표정으로 생각에 잠길 때가 있었다. 이것은 병원에 위독한 환자가 생겼다는 증거였다. 이럴 때 그의 머리 속은 그 환자의 증세, 치료방법 등에 대한 생각으로 가득 차 있었고, 쉴새없이 그의 가슴속은 그 환자가 느낄 수 있는 모든 고통으로 움찔거렸다.

어느 날 그가 프란시스에게 전화로 "당신을 즉시 만나고 싶은데, 이쪽으로 와줄 수 없소?" 하고 부탁했을 때, 그녀는 그의 흥분된 목소리로부터 그의 정황을 짐작할 수 있었다.

그녀가 들어섰을 때 그는 거실을 왔다갔다하고 있었다. 그는 말없이 와주어서 고맙다는 눈짓을 보내며 그녀의 손을 꽉 잡았다. 그는 창백한 얼굴로 이렇게 말했다.

"오늘 환자 한 사람을 잃었다오. 당신을 만나보지 않으면 견딜 수 없을 것 같았소. 그는 젊은 수도사였는데, 이젠 멀리 떠나버리고 말았소. 온몸이 여러 가지 병으로 아주 끔찍한 환자였소. 구할 수도 있었는데…… 그는 젊은 수도사였소. 제대로 한번 살아보지도 못했으니…… 이젠 모두 끝난 일이지…… 수술 도중에 그만 죽어버리다니……."

그녀는 그 모든 경위를 자세히 알 수는 없었지만, 한 가지 사실만은 알아차릴 수 있었다. 즉, 그가 괴로워하는 이유는 환자의 죽음 자체가 아니라 자신이 구해내고자 했던 생명을 구하지 못했다는 자책감이었던 것이다. 「심판날의 외과의사」에 그려져 있는 영혼들처럼 불현듯 나타나서 그를 괴롭히는 생명, 바로 그것 때문이었다.

그는 프란시스에게 쉴새없이 계속 말했다.

"도대체 무어라 설명할 수가 없소. 나의 방법이 잘못되었는가? 내가 더 배워야 환자를 구할 수 있는가? 나는 자격이 없는 사람인가? 우리 모두 어딘가 잘못되어 있는가? 난 이렇게 자문해 보지만 도무지 분명하게 설명할 수가 없소. 그러나 환자들이 그렇게 죽어나갈 땐 나의 일부까지도 그들과 함께 죽어나가는 기분이오."

그녀는 그를 위로하려고 노력했다. 그녀는 이치를 따져 설명했다.

"당신은 할 수 있는 모든 것, 알려진 모든 것을 다하셨어요. 그러니 어쩔 수 없는 일을 가지고 자학할 필요는 없다고 봐요."

그러나 그녀는 그의 이런 모습에서 그의 진면목을 보는 것 같아 섬뜩한 느낌마저 들었다.

"그들이 죽어나갈 땐 나의 일부까지도 그들과 함께 죽어나가는 기분이오……."

앞으로도 많은 수의 환자들이 죽을 것이었다. 그리고 그는 자신의 무능을 고통스럽게 자책하면서 마지막 안간힘을 다할 것이었다.

15

1935년 3월…….

히틀러가 베를린 스포츠 궁전(the Berlin Sports Palace)에서 목청을 높이자, 볼드윈 수상은 다우닝 가에서 집단안보를 운위했고, 네빌 챔벌린은 사태 진정을 위한 정상회담의 소집을 촉구했다. 그리고 스페인의 농민과 노동자 그리고 중산계급은 쉴 새없이 거리를 돌아다녔고 무솔리니는 로마로부터 지중해 너머로 그 탐욕스러운 눈길을 던지고 있었다. 모스크바의 신문들은 5개년 계획의 진행 관계기사로 가득 차 있었고, 중국의 내전은 여전히 그 갈지자 행보를 계속하고 있었다. 몬트리올의 거리는 날씨가 풀리면서 녹은 눈으로 질척거렸고, 실업자들의 데모가 한창이었다. 그리고 닥터 노먼 베쑨은 이 혼란 속에서 마흔다섯번째 생일을 맞이하였다.

20세기의 35년째 되는 그 음울한 해의 몬트리올에도 봄은 역시 여느 때처럼 또다시 찾아왔다. 이 도시의 한가운데에 있는 마운트 로열에도 여기저기에 봄기운이 감돌기 시작하였고, 교외에서는 지난 겨울에 메말라버린 잔디들이 다시 파랗게 소생하고 있었다. 그러나 이스트엔드 주변에는 거무튀튀해진 얼음 조각들이 그대로 남아 있었는데, 이것은 지역이 음습한 탓으로 도시 전체가 따사로운 태양에 알몸을 다 드러내도 오랫동안 더 그러할 것이었다. 봄은 몬트리올의 구석구석을 새롭게 단장시키고 있었다. 병원 일은 순조롭게 진행되었다. 베쑨의 아이디어와 방법은 커다란 진척을 보이고 있었다. 그러나 그의 마음은 새로운 불안에 휩싸이기 시작했다.

그는 자신의 충실한 조수이자 친구인 닥터 조르주 데샤이에(Georges Deshaies)에게 자신의 걱정을 간간이 털어놓곤 하였다. 그의 불만은 결핵이 박멸될 수 있는데도 현실 속에서는 오히려 그 질병이 증가되고 있다는 것이었다. 의사들이 수술대에서 하는 일이란 고작 환자 개개인의 악성질환만을 다루는 것이지, 그 일반적 근원까지 뿌리뽑는 것은 아니었다.

그리고 결핵에 걸려도 돈이 없어서 또는 병에 걸렸다는 사실조차 몰라서 병원 한번 찾지 않고 그대로 방치해 두는 사람들은 또 얼마나 많은가. 그는 가끔 차라리 메스를 집어던지고 거리로 뛰쳐나가 지나가는 사람들에게 경고의 말을 외치는 편이 더 낫지 않겠는가 하는 생각에 사로잡혔다. 그 편이 이렇게 수술대만을 지키고 있는 것보다 차라리 나을 것 같았다.

그는 어쩌다 한 번씩 프란시스를 만날 때마다 자신의 분노를 쏟아냈다. 이 경우 그녀는 그 밝은 눈길에 인내와 연민의 빛을 띠고 조용히 앉아서 그의 말을 경청해 주었다. 그는 이렇게 외치곤 했다.

"의사! 당신은 그 의사라는 사람들이 얼마나 자주 막다른 골목에서 좌절감을 느끼고 있는지 모를 거요. 언젠가 미래의 교과서에서는 우리를 의학 이전 시대의 사람들이라고 서술하게 될지도 모르오."

디트로이트 시절, 그는 너무나 많은 의사들이 '겉치레' 치료에만 관심을 갖고 있다고 불평한 적이 있었다. 그런데 이제 그의 이야기는 전과 달리 적극적 성격을 띠었다. 그는 이렇게 말하곤 했다.

"우리는 보통 사람들의 건강 유지를 위해 일하는 사람들을 의사라고 부르지. 그러나 이러한 개념대로 실천하고 있는 의사들이 도대체 얼마나 되겠소? 그렇다고 그것이 의사들만의 잘못이라는 이야기는 아니오. 아니지, 그렇게 생각하면 정말 잘못이지. 우리는 모두들 어느 도시 어느 거리에서도 상수도, 하수도, 오물수거, 전기공급 같은 서비스들은 당연한 일로 생각하오. 그런데 의료 서비스에 대해서는 그렇게들 생각하지 않는

다오. 그것이 바로 문제요. '건강의 권리' 이것이 무시되고 있단 말이오. 따라서 사람들은 이 의료 서비스를 가게에서 통조림을 사듯 구입하는 것이라오. 몇 달러 몇 센트를 주면서 말이오. 병원이라는 것들이 그런 장사를 하면서도 거들먹거리는 거야. 그러니 양복점하고 다를 게 뭐가 있겠소? 재봉사가 헌 코트를 수선해 주는 식으로 우리 의사들도 팔다리를 수선해 주고 있을 뿐이지. 이것은 분명 본래의 정신에 맞게 의학을 실천한다고 볼 수가 없소. 그저 장사를 하고 있을 뿐이오. 따라서 새로운 의료개념, 보편적 보건개념, 새로운 의사개념이 정립되어야 한다고 생각하오."

어느 날 그가 느닷없이 프란시스를 찾아왔다. 그는 극도의 긴장상태 속에서 이렇게 말했다.

"완전히 엉망진창이야."

프란시스가 물었다.

"아니, 엉망이라뇨? 베쓰, 당신한테 무슨 일이라도 생겼나요?"

잠시 베쑨은 씩씩거리며 분을 가라앉히는 기색이었다. 전에 그는 의술이 발전되면 결핵이 퇴치될 수 있으리라고 생각했었다. 그러나 일은 그렇게 간단한 것이 아니었다. 의술이 발전되었다 할지라도 의사들이 그 발전된 의술을 가지고 민중들한테 접근하지 않으면 안 된다. 그런데 의사들의 지금 행태는 어떠한가?

"우리는 민중 속으로 뛰어들어야 하오! 우리는 민중 속으로 뛰어들지 않으면 안 되오. 앞으로는 더 이상 사적인 치료에만 매달려서는 안 되오! 우리 의사들이 의료제도 자체를 변화시켜야 하오. 저 창 밖을 보시오. 저 거리에 있는 집들을 보시오. 저기가 바로 우리 의사들이 있어야 하는 곳이오. 모든 집마다, 모든 도시마다, 모든 마을마다 우리가 찾아가야 하오. 이 집에서 저 집으로 우리 의사들이 찾아다니지 않으면 안 되오. 우리가 발전된 의술을 가지고 마지막 환자한테까지 찾아가지 않으면서 결핵의 완전 퇴치를 바란다면, 그것은 한낱 헛된 꿈일 뿐이오, 우리는 환자들이 돈을 싸가지고 우리를 찾아오기를 기다려서는 안 되오. 우리가 먼저 병에 걸리기 전에 그들을 찾아가서 어떻게 해야 결핵에 걸리지 않는지를 미리 알려주지 않으면 안 되오. 그리고 만약 그들이 이미 병들어 있다면 신속히 그것을 퇴치해 주어야 하오. 이 집에서 저 집으로, 이 거리에서 저 거리로 이 도시에서 저 도시로 우리가 직접 찾아다니며 말이오."

프란시스가 물었다.

"'우리' '우리' 하시는데 그 '우리 의사'들이란 누구를 말하는 거죠?"

그가 대답했다.

"우선 나 그리고 나와 함께 행동할 의사들이오. 의사의 의무가 스스로 질병의 뿌리까지 찾아가는 것이라고 믿는 의사들 말이오."

베쑨은 점점 더 흥분되면서 열심히 프란시스를 납득시키려 했다. 그녀가 다시 물었다.

"그런데 당신은 그런 의사들을 어디에서 찾아내겠다는 겁니까?"

그가 반문조로 대답했다.

"교회에서는 사제들을 어디서 구했겠소? 자신의 모든 세속적 소유를 완전히 포기하고 수도원의 검소한 생활을 택하라는 교회의 호소에 응하는 사람들이 있다면, 민중의 건강을 위한 사제가 되기 위해 개인적 이해를 뿌리칠 사람들도 있을 것이오. 그런 의사들이 공동체를 이루어 함께 행동할 것이오. 그래서 빈민가는 물론 우리를 절실히 원하는 곳이라면 그 어디라도 모두 찾아다닐 것이오."

퀘벡 주의 농촌지역이 이 나라의 그 어느 곳보다도 결핵발생률이 높다는 사실을 프란시스는 알고 있을까? 몬트리올에서 20마일 떨어져 있는 라신이라는 곳의 영아사망이 3분의 1이나 된다는 사실을 그녀는 알고 있을까? 몬트리올과 퀘벡 시의 경우가 봄베이나 마드라스와 같은 후진국 도시들을 제외하면 세계의 그 어느 도시들보다도 영아사망률이 높다는 사실을 그녀는 알고 있을까?(베쑨의 이 대답은 주정부의 통계를 근거로 한 것이었다. 또 이때가 극심한 경기침체로 허덕이던 시절이었음을 상기하기 바란다. 퀘벡 주의 영아사망률은 그후 계속 감소되었다.)

그녀가 다시 끼여들었다.

"그렇지만 그 일을 위한 자금은 어디에서 마련할 생각이죠? 당신이 다른 의사들을 설득하려면 돈이 필요할 텐데……. 그리고 또 당신 자신의 생활은 또……?"

"돈이라, 돈 말이오?"

그는 일순 대답이 궁색했지만, 곧 그 문제를 간단히 무시해 버렸다.

"우리 생활이야 아무럼 어떻겠소? 우리가 얻을 수 있는 몇 니켈, 몇 다임, 몇 달러면 생활이 가능할 거요. 그것이면 충분할 테지. 또 환자들이 가져오는 물건도 조금은 있을 것이고, 가구나 장비 그리고 의약품 문제 같은 것은 모두 다 기술적인 문제에 불과하지. 그리고 필요하다면 정부를 망신시켜서라도 우리 일에 협조하도록 만들 수도 있지 않겠소?"

그는 방 안을 이리저리 왔다갔다하면서 자신의 계획을 웅변적인 말투로 빠르게 설명했다. 설명이 끝나자, 그는 그녀의 두 손을 잡으며 "당신 생각은 어떠오?"라고 묻는 것이었다. 그녀는 천천히 대답했다.

"모르겠어요, 전 당신의 지금 이야기는 그 동안 들어온 이야기들 가운데 가장 놀라운 이야기 같군요. 그러나 그 일에 과연 현실성이 있는지 그 점이 문제인 것 같네요."

16

그로부터 며칠 후, 그는 퀘벡 주의 보건상태를 폭로하는 소책자를 만들 생각을 하기 시작했다. 그는 친구들에게 이렇게 말했다.

"이 문제를 누구나 다 이해할 수 있도록 쉽게, 또한 사람들의 감정을 자극할 수 있도록 선동적으로 써볼 생각이네. 그래야 이 암흑천지 속에서 병으로 신음하고 있는 어린아이들에게 희망이 생길 테니까. 비참한 사실을 낱낱이 밝혀서 세상을 움직여보겠단 말이세."

이것은 풍요 속의 빈곤 이상의 문제 같았다. 나라 전체가, 세계 전체가 들끓고 있는 상황이었다. 세계 도처에서 도전과 매도, 선동적 연설과 외교적 위협이 계속되고 있었다. 그러나 이 모든 일들이 그에게는 새로울 뿐만 아니라 어리둥절한 말들로 전달되었다. 히틀러의 궁극적 목표는 무엇인가? 문명국가의 국민이 어떻게 해서 그런 미치광이의 통치를 허용하는가? 서유럽의 외교관들은 왜 그렇게 유약한 태도로 그를 대하는가? 그리고 베네치아 광장에서 목청을 돋우고 있는 저 엉터리 약장수 무솔리니. 나는 어찌하여 이탈리아에도 그런 허영덩어리가 존재하고 있다는 사실조차 모르고 지냈더란 말인가? 그리고 왜 누군가 일어나서 그의 입을 봉하지 않는단 말인가? 또 국내의 이 소란은 대체 무엇 때문인가? 그 모든 단체들이 요구하는 것은 도대체 무엇이란 말인가? 그는 이렇게 생각했다.

'나 같은 사람이 신문을 보아도 어리둥절할 수밖에 없다면, 다른 많은 사람들도 그럴 것 아닌가?'

그래서 그는 시사문제와 관계되는 용어들을 간단히 설명해주는 소책자를 만들어보기로 마음먹었다. 그는 첫 페이지에다

「시사용어사전—신문에 가장 많이 나타나는 100가지 용어풀이」라고 제목을 붙였다. 그러나 그는 이 작업을 처음 몇 장 하다가 더 이상 진행시킬 수 없었다. 이 일을 걷어치우기 전에 그가 수록대상으로 뽑아놓은 53개의 용어들을 보면 독재, 민주주의, 실업, 고용주의, 피고용인, 임금, 노동조합, 자본주의, 사회주의, 공산주의, 파업, 노동계급, 부르주아계급, 소비에트, 애국심, 민족주의 등등 대부분이 당시 그의 마음의 방향과 관계 있는 것들이었다.

그는 이 작업과정에서 노동과 자본의 대립, 공산주의(사회주의)와 자본주의의 대립문제에 정면으로 부딪치게 되자, 그 특성들을 서로 대비시키려고 노력했다.

그는 예의 완벽성을 추구하는 자세로 '자본주의' '파시즘' '공산주의' 등등의 난부터 만들어놓고 작업을 진행했다. 그는 자신이 구할 수 있는 모든 자료들을 참고하면서 그 난들을 채워나갔는데, 작업을 진행하면서 자신의 생각이 점차 변화되고 있다는 것을 느낄 수 있었다.

이제 몇몇 친구들은 그를 의심의 눈초리로 바라보기 시작했다. 그들은 베쑨의 테이블 위에 급진적 팸플릿들이 쌓여 있는 것을 발견하자, 이렇게 묻기 시작했다.

"자네 공산주의자가 될 생각인가?"

그러면 그는 부드러운 목소리로 이렇게 대답했다.

"나도 모르겠네. 공산주의자가 어떤 사람들인지도 아직 모르고 있으니 말일세. 그러나 한 가지만은 분명하다고 생각하네.

공산주의자라는 것이 요즈음 반공주의자들이 주장하는 그런 사람들이 아니라는 것이네. 또 하나 확실한 것은 사람들이 어떤 사람에게 공산주의자라는 딱지를 너무 쉽게 붙인다는 사실일세. 자기들 일에 찬성하지 않으면 '공산주의자'로 몰아붙이기 일쑤니 나 같은 사람이야 빨갱이 중의 빨갱이 취급을 받을 수도 있겠지."

그는 자신이 구할 수 있는 것들을 모조리 구해 읽었다. 이 과정에서 정치, 경제, 철학 등에 대한 그의 생각이 급속히 변모해 나갔다. 그는 책을 보면서 공책에다 그 내용을 요약해 나갔는데, 그러다가 곧 자신이 찾고 있는 대답이 그렇게 단순한 요약에 있는 것이 아니라는 사실을 깨닫게 되었다.

어느 날 오후, 그는 동료 몇 명을 데리고 자기 아파트로 차를 몰고 있었다. 그런데 갑자기 교통이 막히고, 어디에서 쏟아져 나왔는지 많은 사람들이 미친 듯이 보도를 달려가는 것이었다. 그는 창문을 열고 바깥을 내다보았다. 이때 몇 대의 경찰 순찰차들이 사이렌을 울리면서 오도가도 못하는 차들 사이를 비집고 헤쳐나갔다. 그는 무슨 사고가 일어난 모양이라고 생각하면서 차 밖으로 나왔다.

빵빵거리는 차들 사이를 헤쳐나와 앞을 바라보았을 때, 그가 본 것은 사고가 아니었다. 기마경찰들이 멀리 크레익 가 쪽에서 이쪽 세인트로렌스불리바르로 내려오고 있었다. 그들은 밀집 대형으로 이쪽 보도에서 저쪽 보도로 두 줄로 늘어서서 서서히 앞으로 전진해 왔다. 그에 따라 수천 명의 남녀 시위대가 뒷걸음질을 치고 있었다. 기마경찰이 동원된 것은 그저 엄포용 같아 보였다. 그들은 한가하다 못해 지루해하는 기색이었다.

시위대는 기마경찰에 의해 한 걸음 한 걸음씩 뒤로 밀리면서 서로 더욱 밀착되었다. 시위대는 아직 조용히 뒤로 밀리기만 했는데, 그들의 머리 위에서는 "우리 아이들에게 우유를 달라! 우리 부인들에게 빵을 달라! 우리에게 배급이 아닌 일자리를 달라!"고 쓴 하얀 플래카드들이 바람에 펄럭거리고 있었다.

그때 무슨 신호가 내려진 듯, 기마경찰의 말들이 빠른 속도로 걷기 시작했다. 시위대 속에서 고함소리들이 터져나왔다. 시위대들은 서로의 손을 잡으면서 잠시 버티는 자세를 취했다. 그래도 기마경찰은 속도를 늦추지 않았다.

누군가가 구호를 선창했다.

"경찰을 타도하라!"

드디어 시위대와 기마경찰 사이의 간격이 없어졌다. 이제 기마경찰의 얼굴에는 지루해하는 기색이 사라졌다. 그들은 긴장된 표정을 지으며 손목에 가죽끈이 감긴 곤봉을 일제히 쳐들었다. 시위대가 술렁거리기 시작했다. 거리가 일순 깊은 한숨으로 메아리쳤다. 그것은 항의와 불신의 한탄이었다. 그리곤 다시 정적이 감돌았다. 그러나 곧 이 정적은 깨어지고 말았다. 기마경찰이 곤봉을 휘둘러대면서 시위대 속으로 들이닥쳤던 것이다. 말들이 히히잉대며 앞다리를 들었다. 사람들이 여기저기서 길바닥에 쓰러지기 시작했다. 그들은 두려움과 고통 속에서 비명을 질러댔다. 베쑨도 달아나는 시위대에 밀려 오도가도 못하는 자동차들 속으로 다시 들어섰다. 자동차에서 이 광경을 지켜보던 사람들의 얼굴도 공포로 하얗게 질려 있었다. 그는 다시 사람들에게 떠밀려 보도 쪽으로 나오게 되었다.

보도로 나오자 어떤 사나이가 두 손으로 머리를 감싸고 자기 쪽으로 오고 있는 모습이 보였다. 그 사나이의 손가락 사이에서는 피가 새어나오고 있었다. 베쑨은 그에게 다가가려고 했다. 그때 사이드카 한 대가 그 사나이의 살 부분을 받으면서 지나갔다. 그러자 사나이의 몸이 공중으로 붕 뜨더니 밑으로 고꾸라졌다.

"살인자!" 하는 소리가 누군가의 입에서 터져나왔다. 야윈 얼굴의 어떤 젊은 여자가 그 사이드카를 쫓아가면서 "못된 돼지"라고 욕설을 퍼부었다. 그러자 그 사이드카 경찰은 두툼한 손으로 여인의 얼굴을 후려쳤다. 여인이 나자빠졌다.

베쑨은 멍하니 이 광경을 바라보다 퍼뜩 정신이 들었다. 그는 다시 사람들 틈새를 뚫고 자기 차로 돌아가려 했다. 그러나 급한 걸음을 옮기다가 갑자기 넘어지게 되었다. 두 팔로 아이를 싸안고 어떤 자동차 옆에 쭈그리고 있던 한 여인의 발에 걸린 것이었다. 일부 시위대들은 오도가도 못하는 차들 사이에서 도망치기에 여념이 없었다. 그는 이제 단 한 가지 생각뿐이었다. 그것은 어서 자동차에 돌아가 왕진가방을 가져와야겠다는 생각이었다. 그가 간신히 자신의 차까지 돌아오자, 초조하게 기다리고 있던 동료들 가운데 한 사람이 베쑨에게 물었다.

"무슨 일인가?"

베쑨이 쉰 목소리로 대답했다.

"살인일세, 야만적인 습격과 살인. 이런 냉혈한들이 있나?"

그때 한 젊은이가 베쑨의 차로 다가오더니 보닛 앞에서 쓰러졌다. 그의 한쪽 얼굴은 찰과상으로 벌겋게 부어 있었고, 그의 남루한 옷은 흙먼지로 범벅이 되어 있었다. 베쑨이 그 젊은이의 팔을 붙잡으며 말했다.

"자, 이리 오시오, 난 의사요."

베쑨은 동료들에게 몸을 돌리며 말했다.

"내 왕진가방 좀 이리 건네주게, 그리고 좀 도와들 주게."

그는 그 젊은이를 부축하여 조심스럽게 눕혔다. 그리고 왕진가방을 열었다. 밖에서는 여전히 경찰에 밀려나는 시위대들의 함성, 말발굽 소리, 사이렌 소리, 고통과 테러와 증오의 소리가 범벅이 되어 들려오고 있었다.

이튿날 문이 열리면서 웬 신사 한 사람이 들어섰을 때, 몬트리올 실업자협회(the Montreal Unemployed Association)의 지도자들은 그들의 남루한 사무실에서 회의를 하는 중이었다. 그 신사는 그들에게 명함을 건네면서 자기 소개를 했다.

"전 노먼 베쑨이라는 의사입니다. 남녀노소를 불문하고 어제 다친 사람들을 제게 보내면 무료로 치료해 드리겠습니다. 아마 다음주 정도면 한 열 명 정도의 의사들이 더 도울 수 있을지도 모르겠습니다."

그는 이 일로 유명한 흉부외과의사라는 명성에 또 하나의 명성을 추가하게 되었다. 빵 배급을 타기 위해 늘어서 있는 사람들도 그의 이름을 알게 되었기 때문이다. 그는 이제 어려운 사람들과 어울리기 시작했다. 그는 실업자들의 집을 들락거리면서 임대료 미지급으로 퇴거 위기를 맞은 그들과 함께 지냈으며, 일자리가 없는 사람들의 곤경을 호소하는 집회장소도 따라다녔다. 실업자단체의 지도자들은 물론, 공산주의자, 협동공화국연맹(CCF : the Cooperative Commonwealth Federation 캐나다의 사회민주주의 정당) 사람들, 사회주의자, 자유주의자들과도 교분을 맺게 되었다.

그는 이 과정에서 아주 묘한 자극적 분위기를 맛보았다. 그는 그런 곳에서 일하는 남녀들이 현재에 대한 열정뿐만 아니라 미래에 대한 열정도 갖고 있으며 그 토대 위에서 철학을 논의하고 노조를 조직한다는 사실을 알게 되었다. 또한 그들은 베쑨을 따뜻한 우정으로 맞이해 주었는데 이것은 매우 즐거운 일이었다.

이제 그의 공책과 일기장에는 새로운 이야기들이 적혀가기 시작했다.

나의 '나쁜 면'이 다시 정상으로 복귀했다. 한동안 그것을 잊고 살아왔는데, 그러나 이것은 역시 바람직한 현상이다. 왜냐하면 앞으로 다시는 헛된 구렁텅이에서 인생을 소모하지는 않을 테니까. 나는 지금 옳은 길을 가고 있는가? 대답은 이론에서가 아니라 현실적 필요에서 내려져야 할 것이다. 문제는 그저 학술적 사실들을 주워 모으는 것이 아니라 현실에 참여하는 것이기 때문이다. 부유한 사람들은 스스로를 돌볼 수 있다. 그러나 가난한 사람들은 경우가 다르다. 그들 대다수가 건강에 대한 자신들의 당연한 권리마저도 잊고 살고 있는 것이다. 그러나 나의 새로운 친구들과 '공짜' 환자들은 그들의 자연적 권리를 주장하는 데 적극적이다. 이들의 자세에는 참으로 찬탄을 금하지 않을 수 없다. 그들은 가진 것이 없지만, 어두운 회의실에서 경찰의 곤봉을 각오하면서 풍요로운 내일의 꿈을 설계한다. 물론 가끔은 그들과 함께 움직인다는 것이 어렵다는 것을 느낀다. 또한 그들의 모난 이론에 동의할 수 없을 때도 종종 있다. 그러나 그들의 결핍과 박탈과 동지애에서 나오는 그 홍분과 열성은 나의 바람, 바로 그것이었다. 그들은 내게 새로운 명예학위를 수여해 주었다. 따라서 나는 현재 의학박사에다 왕립외과의사 대학교수, 그리고 '베쓰 동지'이다. 이 얼마나 영광스러운 칭호인가. 나는 지금 새로운 길에 발을 들여놓았다. 이 길이 과연 나를 어디로 인도할 것인지…….

17

그 길은 먼저 그를 러시아로 인도했다. 왜냐하면 사회주의 사회를 창조하기 위한 러시아의 시도가 점차 그의 관심을 불러

일으켰기 때문이었다. 스스로 몬트리올의 가난뱅이들 사이로 뛰어든 이 의사는 1935년 여름, 국제생리학회의에 참석하기 위해 몬트리올을 떠나 레닌그라드로 향했다. 그가 없는 동안의 병원 일은 그의 수석조수인 닥터 조르주 데샤이에게 미리 맡겨놓았다.

이 캐나다 대표단 속에는 프레드릭 밴팅 경(Sir Frederick Banting), 닥터 존 브라운(John. S.L. Brown)과 한스 셀리에(Hans Selye) 등이 있었다. 밴팅은 찰스 베스트(Charles H. Best)와 함께 인슐린의 발견자로 세계에 널리 알려진 사람이었다. 닥터 셀리에는 후에 '적응 신드롬'(adaptation syndrome)에 대한 유명한 논문을 발표한 사람이다. 따라서 셀리에의 경우 이번 레닌그라드 여행은 그 자신의 연구에 기폭제가 될 위대한 파블로프(Pavlov)를 만난다는 것을 의미했다. 닥터 브라운은 이번 생리학회의를 통해 생화학에서의 자신의 발견성과를 확증하겠다는 야심을 갖고 있었다. 그럼으로써 그는 캐나다의 저명한 의학교수의 한 사람으로서 왕립 빅토리아 병원의 한 부서장이 될 계획이었다. 베쑨의 경우 이번 생리학회의는 솔직히 말해서 '사회주의 의학'을 둘러볼 수 있는 기회를 의미했다.

그래서 그는 회의장에서 발표되는 논문들은 나중에 읽어보기로 작정하고 레닌그라드에 도착하자 회의의 첫 부분에만 참석하여 파블로프와의 개인적인 면담을 약속해 놓고 나머지 시간은 자기 나름대로 '사람들을 구경하고' 결핵 치료현황을 둘러보는 데 보냈다.

파블로프에 대한 그의 인상은 몬트리올의 한 동료의사에게 보낸 편지(닥터 H.S.에게 보낸 1935년 9월 9일자 편지) 속에 잘 나타나 있다.

> 나는 파블로프와 개인면담을 하게 되었다네. 외모는 꼭 조지 버나드 쇼를 연상시키는 사람이더군. 나로서는 파블로프에 대한 평가는 이제부터라고 생각하네. 그는 질병의 기본문제들에 대해 새로운 접근방법을 보여주었네. 아니 그는 오히려 질병이란 본래의 의미 속에서 파악되어야 한다는 사실, 즉 그것은 주변환경에 대한 인체의 반응이라는 사실을 새로운 증거로 입증해 주었다고 생각하네. 반사작용은 물론, 혈구와 같은 우리의 생체조직이 모두 다 그렇다는 말일세.

그는 러시아 보건성의 협조를 받아 소비에트의 병원과 요양소들을 방문하며 그곳의 결핵 치료방법을 둘러보았다. 그리고 나름대로 관심 있는 사항들도 조사해 보았다. 그로서는 러시아 방문 기간중 이 일이 가장 인상적인 것이었다.

그는 이 과정에서 결핵이 완전 퇴치될 수 있다는 자신의 신념을 확인할 수 있었다. 지난 18년 사이에 러시아의 결핵발병률이 50% 이상이나 줄어들었기 때문이었다.

조사를 계속해 감에 따라, 그의 흥분도 고조되었다. 휴식공간과 회복공간 그리고 완전한 요양소 등은 일찍이 그가 접해 본 것들 가운데 설비가 가장 좋은 편이었고, 또 산업노동자들이 의료혜택에 있어서 가장 우선권을 갖고 있다는 사실은 다른 나라들의 현실과는 정반대되는 것이었다. 진료소와 요양소에서의 모든 치료비는 무료였고, 또 이것은 자선행위로 실시되는 것이 아니라 환자의 헌법적 권리로서 행해졌다. 그리고 유아들에 대한 투베르쿨린 반응검사도 법정 예방과목으로 실시되고 있었는데, 이것은 그가 고국에서 전부터 주장하던 사항이었다.

약 10년 전 트뤼도 요양소에 있으면서 그는 요양소를 떠나는 환자들을 위해 사회복귀를 위한 특별 프로그램을 마련해야 한다고 주장한 적이 있었다. 그는 그러한 대규모 사회복귀제도를 러시아에서 목도할 수 있었다. 그는 이것을 둘러본 즉시 세계 제일이라는 찬탄을 금치 못했다. 러시아에서는 낮에만 운영되거나 밤에만 운영되는 일련의 주간요양소와 야간요양소들이 있었는데, 이것은 퇴원 후 직장에 복귀한 사람들 또는 완전 입원까지는 필요하지 않은 사람들을 위해 마련된 것이었다. 그는 시간사정 때문에 다른 지역에 있는 요양소들은 둘러볼 수 없었다. 그러나 필요한 만큼은 대충 훑어보았기 때문에 확신과 의기가 가득 차오르는 느낌이었다. 그는 계속 머무르면서 지방여행은 물론 러시아의 의료제도까지도 더 연구하고 싶었지만, 이미 체류 기간이 지난 상태였다. 그는 2개월 동안의 러시아 방문을 아쉬움 속에서 마칠 수밖에 없었다. 그는 귀국할 때 책과 팸플릿과 논문들을 한보따리 싸가지고 돌아왔다. 그리고 이 고대국가에서 전세계 인류의 삶을 뒤바꾸어놓을 무언가 새로운 시도가 현재 진행되고 있다는 느낌을 갖게 되었다.

당시 캐나다와 러시아 사이에는 아무런 외교관계도 없었다. 따라서 '소비에트의 실험'에 대한 일반의 호기심이 고조되어 있었다. 그래서 베쑨은 그의 여행소감을 공개적으로 연설해 달라는 초청을 여기저기에서 받게 되었다.

그는 이 초청들을 사정이 허락하는 범위 안에서 최대한으로 받아들이면서, 학교와 의료기관과 여러 단체들에 나가 연설했다. 그의 연설방식은 완전히 비정통적인 것이었다. 청중이 아무리 많아도 마치 아파트 거실에서 몇몇 친한 친구들에게 태평스럽게 이야기하는 그런 방식이었다. 그는 가끔 의장석 앞에 놓여 있는 테이블 위에 걸터앉기도 하고 또 가끔은 연단 앞으로 의자를 끌어내서 그 위에 한쪽 발을 올려놓으면서 연설을 계속했는데, 이것은 공개연설에 있어서의 교과서식 규칙을 완전히 무시하는 행위였다.

그는 연설을 할 때마다 하나의 전략을 시종일관 유지했는데, 그것은 사실 제시를 통해 잘난 체하는 태도들을 분쇄시키겠다는 것이었다. 그는 좌익서클에서나 우익서클에서나 상투적인 사고방식을 몹시 싫어했다. 그는 사람들의 기존 견해에 도전하여 그들이 다시 생각하도록 만드는 것을 그 무엇보다도 좋아했다. 한편 밴팅은 토론토에서 러시아 방문에 대한 열렬한 보고를 통해 훨씬 더 커다란 선풍을 일으키고 있었다. 밴팅은 이번 러시아 방문이 자기 생애에서 가장 유익한 경험이었다고 천명했다. 그는 여러 논문과 연설을 통해 러시아를 찬미했는데, 러시아는 현재 '과학과 연구'라는 단단한 바위 위에다 거대한 건물을 짓고 있으며, 오늘의 과학이 어제의 연구이며 오늘의 연구가 내일의 과학이라는 사실을 러시아 국민들처럼 충분히 깨닫고 있는 나라는 없다고 극찬했다. 캐나다의 국민적 영웅인 밴팅의 발언은 베쏜의 발언보다도 훨씬 더 커다란 호응을 얻고 있었는데, 후에 이 두 사람은 보수진영으로부터 심한 비판을 받게 되었다.

베쏜은 자신이 수집한 사실들을 요약 정리해서 몬트리올 외과학회에서 개최하는 회의에 나가 회원들에게 보고연설을 하게 되었다.

이 회의는 1935년 9월 20일에 개최되었다. 회의장에는 회원들과 그 가족들 그리고 초청장을 간신히 얻어 입장한 일반인들로 가득 차 있었다. 닥터 셀리에가 먼저 연설을 했는데, 그의 발언은 레닌그라드회의에서 발표된 논문들과 토의 내용들에 국한된 것이었다. 그 다음은 닥터 브라운이었다. 그는 레닌그라드회의를 스케치함은 물론, 뚜껑이 없는 쓰레기통이라든가 영어를 모르면서도 손짓 발짓으로 자기들의 임무를 수행한 관광국 안내자들, 또한 번거로운 수속절차라든가 열차표를 얻는 데 애를 먹었던 일 등 자신의 개인적 경험들을 익살스럽게 언급했다. 그는 자신의 개인적 모험들을 대단히 재미있게 묘사했는데, 그가 연설을 마치자 뜨거운 박수갈채가 터져나왔다. 베쏜은, 셀리에가 주로 레닌그라드회의 자체에 대해 그리고 브라운이 뚜껑이 없는 쓰레기통이라든가 화장지는 없어도 타일로 아름답게 꾸며진 화장실 등에 대해 이야기할 것을 미리 알고 있었다.

베쑨이 연단으로 나서자 정중한 박수갈채가 터져나왔다. 그는 먼저 의장이 흉부외과학계에서 자신이 점하고 있는 위치를 높이 평가해 준 데 대해 감사의 말을 전한 다음, 우선 담배부터 한 대 피워물었다.

"오늘밤 제가 이렇게 마지막으로 연단에 서게 된 것은 제 자신의 요청에 의한 것입니다."

그는 이렇게 상투적으로 말문을 열었다.

"그 까닭은 제가 이번에 같이 레닌 졸업장을 받은 동료들과 반대입장을 취하기로 결심했기 때문입니다."

청중들 속에서 킥킥거리는 웃음이 터져나오자 그는 잠시 이야기를 멈추었다. 그리고 다시 이렇게 계속했다.

"저는 두 분의 입장이 일치하리라고 이미 확신하고 있었습니다. 그래서 저는 만약 두 분이 러시아를 폄하한다면 나는 러시아를 칭찬해 주어야겠다, 그리고 만약 두 분이 러시아를 칭찬한다면 나는 러시아를 깎아내려야겠다 이렇게 마음먹었습니다. 이런 제 태도가 뒤틀어진 심보 때문이라고는 생각하시지 말기를 바랍니다. 오히려 이것은 진실에 대한 애정에서 나온 태도이기 때문입니다. 왜냐하면 진실이란 종종 서로 명백히 상충된 현실들로 이루어져 있기 때문입니다."

그는 청중들이 이 예기치 못한 서두 발언을 숙고하는 동안 담배를 한 모금 빨아당기면서 그들의 호기심 어린 표정을 둘러보았다. 그러고 나서 그는 준비된 원고내용을 가지고 이야기를 계속했다.

"낯선 땅 낯선 해안을 둘러보고 귀국한 여행자들의 설명은 보통 부지불식간에 자기 현시적인 성격을 띠게 됩니다. 비판이란 것이 비판자의 비판이 되고 맙니다. 이것은 예나 지금이나 모든 여행자들에게 다 해당되는 이야기입니다. 팔레스타인을 젖과 꿀이 흐르는 땅이라고 보고한 저 성경의 주인공으로부터 (사실은 전혀 그런 것이 없는데도 말입니다) 마르코 폴로, 크리스토퍼 콜럼버스, 먼초슨 남작(Baron Munchausen : 황당무계한 모험담의 주인공)에 이르기까지 모두가 다 마찬가지입니다."

그는 청중들 모두가 야릇한 흥분을 느끼며 다음 이야기를 고대하는 눈치를 보이자, 잠시 미소를 떠올렸다. 그리고 다시 계속해서 이렇게 말했다.

"이 자리에서 솔직히 말씀드리자면 저는 다른 분들처럼 무슨 생리학회의에 참석하려고 러시아에 갔던 것이 아닙니다. 제가 이번에 러시아를 방문한 이유는 그보다 훨씬 더 중요한 목적을 위해서였습니다. 제가 러시아를 방문한 가장 큰 목적은 러시아 사람들이 어떻게 살아가고 있나, 그것을 보기 위해서였습니다. 그리고 저의 두번째 목적은 모든 전염성 질환들 가운데 가장 쉽게 박멸시킬 수 있는 질병, 즉 결핵에 대해서 그들이 어떻게 대처하고 있는가를 보기 위해서였습니다. 그 결과 저는 지금 우리가 용기를 가지고 제대로 투자만 한다면 이 결핵 퇴치가 완전히 가능하다는 확신을 갖게 되었습니다. 저는 이 자리에서 레닌그라드회의에 대해서는 무어라 말씀드릴 입장이 못 됩니다. 왜냐하면 저는 그 회의에 단 한 번, 개회식밖에 참석하지 않았기 때문입니다. 오히려 저는 그 시간을 네바 강에서 수영을 한다든가, 아무런 방해없이 거리를 활보한다든가, 상점의 진열장들을 기웃거린다든가, 그림을 보러 화랑을 돌아다닌다든가 하는 일로 더욱 바쁘게 보냈습니다. 한마디로 이곳저곳을 기웃거리는 천진난만한 외국인, 이것이 바로 저의 모습이었습니다."

그는 여기서 다시 담배 한 모금을 빨아당기면서 잠시 뜸을 들인 다음, 다시 보다 익살맞은 어조로 이야기를 계속했다.

"아마 제 연설의 실제 제목은 「거울 속의 영상」(Reflections Through a Looking Glass)이라고 해야 될지도 모릅니다. 이런 소리를 들으면 여러분께서는 제가 거울나라와 러시아를 비교할 생각이라고 추측하실지도 모릅니다. 물론 우화를 개작해서 「실수투성이 나라의 맬리스」(Malice in Blunderland : malice는 악의라는 뜻) 정도의 제목으로 멋대로 글을 쓸 수도 있을 것입니다. 그러나 조롱과 부정은 본질적으로 그 성격이 자기 보호적인 묘한 심리현상들일 따름입니다. 칭찬하기보다는 조롱하는 편이 더 쉬울 것이기 때문입니다. …… 러시아를 종종 뒤죽박죽 나라라고들 부르고 있습니다만, 저로서는 그곳의 실제 현실은 우리의 추측과 정반대가 아닌가 생각합니다. 관찰자가 거꾸로 서서 바라보면 그렇게 보일지도 모르겠습니다만, 저는 분명 그들과 시각을 달리합니다. 아닌게아니라 러시아에 들어갈 때 '여기에 들어서는 모든 사람들이여, 이제부터는 당신의 모든 기성 관념을 완전히 포기하시오'라는 말이 보이기도 하더군요."

그는 이제 담뱃불을 꺼버렸다. 그리고 그 꽁초를 옆주머니에 넣은 다음, 그가 아주 좋아하는 '앨리스' 이야기를 끄집어내어 러시아에서 본 일들에 대해 비유적으로 말하기 시작했다. 그는 소비에트라는 무대에서 백색의 기사(White Knight), 백색의 여왕(White Queen), 적색의 왕(Red King), 땅딸보(Humpty Dumpty), 미친 모자장수(Mad Hatter), 그리고 트위들덤과 트위들디(Tweedledum and Twedledee : 서로 구별하기 어려운 두 사람)에 해당하는 사람들에 대해 언급했다.

스탈린은 땅딸보(Walrus), 레닌은 목수(Carpenter), 네프맨(NEP man)들은 굴(Oyster : 과묵한 사람)들의 역할을 배역받았습니다. 이들은 1921년 그 재앙의 바닷가를 산책하게 되었습니다.

'거울나라'에 나오는 인물들의 일부 발언은 그 맥락을 무시하고 오늘날의 러시아에 적용해 보아도 또한 아주 재미있을 것입니다. 즉, 러시아를 앨리스가 자기의 응접실과 아주 비슷하다고 느낀, 오직 물건들이 거꾸로 서 있을 뿐이며 책도 다 그대로인데 글자들만 거꾸로 씌어진, 그 거울의 방에다 비유한다면 말입니다. …… 그것이 '즐거운 내일', '즐거운 어제'일 수는 있지만 '즐거운 오늘'일 수는 결코 없다는 것은 생활조건의 지지부진한 향상에 참을 수 없어하는 사람들의 불평으로 생각할 수도 있을 것입니다. 또 매주 일어나는 일들에 대한 백색 여왕의 기억은 러시아 사람들이 그들 자신의 미래에 대해 갖고 있는 무제한적인 낙관과 믿음의 예로서 간주될 수도 있을 것입니다. 그리고 "아, 나는 그런 일을 믿을 수 없어요"라는 앨리스의 항의에 대한 백색 여왕의 대답은 오늘날 러시아에도 해당될 것입니다.

여왕은 이렇게 말했죠. "믿을 수 없다구? 다시 한 번 노력해 봐. 숨을 깊이 들이쉬고 두 눈을 감고 말이야."

앨리스가 웃으며 말했습니다.

"불가능한 일들을 믿을 사람은 아무도 없어요."

여왕이 다시 말했습니다.

"감히 말하건대, 넌 실천 경험이 그리 많지가 못해. 그렇다면 난 왜 가끔 아침식사를 하기도 전에 여섯 가지나 되는 불가능한 일들을 믿을 수 있을까?"

이 여왕처럼 러시아 사람들은 많은 불가능한 일들, 적어도 다른 사람들이 불가능하다고 생각하는 일들을 간단히 믿고 있다는 것입니다.

그렇다면 난로 속의 불이 진짜라는 것을 발견했을 때 앨리스가 기쁨에 들떠서 외친 탄성 속에도 그만큼의 진실이 담겨져 있을 것입니다.

"그래 따뜻할 거야. 아니 내 방보다 더 따뜻할지도 모르지. 여기에서는 조심해서 불을 쬐라고 잔소리할 사람이 아무도 없을 테니까."

그러고 나서 앨리스는 작은 언덕 위에서 아래를 내려다봅니다. 앨리스는 여기에서 나라 전체가 커다란 장기판과 같다는 것을, 인생 자체가 장기게임과 같다는 것을 깨닫게 됩니다. 그래서 여왕에게 말합니다.

"저도 여왕이 되고 싶어요."

그러자 여왕이 대답합니다.

"그거야 아주 쉽지. 너만 좋다면 먼저 여왕의 졸부터 되거라. 그럼 우선은 두번째 칸에 있을 수 있지 않겠니? 그러다 여덟 번째 칸에 도착하기만 하면 너도 여왕이 되는 거야. 우리 모두 여왕이 되는 거지. 얼마나 신나는 일이겠니."

이 진술이 바로 공산주의의 신념이자 희망인 것입니다.

청중들이 이 재담을 재미있게 듣고 있는 동안, 그의 음성과 태도가 갑자기 바뀌었다. 그는 익살스런 태도를 버리고 다음과 같은 말로 자신의 연설을 끝맺었다.

유명한 무용가 이사도라 던컨(Isadora Duncan)은 자신의 삶을 회고하면서 자신의 해산과정을 묘사한 적이 있습니다. 그녀는 이렇게 썼습니다.

"나는 그때 피와 땀과 눈물로 범벅이 된 상태였다."

어떤 사람이 해산하는 광경에 처음으로 접했다면, 그가 그것을 보고 어떤 생각을 하겠습니까? 그는 그 피와 그 고통과 그 시중꾼들의 잔인한 겉모양과 그 역겨운 분만술에 치를 떨 것입니다. 그는 "멈추시오! 이런 살인은 막아야 하오! 경찰을 부르시오!" 하고 외칠 것입니다.

그러나 우리는 그에게 새로운 생명이 태어나면서 고통이 사라질 것이라며 이 고통과 더러움은 불가피한 일이라고 설명할 것입니다. 이 사실을 알면 누워서 신음을 하는 임산부에 대해 그가 어떤 태도를 취하겠습니까? 저 임산부가 추해 보입니까? 아니오, 그녀는 추하지 않습니다. 저 임산부가 아름다워 보입니까? 예, 그녀는 아름답습니다. 저 임산부가 가련하고, 우둔하고, 우스꽝스럽고 어리석어 보이지 않습니까? 아니오, 그녀는 가련하고 우둔하고 우스꽝스럽고 어리석지 않습니다. 저 임산부가 훌륭하고 숭고해 보이지 않습니까? 그래요, 그녀는 훌륭하고 숭고합니다. 이것이 바로 진실입니다.

 러시아는 지금 바로 이러한 출산을 경험하는 것입니다. 산파들과 의사들이 아기를 분만시키는 데 너무 바빠서 아직 그 어수선한 북새통을 정리하지 못하고 있을 뿐입니다. 검붉은 피 뒤에 숨어 있는 출생의 의미를 알지 못하는 풋내기 처녀들과 총각들이 눈에 불을 켜면서 고개를 돌리는 까닭은 바로 그 추해 보이고 악취가 나는 어수선함 때문일 뿐입니다.

 창조란 잘난 척한다고 이루어지는 것이 아닙니다. 창조라는 것이 그렇게 이루어진 적은 역사상 한 번도 없습니다. 창조란 거칠고 격렬하고 혁명적인 것입니다. 그러나 인간의 무한한 미래를 믿으면서, 자신의 의지로 자신의 신성한 운명을 스스로 개척하고자 하는 용감한 사람들에게, 러시아는 지금 종교개혁이래 이 지구상에 일어났던 인간의 발전적이고 창조적이고 영웅적인 정신 가운데 가장 열광할 만한 광경을 보여주고 있는 것입니다. 이 엄연한 사실을 부정한다는 것은 인간에 대한 우리의 믿음을 부정하는 것에 다름아닐 것입니다. 그러한 태도는 용서받을 수 없는 죄악으로서 인간에 대한 궁극적 배신이 아닐 수 없습니다.

자신의 새로운 정치적 신념을 이렇게 공개적으로 표명하고 나자 베쑨은 며칠 후 다음 단계의 논리적 조치를 취했다. 그는 공산당에 입당했다. 당에서는 그가 정식으로 입당했다는 사실을 그의 직업활동을 보호하기 위하여 비밀에 부치겠다고 통고했다. 그러나 분열과 위기와 전례 없는 인간적 고통으로 난파된 나라에서 그는 자신이 단순히 개혁주의자일 뿐만 아니라 세계를 변화시키기 위해 의식적으로 투쟁하는 혁명가라는 사실을 결코 감추려 들지 않았다.

18

그가 몬트리올 미술관(the Montreal Art Gallery)에서 프리츠 브란트너(Fritz Brandtner)라는 이름을 접하게 된 것은 그로부터 몇 주 후의 일이었다. 미술관에 가서 여러 작품들을 둘러보았을 때 브란트너의 작품 하나가 유난히 그의 눈길을 끌었기 때문이었다. 이런 경우 가끔 그래 왔듯이, 그는 그림을 사면서 브란트너라는 화가에 대해 이것저것 물어보았다. 그리고 이 화가가 히틀러 치하에서 살기를 거부하고 최근 조국 독일을 떠나왔다는 이야기를 들은 베쑨은 그에게 즉시 편지를 보냈다. 이것을 계기로 두 사람은 곧 친한 친구 사이가 되었고, 둘이 함께 독특한 계획을 실행하게 되었다.

브란트너가 어느 날 자신의 유럽생활을 이야기하는 중에, 빈에 있을 때 미술교육에 대한 진보적 이론의 창시작인 닥터 시제크(Cizek) 밑에서 한동안 공부했다는 이야기가 나왔다. 베쑨은 브란트너의 이야기를 조용히 듣고만 있다가 그 대목에서 이런저런 질문을 던졌다. 그리고 다음날 다시 두 사람이 만났을 때, 베쑨은 아동미술학교 창설안을 내놓았다. 브란트너가, 베쑨을 오랫동안 괴롭히고 있던 문제, 즉 의사이자 개혁가인 그가 이 도시의 어두운 거리에서 자라고 있는 아동들에게 무슨 일을 해줄 수 없을까 하는 문제에 대한 해답을 제공하였던 것이다. 그는 그 일이 아주 작은 일에 불과하다는 것을 잘 알고 있었지만, 그것이 또한 보다 큰일을 위한 시작이 될 수도 있다고 생각했다. 그의 계획은 간단한 것이었다. 즉, 자신의 후원과 브란트너의 지도하에서 닥터 시제크의 방법을 사용하여 아동미술학교를 세우는 것이었다. 수업료는 물론 일체의 비용을 무료로 할 생각이었고, 그의 집을 학교로 사용할 계획이었다. 또 원하는 아동들을 다 환영할 생각이었다. 그리고 만약 이것이 개인적으로 감당하지 못할 만큼 규모가 커지게 되면 독지가들의 기부금으로 재정문제를 해결할 생각이었다. 그때까지는 베쑨이 혼자서 일체의 비용을 대겠다는 생각이었다.

몬트리올 아동미술학교(the Children's Art School of Montreal)는 이렇게 시작되었다. 이것은 캐나다에서는 처음 시도된 일이었는데, 빈민가의 아동들에게 예술의 기쁨과 창의력을 일깨워 주기 위한 것이었다.

베쑨은 또 마리안 스콧(Marian Scott)이라는 화가를 찾아가 그 일을 거들어달라고 부탁했다. 그녀는 그가 해외여행중에 만났다가 서로 친해진 여성이었다. 스콧 부인과 브란트너는 1주일에 3일 동안 오후를 이용하여 베쑨의 커다란 거실에서 아이들을 맞이했다. 아이들은 거기에서 자기들의 감각에 따라 모양을 그리고 색칠을 했다.

병원 일과 외부활동으로 몹시 바쁜 나날이었지만, 베쑨은 수업이 진행중인 날에는 가급적 빨리 귀가하려고 노력했다. 이럴 때 그는 즐거운 표정으로 "우리 아이들 오늘도 잘합니까?"하고 묻곤 하였다.

토요일 아침이면 아이들을 데리고 미술관을 찾아다녔다. 그는 그 자리에서 아이들에게 그림 설명과 함께 그 화가가 표현하고자 했던 바를 이야기하면서, 과거와 현재의 캐나다 화가들의 대작들에 대한 안내자 역할을 했다. 토요일 아침이 그로서는 가장 행복한 시간이었다.

그가 프란시스와의 결혼생활을 늘 상기시켜 주는 그 믿음의 앨리스를 치워버린 것은 바로 이 무렵이었다. 그는 마침내 현실세계에서 자기 자식들을 발견했던 것이다(이 아이들 가운데 두 명은 후에 프랑스 정부가 후원하는 국제미술제에서 일등상과 삼등상을 타게 되었다). 그가 무한한 행복을 느낄 때도 그림을 그릴 때였다. 그림은 그에게 휴식의 원천일 뿐만 아니라 새로운 창의력을 던져주는 것이었다. 그의 그림은 대담하고 상상력이 풍부했다. 그의 조각도 같은 특징을 보여주고 있었다. 몬트리올의 미술비평가들은 그가 1935년 가을 어느 한 화랑에서 전시회를 열었을 때 한결같이 칭찬을 아끼지 않았다.

그는 자신이 외과의사일 뿐만 아니라 화가라고도 생각했다. 그는 종종 이 두 가지 일이 분리되는 것이 아니라는 말을 하곤 했는데, 다음의 글이 그의 이러한 심경을 잘 보여주고 있다.

외과의사는 자신의 매체, 즉 인체라는 매체의 엄격하고도 무정한 법칙들 때문에, 돌이나 나무나 금속을 매체로 하는 장인들의 자유를 아주 조금밖에 누리지 못하고 있다.

그에게는 다른 장인들의 작품 속에 녹아 있는 공상이라든가 위트나 유머를 나타낼 자유가 없다. 성형 매체의 성격 때문에 그는 자신의 예술적 본성을 자유롭게 펼치지 못하는 것이다. 그럼에도 불구하고 우리 외과의사들에게도 창조적인 예술정신이 존재한다. 대다수의 다른 사람들과 마찬가지로 그의 창조력은 하나의 통로로 한정되어 단지 하나의 탈출구만이 허용된다. 현대적 마취술은 이 장인이 과거의 졸속한 방법에서 벗어나 오늘날처럼 보다 여유있게 행동하도록 만들어주었다. 현대의 수술 기법은 새로운 여유를 통해 그리고 새로운 정밀성을 통해 수술자의 예술적 감수성을 허용해 주고 또 그것을 고무시켜 준다.

오늘날의 이른바 '수술기법'은 이러한 예술적 욕구와 그 충족을 크게 보장하고 있는 것이다. (1932년 9월 『아메리카 결핵학회보』)

19

아동미술학교의 시작과 함께, 베쑨은 자신이 수년 동안 모색해 왔던 보다 더 큰 문제에 착수하기 시작했다. 그는 의료행위의 역사를 조사하고 전세계의 의료체제를 검토함으로써 국민대중에게 적절한 의료혜택을 줄 수 있는 실천적인 공중보건계획을 입안해 보기로 작정했다. 이 계획은 동조자들을 깜짝 놀라게 할 정도로 거창한 것이었다. 그가 이 문제를 가지고 미국의 저명한 공중보건문제 권위자인 포크(I. S. Falk)를 만났을 때, 포크는 협조를 약속하면서도 그 거대한 연구작업에 따르는 제반 문제에 대해 여러 가지 경고를 잊지 않았다.

베쑨은 그에게 이렇게 답했다.

"물론 이 문제가 그저 탁상공론으로 그쳐서는 안 될 것입니다. 이것은 지난 칠 년 동안의 경제위기와 경기침체 그리고 탐욕과 어리석음이 가져다준 대중질환에 대한 문제이기 때문입니다."

그의 동료들 가운데 한 사람은 베쑨이란 사람은 그의 행동파적 열정이 그의 탐구욕을 무색케 하는 사람이라고 지적한 적이 있었다. 이 비판의 진위가 어떻든 간에, 베쑨은 이제 행동파적 열정으로 자신이 접촉할 수 있는 모든 의료조직들과 접촉해 나갔다. 그는 캐나다와 미국의 의학협회들에서 발행하는 자료들을 모두 구해서 읽어보았고, 영국의 공중보건문제에 관한 사례들에 대해서는 런던에 있는 동료들의 협조를 받았다. 그리고 오타와의 관계부처와는 서신접촉을 계속하는 한편, 북미대륙의 많은 전문가들과도 편지로 의견을 교환했다. 그는 이 주제와 관련된 수백 권의 책과 팸플릿을 목록으로 작성했고, 국제노동기구(ILO)와 국제연맹의 관련부서들에서 나오는 통계자료들도 자세히 조사했다. 그는 각국의 공중보건제도에 대한 자신의 연구를 그 경제 정치적 배경, 평균임금, 정부구조, 정당들과 국민들의 사회적 각성도에 대한 연구와 결합시켰다. 이리하여 나름대로의 기초작업이 다 되었다는 판단이 서자, 그는 동조하는 의사들과 공동체 노동자들을 자기 아파트로 불러들였다. 그리고 그들에게 자신의 생각을 밝혔다.

이 모임에서 캐나다 의학사에 기록될 새로운 것, 즉 몬트리올 국민보건그룹이라는 단체가 생겨났다. 이 그룹의 이름은 너무 버겁다는 느낌에서 그후 몇 차례 개칭과정을 거치게 되었지만, 그 목적은 아주 간단한 것이었다. 아동미술학교가 가난한 아동들의 능력개발을 목적으로 했듯이, 이 새로운 조직 역시 의료혜택을 가장 절실하게 필요로 하는 사람들에게 의료혜택을 제공하자는 것이 그 목적이었다.

1백 명의 의사, 치과의사, 간호사, 사회봉사자들이 그 그룹에 가세했고, 베쑨이 간사가 되었다. 1936년 7월, 그들은 첫번째 공중활동을 시작할 태세를 완료했다. 베쑨이 정부 관리들과 예비회담을 마친 후에 이 그룹은 퀘벡 지방에 거주하는 수십만 환자들의 실태에 주의를 환기시키면서 국민의 건강이 정부의 책임이라는 인식이 뿌리만 내리면 국민건강이 보호될 수 있다는 선언서를 베쑨의 서명으로 발표했다. 또 이 선언문을 통해 국민보건 상황을 즉각적으로 향상시키기 위한 몇 가지 실제적 방안이 제시되었다.

이 제안들 가운데는 모든 임금 소득자를 대상으로 하는 의료보험계획, 자치단체 소속의 특별병원으로부터 의사, 간호사, 치과의사들을 차출하여 국민보건팀을 구성할 것, 실업자들의 경우는 5백 개 지역으로 분류하여 각 지역의 의사들에게 정부 보조금으로 무료로 할당할 것 등이 포함되어 있었다.

의료계 자체에서는 공중보건이 국가의 책임이라는 이 논의가 어떻게 발전해 나갈지에 대해 우려를 표명하기도 했다. 베쑨은 자기 그룹의 성원들에게 보내는 보고서에서 의료계의 태도에 대해 이렇게 썼다.

"몬트리올 흉부외과학회의 회원들에게 보낸 우리의 시안은 지금까지 매우 제한적인 호응만을 얻고 있습니다."

이 제안들이 아직은 사회주의사회의 의료제도에는 한참 못 미치는 것이 분명했지만, 그는 사회주의적 의료제도가 의술의 자유와 기능에 있어서 최대의 기회를 보장받는 궁극적 형태라는 주장을 조금도 망설이지 않고 계속했다. 만약 누군가가 사회주의 의료제도에 대한 그의 주장에 대해 비판을 하고 나설 경우, 즉각적으로 반격을 가할 생각이었다.

국민보건그룹이 새로운 원칙을 표명하고 나서자, 몬트리올의 의료계에서는 다양한 견해들이 표출되었다. 이때 몬트리올 흉부외과학회에서 의료의 경제적 문제들에 대해 공개토론회를 실시하자고 제의했다. 논쟁이 마침내 도처의 의료단체들에서 불붙게 되었던 것이다. 그리고 이것은 베쑨이 오랫동안 기다려왔던 기회이기도 했다.

20

지도적 입장에 있는 세 명의 몬트리올 의사들이 이 공개토론회에 연사로 참석했다. 닥터 고든(A.H. Gordon)과 닥터 쿠디히(B. Cuddihy) 그리고 베쑨, 이 세 사람이었다.

닥터 고든은 정부로 하여금 개개인의 건강문제까지 책임지도록 하는 그 어떠한 시도도 의료계의 기반을 뒤흔드는 것이라고 우려를 표명했다.

닥터 쿠디히는 경제위기로 인해 새로운 조치가 요구되고 있는 것은 사실이지만 의사들이 곳곳에서 커다란 곤란을 겪고 있다는 것을 고려할 때, 정부의 간섭이 없는 의료보험계획이 바람직하다는 중도적 견해를 내놓았다.

닥터 베쑨은 급진적 입장을 취했다. 그는 사회주의 의료제도를 노골적으로 옹호하고 나섰다. 앞의 연사들이 모두 각기 정도는 달랐지만 사회주의 의료제도에 대해 열렬한 반대입장을 취한 것과는 달리 베쑨은 날카로운 어조로 자신의 주장을 개진하기 시작했다.

"오늘밤 여러분 앞에는 일찍이 이 협회에서 논의된 문제들 가운데 가장 흥미있는 '문제'가 놓여져 있습니다. 그것은 바로 국민이냐 의사냐 하는 선택문제입니다. 저는 두 분 연사의 말씀을 들으면서 의료인 자신이 더 중시되고 있다는 느낌을 떨쳐 버릴 수가 없었습니다. 우리는 지금 피고이자 재판관인 입장에 있습니다. 따라서 이 문제를 이 자리에서 철저하게 객관적으로 다루는 것이 우리가 당면한 의무라 생각합니다."

닥터 고든은 사회주의 의료제도하에서 개개 의료인들이 입을지도 모르는 피해를 강조한 것이었다.

바로 그렇기 때문에 문제를 다시 출발점에서부터 되살펴볼 필요가 있다고 베쑨은 주장했다. 왜냐하면 국민의 건강이란 의사 개개인의 개인적 운명보다도 훨씬 더 중요하기 때문이라는 것이었다. 다음은 베쑨의 연설문을 요약 정리한 것이다.

지금 우리가 이 자리에서 다루고 있는 문제는 의료경제학의 문제일 뿐만 아니라 사회 정치 경제분야에서의 윤리적 도덕적 문제이기도 합니다. 우리는 의료제도를 사회구조의 일부로 자각하지 않으면 안 됩니다. 그 역시 사회적 산물이기 때문입니다. 모든 사회구조는 그 나름의 경제적 기초를 갖고 있습니다.

캐나다의 경우 경제적 기초는 개인주의와 경쟁 그리고 사적 이윤에 기초한 자본주의라 하겠습니다. 그런데 이 자본주의체제는 지금 경제적 위기를 겪고 있습니다. 달리 표현하면 체계적인 치료를 받아야 하는 중병자나 다름이 없습니다. 따라서 우리는 이 긴급한 문제에 지혜롭게 대처하지 않으면 안 됩니다. 지금의 이 중병을 일시적 병에 불과하다고 생각한다면, 그것은 크나큰 오해입니다.

지금 대다수의 엉터리 정치꾼들이 제시하고 있는 임시변통적 조치들은 매독성 두통 환자에게 아스피린을 처방하는 행위와 다를 바 없습니다. 그 알약들은 고통은 덜어줄지 모르지만, 결코 그 두통 자체를 치료하지는 못할 것입니다.

의료사업 역시 이 사적 이윤에 기초한 독점 자본주의체제하에서 그 거개가 아직 느슨한 조직을 가진 전형적인 개인사업이라고 할 수 있습니다. 따라서 의료사업 역시 자본주의세계의 위기에 따라 필연적으로 똑같은 곤란을 겪게 될 것입니다. 또한 그에 따라 불행한 현상들이 나타날 것입니다. '과학적 풍요 속에서의 건강의 빈곤'이라고나 할까요. 전체 소비량보다 더 많은 식량을 생산하는 나라에서 수많은 사람들이 굶주리고 있는 것과 마찬가지로, 지금 우리는 커피를 태워버리고 돼지를 죽여버리고 밀이나 목화를 심지 않는 농부들에게 정부에서 보조금까지 지급하고 있지 않습니까? 의류업자들이 그들의 판매량보다 훨씬 더 큰 생산능력이 있음에도 불구하고 수많은 사람들이 헐벗고 있는 것과 마찬가지로, 의료분야에서도 그 기술적 진보에도 불구하고 수백만의 사람들이 병에 걸려 있고 수십만의 사람들이 제대로 치료도 받지 못한 어린 나이에 죽어가고 있습니다. 그것은 돈이 없기 때문입니다. 그리고 이 구매력의 부재현상은 불평등한 분배문제와 결부되어 있습니다. 의료경제의 문제는 세계경제의 일부를 이루고 있는 문제이며, 따라서 그것과 분리해서 생각할 수 없습니다. 지금 우리의 의료사업은 사치성 장사와 다를 바 없습니다. 우리는 지금 빵을 팔면서 보석의 값을 받고 있습니다. 우리 국민의 반이 가난으로 빵값을 지불할 수 없기 때문에 굶어죽고 있는 것이나 다를 바가 없습니다. 그런데 우리 의사들은 그 빵을 팔지 못해서 어려움을 겪고 있습니다. 국민들은 의료혜택을 받지 못하고 있고, 우리 의사들은 경제적 안정을 확보하지 못하고 있는 것입니다. 이제 이 문제의 두 가지 측면에 대해 말할 때가 된 것 같습니다.

이 나라에는 경제적으로 분류할 때 크게 세 부류가 살고 있다고 볼 수 있습니다. 그 첫째는 안락그룹이며, 그 둘째는 중간그룹이며, 그 셋째는 빈곤그룹입니다. 이 세번째 그룹의 상층에는 불안정 속에서 어려운 생활을 하는 사람들이 자리잡고 있으며, 그 하층에는 생존선상에서 하루하루를 아슬아슬하게 넘기고 있는 다수의 빈민들이 존재합니다. 이 빈민층 사람들은 병에 걸려도 병원을 찾는 경우가 3분의 1밖에 안 됩니다. 또 입원 치료를 받는 경우는 그 55%에 불과하며 제대로 입원생활을 하는 경우는 그 54%에 불과합니다.

사정이 이러하기 때문에 결국 환자들은 막판에 가서야 수술이라는 무시무시한 재앙을 겪을 수밖에 없습니다. 아메리카 의학회의 의료비위원회 보고에 의하면, 연간 1천2백 달러 미만 소득자들의 46.6%가 일반병원, 치과, 안과를 1년에 단 한 번도 찾지 못한다는 것입니다. 또 연간 만 달러 이상의 소득자들도 그 13.8%가 마찬가지인데, 그렇다면 우리는 전 국민의 38.2%가 소득에 관계없이 일반병원, 치과, 안과를 1년에 한 번도 찾지 않는다는 놀라운 사실에 직면하고 있는 것입니다. 이 무시무시한 사태의 원인이 무엇이겠습니까? 첫째 치료비를 지급할 경제적 능력이 없기 때문입니다. 둘째는 무지 때문이며, 셋째는 무관심 때문입니다. 그리고 네번째 이유는 의료공급의 부족현상입니다. 과학지식의 방대한 축적은 이제 그 누구도 의학지식 전체를 파악할 수 없도록 만들었습니다. 또한 그 지식의 적용은 더더욱 어렵게 되었습니다. 따라서 전문화가 불가피했습니다. 일반 개업의들은 전문의들의 도움 없이는 환자를 제대로 치료할 수 없습니다. 그러나 전문의가 되려면 엄청난 비용이 필요합니다. 그래서 의사들은 자신의 능력을 신장시키지 못하고 있습니다. 보다 전문적인 의학교육을 받기 위해서는 많은 돈이 있어야 하기 때문에 젊은 의사들은 그저 보수가 좋은 일들에만 열중하게 되었습니다. 그들 모두가 천 명에 한 명 정도나 빠져나올 수 있을까 말까 한 경제그물 속에 그렇게 갇혀 있는 것입니다. 의료비의 책정문제도 개업의들에게 도덕적 갈등을 불러일으키고 있습니다. 환자들 역시 의사들의 요구가 합당한 것인지 그 판단을 아예 포기해 버린 실정입니다. 1933년 페레트(Perret)와 콜린스

(Collins)는 아메리카의 9천1백30가구를 조사한 결과, 빈민그룹의 경우가 다른 그룹들보다 발병률이 높다는 사실을 발견했습니다. 그리고 또한 빈곤그룹의 61%가 왕진비를 내지 못했으며, 중간그룹의 33%, 안락그룹의 26%조차도 왕진비를 내지 못했다는 것입니다. 제가 몇 가지 솔직한 발언을 하는 것을 용서해 주시기 바랍니다. 국민보건을 확보하기 위한 최상의 방법은 질병을 재생산하는 경제체제 자체를 변혁시킴으로써 무지와 빈곤과 실업을 없애는 것입니다. 환자 개개인이 자신의 치료비를 지불해야 하는 현재의 관행으로는 국민보건을 확보할 수가 없습니다. 현재의 관행은 부당할 뿐만 아니라 비효율적이며 소비적이며 완전히 시대 착오적인 것입니다. 우리 의사들과 개인 자선가들 그리고 박애단체들이 그 존속을 도와왔습니다. 그것은 19세기의 개막기에 일어난 산업혁명과 함께 이미 1세기 전에 마땅히 사멸되었어야 했습니다. 사회의 각 부문이 서로 맞물려 돌아가는 현대 산업사회에서는 사적 건강과 같은 것은 존재하지 않습니다. 모든 건강문제가 다 공적인 것입니다. 일단의 사람들이 환경에 적응하지 못하고 병에 걸린다면, 그것은 다시 다른 사람들에게까지 영향을 끼치게 마련입니다. 따라서 국민보건이라는 문제는 정부의 주요한 책임이자 의무로서 인식되지 않으면 안 됩니다.

사회주의적 의료 그리고 사적 치료의 폐지 또는 제한은 이 문제의 현실적 해결책입니다. 우리 모두가 의료행위로부터 사적인 이윤을 배제시켜 나가도록 합시다. 그리하여 우리의 직업을 탐욕스러운 개인주의로부터 벗어나도록 만듭시다. 가난한 이웃들의 희생 위에서 우리 자신을 살찌우는 행위를 수치스럽게 생각합시다. 또한 정치가들에게 더 이상 착취당하지 않기 위해서 우리 자신을 공고하게 조직하도록 합시다. 의료윤리를 우리 의사들 사이의 직업적 에티켓을 바탕으로 세울 것이 아니라 의사와 국민 사이의 기본적 도덕성과 정의감을 바탕으로 하여 다시 세우도록 합시다.

우리 의료계에서도 그저 흥미로운 문제들에 대해서만 토의할 것이 아니라 우리 시대의 중대한 문제들, 즉 의료와 국가의 문제, 국민들에 대한 의료종사자들의 의무, 우리를 둘러싼 경제적 사회적 문제 등에 대해서도 좀더 자주 토의하도록 합시다. 우리의 가장 중요한 동시대적 문제들이 단지 기술적 과학적 문제들에만 국한된 것이 아니라 경제적 사회적 문제들과도 깊은 관계가 있다는 사실을 새롭게 인식하도록 합시다.

오늘날 종교계, 법조계 등 사회의 다른 부문들에서와 마찬가지로 의료계에서도 지도자의 적합성 여부는 당대의 기본적인 사회적 경제적 문제들에 대한 태도에 의해 판단되어야 합니다. 현재 우리의 의료계에는 저명한 내과의사 또는 유명한 외과의사뿐만 아니라 보다 안목이 원대하고 사회적 상상력이 풍부한 지도자들이 요구되고 있습니다. 우리 의료계는 국민보건의 전통적 역사적 이타적 수호자로서 모든 국민을 위한 완전하고도 포괄적인 의료보장 프로그램을 정부에 제시하지 않으면 안 됩니다. 그 프로그램의 실시 결과 우리 의료계의 사회적 위치가 어떻게 변하든간에, 우리는 그 변화를 겸허히 받아들이지 않으면 안 됩니다. 이상적인 공중보건을 위해 희생양이 되는 것을 불사하는 이 행위는 결국 우리 의료계를 새롭게 부활시킬 것입니다. 우리의 의료계는 현재의 껍질에서 벗어나 일반의, 치과의, 간호사, 기술자, 사회봉사자 등의 위대한 공동체로 재편되어야 합니다. 그리하여 질병에 대해 집단적 공격을 감행할 뿐만 아니라 각 개인이 갖고 있는 모든 과학지식을 철저히 활용하여야 합니다. 국민들에게 "당신 지금 치료비를 낼 돈이 얼마나 있소?"라고 물을 것이 아니라, "우리가 어떻게 해야 당신에게 가장 도움이 되겠소?"라고 묻도록 합시다.

제가 말하는 사회주의 의료의 의미는 다음과 같습니다. 첫째, 보건이라는 것이 우편, 국가방위, 사법, 교육 등과 같이 공공의 문제라는 것입니다. 둘째, 국민보건을 위해 공공기금이 사용되어야 한다는 것입니다. 셋째, 의료보호혜택이 소득에 따라 돌아가는 것이 아니라 필요에 따라서 만인에게 베풀어져야 한다는 것입니다. 즉, 자선이 아닌 정의가 중요한 역할을 해야 한다는 것입니다. 자선이란 기부자들을 자기 기만에 빠지도록 함과 동시에 수혜자들을 타락시키기 때문입니다. 넷째, 의료종사자들의 봉급과 연금은 국가가 책임져야 합니다. 다섯째, 의료종사자들 자신이 민주적 자치를 실시해야 합니다.

지금으로부터 25년 전만 해도 사회주의자라고 불리는 것은 모욕을 받는 것이나 다름이 없었습니다. 그러나 이제는 사회주의자가 아니라는 사실이 조소의 대상이 되고 있습니다. 제한적인 의료보험계획을 통한 이 같은 의료개혁은 사회주의 의료제도가 못 됩니다. 그것은 인도주의의 산물로서 사회주의의 서출일 뿐입니다.

사회주의 의료제도의 반대자들이 강조하는 주요 반대이유는 다음의 세 가지입니다. 첫째, 창의력이 사라지게 된다는 주장입니다. 아마도 인간 당나귀들은 이 현대적 야만상태 속에서 당근이 코앞에서 자신을 유혹해 주기를 바라는 모양입니다만, 그 당근이 반드시 황금일 필요는 없을 것입니다. 명예의 꽃다발도 그 역할을 다할 것이기 때문입니다. 둘째, 관료주의화의 위험이 있다는 주장입니다. 그러나 이것은 밑에서 꼭대기까지의 민주적 조직통제에 의해 억제될 수 있습니다. 셋째, 환자 자신이 의사를 선택해야 한다는 주장입니다. 이 역시 가공의 신화에 불과합니다. 그리고 이런 주장은 유감스럽게도 환자들의 입에서 나오고 있는 것이 아니라 의사들 자신의 입에서 나오고 있을 뿐입니다. 예컨대 환자에게 제한된 선택권을 주어서 소수의 의사들 가운데 담당의사를 선택하도록 한다는 것인데, 만약 환자가 그 의사들 모두가 다 싫다고 한다면 어떻게 하겠다는 말입니까? 이 의사는 이렇고 저 의사는 저렇다면서 따지고 드는 환자가 있다면, 그런 환자는 정신병원으로 보내야 할 것입니다. 암거위를 요리하기 위해 쓰는 소스는 또한 숫거위를 요리하는 데에도 쓸 수 있는 것입니다. 의사가 환자의 선택을 기다려야 한다는 주장은 한마디로 언어도단입니다. 99%의 환자들이 진정으로 원하는 것은 치료의 결과이지 의사의 개성이 아닙니다.

우리 의료계는 이제 개인적인 선입견을 버리고 건강과 경제력의 불가분한 관계를 사실 그대로 인정하지 않으면 안 됩니다.

우리의 고집을 내던져버리고 현재 우리 모두가 겪고 있는 위기적 현실을 직시하도록 합시다. 세계는 지금 바로 우리의 눈앞에서 변화하고 있습니다. 그리고 이미 이스큘레이피어스(aesculapius : 의약과 의술의 신)는 과거의 풍경과 과거의 장면을 그 무릎 아래로 흘려보내면서 시시각각 다가오고 있는 세계적 대세의 거대한 물결과 움직임을 피부로 느끼기 시작하고 있습니다. 우리는 지금 이 조류를 타고 앞으로 나아가느냐, 아니면 그 조류에 거역하고 난파할 것이냐의 기로에 서 있는 것입니다. 국민들은 이미 사회주의제도를 받아들일 태세가 되어 있습니다. 국민의 건강보장을 방해하는 자들은 우리 의료계 외부에만 있는 것이 아니라 우리 내부에도 존재합니다. 우리 모두 이 사실을 솔직히 인정합시다. 이것은 지금의 상황에서 매우 중대한 일입니다. 이들은 반동주의자의 앵무새 표정으로 또는 비관주의자의 맥빠진 태도로 '의사와 환자 사이의 신성한 관계 유지' '국영화된 비이윤 조직들의 비효율성' '사회주의의 위험' '개인주의의 자유' 등을 내세우며 그들의 속생각을 감추고 있습니다. 이들이야말로 국민의 적입니다. 그리고 분명 그들의 의료계의 적이기도 합니다

오늘날 우리 의료계가 직면하고 있는 상황은 의료계 내의 두 세력 간의 적대관계라 할 수 있습니다. 한쪽에서는 중요한 것은 우리 의사들의 전통적 기득권과 우리 의사들의 사유재산과 우

리 의사의 건강 분배의 독점권 등을 유지하는 일이라고 주장합니다. 또 다른 한쪽에서는 국민보건이라는 것이 의사의 지위유지보다 더욱 중대한 문제이며 직업적 특권의식에서 벗어나 국민의 보건문제를 우리 의사들의 주요 의무로 삼아야 한다고 주장하고 있습니다. 사정이 이러하니 셰익스피어의 『헨리 4세』에 나오는 주인공의 다음과 같은 외침이 수세기가 지난 오늘날에도 그 생생한 의미를 갖고 있는 것 아니겠습니까?

"베조니아의 왕이여, 그 밑에 복종하든지 죽어버리든지 둘 중에 하나를 선택하기 바라오!"

21

그로부터 며칠 후 베쑨은 책상받침에 다음과 같은 메모를 했다.

1. 스페인전쟁에 관한 모든 자료를 수집할 것.
2. 지난번 사회주의 의료관계 연설문의 사본을 만들어 사람들에게 회람시킨 후 논평을 받을 것.
3. 요양소에서 퇴원한 결핵환자들을 엄선하여 사회복귀 프로그램 모델 도시로 보낼 계획을 세울 것.
4. 아동에 대한 그러한 프로그램이 예전에 실시된 적이 있었는지를 의료기관 문헌을 통해 조사할 것.

전쟁, 정쟁, 파산자들을 위한 사회복귀 계획, 민족의 운명, 고아들의 곤경.

누군가가 그의 어깨 너머로 이런 메모를 훑어보았다면, 도대체 무슨 말인지 이해하지 못했을 것이다. 예전 같으면 이런 내용들은 각기 별개의 관심사로 치부되어 한군데에 같이 메모되지 않았을 것이다. 그러나 이제 그는 이 모든 것들이 서로 얽혀 있으며 따라서 함께 고려되어야 한다고 생각하게 되었다.

그는 전에 국민보건그룹 일을 착수할 때 신도시 구상으로 여러 날을 보낸 적이 있었다. 그는 당시 친구이자 동료 화가인, 그리고 아동미술학교의 협력자인 마리안 스콧 여사에게 자신의 구상을 털어놓은 적이 있었다. 그는 그때 이렇게 설명했다.

"내 목적이 새로운 것이라 생각될지 모르지만, 아무튼 그것은 실천적인 문제라 확신합니다."

러시아에서는 요양소 '졸업생들' 즉 일선 직장에 복귀할 정도로 충분히 회복되었지만 아직도 감독과 주의가 필요한 환자들을 위해 특별 주간요양소와 특별 야간요양소들이 운영되고 있었다. 그러나 캐나다에서는 이러한 보호대책이 전혀 실시되지 않고 있었다. 베쑨은 결핵을 앓고 난 사람들을 위해 적당한 주거지와 공원 그리고 경공업이 이루어지는 신도시 건설을 구상하게 된 것이었다. 그는 불가능할 이유가 없다고 생각했다. 물론 이러한 신도시 건설의 목적은 회복기 환자들에게 건강에 유익한 최상의 환경을 마련해 주고 그들에게 정상적인 생활대

책을 마련해 주기 위한 것이었다.

그가 마리안에게 밝힌 계획은 그녀의 화가적 안목과도 크게 일치하는 것이었다. 그의 계획서에는 주택, 공원과 어린이 놀이터, 약국과 병원과 공장들에 대한 스케치까지 준비되어 있었다. 국가의 후원만 있으면 그 실제비용은 사실상 질병으로 인한 손해를 보전시키기 위해 결국 캐나다 정부가 지출해야 할 액수보다 훨씬 적을 것이라고 그는 늘 강조했다. 그리고 그런 정도의 금액은 결핵 퇴치에 실패한 캐나다 정부가 마땅히 물어야 할 벌금일 뿐이었다. 그는 단지 건강에 대한 시민의 권리를 원칙적으로만 주장하는 선에서 만족할 수 없었다. 화가의 도형적 접근방법과 의사의 기술적 접근방법을 가지고 그는 회복기 환자들이 창가에서 햇볕을 쬘 수 있고 뒤뜰 정원에서 산책을 할 수 있는 쾌적한 환경 속에서 살아야 하며 장기적으로는 그 편이 국가적으로도 이익이라는 것을 서류로 제시하지 않을 수 없었던 것이다.

그는 곧 자신의 계획서를 정부 관리들과 단체 지도자들에게 제시했다. 그러나 그는 이 일을 계속 추진할 수 없었다. 어느 날 누군가가 그 계획의 진척 여부를 물었을 때, 그는 일간신문을 펼치면서 커다란 제목을 가리켰다. 그날 신문에는 "폭도들의 비행기가 마드리드를 폭격하다"라는 표제어가 커다랗게 박혀 있었다.

그는 이렇게 이야기했다.

"글쎄 이 기사 때문에 그 계획이 어떻게 될지 모르겠네. 미래의 도시들도 문제지만 그 동안 이렇다 할 기회조차 갖지 못했던 도시들까지 폐허가 될 판 아닌가? 지금 우리 병원에는 인간의 폐가 빈민가의 공기를 마시도록 창조되지 않았기 때문에 죽어가고 있는 여자아이가 하나 누워 있네. 만약 내가 그 여자아이를 위해 내 신도시 계획서와 함께 탄원서를 작성해 가지고 오타와에 가서 그곳 사람들에게 '여기 그 여자아이가 걱정 없이 성장할 수 있는 신도시 계획서를 가지고 왔는데 제가 누구와 상의해야 되겠습니까?' 하고 말했다고 해보세. 편리한 양심을 가지고 편안한 식사만을 바라면서 살아가는 그런 사람들에게, 중병을 앓고 있는 도시뿐만 아니라 폭격으로 폐허가 되어가는 도시들에 대해서도 알게 뭐냐는 식의 태도를 보이고 있는 그 사람들에게 그렇게 물었다고 해보세."

병원에 입원중인 그 여자아이, 의사이자 화가인 그의 꿈, 무더기로 투하되는 폭탄, 무관심한 정치가들, 지금 세계를 향해 도움을 호소하고 있는 스페인의 도시들, 이 모든 것들이 이제 그에게는 하나의 일로 생각되었던 것이다.

그는 신문을 보아도 괴로웠고, 병원의 여자아이를 생각해도 괴로웠다.

스페인의 파시스트들은 마드리드를 향해 진군하고 있었고, 성심병원의 어느 병상에서는 한 여자아이가 죽음을 눈앞에 두고 있었다. 그는 그 여자아이 일을 생각할 때나 신문의 스페인 기사에 접할 때나 좌절감을 느끼게 되는 것은 마찬가지였다.

동료 한 사람이 그의 우울한 얼굴을 보고 무슨 일이 있냐고 물었다. 그는 넋이 나간 사람처럼 이렇게 대답했다.

"내 아이가 몹시 아프다네. 그 여자아이가 살아날 가망이 거의 보이지 않거든."

"저런…… 자네한테 딸아이가 있었나? 금시초문이군 그래."

"아, 아닐세. 내 자식이란 이야기가 아니라 입원중인 어린 소녀를 말하는 걸세. 아주 심각한 상태거든……."

그 여자아이의 이름은 이베트(Yvette)였다. 그 아이는 프랑스계 캐나다인이었는데, 당시 열 살의 소녀였다. 그 아이가 죽어가고 있었던 것이다.

프랑스계 이스트엔드에서 조그만 구멍가게를 하며 근근이 살아가는 그 여자아이의 부모는 병원에 들어서는 순간 위축감부터 느끼지 않을 수 없었다. 병원의 묘한 분위기에 신경을 쓰면서 그래도 침착하게 행동하려고 무던히 애썼다. 그러나 그들은 베쏜을 만나게 되자, 결국 울음을 터뜨리고 말았다. 지금까지 1년 동안 이베트가 눈에 띄게 쇠약해지는 모습을 그저 지켜보기만 해왔다는 것이 그들의 설명이었다. 그들에게는 돈이 없으므로 돈이 많이 드는 병원에는 찾아갈 수가 없었다. 그래서 딸아이를 데리고 이 보건소에서 저 보건소로 돌아다녔지만 아이의 쇠약현상은 여전히 계속되었다. 그러다가 이제 베쏜을 만나게 된 것이었다. 가난한 집들을 찾아다니며 돈이 없다고 하면 아예 한푼도 안 받으며 건강이란 부자들만의 권리가 아니라 가난한 사람들의 권리이기도 하다고 어디에서나 공개적으로 주장하는 유명한 의사 이야기를 소문으로 들었던 것이다.

아이의 아버지가 간곡한 어조로 사정했다.

"절 믿어주십시오. 우린 동정을 요구하는 것이 아닙니다. 가진 것들을 다 팔아 치료비를 드리겠습니다. 그러니 제발 이 아이를 고쳐만 주세요."

수수한 옷차림새를 한 아이의 어머니도 거칠어진 두 손을 무릎에 모으고 앉아서 이렇게 호소했다.

"의사 선생님, 우리에게는 이 아이밖에 없답니다……."

그가 아이를 검진하는 동안, 그들은 대기실에서 기다렸다.

그들이 찾아다닌 보건소마다, 장사진을 치고 있는 실업자들 속에서 한참을 기다려 겨우 차례가 되면 의사는 잠깐 동안만 만나볼 수 있을 뿐이었다. 그 과정에서 이베트는 여러 가지 진단을 받았다. 어떤 의사는 소화기질환이라며 이렇게 말했다.

"염려 마세요. 저절로 나을 테니까."

또 어떤 의사는 호흡기질환이라며 "기관지염 같은데, 그렇게 심각한 편은 아닙니다"라고 했다.

또 어떤 의사는 이렇게 말했다.

"만성감기가 분명합니다. 감기약을 드릴 테니 복용시켜 보세요."

또 어떤 의사는 아이의 가느다란 팔과 여윈 가슴팍을 보고 이렇게 투덜거렸다.

"영양실조가 분명한데, 진찰은 무슨……."

베쑨은 그 여자아이를 진찰하면서 이내 그 경위를 짐작할 수 있었다. 그는 진찰을 마친 즉시 아이의 가슴을 엑스레이 사진으로 찍도록 지시를 내렸다.

아이의 아버지가 물었다.

"엑스레이 사진을 찍으면 우리 아이의 병이 낫는 겁니까?"

베쑨은 아이의 부모들을 병실 밖으로 데리고 나갔다.

그리고 그들에게 이렇게 말했다.

"좀 두고 보아야 하겠습니다. 엑스레이 사진이 나오면 어디가 문제인지 밝혀질 겁니다. 그때까지는 섣불리 움직이는 것은 절대 금물입니다."

베쑨은 그날 저녁 깊은 생각에 잠긴 채로 집으로 차를 몰았다. 이베트의 푹 꺼진 까만 두 눈이 그를 몹시 우울하게 만들었다. '엑스레이 결과가 내 걱정대로 나타날까?' 그는 기도하는 마음으로 그렇지 않기를 희망했다. '악성 만개의 결핵이라도 좋으니 제발 그렇게만은……'

그는 아파트에 도착하자 자동차를 주차시키고 자기 집으로 들어갔다. 그런데 방 안이 온통 아수라장이었다. 아이들의 그림이 누군가에 의해 고의적으로 찢겨져서 마룻바닥에 이리저리 흩어져 있었다. 그가 직접 조각한 두상들도 야구방망이 같은 것에 맞았는지 산산이 조각나 있었다. 그리고 사방 벽면에는 온통 나치의 우곡 만자기장이 시꺼멓게 그려져 있었다. 그의 고급 가구들 역시 다 부서져 있었다.

그는 경찰에 연락했다. 그랬더니 형사 몇 명이 와서 개인적인 원한관계를 묻는 것이었다. 그는 벽에 그려진 나치 표시를 가리키며 이렇게 말했다.

"아니 당신들은 저것을 보고도 개인적인 원한을 운운합니까?"

"아, 예, 알겠습니다."

그들은 이렇게 말하며 수사를 계속할 테니 그 동안의 안전을 위해 친지들을 불러 함께 지내라고 했다. 베쑨은 아파트를 나서는 그들의 뒤통수에다 이렇게 쏘아붙였다.

"지방 파시스트 조직 속에서 그 아둔한 나치 돌격대원들을 찾아보시오. 그러면 무언가 단서가 잡힐 겁니다."

그는 이 사건이 그냥 이것으로 종결되리라는 것을 잘 알고 있었다. 이것으로 끝인 것이다.

다음날 아침 병원에 출근하니 그가 그렇게도 걱정하던 결과가 사실로 확인되었다. 엑스레이 사진들을 보니까 오른쪽 폐가 완전히 농양투성이였다.

그는 엑스레이 사진들을 주의깊게 살펴본 다음, 닥터 데샤이에를 불렀다. 그의 의견을 듣기 위해서였다. 닥터 데샤이에는 필름을 보더니 고개를 설레설레 흔들었다. 가망이 없다는 표정이었다.

베쑨은 조수의 얼굴을 뚫어지게 바라보았다. 그의 눈초리에는 어떤 질문이 담겨 있었다. 그 폐는 이제 아무런 쓸모가 없었다. 소녀는 그런 폐를 가지고 살아날 수 없었던 것이다.

"목숨을 부지하자면 이 아이의 폐를 절단해내야 하는데……."

"그럼 수술을 하시겠다는 말씀입니까?"

베쑨은 의자를 이리저리 돌리면서 말했다.

"나도 모르겠네. 아직은 결정할 수가 없군."

그러다 잠시 후 그는 성난 음성으로 버럭 소리를 질렀다.

"이런 썩어빠진. 이런 빌어먹을 직업이 있나!"

그는 의자에서 일어서더니 방 안을 이리저리 서성였다. 1년 전에만 손을 썼어도 이 아이는 쉽게 완치되었을 것이었다. 그러나 지금 수술을 하려면 그것은 완전히 동전던지기나 다름이 없었다. 만약 그가 수술을 시도했다가 아이가 죽는다면, 사람들은 그가 아이를 죽였다고 손가락질을 해댈 것이었다. 그러나 과연 누가 이 아이를 죽인 것인가? 그것은 결코 수술의사의 책임이 아니었다. 베쑨은 이렇게 내뱉었다.

"이 아이를 죽여온 사람들이 과연 누구겠나? 당신과 나 그리고 이 빌어먹을 세상이 지옥으로 변해 가고 있는데도 자기만 잘살겠다고 바둥대던 사람들 모두가 아니겠나?"

아이가 죽게 될 것은 확실했다. 그리고 아이들이 어떻게 되든 아무도 거들떠보지 않는 세상이기 때문에, 결정은 결국 그가 하지 않으면 안 되었다. 아이가 죽도록 그대로 놓아두느냐 아니면 아이를 죽일지도 모르지만 수술을 시도하느냐, 그는 이 두 가지 중의 하나를 결정해야 할 처지였다.

그는 우울하게 방 안을 이리저리 서성거렸다. 잠시 후 그는 아주 나직한 어투로 말했다.

"그래, 수술을 해야지. 내일 수술준비를 해주게."

그날 저녁 그는 내내 거실에서 서성거렸다. 정말 수술을 해야만 하는가? 과연 수술에 성공할 수 있을까? 폐를 허탈시키는 원리는 아주 간단했다. 그래서 요즈음은 보편적으로 실시되고 있었다. 그러나 폐를 가슴에서 완전히 절단해낸다는 것은 또 다른 문제였다. 몇 년 전 베를린에서 니센(Nissen)이라는 의사가 그것을 처음으로 해낸 이후 여러 의사들이 그의 뒤를 좇았다. 아마 지금까지 약 20명 정도가 그 수술을 받았을 것이었다. 그러나 열 살밖에 안 되는 어린아이에게 그런 수술을 시도한 적은 전혀 없었다.

'아이의 몸이 과연 그 수술을 견뎌낼까? 나에게 그 아이를 시험할 권리가 있단 말인가?'

또다시 그 해묵은 문제가 그를 괴롭히기 시작했다. 위험을 각오하고 수술을 해서 그 아이를 살릴 것인가? 아니면 그대로 놓아두었다가 그 아이를 죽일 것인가? 갑자기 그는 '바보 같은 놈'하고 자신을 꾸짖었다.

'이 무슨 바보 같은 망상인가! 전에 내가 인공 기흉을 요구했을 때도 아주 꼭같은 경우가 아니었는가? 어차피 진퇴양난의 경우 아닌가? 그래, 그때도 사실은 두려웠었지······.'

새벽 네시가 되자 그의 마음이 굳어졌다. 그는 이베트가 살아나주기를 바랐다. 그 바람은 자신이 모든 결과를 감내해야 한다는 것을 의미했다. 그렇지 않으면 그 동안 자신이 주장했던 모든 것들이 완전히 사기라고 자백하는 것이나 다름이 없었다.

그는 잠자리에 들자마자 깊은 잠속에 빠져버렸다. 수술에 관한 세부 사항은 이미 치밀하게 구상해 두었기 때문에, 늑골, 흉곽 주머니, 폐 덩어리, 기관지, 동맥 등은 이미 그의 머리 속에 명확히 그려져 있었다.

그는 여덟시에 잠자리에서 일어났다. 자리에서 일어나면서도 그는 이미 수술이 끝날 때까지 자신의 신경이 계속 면도날처럼 날카로우리라는 것을 잘 알고 있었다.

그는 한 대형 백화점으로 차를 몰아 커다란 인형을 하나 샀다. 병원에 도착하자, 그는 그 인형을 이베트 옆에 놓아주고, 최종 수술지시를 내렸다.

그가 수술복으로 갈아입고 마스크를 쓴 다음 수술실에 들어갔을 때, 이베트는 이미 마취된 상태에서 그 인형을 꽉 끌어안고 있었다. 아이는 가슴받침대 사이에 엎드린 채 머리를 한쪽으로 기울이고 입을 딱 벌린 채 잠들어 있었다. 수술에 대한 소문은 이미 온 병원에 쫙 퍼져 있었다. 그리고 대형 수술실에는 의사들이 몰려와 있었다. 지금으로부터 겨우 몇 년 전만 해도 성심병원에는 흉부외과가 없는 셈이었다. 그러나 지금 흉부외과의 과장인 그가 이 나라 전체에서 그 누구도 아직 시도해 보지 못한 새로운 수술을 시도하려는 것이었다. 조수들과 의사들 그리고 관찰자들 모두의 마음이 두근거리고 있었다. 젊은 인턴들이 이렇게 소곤거렸다.

"과장이 오늘 검시를 할 모양이지."

마취사가 최후의 체크를 했다. 그리고 수석간호사가 시트를 벗겼다. 배쑨은 아이의 야윈 등과 가련한 어깻죽지를 내려다보았다. 그는 손으로 메스의 감촉을 느끼면서 잠시 머뭇거렸다. 그 오른쪽 어깻죽지 조금 아래로부터 자신의 메스가 아이의 등을 그어갈 것이었다. 그는 대형 수술실에 모여 있는 사람들에 대해서는 이미 까맣게 잊어버린 상태였다. 지금은 온통 아이에 대한 생각뿐이었다.

'그래 이베트야, 너한테는 지금 어둠뿐이지. 그러나 곧 봄의 햇살 속으로 너를 인도해 주마……. 자, 저기들 몰려 있는 사람들을 보렴. 저 사람들은 지금 내 두 손만 뚫어지게 쳐다보고 있단다. 그리고 예리한 메스를 사용하다 보면 가끔은 메스란 것이 손으로 쓰는 것이 아니란 느낌이 들 때가 있단다. 설명하기는 어렵지만, 무언가 다른 것이, 내가 엄마 뱃속에서부터 가지고 나온 어떤 강력한 그 무엇이, 도처에서 조롱과 비난을 받으면서도 나의 마음속 깊은 곳에서 계속 도사리고 있는 그 무엇이 내 손을 움직이고 있다는 느낌이란다. 아프다는 느낌이 들면 지금 내 말을 기억하기 바란다. 내가 왜 너에게 이런 수술을 해야 했는지 너는 이해하기 어려울 거야. 그러나 이런 모험을 시도하는 까닭이 사랑 때문이라는 것만은 알아주기 바란다. 그런데 사람들은 사랑이란 말에 진저리를 치고 있다. 그 말이 너무나도 은밀하고 너무나도 열정적이기 때문이지. 자, 여기 무자비하기 짝이 없는 견인기와 금속 기계팔이 있군. 사막의 포도밭에서 나는 포도주처럼 짙고 신비스러운 이 피를 멈추어야지. 여기 이 기적적으로 휘어져 있는 갈비뼈들, 그러나 이들은 얼마나 부러지기 쉬운 비극적인 것인가.

자, 이제는 이 길고 강력한 늑골절단기로 깨끗이 절단할 차례다. 그 다음은 늑막. 아침 일찍부터 나는 이 모든 것들을 머리 속에다 아주 생생하게 그려놓았단다.

자, 조심. 이제부터가 진짜 위험한 고비란다. 나머지는 단순한 준비였지. 이 고름들이 너의 생명을 갉아먹고 있었단다. 드러나 폐가 농양투성이구나. 그래, 아무리 봐도 이 폐는 희망이 없구나. 가차없는 결정이 필요하단다.

조심! 이 폐는 이미 너에게 쓸모는 없어졌지만 앙심은 여전하단다. 이 농양이 생체조직으로 옮겨 붙으면 큰일이란다. 그래, 사실은 전세계가 이 모양이지. 이 더러운 고름 덩어리들이 살고자 하는 생명들 속에 침투해 있지. 복수심이 강해서 보복의 기회만 노리고 있는 놈들이지.

조심! 이젠 진짜로 싸움이란다. 유착부분을 잘라야 하니까. 피가 펑펑 쏟아져 나올 거야. 이 절단된 살이 나를 노려보고 있는데, 손은 두 개밖에 없으니······. 아니 이런! 맥박이 떨어지는군. 수혈준비. 산소투입. 폐 하나가 흉강 안에서 반쯤밖에 절단되지 않았는데 심장이 벌써 약해져 있구나. 그러나 자연의 효율을 가속시키면 돼. 산소를 더, 빨리!

몇 시나 됐나? 시간이 너무 흘렀군.

산소를 더!

자, 이제부터는 네 차례다.

하나밖에 없는 폐로 이제 산소가 흘러들어간단다.

이 순간부터는 한쪽 폐만이 산소의 그 아찔한 맛을 느낄 것이다. 이제는 네 자신이 싸워야 한다. 지금도 그렇고 앞으로도 그렇고 그런 투지가 없으면 생명이 사라진단다.

 이제는 네 자신이 싸워야 해. 그래야 우리 집으로, 우리 아이들의 집으로 쳐들어온 약탈자들에게 침을 뱉을 수 있다.

 그들은 우리 아이들의 머리 위에다 그 뒤틀어진 십자가를 처발라놓고 있단다. 악마와 같은 그들의 목소리는 너에게 살 권리가 없다고 외쳐대겠지. 그들은 자기들의 박쥐날개로부터 폭탄을 떨어뜨리며 폐허가 꽃처럼 피어나기를 기원하는 거야. 그러나 여기에서 우리는 그들에게 대답해 주어야 돼. 고통스러운 숨을 쉬고 있지만, 우리가 대답해야 돼. 그런데 만약 우리가 그들에게 대답하는 데 실패한다면, 이 지상에는 머지않아 아이들의 웃음소리가 완전히 사라질 거야. 그리고 오직 그 폭탄구덩이들만이 황량한 지옥꽃처럼 남게 될 거야.

 자, 수술은 끝났다. 너는 이제 자유다. 이 목수일을 지켜본 신사분들이 즐거워하고 있구나. 그러나 나는 저 냉담한 얼굴표정들에서 너의 깜박거리는 생명만을 지켜볼 뿐이다. 저들의 표정이 지금은 세상의 모든 짐들보다도 더 무겁구나. 이제 흉막이 익숙치 않은 공허로 하품을 하는구나. 다른 쪽 폐와 심장과 내장은 그 진공이 다시 채워지기를 염원할 것이다. 다시금 질서를 바라기 때문이란다. 생명이란 쪼개어질 수 없는 것이란다. 정맥과 동맥 그리고 절단 부분이 각기 자기의 지독한 냄새를 피우고 있구나. 최소의 것은 최대의 것으로 위로받아야 한다. 이제 이 슬픔에 찬 심연이 봉합되고 있단다. 이제 견인기가 상

처난 생체조직들을 놓아주면서, 가느다란 바늘이 그 부드럽게 민감한 살들을 꿰매고 있단다.'

수술이 끝난 지 몇 시간이 지나자, 이베트는 물을 청했다. 베쑨은 옆에서 있다가 젖은 천을 그 아이의 입술에 대주었다. 복도에서는 아이의 부모들이 희망과 걱정 속에서 기다리고 있었다. 베쑨이 그들에게 말했다.
"아이는 회복될 겁니다."
아이의 아버지가 잠시 말없이 서 있다가 두 팔로 베쑨을 얼싸안았다. 아이의 어머니는 두 손을 서로 꽉 끼고 흐느꼈다.
그날 밤 극심한 피곤과 기쁨 속에서 그는 수술 이야기를 쪽지에다가 적어 마리안 스콧에게 보냈다.

나의 아이는 무사합니다. 아주 아름다운 수술이었답니다. 지독한 순간들이 간간이 있었지만 수술을 마치고 나니 그지없이 행복합니다. 오른쪽 폐를 완전히 제거했습니다. 캐나다에서 열 살바기 아이에게 이런 수술을 행한 것은 처음인 것 같습니다. 멋진 일 아닙니까?
오늘밤에는 깊은 잠에 빠질 것 같습니다. 지난밤에는 한잠도 못 잤습니다. 어찌해야 좋을지 판단하느라고 그랬던 것입니다. 그러나 이제 아이가 무사하니 깊은 잠에 빠질 수 있을 것입니다.
안녕히 주무십시오

베 쓰

22

 이베트의 수술을 마친 지 1주일이 지난 후 그는 예기치 않은 방문객을 맞이하게 되었다. 그는 스페인 민주주의 원호위원회(the Committee to Aid Spanish Democracy)에서 나온 사람이었다. 이 스페인 민주주의 원호위원회는 벤 스펜스(Ben Spence) 신부를 의장으로 하여 그 본부를 토론토에 두고 있었는데, 몇몇 목사들과 노동 지도자들과 저명인사들이 후원하고 있었다. 이 위원회는 스페인공화국에 대한 첫번째 원조 행위로서 캐나다 국민들로부터 모금한 기금으로 마드리드에 의료대를 파견하기로 결정했는데, 이 의료대를 노먼 베쑨이 맡아주기를 바란다는 이야기였다.

 방문객이 돌아간 후, 그는 오랫동안 의자에 앉아서 생각에 잠겼다. 그러다 마치 얼빠진 사람처럼 자기 책상 위에 있는 서류철들을 들척이더니 간간이 이용하는 공책에다 이렇게 썼다.

 스페인 행이라⋯⋯ 지난주 나는 이베트의 수술문제를 가지고 결단을 내려야 했다. 그리고 지금은 스페인으로 갈 것인지 말 것인지를 결정해야 한다. 나는 지금 놀람과 영광과 당혹을 느끼고 있다. 과연 내가 그런 일을 맡을 정도로 올바른 사람일까? 또 그럴 태세가 되어 있는가? 어제의 대답들이 오늘에 대해서는 새로운 문제들을 예비해 주는 것 같다. 그리고 내일은 또 무엇? 시대는 지금 우리들에게 돌이킬 수 없는 결정들을 잔인하게 부과하고 있는 것이다.

스페인 원호위원회에서는 그가 결정하는 데 시간이 필요하다는 사실을 잘 알고 있었다. 그러나 스페인에서의 전쟁은 그의 결정을 마냥 기다려줄 만한 형편이 못 되었다. 날이면 날마다 공화파가 봉쇄되고 있으며 파시스트들이 마드리드로 진군하고 있다는 소식뿐이었다.

어떻게 해야 하나? 이것은 참으로 잔인한 요청이었다. 9년 동안 그는 수세기에 걸쳐 의학계를 애태워온 문제, 즉 결핵의 박멸이라는 문제를 가지고 씨름해 왔다. 마침내 그는 그 해결 방안을 찾아냈는데, 그러나 그것은 끊임없는 노력과 설득 그리고 끊임없는 희생과 대중 선동이라는 비정통적 방법이 요구되는 일이었다.

'이제 와서 내가 그 모든 것들을 내던질 수 있을까? 그리고 또 나의 개인적 위치는 앞으로 어떻게 된단 말인가? 내가 스페인으로 갔다고 가정해 보자. 그 일이 끝나면 그 다음 또 어디서 일할 것인가?'

그의 나이 이제 마흔여섯이었다. 그리고 외과의사로서 일할 세월이 그렇게 많이 남은 것도 아니었다. 그는 서른아홉의 나이가 되어서야 흉부외과 일을 시작했을 뿐이다.

다른 의사들의 경우 그 나이면 이미 확고한 자리를 차지하고 있었다.

그가 현재 가지고 있는 직함은 성심병원 흉부외과 과장, 보사부의 외과자문의사, 퀘벡 주 세인트아가테에 위치한 마운트 시나이 요양소(the Mount Sinai Sanatorium)와 몬트리올에 있는 그레이스다트홈 병원(the Grace Dart Home Hospital)의 외과 자문의사였다. 그는 의사들 중에서도 고소득자 중의 한 사람이었다. 의학의 순례자들이 그의 시술과정을 살펴보기 위해 세계 도처에서 성심병원으로 찾아오고 있었다.

지금 캐나다와 미국에서 흉부외과를 개업하고 있는 많은 의사들은 그의 밑에서 공부하면서 그의 기술을 지켜보고 그가 직접 고안한 기구들을 쓰고 있었다. 그는 선발되기 어려운 아메리카 흉부외과학회협의회의 정식위원이었다. 그래서 지금은 예전의 대가들과 어깨를 나란히 하고 있었다.

스페인으로 간다는 것은 이 모든 직함 그리고 아마 흉부외과 의사로서의 약속된 앞날까지도 다 포기해야 한다는 것을 의미했다. '보다 큰 대의를 위해서는 개인적 진로를 어느 지점에서 버려야 하는가?' 하고 그는 자문해 보았다.

그러나 큰 대의는 개인적 진로의 견지에서 생각할 기회를 허용하지 않았다. 스페인으로부터 날아오는 소식들은 점점 더 긴박해져 갔고, 국내에서는 그들의 해외 군대가 승리함에 따라 고무된 토착 파시스트 그룹들이 미친 듯이 거리를 휩쓸고 다니기 시작했다. 프랑코가 마드리드로 진격중이라는 소식은, 몬트리올에서도 유태인에 대한 인신테러와 유태인 상점주인에 대한 약탈 그리고 베를린에서 입수된 인종주의적 선전을 유발시키고 있었다. 베쑨은 이 문제에 대해 친구들에게 갑자기 고래

고래 소리를 지르곤 하였다.

"집단적 정신이상 증세가 급속히 확산되고 있는 거야. 독일과 일본에서 시작된 이 증세가 스페인을 거쳐 또 곳곳으로 번지고 있는 중이야. 만약 지금 우리가 할 수 있을 때 그들을 스페인에서 막아내지 못한다면, 그들은 곧 세계 전체를 도살장으로 만들어버릴 거야."

어느 날 밤 그는 아파트 창가에 서서 오랫동안 광장 아래를 내려다보았다. 그러다 책상으로 돌아와 자신의 서류철을 훑어보더니 상사들에게 보내는 사직서들을 쓰기 시작했다. 그리고 유서도 작성했다. 아동미술학교는 공공의 기부로 운영될 수 있을 때까지 그의 은행 예금구좌에서 비용을 갖다 쓸 수 있도록 해두었다. 그리고 그의 모든 재산상의 문제에 대한 대리권한은 프란시스에게 위임했다. 그가 사망할 경우에는 그의 모든 세속적 재산은 그녀에게 돌아갈 것이었다.

그가 그날 밤 잠자리에 들었을 때, 그의 책상 위에는 타이프로 친 다음과 같은 초고가 놓여 있었다.

> 오늘 역시 마알간 얼굴로
> 높이 떠오른 저 창백한 달,
> 고통에 찬 우리의 얼굴을 내려보면서
> 캐나다의 밤하늘을 조용히 흘러가누나.
>
> 폭격으로 박살난 스페인의 산정 위에서

지난밤 넌 검붉게 타오르면서
분노의 고독 속에서 쓰러져간
사자(死者)들의 피투성이 얼굴을 보았겠지.

이름없이 쓰러져간 이역의 동지들이여
주먹을 불끈 쥐고 저 달을 향해 맹세하리.
우리를 위해 목숨을 바친 그대들이여
그대들의 투쟁, 내 명심하리라.

그로부터 3주 후, 베쏜은 스페인으로 떠났다.

제3부

스페인공화국

23

 스테이션왜건 한 대가 파괴된 포장도로의 폭탄 구덩이들을 피하여 등화관제로 칠흑같이 어두운 그란비아 거리를 라이트도 켜지 않은 채 천천히 조심스럽게 움직이고 있었다. 직선도로가 막히자 차는 오른쪽으로 방향을 틀어 카사델캄포 쪽으로 꾸물꾸물 달려갔다. 이곳은 이제 더 이상 포위된 도시가 아니었다. 이미 오래 전에 전장터 자체로 바뀌어 있었다.

 밤에도 갑작스러운 폭격으로 지축이 뒤흔들리고 거대한 섬광들이 밤하늘을 가르곤 했다. 귀청이 떨어져 나갈 정도의 지독한 포성이 밤의 정적을 깨뜨리곤 했다. 그리고 포장도로가 마치 두려움에 사로잡힌 생명체처럼 부르르 떨곤 했다.

 포탄이 번쩍거리는 황혼의 불빛 속에서 그 스테이션왜건은 잠시 한쪽으로 기우뚱거리더니, 이제 더 이상 조심할 필요가 없다는 듯이 속력을 내면서 앞으로 질주했다. 그 차는 곧 카사델캄포, 즉 왕립공원 속으로 부르릉거리며 들어갔다. 그리고 어둠 속에서도 대포의 불빛과 전투의 소연에 의해 정확한 조준을 받고 있는 참호들을 향해 곧바로 달려갔다.

이것이 바로 1936년 12월 23일 마드리드의 밤이었다.

크리스마스 시즌이 되었지만, 마드리드 거리는 장갑부대에 의해 한쪽에 구멍이 뚫린 상태라 소등으로 어둠에 휩싸여 있었다. 아마 곧 달이 구름사이로 나타나면 폭격기들이 쿠르렁거리면서 하늘을 메우며 달려들 것이었다.

오늘 적의 폭격은 오후 네시경부터 시작되었다. 인구가 밀집되어 있는 지역들이 포탄의 정조준 대상이었다. 저녁식사 시간이 되자 포격이 약 한 시간 동안 재개되었는데, 그때가 바로 사람들이 일을 마치고 집으로 돌아가기 위해 길거리를 메우는 시간이었다. 베를린의 지시에 따라 부르고스(Burgos)에서 발행되는 공보에 의하면 "우리는 볼셰비즘으로부터 스페인을 구하고 있다"는 것이었는데, 스페인을 '구하기' 위해서 반역 장군들이 마드리드를 파괴하고 있었던 것이다.

정오에 그란비아의 노동자 군중은 지도자들의 전황보고에 귀를 기울였다. 집회가 끝나자, 지원자들은 곧바로 카사델캄포의 참호로 행진하였다. 그들의 대포는 낡았지만, 그들의 노래는 새로웠고, 그들의 표정은 밝게 빛나고 있었다. 이날 오후 쿠아트로카미노스(Cuatro Caminos)의 노동자 지역의 여성들이 정면 폭격을 당했다. 이 과정에서 어떤 집은 집 전체가, 어떤 집은 지붕이, 어떤 집은 침대가, 어떤 집은 아이가 사라져버렸다. 그러나 오늘밤 노동계급의 여성들은 동네에서 남자들을 따라

나서서 얼어붙은 땅에 방공호를 파면서 새로운 해방의 깃발, "노예의 아내로 사느니 차라리 영웅의 미망인이 되겠노라"라고 적힌 깃발을 높이 치켜올렸다.

마드리드! 피투성이 상처를 입고 지축이 흔들리는 배반을 당한 마드리드! 그러나 우린 이 마드리드를 방위하리라! 37일 동안 이 도시는 시민 전체가 그 방위를 위해 싸워왔다.

이제 37일째가 되는 오늘, '수도의 방위'라는 생각은 시민들에게 일상생활 속에서 먹고 자는 일처럼 당연하고도 자동적인 일이 되어 있었다. 폭격에도 불구하고 며칠 전 개최된 대규모 정치집회에서 어떤 연사는 "우리는 지금 우리가 해머가 될 것인지 모루가 될 것인지를 걱정하지 않으면 안 된다"고 외쳤었다. 청중들은 그의 연설에 열렬한 박수갈채로 호응했다. 그들은 그 연사의 이야기를 잘 이해하고 있었다. 지난 2월 인민전선이 선거에서 승리했을 때, 마드리드 시민들은 스스로 해머의 역할을 맡았고 그럼으로써 모루로서의 역사를 끝내고 스페인을 새롭게 건설하기 시작했기 때문이었다. 이제 그 해머가 다시 준비중이었고 부르고스에서는 반역 장군들이 그들이 얻었던 승리가 도대체 어디로 사라졌는지에 대해 의아해하고 있었던 것이다.

수도가 위기를 맞이하자, 마드리드 시민들의 음성은 거대한 하나의 목소리로 단결되었다. 그 동안 마드리드는 하루하루가 고통의 나날이었다. 37일의 낮과 37일의 밤 동안 이 도시는 여인들의 울부짖음과 남자들의 분노에 찬 욕설 속에서, 피난을 떠나는 아이들의 작별인사 소리를 들으며 지내왔다. 그러나 지금도 역시 반도들이 지상으로 공수되고 있었다. 이에 가장 비천한 시민들까지도 의회파, 비판자, 병사, 조직자로 변모했다.

그 어두운 아스투리아 광산촌의 딸인 라 파쇼나리아(La Pasionaria)는 이 거리 저 거리를 맨발로 뛰어다니며, 그 도시의 가장 상처난 구석구석을, 게으른 사람들의 바들을, 생각없는 사람들의 집들을 찾아다녔다. 그리고 모든 테러와 고통과 저항의 의미를 쉬운 말로 설명하면서 애국시민들의 가슴에, 민족의 집단 의지에 호소를 했다. '무릎을 꿇고 사느니 차라리 서서 죽기를 원한다'는 주장이었다. 그녀의 열변에 대한 반응이 피로 얼룩진 도시의 거리거리에서 일어나기 시작했다. 그리고 쓰디쓴 가슴속에서 낙관적 합창이 울려퍼지면서 애조 띤 분위기가 사라지고 쾌활한 분위기가 되살아나고 있었다.

공화국은 20개 정도의 분파들과 1백 개 가량의 서로 다른 정견들과 천 개 가량의 어리석음 속에서 탄생되었다. 그러나 옛 방식과 옛 충성에서 벗어난 마드리드 시민들은 이제 단 하나의 목적을 위해 단결하였고, 그 목적이란 바로 모두의 단결, 적에 대한 죽음을 무릅쓴 최후까지의 저항, 공화국 만세였다.

마드리드는 그 절망적인 곤경과 그 집단적인 힘을 동시에 갖고 있었다. 지금 세계의 이목을 집중시키고 있는 이 도시는 각국 인민전선의 중심지가 되었다. 구체제가 남겨놓은 반역 장군들에 대한 저항이 제일 먼저 일어난 곳이 바로 이곳이었고, 정부가 꾸물거리고 있는 동안 무장도 하지 않은 남녀들이 도시 중심에 있는 몬타나 병영의 철문을 맨손으로 무너뜨리고 들어가 그 안에 있던 반역의 무리들을 포로로 만들고 탈취한 무기로 2월 선거와 공화국의 부활을 위해 발벗고 나선 곳이 바로 이곳 마드리드였던 것이다.

마드리드의 모든 고통스러운 시간들이 활력과 자신감으로 가득 차게 된 것은 이 집단적 힘이 전투를 통해 검증되었기 때문이다. 그란비아에는 마드리드에서 아주 높은 건물인 전화국 건물이 독일 폭격기들이 날아다니는 하늘을 향해 우뚝 솟아 있었다. 윗부분은 여러 차례 폭격을 받아 여기저기 부숴져 있었지만, 그 아래층들에서는 정부 부서들이 집무를 계속했다. 이 도시의 이곳저곳이 공습으로 엉망이 되어가고 있었지만, 정부는 집무를 계속하고 있었던 것이다.

적의 공습이 처음 시작되었을 때는 모든 시민들이 두려움에 떨지 않을 수 없었다. 그러나 이젠 두려움과 함께 사는 것이 일상사가 되었다. 그란비아를 지나다니는 사람들은 적의 공습이 거리의 한쪽만을 겨냥한다는 것을 잘 알고 있었다. 그래서 그들은 그 반대쪽으로 조용히 지나다녔다.

또한 부자들의 주택지역에는 절대로 공습이 없다는 것을 잘 알고 있는 지역군 사령부도 친프랑코적인 상류계급의 호사스러운 저택지구에 있는 공원에 대포를 은밀히 설치해 두고 있었다.

11월 6일 이래 시민들은 두려움과 무력감으로부터 벗어나기 시작했다. 그날도 그들은 다른 때와 마찬가지로 사이렌 소리에 급히 지하도와 방공호 쪽으로 뛰어가고 있었다. 그러나 그들이 도망치면서 들은 소리는 뭔가 다른 소리였다. 그들은 달음박질을 멈추고 하늘을 쳐다보았다. 누군가가 "아군 비행기다!" 하고 외쳤다. 이들은 남녀노소 할 것 없이 기쁨의 눈물을 흘리지 않을 수 없었다. 이들은 베레모를 공중으로 던지고 서로 껴안고 춤추고 노래하며 '우리 비행기'의 출현을 좋아했던 것이다.

그 후부터는 이 도시 상공에 공화국 마크를 단 소형 추격기 편대가 종종 나타나기 시작했다. 이 추격기 편대는 독일 폭격기들을 무서운 속도로 뒤쫓곤 하였다. 그것은 정부가 투입시킨 최초의 전투기들이었다. 지난 7월 이래 처음으로 제공권 상황이 달라졌던 것이다.

마드리드 사람들은 이 전투기들에 '들창코'라는 별명을 붙였다. 이 전투기들은 고작 4일 전에 고물상태로 러시아에서 카르타헤나(Cartagena)에 도착한 것이었다. 그 때문에 적의 폭격기들이 놀이거리를 빼앗기게 되었다.

11월 6일 '들창코'들이 그 은빛 날개를 반짝이며 도시 상공을 날아갔다. 11월 8일 제1국제여단이 바지와 재킷과 여러 가지 무기를 가지고 알바세테(Albacete)에 집결하여 곧 전선으로 출발했다. 그들은 전투장소에 배치되기 전에 마드리드의 시가지를 행진했었다. 세계의 여러 마을과 도시로부터, 무솔리니의 감옥으로부터, 히틀러의 강제수용소로부터, 서유럽 열강의 '중립성' 봉쇄로부터 평화와 민주주의라는 대의를 위해 감연히 스페인으로 뛰어든 그들은 마드리드 시민들의 열렬한 박수갈채를 받으며 시가지를 행진했던 것이다. 지금은 이미 그들 가운데 많은 수가 사망하거나 부상을 당한 상태였다. 그러나 또한 다른 사람들이 금단의 국경을 넘어 계속 충원되었기에, 해외로부터의 침입, 내부로부터의 반역, 유럽 정부들의 배신 등의 곤경에도 불구하고 6개월이 지난 지금, 마드리드는 "우리는 외롭지 않다"면서 싸우고 있었던 것이다.

마드리드 사람들은 그들에게 모자란 것은 지지자가 아니라 단지 무기일뿐이라는 사실을 잘 알고 있었다. 그들은 또한 적들에게 없는 것은 무기가 아니라 오직 지지자들이라는 사실도 잘 알고 있었다. 그들은 누가 적들에게 군대를 보내는지, 누가 공화국 스페인으로부터 무기를 빼앗아 가는지도 잘 알고 있었다. 그들은 프랑코가 승리할 경우 자신들이 구체제와 외세라는 이중의 독재하에서 억눌릴 것이라는 사실도 잘 알고 있었다. 그들은 장로들과 귀족들의 반역이 추축국들의 세계정복계획에 이용되고 있다는 사실도 잘 알고 있었다. 그들은 또한 런던과 바르샤바와 파리와 상해의 장래가 이 마드리드의 승패 여하에 따라 좌우되리라는 사실도 잘 알고 있었다. 신새벽, 거리 청소부들이 호스를 이용해 포도에 늘어붙어 있는 핏자국을 물로 닦아내는 순간부터 마지막 민병대원이 야간수하를 실시하는 순간까지, 이렇게 그들은 이 거리 저 거리에서 모두 한결같은 생각과 느낌과 이해를 가지고 움직이고 있었다.

파시스트의 대포에 의해 고립된 것은 사실이지만, 그렇다고 그들이 외토리 신세인 것은 아니었다. 그들의 이러한 기분은 그들이 주고받는 암호 속에도 잘 나타나 있었다. 어젯밤 통금

시간에 거리통행을 허가받은 사람들은 어두운 길모퉁이에서 "공화국 군대는 오늘밤 어디 있느냐"라는 수하를 받았다. 그들은 "지금 전진중이다"라고 대답했다. 야간공습을 기다리면서, 참호로 남자들을 보내면서, 굶주림과 추위 속에서 밤을 보내면서, 오늘밤 마드리드에서는 야간 통금시간의 암호를 "무엇이 자유로워지는가?"로 정했다. 그리고 그 대답은 "전세계가 자유로워지리라!"였다.

그란비아에서 카사델캄포로 빠른 속도로 달려온 스테이션왜건은 참호 근처의 나무숲 아래에서 '끼익' 소리를 내면서 멈추었다.

두 사나이가 차 밖으로 나왔다. 여기 나무숲 아래가 그들의 집합장소, 즉 부상병 집합소였다.

그들은 잠시 그 자리에 서서 어둠 속에서 바삐 움직이는 사람들을 둘러보았다. 참호에서 뱉어내는 욕설들, 기관단총의 성난 발사음, 박격포를 쏘아대는 소리, 부상병들의 고통에 찬 비명 등, 주위는 온통 지옥의 소리들이었다. 그들은 어둠에 익숙해지면서 의무병들이 허리를 굽히고 들것을 운반하고 있는 모습을 분간할 수 있게 되었다. 그리고 밝아졌다 어두워졌다하는 야간 전투현장에 눈이 익숙해졌다.

부상병들은 나무숲 아래 여기저기 맨땅에 그대로 누워 있었다. 갑자기 구름 사이로 달이 나타났다. 이 나무숲에서는 달빛이 여간 반가운 것이 아니었다. 그 달빛 덕분으로 부상병들이 세계를 다시 볼 수 있기 때문이었다. 그들은 친숙한 주위환경을 다시 보면서 자기가 아직도 살아 있다는 사실을 확신하는 것이었다. 차에서 내린 두 사람은 달빛 덕분에 스테이션왜건에서 장비들을 쉽게 부릴 수 있었다.

그들은 부상병 집합소를 책임맡고 있는 의무장교에게 서류를 건네주었다. 두 사람은 그 의무장교가 처음 보는 사람들이었다. 정부군이 국지 공격을 개시하는 곳이면 불현듯 나타나는, 스페인어를 거의 못하는 낯선 외국인들이었다. 자신이 도저히 감당할 수 없을 정도로 사상자들이 속출하는 속에서 전전긍긍하던 이 스페인 군의관은 두 사람의 도착에 좀 어리둥절한 모양이었다.

'이 사람들은 어디에서 왔을까? 이들은 어떤 사람들일까? 이들이 원하는 것은 무엇일까?'

두 사람이 몇 마디 스페인어와 몸짓을 동원하여 자기들을 소개했다. 두 사람 가운데 한 사람은 마른 체구에 키가 크고 얼굴이 갸름했다. 그 젊은이는 상관을 사려 깊게 모시면서 움직였다. 다른 한 사람이 상관인 모양인데, 쉽게 분간이 안 되었다. 그는 호리호리한 몸매라 키가 커 보였으나 실제로는 별로 크지 않았다. 나이를 가늠하기 어려운 그의 얼굴은 강인해 보였고, 두발에는 흰머리카락들이 희끗희끗 나 있는 것이 마치 조각상을 보는 기분이었다.

그는 지퍼가 달린 파란색 군복을 급히 만들어 입은 행색이었는데, 군복상의에는 주머니들이 많이 달려 있었고 바지는 두툼한 부츠 밑으로 접어넣고 있었다. 그리고 가슴에는 공화국의 육군대령 계급장을 달았는데, 양쪽 어깨에는 단풍잎 견장이 붙어 있었다.

스페인 군의관은 한동안 그 군복을 응시했다. 그는 그 군복을 보면서 자신이 지금 막 건네받은 지시서만큼이나 그것이 자신을 어리둥절하게 만들고 있다는 기색이었다. 그는 서류를 되돌려주면서 "알겠습니다, 사령관 각하" 하며 경례를 붙였다. 그리곤 즉시 두 사람에게 길을 안내했다. 바람에 나부끼는 나무숲 아래에서, 의무병들이 부상병들을 계속 날라오고 총탄이 머리 위로 핑핑 날아다니고 부상병들이 발치에서 신음소리를 내는 가운데, 그들은 일을 시작했다.

사령관은 부상병들이 쭉 눕혀져 있는 곳으로 가더니 그 맨 앞에 있는 병사 앞에서 무릎을 꿇었다. 그는 병사의 얼굴을 가만히 들여다보았다.

얼굴이 고통으로 일그러져 있지만, 바로 그 표정은 그가 아직 살아 있다는 사실을 의미했다. 사령관은 그 병사의 어깨를 두드려주더니, 다음 부상병한테로 몸을 옮겼다.

그 다음 병사는 이제 더 이상 부상병이 아니었다. 이미 사망해 있었다. 그의 얼굴에는 죽으면서 느끼던 쓰디쓴 고독이 서려 있었다. 사령관은 죽은 사람들의 얼굴을 무척이나 많이 보아온 사람이었다. 그러나 이렇게 처참한 모습으로 죽은 사람은 처음이었다. 그는 전사자의 셔츠 단추를 풀어주고 허리띠를 헐겁게 풀어주었다. 그리고 나직한 음성으로 이렇게 말했다.

"상처는 대단치 않았는데, 출혈이 심했군."

그는 다시 다음 부상병한테로 몸을 옮겨 검진을 하면서 내심으로 신속한 판단을 내려가고 있었다. 몇몇 부상병들에게 그가 무어라 격려의 말을 했지만, 그들은 그 말의 의미를 제대로 알아들을 수 없었다. 그러나 그들은 그 취지를 대충 이해하면서 아이들처럼 천진스러운 미소를 떠올렸다. 그는 또 어떤 부상병들 앞에서는 고개를 끄덕이면서 그 키가 크고 말이 없는 친구에게 "이 경우는……" 하며 무어라 설명을 계속했다.

부상병들을 일단 한번 쭉 둘러보고 나자, 그는 아까 마음속으로 생각해 두었던 한 부상병에게로 갔다. 그 부상병은 코트로 몸을 푹 감싸고 있었다. 그는 한쪽 무릎을 땅에 꿇으며 그 부상병의 머리를 살짝 들어올렸다. 그 순간 그의 표정은 깜짝 놀라는 기색이었다. 그 부상병은 어른이 아니라 소년이었던 것이다. 열일곱 또는 여덟 정도의 나이였는데, 헝클어진 머리카락 사이로 달빛에 드러난 그의 얼굴은 백지장처럼 창백해 보였다. 사령관은 그 얼굴을 찬찬히 살펴보았다. 입술은 늘어져 있었고, 두 뺨은 푹 꺼져 있었고 피부는 끈적끈적했다. 그리고 완전히 기진맥진한 상태에서 두 눈을 반쯤 감고 있었다. 소년병의 표정에는 어떠한 두려움도 희망도 나타나 있지 않았다. 사령관이 중얼거렸다.

"지독한 충격을 받았군. 이 소년병부터 시작하세."

총알이 핑핑 날아다니는 소리들이 갑자기 사라졌다. 포탄 터지는 소리가 그 소리들을 묻어버린 것이었다. 땅바닥에 눕혀 있던 부상병들은 포탄소리를 꼼짝없이 그대로 듣고 있었고, 위생병들은 땅바닥으로 몸을 던지면서 귀를 막았다. 여기저기에서 포탄이 계속 터졌다. 캔버스를 찢는 듯한 부자연스러운 소리와 함께 여기저기가 번쩍거렸다. 땅바닥이 들썩거리고 나무들이 흔들렸다. 사령관의 두 팔에 안긴 소년이 맥없는 손으로 배를 움켜쥐면서 신음소리를 냈다. 귀만 멍멍한 것이 아니라 뱃속까지 울리기 때문이었다. 다시 고통을 느낀 소년병이 간헐적으로 움찔거렸다. 그의 고개는 잿빛 머리카락의 이방인을 향하고 있었지만, 그의 눈에는 아무것도 보이지 않았다. 그러나 그는 자신의 두 눈동자를 짓누르고 있는 어둠 속을 응시하면서 무언가 기억하려는 듯 안간힘을 쓰고 있었다.

 사령관은 소년의 축 늘어진 머리를 다시 땅바닥에 가만히 눕혔다. 그리고 의무병들이 급한 걸음으로 왔다갔다하는 속에서, 포탄 터지는 소리가 서서히 작아져가는 속에서, 능란한 솜씨로 일을 시작했다. 그는 소년병의 소맷자락을 잡아뜯고 셔츠를 걷어올리더니 팔뚝을 검사했다. 그는 고개도 돌리지 않은 채 키가 큰 친구에게 "자, 시작하세"라고 말했다. 그러자 옆에 있던 키 큰 친구가 끄트머리에 번쩍이는 바늘이 달린 가느다란 튜브를 그에게 건네주었다. 사령관의 손가락들이 그 축 늘어진 팔뚝을 더듬으며 팔꿈치 쪽으로 정맥을 찾아갔다. 달빛이 대형 수술실의 궁형 전등 같을 리는 없었지만, 사령관의 손가락들은 드디어 그 병사의 팔뚝에서 생명의 줄기를 찾아냈다. 이제 바늘을 통해 생명의 숨이 불어넣어질 것이었다. 다시 포탄 터지는 소리가 들려왔다. 이번엔 아까보다도 더 가까웠다. 또다시 포탄이 터졌다. 거리가 더욱 가까워졌다. 적들이 점점 더 정확히 조준해 오고 있는 것이었다. 그러나 그 위험을 따지고 말고 할 시간은 없었다. 왕립공원 너머로 화염이 치솟고 있는 모습이 눈에 들어왔다. 그로 인해 주위가 현란한 주황빛으로 환해졌다. 사령관은 바늘을 꽂은 팔뚝에 반창고를 붙이더니 땅딸막한 병과 연결된 그 튜브를 손으로 쑥 훑으면서 서서히 일어섰다. 그리고는 이렇게 말했다.

"됐어, 이젠 내가 들고 있지. 자넨 차에 가서 병들을 더 가져오게."

나무숲 속으로도 총알이 핑핑 날아들었다. 주위에서는 화염이 치솟고 병사들이 허겁지겁 뛰어다녔다. 여기저기에서 포탄 터지는 소리가 계속되었다. 분주히 움직이던 그 의무장교가 그에게 엎드리라고 소리쳤다. 그러나 그는 머리를 치켜들고 깊은 생각에 잠겨 있었다. 그는 소년병 앞에서 그 병을 들고 있다가, 무슨 생각에서인지 포탄이 날아오는 방향과 그 소년병 사이에 자신의 몸을 위치시켰다.

그가 들고 있는 병은 보통의 병들과 다를 것이 없었다. 그러나 그 속에는 진귀한 액체가 들어 있었다. 그것은 혈액이었다. 검붉고 신비스러우며 변질하기 쉬운 피였다. 헌혈자의 정맥에서 뽑아낸, 점착력이 강해서 찐득찐득한 그 액체는 2천 년에 걸쳐서 축적되어온 지식과 경험과 희생과 염원으로, 죽어가는 사람의 생명을 되살리는 신비한 물질이었다. 우레소리에 휩싸여 있는 이곳 전장터에서, 메데아(Medea : 그리스신화에 나오는, 제이슨이 양털을 얻는 것을 도와준 여자 마법사) 이래의 모든 추구와 실수와 교정과 과학적 확신을 거쳐 생명의 마술로 확인된 그 피가 이 땅딸막한 유리병 속에 들어 있는 것이었다.

독일제 대포로부터 새로운 포탄 하나가 부상병 집합소 위를 지나서 다시 터졌다. 그리고 이 사령관은 열렬한 마드리드 시민들의 정맥으로부터 피가 모자라 자기 발치에서 죽어가는 병사의 정맥 속으로 그 따뜻한 물방울들을 처음으로 중계하고 있었다.

그는 튜브에 달린 조임쇠를 조심스럽게 풀어주었다. 소년병은 중태였다. 부상을 당한 지 이미 수시간이 지난 상태라 그의 신체기관들은 생사의 기로에서 허우적거리고 있었다. 소년병이 갑자기 몸을 부르르 떨면서 이빨을 덜덜거렸다.

사령관이 조임쇠를 완전히 열었다. 이젠 피가 계속적으로 흘러들어가기 시작했다. 그리고 곧 기적과 같은 일이 일어날 것이었다. 사령관은 전에도 그런 광경을 여러 차례 경험한 적이 있었다. 그러나 그런 때마다 늘 새로운 기분이었다. 시들어가던 꽃이 갑자기 다시 현란한 빛으로 만개하는 느낌이었다.

드디어 소년이 다시 몸을 움찔거리기 시작했다. 그의 이빨은 이제 더 이상 덜덜거리지 않았다. 그는 자신의 머리를 좌우로 움직였다. 처음에는 멍청해 보였던 그의 두 눈이 이제는 무언가를 기억하려는 듯한 기색이었다. 그러나 이것은 단지 시작에 불과했다. 병 하나가 다 비워지자, 사령관은 다시 새 병을 준비했다. 이 두번째 병까지 다 비워지자, 정말로 기적 같은 일이 일어났다. 소년이 미소를 띠웠던 것이다. 사령관은 그 소년병을 바라보고 있지 않았지만, 그의 얼굴에 혈색이 다시 돌아오리라는 사실, 몇 분만 지나면 그의 피부가 다시 따뜻해지리라는 사실, 그리고 상처를 치료하면 그가 다시 살게 될 것이라는 사실을 잘 알고 있었다.

사령관이 기쁜 얼굴로 "부에노, 부에노(됐다, 됐다)"라고 말했다. 그리고 담배를 한 대 꺼내서 불을 붙이더니 그것을 병사의 입술에 물려주었다. 병사가 담배를 한 모금 깊이 빨아들였다. 그 순간 그는 자신이 살아 있다는 사실을 깨달았다. 그는 기쁨에 들떠 "그라시아스(고맙습니다)"라는 소리를 입 속에서 연발했지만, 그때는 이미 사령관이 자기 곁에서 사라진 뒤였다.

한 30분 동안 사령관은 부상병들 사이를 왔다갔다했다. 그는 그 스페인 군의관에게 교과서식대로 죽음을 받아들여서는 안 된다고 설명하면서, 최악의 부상병들에게까지 수혈을 반복하였다. 그는 혈액병들을 높이 쳐들고 적들의 총탄을 그의 넓은 어깨로 가려주면서, 이상한 화학반응으로 죽음이 임박한 육체에 다시 생명을 불어넣어주는, 그 짭짤한 액체를 부상병들에게 계속 투입시켰다. 드디어 스테이션왜건에 싣고 온 혈액병들이 모두 바닥이 났다. 이제는 수혈해 줄 피가 남아 있지 않았다. 그러나 지금으로부터 한 시간 전만 해도 죽은 목숨이나 다름이 없었던 부상병들이 이제 목숨을 구하게 된 것이었다. 그들은 병원으로 이송되면 미소를 지으며 이 나무숲 밑에서의 밤을 기억할 것이었다. 그리고 회백색 머리카락에 마술적인 혈액병을 들고 있던 한 이방인의 사려 깊은 표정을 기억할 것이었다.

"남아 있는 병이 더 없습니까?"

스페인 군의관이 스테이션왜건으로 돌아가는 그 사령관을 따라오면서 물었다.

사령관은 자동차 뒷문을 닫으면서 고개를 흔들었다. 그는 혈액병들을 다시 싣고 오기 위해서 돌아가야 한다는 몸짓을 나타냈다. 그가 떠나기 위해 손을 흔들려 하자, 의무병들과 경상자들이 차를 둘러쌌다.

스페인 군의관이 공화국 인사법으로 한쪽 주먹을 치켜들었다. 그러자 사령관은 언어의 장벽을 열정으로써 뛰어넘으려는 듯이 더듬거리는 말투로 스페인어로 인사를 했다.

"닥터 알바레스 루이스(Alvarez Ruiz : 가명), 무차스 그라시아스(대단히 감사합니다)."

그러면서 캐나다 의사는 몸을 바로 세우고 자기도 역시 한쪽 주먹을 치켜들었다. 그리고 자기 소개를 했다.

"저는 닥터 노먼 베쑨이라 합니다. 이쪽은 저의 친구 해젠 사이스(Hazen Sise)입니다. 감사해야 할 사람은 여러분이 아니라 바로 우리들입니다."

순간 잠시 침묵이 흘렀다. 이 침묵 속에서 캐나다인들과 스페인인들은 격앙된 감정을 느끼면서 서로를 바라보았다. 그러나 양쪽 모두 고통과 죽음과 혼란이 난무하는 이 불타는 전장터에서 서로에게 무슨 말을 해야 할지 말문이 막혀버렸다. 이때 한 병사가 스테이션왜건에 적혀 있는 글자를 가리켰다. 화염빛 때문에 주위가 환해진 것이었다.

그 차에는 '스페인·캐나다 이동수혈대'라고 적혀 있었다. 그 글자를 가리켰던 병사가 외쳤다.

"수혈 만세!"

그러자 누워 있던 부상병들이 그 소리에 응답했다.

"만세!"

"캐나다 만세!"

"만세!"

이때 가느다란 목소리가 이 저음의 합창에 끼어들었다.

"나도 만세!"

모두들 그 희미한 소리가 나는 쪽으로 고개를 돌렸다. 그 소리의 주인공은 처음으로 수혈을 받았던 아까 그 소년병이었다. 그는 한쪽 팔꿈치로 몸을 일으키면서 다른 한쪽 손을 흔들고 있었다. 그 앳된 얼굴에서 두 눈이 이글거리고 있었다. 그가 다시 외쳤다.

"나도 만세!"

웃음이 터져나왔다. 그들 모두가 그 소년병의 심정을 이해했던 것이다. 그들이 다시 외쳤다.

"만세!"

그들 자신을 위해, 스페인을 위해, 세계를 위해, 그들은 또다시 "만세!" "만세!"를 외쳤다.

1936년 12월 23일 아침, 이 소문은 삽시간에 카사델캄포의 전선에 쫙 퍼져나갔다. 그것은 바다 건너편에서 온 한 친구가 공화국의 병사들에게 기적을 가져다주었다는 소문이었다.

그리고 내일이면 이 소문은 마드리드 전역에 방송될 것이고, 또 테루엘(Teruel), 과달라하라(Guadalajara), 발렌시아(Valencia)를 거쳐 온 전선으로, 그리고 자식과 남편을 애태우며 기다리고 있는 여인들에게, 그리고 또 스페인 국경을 넘어 전세계로 퍼져나갈 것이었다.

전장터란 옛날부터 모두들 사람들을 죽이는 곳으로만 알고 있었다. 그런데 역사상 최초로 한 사나이가 이 스페인의 전장터에 나타나 인류의 상식을 바꾸기 시작했던 것이었다. 그는 피를 뿌리게 하기 위해서가 아니라 피를 채워주기 위해서 전장터에 나타났던 것이다.

24

그가 마드리드에 도착한 것은 비가 내리는 11월 3일 아침이었다. 그리고 전화국 건물 바로 맞은편에 있는 그란비아 호텔에 투숙했다. 호텔 로비에서 그는 아주 단정한 차림새의 쾌활한 사람을 만나게 되었는데, 그 사람은 『새로운 공화국』(New Commonwealth)과 『캐나다 광장』(Canadian Forum)의 마드리드 특파원으로 나와 있는 헤닝 소렌센(Henning Sorensen)이었다.

『새로운 공화국』은 신문, 『캐나다 광장』은 잡지인데, 둘 다

협동공화국연맹(the Co-operative Commonwealth Federation)의 견해를 반영하고 있었다.

호텔 바깥에서는 병사들이 둘씩 셋씩 짝을 지어 순찰하고 있었고, 수도로 통하는 모든 길목에는 바리케이드가 설치되어 있었다. 베쑨은 소렌센에게 이곳 상황이 발렌시아처럼 나쁜지를 물어보았다.

소렌센이 대답했다.

"그만큼 나쁘기도 하고 그만큼 좋기도 하지요. 결국 마드리드는 마드리드고 발렌시아는 발렌시아일 테니까요. 파시스트들이 대학도시에 들어와 있습니다. 그래서 지금 마드리드 여성들은 화염병을 준비하느라 정신이 없습니다. 또 거리마다 시민들이 바리케이드를 쳐놓았지요. 파시스트들이 이 도시를 장악하려면, 아마 집집마다 다 소탕해야 끝날 겁니다."

언론기관이 들어 있는 사무실들은 전화국 건물 3층에 있었다. 베쑨과 소렌센은 그날 오후 최신 뉴스를 얻기 위해 그곳을 찾아갔다. 그때 마침 갑자기 건물 전체가 흔들렸다. 포탄에 맞았던 것이다. 그러나 사람들은 힐끗 위를 쳐다보면서 잠시 기다리다가, 다시 자기들의 일을 계속했다.

베쑨은 창가에서 거리를 내려다보았다. 전차 종업원이 길모퉁이에서 선로를 갈아주는 모습이 보였다. 또 그곳에 있는 지하철 표지판에는 마드리드 시민들에게 제5연대로 지원 입대해달라는 포스터와 아이들을 소개시키라는 포스터와 농민들의 밀 추수를 도와달라는 포스터들이 붙어 있었다.

소렌센이 웃으면서 말했다.

"참호에서 약 1백 야드 떨어진 곳까지 전차와 지하철이 다닌답니다. 보시다시피 마드리드의 거리 모습은 평상시와 다를 바가 없습니다. 상황이 심각한 것은 사실이지만, 마드리드가 그리 쉽게 함락되지는 않을 겁니다."

그날 베쑨은 거리를 돌아다니며 많은 시민들을 만나보았다. 그 과정에서 그는 그들이 소렌센의 낙관적 견해를 공유하고 있다는 사실을 발견하였다.

소렌센을 안내자 겸 통역자로 삼아, 베쑨은 공화국의 군대를 위해 캐나다의 의료원조를 어떤 방식으로 해야 가장 좋을지를 고심하기 시작했다.

그는 우선 마드리드의 군병원들부터 신속하게 한 바퀴 둘러보았다. 그러나 곳곳마다 긴장 속에서 정신이 없는 상태라, 전선의 의료상황에 대해 알고 싶은 사실들을 제대로 알아낼 수 없었다. 그러자 베쑨은 그 현황을 스스로 파악하기 위하여 대학도시 자체의 참호들을 둘러보기로 하고 마드리드 외곽에 있는 부상병 집합소들을 둘러본 다음, 후방병원들에서 일하는 여러 군의관들과 자신의 문제를 상의해 나갔다. 여기에서 그는 병사들의 부상 유형을 조사하면서, 수술 후의 치사율과 회복률을 계속 기록해 나갔다.

대학도시에 있는 지하실 본부에서 그는 클레버(Kleber) 장군을 만나게 되었다. 클레버 장군은 캐나다에서 살았던 사람으로,

지금은 마드리드 방위를 도우러 나선 국제여단들을 지휘하고 있었다. 클레버는 그에게 전황을 대충 설명해 주면서 마드리드는 계속 버텨낼 것이라고 단언했다. 그리고 그를 국제여단들의 수석 의무장교들 가운데 한 사람인 어윈 키슈(Erwin Kisch)라는 체코 의사에게 보냈다.

닥터 키슈는 서투른 영어로 그를 열렬히 환영해 주었다. 그리고 베쑨이 외과 군의관이라는 말을 듣자 일을 바로 시작할 수 있다는 생각에 몹시 기뻐하는 기색이었다. 그는 이렇게 외쳤다.

"우리는 당신을 즉시 일에 투입시켜야 합니다."

스페인에 도착한 즉시로 두 달 동안 계속 수술만 해야 했던 키슈로서는 베쑨이 어디에서 일해야 하는지가 너무나도 명백했다. 그러나 베쑨 자신은 아직 그 문제에 대한 결정을 분명히 내리지 못하고 있었다. 베쑨은 마음을 결정할 며칠 간의 여유가 필요하다고 대답했다. 그리하여 두 사람 사이의 대담은 냉담한 분위기 속에서 끝나고 말았다.

11월 6일 그는 제5연대 본부를 찾아가 그곳의 정치사령관인 카를로스 콘트레라스(Carlos Contreras)와 상의를 했다(제5연대의 군사사령관은 엔리크리스터였다).

공화국 군대는 아직도 노조에 의해 자연적으로 조직된, 따라서 그 정치적 소속이 서로 다른 여러 의용군 그룹들로 이루어져 있었다. 그래서 통일된 명령체계가 부재했다. 모든 부대가 다 용감하게 싸우고 있는 것은 사실이었지만, 규율 있는 부대의 일부로서 일사불란하게 움직이고 있는 것은 아니었다. 제5연대는 전쟁의 발발 직후 스페인공산당에 의해 조직된 부대였는데, 이 스페인공산당은 처음부터 네그린과 델 바요를 중심으로 하는 사회당과 일부 진보적인 공화파 집단들과 함께 군대의 일원적 명령체계를 요구하고 있었다. 제5연대가 조직된 것은 규율 있는 전투부대로서의 시범을 보이기 위해서였다. 따라서 이 부대는 공화국 스페인을 통틀어 하나의 전설적 부대가 되어 있었으며, 마드리드 방위의 중심 부대로 인정되고 있었다. 영국과 미국의 특파원들로부터 베쑨은 이 부대의 정치사령관인 콘트레라스에 대해 '일을 반드시 성사시키는 인물'이라는 평을 들었다. 알바레스 델 바요(Albarez del Vayo)는 스페인의 외무장관이었고, 후안 네그린(Juan Negrin)은 후에 수상이 되었다.

베쑨과 카를로스 콘트레라스 사이의 면담은 알바세테로 가는 승용차 속에서 이루어졌다. 이렇게라도 하지 않으면 시간을 낼 수 없다는 것이 콘트레라스의 설명이었다. 두 사람 사이의 면담은 별난 사건들로 계속 이어지는 별난 면담이었다(콘트레라스는 유창한 영어를 구사했다). 베쑨은 후에 이때의 일을 다음과 같이 이야기했다.

콘트레라스의 차로 마드리드를 떠나기 전에 우리는 잠시 몬타나 병영을 들러보아야 했다. 그곳에는 젊은 지원병들이 첫번째 군사적 지시를 받고 있었다. 우리는 거기에서 소총과 탱크가 각기 멕시코와 러시아에서 도착했다는 소식에 접하게 되었다.

이 소식에 병사들의 사기는 눈에 띄게 높아졌다. 우리는 대략 새벽 3시 30분경에 알바세테에 도착했다. 여기에서 우리는 라르고 카바예로(Largo Caballero)가 이끄는 정부가 군사위원회를 구성하여 마드리드의 방위를 맡기고 발렌시아로 이동하였다는 소식을 듣게 되었다.

차를 타고 가면서 카를로스는 우리들에게 정치적 군사적 상황에 대한 자신의 견해를 이야기했다. 그는 늙은 카바예로를 그리 대단치 않게 생각하는 눈치였다. 그는 카바예로 정부의 지금 역할이 노조들에 대한 지휘에 있는 것이 아니라 무력투쟁의 수행에 있다는 사실을 강조했다. 그는 이러한 관점에서 카바예로의 현상돌파 능력에 대해 우려하면서, 그 UGT 지도자가 군의 일원적인 명령체계를 아직도 받아들이지 않고 있다는 암시를 주었다. 나라의 이곳저곳에서(특히 아라곤에서는) 군부대들이 각기 자기들 나름대로 작전을 수행하고 있었다. 또 어떤 무정부주의적 부대들은 자기들이 지명한 지휘관의 명령이라야만 움직이고 있었다. 중앙의 통일적인 명령체계가 없이는 공화국 군대가 독일과 이탈리아의 기계화 부대들을 절대로 격퇴시킬 수 없다는 것이 콘트레라스의 생각이었다(군의 통일적 명령체계는 1937년 5월에 가서야 성립되었다. 그리고 이것은 카바예로가 사임하고 후안 네그린이 수상이 되면서 이루어진 일이었다).

나는 마드리드의 정신과 발렌시아나 바르셀로나의 그것 사이의 차이에 대해 언급하지 않을 수 없었다. 카를로스는 답변 속에서 전투가 가장 강할 수밖에 없다고 지적했다. 마드리드는 스페인의 그 어느 도시보다도 공산당이 강한 곳이었다.

그리고 사회주의청년조직(the Socialist Youth Organization)의 대다수 성원들 역시 마드리드에서 활동하고 있었다(한 10만 명의 사회주의청년조직의 성원들이 바로 몇 달 전에 스페인공산당으로 일괄 입당한 상태였다). 전쟁의 교훈이 사회당원들을 좌경화시켰고, 한편 카바예로는 무정부주의자들과 일부 우익 공화파 분자들과 더욱 가까워졌다. 카를로스는 카바예로의 조치들이 비조직적 의용군 대중을 효과적이고 통일적인 전투조직으로 변화시키자는 좌파 사회당원들과 진보적 공화파 그룹들을 견제하기 위한 시도로 생각했다.

카를로스는 인민전선이 위협을 받고 있다고는 생각하지 않았지만, 장기화되고 있는 이 전쟁에서 스페인의 물적 인적 자원들을 효과적으로 동원하기 위해서는 인민전선 자체가 새롭게 정비되어야 한다고 생각하는 것 같았다. 반역 장군들이 패배했다는 것은 명백했다. 그러나 또한 독일과 이탈리아가 지중해 방면을 확보하고 그들의 장비와 전략을 시험하기 위해서 이 스페인에서의 전쟁을 가급적 장기화시킬 생각이라는 것도 명백했다.

이야기가 마침내 스페인을 위해서 내가 무슨 일을 해야 바람직하겠느냐는 본론에 도달하자, 콘트레라스는 몇 가지 방안이 있을 것이라고 대답했다. 내가 어느 한 병원에서 외과의사로서 일할 수도 있을 것이고, 국제여단들을 위해 일할 수도 있을 것이고, 별개의 캐나다 의무대를 창설하여 도시와 전선에서 일할 수도 있으리라는 대답이었다. 그는 내가 어떤 길을 선택하든 그것은 스페인에 커다란 도움이 될 것이라며, 도울 일이 있으면 무엇이든지 협조하겠다고 약속하는 것이었다. 이야기가 끝나자, 그는 다시 급한 용무로 동분서주하다가 다음날 아침 마드리드로 돌아갔다. 그러나 나와 소렌센은 사니다드 엑스트란헤라(the Sanidad Extranjera : 국제여단 소속의 외국인 의무대)의 대표를 만나보기로 하였다. 그 대표는 키가 작은 프랑스인이었는데, 자기와 같이 일하자는 것이었다. 그러나 나는 더 생각해 보겠다고 그에게 답변했다. 그리고 그 다음날(11월 8일) '전선을 시찰하기 위해서' 그 대표와 함께 알바세테 바깥으로 나가보았다. 우리는 어디에서나 전선 가까이까지 접근할 수 없었다. 그리고 네 차례나 길을 잃고 몹시 고생을 해야 했다. 그러나 나로서는 이 정도면 대충 사정을 짐작할 수 있었다. 우리는 그곳에서 이틀 동안을 그냥 일없이 더 머물렀다. 나는 마침내 그에게 달리 움직이겠다는 나의 태도를 아주 정중하게 밝혔다. 그리고 트럭을 얻어 타고 마드리드로 돌아왔다.

헤닝과 내가 마드리드에 도착한 것은 11일이었다. 나는 부상병 집합소들을 다시 한 번 둘러보았다. 그제야 나는 내가 무슨 일을 해야 할지를 결정할 수 있었다.

그는 이제 나름대로의 확신이 서게 되자, 마음속에 떠오른 생각을 상의해 보기 위해 다시 닥터 키슈를 찾아갔다. 그는 키슈를 만나 아주 고도로 조직화된 현대전의 의료체제에 있어서도 한 가지 중대한 결점이 존재한다고 지적했다. 그것은 심한 출혈로 또한 심한 쇼크로 전장터에서 사지를 헤매다가 후송되는, 그래서 수술에 견딜 수 없을 정도로 이미 약화되어버린 부상병들에 대한 이야기였다. 닥터 두란 호르다(Duran Jorda)라는 사람이 혈액을 보관하는 혈액은행을 조직한 적은 있었다. 그러나 정작 중요한 시도는 아직도 행해진 적이 없었다. 그 시도란 수혈을 바로 전장터 가까이에서 실시한다는 것이었다. 베쑨은 이 일이 실시 가능하며, 그 경우 부상병들의 사망률이 크게 감소될 것이라고 확신했다. 따라서 그는 도시에서 수집된 혈액을 보관했다가 부상병 집합소나 야전병원에서 수혈활동을 행할, 그리고 그 무엇보다도 전투가 진행되는 동안 바로 전선에서 수혈활동을 행할 이동수혈대의 조직을 제시하게 되었던 것이다.

한참 동안을 키슈는 의자에 몸을 깊숙이 파묻고 베쑨을 응시했다. 그러다 마침내 이렇게 말했는데, 그의 음성에는 베쑨에 대한 존경의 빛이 역력했다.

"만약 당신이 그 일을 행하게 된다면, 의학의 역사는 당신에 의해 또다시 바뀌게 될 것입니다."

발렌시아에 있는 소코로로호(Socorro Rojo) 본부에서, 베쑨은 정부로부터 승인권을 이양받고 있는 그곳 고위 관리들에게 자신의 계획을 대충 설명해 주었다. 그의 이야기를 주의 깊게 다 듣고 나자, 그들 가운데 두 명의 지도급 스페인 군의관이 서로의 기색을 살피더니 현실성이 없다는 견해를 피력했다(소코로로호는 1937년 봄 의무대가 새로 조직되어 그 기능을 인계받을 때까지 공화국 스페인에서 유일한 효과적 의료기관으로 기능한 스페인의 노조 구호 조직체였다).

그들은 그가 제시한 수치들을 다시 한 번 검토하면서, 수혈만 해주면 살아날지 모르는데도 출혈이나 쇼크로 사망한 부상병들의 통계수치에 대해 고개를 갸웃거리고 있었다.

이때 원로 스페인 의사가 자신의 동료들을 쭉 둘러보더니 이렇게 말했다.

"여러분의 생각대로 그 일은 어쩌면 현실적으로 불가능할지도 모릅니다. 그러나 그 일이 필요한 일임에는 분명 틀림없는 것 같습니다. 만약 그 일이 참으로 필요한 일이라면, 불가능한 일은 아닐 것입니다. 그리고 불가능한 일이라면, 그것은 가능한 일이라고 할 수 있습니다. 왜냐하면 결국은 누군가가 그 일을 시도하지 않겠습니까?"

이 원로 의사의 말에 표결 절차 없이 승인결정이 내려졌다. 그러자 그 원로 의사가 이렇게 물었다.

"당신의 계획이 실행되려면 얼마나 걸립니까?"

"먼저 파리와 런던에 가서 필요한 장비와 물품들을 사가지고 와야 됩니다. 또 여러분들이 저와 함께 일할 기술자와 의사와 간호사들, 그리고 일할 장소를 마련해 주셔야겠죠. 그러면 즉시 가능합니다."

그로부터 한 시간 후 베쑨은 토론토에 있는 스페인 원호위원회 앞으로 긴 전보를 보냈다. 그는 그 전보에서 전선의 상황, 자신의 계획, 정부측의 승인, 그가 도입하고자 하는 새로운 기술 등에 대해 대충 설명하면서 즉각적인 협조를 요구했다.

소독기, 수혈기구 세트, 현미경 등 많은 장비가 필요하다. 장비 개선 문제에 대해서는 새로운 아이디어가 많이 있다. 소렌센과 함께 파리와 런던으로 가서 필요한 장비와 물품을 구입할 작정이다. 파리에 있는 위원회 대표에게 가급적 많은 돈을 부쳐주기 바란다.

다음날 아침, 그는 답신도 기다리지 않고 소렌센과 함께 파리로 출발했다. 위원회에서는 곧바로 그 계획에 승인을 표명하면서 그에게 계속 충분한 재정적 지원을 하겠다고 약속하는 전언과 함께 1만 달러를 송금했다는 소식을 파리로 보내주었다.

그는 파리에 있는 의료기 공급상들을 급히 돌아보면서 물품공급 계약 일을 마친 후, 다시 런던으로 떠났다.

스페인에서는 전쟁이 한참이었지만, 그에 대한 영국의 반응은 조용하고 험상궂고 애매모호한 것이었다. 취재를 하러 온 신문기자들에게 그는 자신의 계획을 설명하면서 스페인은 반드시 버텨낼 것이라는 스스로의 신념을 천명했다. 그리고 공화국 스페인에게 무기판매를 거절한 영국과 프랑스와 미국의 태도를 '저주받아 마땅한 행위'라고 신랄하게 매도했다.

그는 의료장비를 구입하는 일을 모두 마치자, 세계 각지에서 나온 최신 수혈기술에 대한 문헌들을 모조리 입수해 들였다. 그리고는 호텔방에 틀어박혀서 그 문헌들을 탐독하기 시작했다. 그것은 2천 년 이상이나 사람들을 현혹시켜왔던 흥미진진한 이야기였다.

25

혈액에 대한 이야기는 도처에 널려 있었다. 대형 박물관에도, 곰팡내 나는 옛 서적들에도, 세계 곳곳의 무수한 병실 안에도, 도시의 모든 거리와 위험이 도사리고 있는 현대적 기계들 속에도, 문명의 병폐 속에도, 결국 인간을 최하등 해초와 다름없는 존재로 만들어버리는 그 잔혹한 죽음에 직면하여 필사적으로 대항하는 사람들의 모습 속에도 그 이야기는 어디에나 널려 있었다.

베쑨 역시 그 이야기들을 증가시키는 데 일조한 적이 있었다. 그것은 대형 수술실에서 도제살이를 하던 시절 우연히 이루어진 일이었다. 그러나 이젠 그는 전쟁터에서 스스로 도제살이를 하기로 작정한 상태였다.

고대로부터 인간은 그들의 역사를 피로 기록하기 이전에 이미 피의 역사를 써왔다. 그들은 외경심과 공포감 속에서 피의 신비들을 관찰했다.

그들은 그것에 마력을 부여했다. 문명이 좀더 높은 단계로 발전하게 되자, 그들은 미신적인 희망을 지니고 자기들보다 하등적인 동물들을 되돌아보기도 하였는데, 이것은 그들의 고장 난 신체기관을 네발 달린 짐승들의 피를 가지고 고칠지도 모른다는 꿈 때문이었다.

수천 년 동안 그들은 인체 속에서 밀려왔다 밀려갔다 하는 그 액체에 대해, 그 액체가 흘러다니는 통로들에 대해, 제대로 아는 것이 아무것도 없었다. 그들은 단지 가슴에서는 누구나 박동이 일어나며 손목에서는 누구나 맥박이 뛴다는 사실, 그리고 그 찐득찐득한 액체가 그 미지의 미궁으로부터 터져나오면 신체가 쇠퇴와 침묵상태로 소멸해 간다는 사실만을 알고 있을 뿐이었다.

석기시대를 통하여, 청동기시대를 통하여, 원시유목시대를 통하여 아시아의 초기 문명들을 통하여, 유럽의 초기 이동기를 통하여, 중세 암흑시대의 천 년 동안의 잉태기를 통하여, 피를 흘리면 죽는다는 이 명백해진 지식에는 아무런 새로운 일이 일어나지 않았다. 생명을 존중하는 마음이 없으면, 죽음을 막는 방벽을 건설하고자 하는 노력도 이루어지지 않기 마련이다. 신체의 외양을 철학과 사랑의 눈으로 본 소수의 그리스 귀족들조차도 개에 대한 해부를 인간에게 허용했었다. 그러나 그리스인들의 활달한 정신과 탐구 노력이 먼지로 뒤덮여지게 된 중세 유럽에서는, 생명이라는 것이 소수에게는 방탕한 것이었고 다수에게는 단지 짐일 뿐이었다. 당시의 대다수 사람들은 다른 소수의 사람들이 소유하고 있는 땅에 긴박되어 있는 농노요, 가재(家財)일 뿐이었다. 그리고 이들은 고상한 생각에만 몰두해 있는 소수의 사람들에게 경멸과 무시를 받으며 생활을 유지할 수밖에 없었다.

사람들은 하늘의 별도 쳐다보지 않았고, 미래도 생각하지 않았다. 그러다 마침내 사람들로 하여금 그들 자신의 테두리에서 벗어나 잊혀진 옛 기억들을 되살리도록 만들어준 것이 바로 필요라는 동기였다. 그리하여 사람들은 세계의 나머지 지역으로 눈을 돌리면서, 동양의 부를 찾아 바다를 항해하고, 지구가 편평한 것이 아니라 둥글다는 사실을 발견하고, 무역을 확대하고, 동양으로 이르는 지름길을 찾아나서고, 아메리카 대륙을 발견하게 되었다.

1492년 콜럼버스가 대양에 의해 감추어져 있던 비밀들을 찾아내고 있는 동안, 로마의 한 의사는 생명의 흐름 속에 감추어져 있던 비밀들을 탐구하고 있었다. 콜럼버스의 선원들이 육지를 바라보고 있는 동안, 이 의사는 소년의 정맥으로부터 늙은 교황 이노센트 8세의 정맥으로 수혈을 시도하고 있었다. 역사는 이 두 사람 가운데 콜럼버스 쪽을 성공한 사람으로 기록해 왔다. 그가 동양은 놓치고 말았지만 아메리카 대륙을 찾아낸 반면, 그 의사는 소년들과 교황 모두를 죽이고 말았기 때문이었다. 그러나 아메리카의 발견과 이 최초의 수혈 시도로부터 인간 노력의 많은 흐름들이 합류되어, 이것이 언젠가는 스페인의 전장터에서 움직이는 닥터 노먼 베쑨에게 인류의 유산으로 전해질 것이었다.

이 유산의 확립을 위해서는 많은 탐구자들이 먼저 편견과 형벌의 공포를 이겨내지 않으면 안 되었다. 인체의 해부는 금지되어 있었다. 따라서 인체의 구조를 밝히려면 인체를 해부해야 한다고 믿는 사람들이 그것을 비밀리에 행하지 않으면 안 되었다. 그리고 이들은 그 과정에서 종종 투옥이나 추방을 당해야만 했다. 1613년 윌리엄 하비(William Harvey)라는 사람이 혈액이 몸속에서 돌고 있다는 사실을 발견하게 되었다. 이에 따라 의학의 역사가 바뀌기 시작했다. 이제야 그 익명의 로마 의사의 꿈이 실현될 수 있었다. 그리고 그 꿈의 실현을 위해 많은 사람들이 끈질긴 노력과 탐구와 실험을 계속했다. 이리하여 생명에 대한 존중심은 그 생을 소생시킬 가능성까지 갖추기 시작했다.

하비의 발견이 있은 지 약 50년 후에 또다시 영국에서 리처드 로워(Richard Lower)라는 사람이 두 마리의 개를 가지고 경동맥(cervical artery)에서 경정맥(juglar vein)으로 속에 구멍이 난 깃을 이용하여 수혈을 시도했다. 이와 같은 때에 파리에서는 장 밥티스트 데니스(Jean Baptiste Denis)라는 사람이 빈혈증과 어떤 미지의 열병으로 신음하는 15세 소년에게 새끼양의 피를 수혈했다. 이 소년이 회복을 보이자, 프랑스 의료계에서는 커다란 감명을 받았다. 데니스는 계속해서 다른 많은 질병들에 대해서도 수혈을 시도했다. 그러나 이전의 성공 자체가 결국 그를 파멸시키게 되었다. 일부 환자들이 수혈 후 쇼크 상태에 빠진다는 사실에 주목하게 된 그는 수혈로 어느 정신질환자의 치료를 시도했던 것이다. 부적합한 혈액의 수혈로 인해 발생하는 쇼크는 인슐린 주사나 전기 충전으로 인한 쇼크와는 명백히 다른 것임에도 불구하고, 데니스는 어떤 정신질환을 수혈로 치료하기를 고대했던 것이다. 물론 그는 자신의 능력 이상으로 열심히 일하고 있었지만, 그러나 그는 무지라는 어둠 속에서 일하고 있었다. 몇 명의 환자들이 죽어나가자, 편견과 두려움과 보수주의가 정의의 분노로 둔갑하여 대두하게 되었다. 결국 프랑스에서는 모든 수혈행위가 금지되었다. 그리고 그 금지 조치는 곧 유럽의 대다수 국가들로 확산되어나갔다.

그후 거의 2백 년 동안, 의학은 혈액의 신비에 대해 외면하게 되었다. 그것은 잘 모르니까 내버려두겠다는 사고방식이었다. 이제 수혈은 돌팔이 의사들이나 쓰는 엉터리 치료법으로 전락하였다. 또한 수혈이 그 본래적 기능을 떠나 만병통치법으로 악용되었다. 존경스러운 의사양반들이 여드름에서 흑사병에 이르기까지 모든 환자에 대해 혈액을 가지고 종종 장난을 치곤 했는데, 파렴치한 사기꾼들이 그들을 계속 흉내내고 있었던 것이다. 이 검은 마술의 난행은 혈액 속에서 가정의 평화를 유지시키는 비밀을 발견했다고 어느 독일 의사가 언명함으로써 그 어리석음의 절정에까지 도달하게 되었다.

남편과 아내 사이에 문제가 있을 때 아내의 피를 남편에게 수혈하거나 남편의 피를 아내에게 수혈하면 그것으로 즉시 모든 불화가 종식될 것이라고 그는 선언했던 것이다.

그러나 프랑스혁명은 생명의 존엄성을 새롭게 강조함으로써, 과학자들이 반진보주의자들에게 반격을 취할 수 있는 기회를 제공해 주었다. 1792년, 바리케이드 위에서 행해진 자유와 평등과 우애의 천명은 역사의 진로를 변화시켰다. 썩어문드러진 봉건주의는 이제 도전을 받았다. 유럽 대륙에서도 인권에 대해 대담하게 설파하는 토머스 페인의 이야기를 경청하고 있었다.

중세 정신의 그늘 속에서 서서히 싹트기 시작한 근대 산업사회는 봉건주의의 여러 속박들을 과감히 끊어버렸다. 새로운 시대가 혼란과 유혈을 거쳐 그러면서도 무한한 미래를 약속하며 우여곡절 끝에 나타나게 되었다. 그 결과 과학자들은 자본가들의 세계정복에 마음대로 협조하게 되었다. 그리고 예전의 농노들이 이제는 새로운 공장으로 몰려들어 노동자가 되었다. 그리하여 자유와 평등과 우애라는 그 빛나는 슬로건들이 자본가들의 잔인한 착취로 또다시 더럽혀졌다. 그러나 과학은 이 해방을 맞이하여 모든 신비로운 것들에 대해 도전을 감행했다. 그리고 새로운 세대의 사상가들이 나타나 다시 시작된 이 모든 착취에 대해 비난하고 나섰다.

프랑스혁명이 19세기의 앞길을 밝힌 지 30년이 지난 후, 제임스 블런델(James Blundell)이라는 영국의 의사는 그렇게도 오랫동안 구석에 처박혀 있던 혈액의 문제로 되돌아왔다. 그는 환자들에 대한 연민 그리고 불가지를 거부하는 탐구정신에 의해 인도되었다. 수년 동안 그는 임산부들이 출산시에 출혈로 사망해 가는 것을 가슴 아프게 보아왔다. 그는 생명을 탄생시키는 행위가 그렇게도 많은 산모들을 파멸시키고 있는 운명에 적극 도전하기로 마음먹었다. 만약 산모가 죽는 이유가 과다한 출혈 때문이라면 그것을 보충해 주면 될 것이 아닌가? 하비가 이미 발견한 그 동맥 시스템을 이용하여 해산시에 쏟아내는 양만큼의 혈액 손실을 보충해 주면 될 것이 아닌가? 그는 이런 추리를 하면서 그 문제를 파고들었다. 이리하여 마침내 주사기가 창안되어 나왔다. 그는 건강한 사람의 피를 뽑아 그것을 출혈이 심한 산모에게 수혈해 보았다. 다른 의사들과 마찬가지로 그는 혈액 자체에 대해서는 아무것도 모르고 있었다. 그러나 그의 주사기는 효과를 발휘했다. 산모 가운데 일부는 알 수 없는 이유로 사망했지만, 그 가운데 또 일부는 목숨을 구했다. 그리고 이렇게 되살아난 산모들 덕분에, 그 심각한 의학분야 자체가 말하자면 수혈을 받게 된 셈이었다.

블런델이 멈춰선 곳에서 다른 의사들이 또다시 탐구를 계속했다. 그들은 자신들이 도저히 이해할 수 없는 이유들 때문에 수혈이 실패로 끝나는 것을 계속 지켜보아야 했다. 그럼에도 수혈 덕분으로 무수한 사람들이 구해졌다. 그러자 이제 혈액 자체 속에서 해답을 찾고자 하는 사람들이 무대에 등장하게 되었다. 왜 수혈이 어떤 사람은 구하고 어떤 사람은 죽이는가? 어떻게 해야 수혈시에 일어나는 혈액 응고를 방지할 수 있을까? 프랑스인 랑두아(Landois)는 연구와 실험을 계속하던 중, 마침내 놀라운 사실을 발견하게 되었다. 그것은 이 사람의 혈류 속에 있는 그 무엇인가가 저 사람의 혈류 속에 있는 그 무엇인가와 응고된다는 것이었다. 그것이 과연 무엇일까?

그는 이렇게 방향은 제대로 잡고 있었지만, 완전한 진실은 알아내지 못했다. 이때 또 한 사람의 영국인인 브랙스턴 힉스(Braxton Hicks)라는 의사가 연구를 계속하던 중 마침내 혈액 속에 인산나트륨을 첨가함으로써 그 보존책을 한발 더 발전시키게 되었다. 이것은 커다란 진척이었다. 그러나 그것으로는 아직도 충분하지 못했다.

이러한 가운데 또다시 암흑시기가 나타났다. 의사들이 아직도 혈액의 신비들을 제대로 밝혀내지 못했음에도 불구하고 수혈행위가 일대 유행으로 확산되었던 것이었다. 종기와 결핵 그리고 그 중간에 있는 모든 질병에 대해서도 수혈이 행해졌다. 그러나 결과는 보통 그 질병의 악화로 끝이 났다. 의사들은 자기들을 절망에서 끄집어내주다가도 결국은 또 좌절감만 배가시키고 마는 그 생명의 물질을 대신할 다른 대체물을 모색하게 되었다. 그들은 혈액 대신 식염수에 눈을 돌렸다. 그것은 신체 스스로가 혈액을 보충할 때까지 그 신체를 부축해 주는 훌륭한 대체물이었다. 이제 합병증에 대한 염려는 사라지게 되었다. 출혈로 인한 사망은 크게 줄어들었고, 수술 후의 쇼크도 완화되었다. 그후 50년 동안 수혈은 극히 드물게만 실시되었다. 그리고 식염수의 투입이 거의 전적으로 그것을 대신하게 되었다.

그러나 의사들의 탐구는 이것으로 끝난 것이 아니었다. 과학과 기술의 발전 그리고 인간 생명에 대한 애착은 그 정지를 거부했다.

1902년에 세균학자인 닥터 칼 란트슈타이너(Karl Landsteiner)는 자신의 실험실에서 첫번째 해답을 얻게 되었다. 그는 인간의 혈액에 대해 끈질긴 관찰을 계속하던 중이었다. 그는 대양과 마찬가지로 피에도 그 식물군(flora)과 동물군(fauna)이 있다는 사실을 발견하였다. 이것은 사실상 인간의 정맥을 흐르는 영구적인 본류로부터 세 개의 지류가 갈라지게 되는데, 그 각각의 지류에는 그 자체의 특별한 식물군과 동물군이 있다는 이야기나 마찬가지였다. 란트슈타이너는 그 혈액들을 각기 다른 시험관에 분리시킨 다음, 다시 그것들을 합쳐보았다. 그러자 그는 놀란 눈초리로 그 하나가 어떻게 다른 것을 공격하여 이상한 소동을 일으키는지를 보게 되었다. 그것은 마치 대양의 모든 생명체들이 갑자기 무시무시한 전투에 뛰어든 것 같은 느낌이었다.

그의 발견은 랑두아의 실패에 성공의 왕관을 씌워주었다. 그는 혈액 속에는 어떤 단백질 물질들이 있는데, 그 물질들의 존재방식에 따라 혈액이 세 가지로 분류된다는 사실을 보여주었다. 그는 그 단백질을 공동응집소라고 명명하면서, 서로 적대적인 공동응집소들이 두 가지 있다고 선언했다. 자신의 혈액이 그 단백질들 가운데 하나를 가진 사람들이 A형이며, 또 다른 경우가 B형이었다. 그리고 자신의 혈액에 두 가지 단백질 모두를 가진 사람이 AB형이었다. 한 유형의 세포들은 다른 두 가지의 세포들을 파괴했다. 따라서 서로 다른 유형의 혈액들이 섞인다는 것은 재앙과 죽음을 의미했다. 오로지 같은 유형의 혈액을 가진 사람들끼리 수혈을 하여야, 수혈이 성공적일 수 있었다. 이로써 3세기 동안의 무수한 실패가 조리 있게 해명되었다. 그 결과 막대한 인명 손실을 방지할 튼튼한 기초가 마련되었다.

이탈리아의 데카스텔로(Descastello)와 스투를리(Sturli)가 란트슈타이너의 연구에 뒤이어 란트슈타이너가 말하는 단백질들이 전혀 없는 네번째 지류를 발견했다고 발표했을 때, 혈액의 상호 침투 불가능성 주장은 완전히 패퇴되었다. 네번째 유형인 O형 또는 보편형이라고 하는 것은 모든 혈액형의 사람들에게 안전하게 수혈될 수 있었다.

이후 그 누구도 수혈 도중 혈액 응고로 사망할 필요가 없게 되었다. 그러나 승리는 아직도 완전한 것이 못 되었다. 본류가 여전히 심술을 부리고 있었기 때문이었다. 그 본류는 세대에서 세대로, 네안데르탈인으로부터 창공을 무서운 속도로 질주하는 현대의 비행기 조종사에 이르기까지, 개개인의 신체에서는 결국 소멸되고 말지만 인류의 존속을 통해 불멸의 상태로 스스로를 갱신하면서 인간의 정맥을 계속 흐르고 있었다. 그러나 일단 공기와 빛에 노출되면, 그것은 더 이상 흐르는 강이 아니었다. 그 경우 혈액은 마치 원류에서 끊겨 나온 물줄기나 다름없게 되었다. 그리고 그것은 농화되면서 진창물처럼 못 쓰게 되었다.

이제 수혈에 따르는 위험들은 거의 사라졌지만, 아직도 수혈 행위 자체 속에서 혈액이 종종 엉겨 혈관이 막히면서 환자가 사망했다. 그래서 다시 연구가 재개되었는데, 마침내 또 하나의 해답을 발견하게 되었다. 이번엔 아메리카에서였다.

1905년 최초로 본류가 신체의 동맥체계 밖에서도 계속 흐를 수 있게 되었다. 뉴욕의 닥터 리처드 루이슨(Richard Lewisohn)과 부에노스아이레스의 아고테(L. Agote) 교수는 각기 별로로 연구를 계속하던 중, 시험관에 든 혈액에 구연산나트륨을 첨가해 보았다. 그들은 구연산나트륨이 본류에서 떠난 혈액의 액체

상태를 연장시켜준다고 발표하게 되었다.

루이슨과 아고테의 발표가 있자, 외과의사들은 그 뒤를 이어 수혈기구와 수혈방법들을 더욱 발전시켜나갔다. 그로부터 10년 후 러시아인들이 또 그 뒤를 이어 자기들의 전통적인 방법에 창의력을 추가시켜 뛰어난 수혈방법을 고안해내게 되었다. 그것은 구연산염화된 혈액을 냉장고 속에 보관하면 6주 동안을 사용할 수 있다는 발견이었다.

1936년경에 이르면 러시아인들은 세계에서 가장 선진적인 혈액은행체제를 수립해 놓고 있었다. 1936년이면, 제2차 세계대전의 첫 총성이 이미 만주에서 시작되었고, 이디오피아는 파시즘에 의해 삼켜졌고, 스페인은 침입자의 포탄 아래 피를 흘리고 있었던 시기였다.

혈액의 본류를 끝까지 추적하는 사람들에게, 생명을 구하기 위해 그 연구 결과를 이용하는 사람들에게, 저 전화의 스페인에서처럼 포탄하에서 외마디 비명을 지르는 사람들에게, 또다시 시험의 시기가 도래했다.

그렇게도 오랜 세월 동안 그렇게도 많은 땅덩어리들에서 그렇게 많은 사람들의 절망과 희망 위에 세워져온 길고도 고통스러운 이 우여곡절의 이야기는 또 어떻게 이어질 것인가? 이 이야기는 생명에 대한 존중심으로 가득 찬 사람들을 통해 계속 이어질 것이다. 이 이야기는 스페인으로 그 장소를 바꾸어 바르셀로나의 닥터 두란 호르다에게로, 그리고 또 그레이븐허스트와 런던, 빈, 베를린, 디트로이트, 새러넉 호수, 몬트리올 그리고 마드리드의 닥터 노먼 베쑨에게로 이어질 것이었다.

닥터 호르다는 바르셀로나에서 러시아인들의 최신 발견성과와 자기 나름의 방법을 이용하여 혈액은행을 하나 설립해 놓고 있었다. 그는 거기서 혈액을 병에 모아두었다가 수혈을 하는, 고도로 기술적인 시스템을 발전시켰다. 닥터 호르다의 혈액은행 진료소는 카탈로니아(Catalonia)에서 전투가 진행되는 동안 새로운 영광을 얻을 것이었다(닥터 호르다는 후에 스페인공화국의 수혈기관을 관장하게 되었다).

그러나 당시 전투가 격렬하였던 마드리드에는 이동 가능한 혈액은행이 전혀 없었다.

베쑨이 이 기나긴 혈액 이야기에 끼어든 것이 바로 이 지점에서였다. 아마 상황이, 의사이자 시인이요, 연구자이자 군인이요, 수술자이자 화가요, 과학자이자 몽상가인 이 사나이를, 그리고 그 무엇보다도 인간에 대한 크나큰 애정과 생명의 교란자들에 대한 무서운 증오와 새로운 미래에 대한 확고한 신념으로 가득 차 있는 이 사나이를 요구하였는지도 몰랐다. 그리하여 언젠가는 노먼 베쑨이라는 사나이가 혈액을 탐구하던 사람들이 중지한 바로 이 지점에서 그 탐구를 계속하게 되었노라고 기록될 것이었다. 익명의 의사, 랑두아, 데니스, 블런델, 란트슈타이너, 이들의 길을 노먼 베쑨도 이어갈 것이었다.

런던의 호텔방에서 그 탐구자들이 온 마음과 온 삶을 바친 이야기들을 읽어가면서, 그는 그런 생각을 할 겨를이 전혀 없었다. 그는 컨테이너, 냉장고, 바늘, 주사기, 방부제, 스테이션왜건, 의료요원 등과 같은 실제적인 문제와 씨름하느라 그럴 겨를이 없었던 것이다.

다른 사람들이 또 그의 뒤를 따를 것이었다. 혈액은 곧 혈청(serum)과 혈장(plasma)으로 나누어지면서, 그 이상의 비밀들을 드러내놓을 것이었다. 그러나 끝없이 계속되는 이 혈액 이야기 속에서 그는 스페인과 세계를 삼키고 있는 공포로부터 사람들의 생명을 구해내기 위해 자신의 생명까지 바친 사람으로서 길이 기억될 것이었다.

26

12월 6일 아침 6시 베쑨은 스테이션왜건 한 대에다가 장비와 물품들을 싣고 마드리드로 돌아왔다. 그의 일행은 세 사람이었다. 소렌센에다가 최근 해젠 사이스가 합세하였기 때문이었다. 해젠 사이스는 베쑨이 런던에서 우연히 만난 젊은이였는데, 자기도 베쑨의 일에 봉사하겠다고 나선 캐나다인이었다.

마드리드에 도착하자 간단한 축하잔치가 벌어졌다. 파시스트들은 지금 막강한 화력을 동원하여 남부로부터 마드리드로 북진하다가 도중에 저지된 상태였다. 이 도시는 우연히 힘자랑을 해보았다가 자신의 예기치 못했던 힘에 스스로 놀라는 그런 기색이었다. 이제 군사령부는 다급히 방위를 호소하던 단계에서 이 도시의 방위 능력을 조용히 확신하는 자세로 넘어가 있었다. 프랑코의 장교들이 마드리드에서 점심을 먹으려면 아직도 오랜 시간이 걸릴 터였다.

소코로로호 사람들이 한가하게 지냈던 것은 아니었다. 전쟁의 역사에 있어서 또 하나의 이정표가 될 새로운 사업계획을 마련하기 위해 이 스페인 당국자들은 그 수혈부대를 위한 특별 숙소를 마련해 놓았다. 그래서 며칠이 지나지 않아 베쑨과 소렌센과 사이스는 전에 독일 대사관의 법률 고문이 차지하고 있었던, 방이 열한 개나 되는 대궐 같은 아파트로 거처를 옮기게 되었다. 그 아파트는 프린시페데베르가라(Principe de Vergara) 거리에 위치하고 있었는데, 이 거리는 마드리드에서 가장 부유한 사람들이 사는 주택지구들 가운데 하나로서 가로수가 잘 정비되어 있었다. 소코로로호의 한 관리가 묘한 표정으로 얼굴을 찌푸리면서 이렇게 말했다.

"여기 계시면 폭격 걱정은 안해도 될 겁니다. 프랑코가 부자들의 재산을 건드리는 일은 없을 테니까요."

방 세 개는 이 캐나다인들의 개인 숙소로 사용될 터이고, 나머지 방들은 실험실과 혈액을 보관하기 위한 냉장실 그리고 접수실과 채혈실로 이용될 계획이었다. 그리고 두 명의 젊은 스페인 의사들이 베쑨의 조수로 할당되었고, 여기에 또 두 명의 실험실 기술자, 세 명의 간호사, 한 명의 요리사 겸 가정부, 한 명의 직원과 한 명의 경비원이 배당되었다.

흥분 속에서 실험실이 준비되고, 두 개의 냉장부대가 조직되었으며 수혈장비가 안으로 들여졌다. 이들의 수혈부대는 4백 마일 전선을 따라 활동할 것이었다. 그리고 베쑨과 두 명의 스페인 의사가 각기 전선을 나누어 책임을 맡을 터였다. 이 부대의 사령관은 베쑨이었다. 그는 공화국의 육군 대령 계급장을 달고 이 계획 전체를 직접 책임지기로 했다. 소렌센은 연락장교가 되었고, 사이스는 수송을 책임질 터였다. 그리고 일단 이 부대의 활동이 시작되면 그 순간부터 수혈활동이 멈추지 않고 계속될 계획이었다. 부대의 일부가 늘 출동태세를 갖추고 있다가 전투가 진행중이라는 소식을 군사 본부로부터 받기만 하면 밤낮을 가리지 않고 그 즉시로 어느 전선이든지 간에 쫓아갈 것이었기 때문이었다. 프린시페데베르가라에서의 준비작업이 일단 모두 끝나자, 소규모 냉장부대들이 유사시의 혈액보관을 위하여 세 부문에 있는 후방병원들과 야전병원들로 파견되었다. 이제 준비는 모두 끝이 났다. 전선의 상황을 마지막으로 점검하고 돌아온 베쑨은 부대원들과 소코로로호 사람들을 불러 회의를 열었다.

그는 이렇게 보고했다.

"우리의 영광스러운 우유배달체제는 이제 그 마지막 부분까지 갖추어졌습니다. 우리는 이제 '배달'을 시작할 태세가 완전히 되어 있습니다. 다만 한 가지 빠진 것이 남아 있습니다. 그것은 바로 그 '우유'입니다. 우유가 없다면 우리의 이 모든 준비가 다 무용지물에 불과합니다."

그는 소코로로호의 대표에게 고개를 돌리며 답변을 요구하는 눈길을 던졌다. 그 스페인 사람은 자신만만한 표정으로 고개를 끄떡였다.

"헌혈문제에 대해서는 조금도 걱정 마시기 바랍니다. 충분히 확보되리라고 장담합니다."

베쑨이 다시 이렇게 말했다.

"우리 부대가 활동을 계속하는 동안 헌혈문제도 여전히 계속될 것입니다. 모든 긴급 사태에 대비할 수 있도록 충분한 혈액을 확보해 두어야 합니다. 그러기 위해서는 헌혈자들이 날마다 나타나야 할 텐데……"

그 스페인 사람은 왜 그 문제를 걱정해야 하는지 도무지 이해가 가지 않는다는 듯이 좀 안쓰럽다는 표정을 지었다. 그는 이렇게 딱 잘라 말했다.

"여러분들은 충분한 헌혈을 받게 될 것입니다."

연 3일 동안 신문과 라디오를 통해 마드리드 시민들에게 헌혈을 호소하는 방송이 계속되었다. 전선에서 싸우고 있는 형제들을 위해 헌혈운동에 동참해 달라는 호소였다. 방송이 시작된 지 마지막 3일째가 되는 날 밤, 베쑨은 라디오 소리에 귀를 기울이며 앉아 있었다. 그러다 그는 의자에서 일어나 장비로 번쩍거리는 실험실과 빈 병들이 잔뜩 늘어선 냉장실과, 헌혈자용 침대가 세 대 놓여진 채혈실을 이러저리 서성거리기 시작했다. 모든 것이 다 질서정연했다. 그러나 그는 과연 내일 어떻게 될까 하는 조바심 때문에 바늘방석에 앉아 있는 기분이었다. 아침이 찾아왔는데 그저 몇몇 부랑자들만이 나타났다고 생각해 보라. 장비를 구입하고 거창한 계획을 세우고 명칭을 만들어

달고 하는 일들은 어려울 것이 없었다. 그러나 정작 혈액이 없으면, 그 모두가 무용지물이었다. 그리고 그 혈액은 파리와 런던에서도 구입할 수 없는 것이었다.

이 마드리드의 거리에 굶주리지 않고 있는 집들이 과연 몇이나 될까? 가족들 가운데 사상자가 없는 집들이 과연 몇이나 될까? 전선에 자기 가족을 보내지 않고 있는 집들이 과연 몇이나 될까? 마드리드의 남녀들은 그들 자신의 몸뚱이로써 그들의 도시를 막아냈던 사람들이었다. 그들에게 또 무엇을 더 요구한단 말인가? 방위시설 공사장에서 일하면서 근근이 살아가는 아낙네들, 하루종일 일을 하다가 밤에도 '한쪽 눈만 뜨고' 잠을 자야 하는 남자들, 이들이 만약 굶주림 속에서 피를 흘리지 않았다면, 이 도시는 지금 어떻게 되었을까? 그는 불현듯 자신이 이 사업을 계획하면서 중대한 요소, 즉 인간적 요소를 간과했을지도 모른다는 생각에 소스라쳤다. 그리고 이 혈액문제는 환자를 수술대에 눕히고 메스를 들었을 때 종종 예기치 않게 발생하여 종종 모든 외과의사들을 당혹스럽게 만드는 것이었다. 그는 창가에 서서 어두워진 거리를 내려다보며, 이곳에서도 얼마나 많은 예기치 못한 일들이 일어나고 있는가를 생각해 보았다. 오늘밤 공습이 있으면 마드리드 시민 전체가 내일 아침이 되어도 잠을 못 이룬 탓에 정신이 멍해 있을 것이었다. 오랫동안 계속 잠을 못 자다 보면 사람들의 두뇌가 스펀지처럼 물렁물렁해지는 것이 아닌가?

그는 심한 불안감 속에서 사이스를 흔들어 깨웠다.

그리곤 이렇게 말했다.

"내일 일이 정말 궁금해 죽겠군. 자네는 사람들이 내일 나타나리라고 생각하나? 계획이야 아주 훌륭하지만, 만일 헌혈자들이 나타나지 않으면……."

사이스는 어둠 속에서 아직도 하품을 해대며 이렇게 대답했다.

"그 소코로로호 사람 기색을 살피니, 걱정하지 않아도 될 것 같던데요."

베쑨은 방 안을 이리저리 서성이면서 이렇게 말했다.

"맞아…… 그러나…… 그래…… 그 사람 말이 틀림없겠지. 그럼, 잘 자게. 내일 아침을 위해서 잠을 푹 자두게. 내일 아침이면 가부간 알게 되겠지."

그러면서도 그 자신은 거의 잠을 이루지 못했다. 그런데 몇 시나 되었을까, 누군가가 자기를 찾는 소리가 들려왔다.

"닥터 베쑨…… 사령관님……."

그것은 스페인 의사 중의 한 사람인 닥터 로페스(Lopéz : 가명)였다. 그는 베쑨을 서재 밖 테라스 쪽으로 인도하더니 건물 아래쪽을 조용히 가리켰다.

바깥을 내다보니, 2천 명도 더 되어 보이는 사람들이 거리를 꽉 메우고 있었다. 그리고 그 수는 시간이 갈수록 점점 더 불어나는 것이었다. 그들은 이쪽 보도에서 저쪽 보도까지 서로 밀착해서 서 있었는데, 그들의 눈길은 모두 베쑨이 있는 건물을 향하고 있었다. 남자들뿐만 아니라 여자들도 있었고, 젊은이들

뿐만 아니라 노인네들도 있었다. 그리고 마른 사람들과 살찐 사람들, 민간인들과 군인들, 허름한 차림의 노동자들과 잘 차려입은 가정주부들 등 모두가 다 나와 있었다. 그들은 조용히 웃음소리 하나 없이 끈기 있는 태도로 건물 문이 열려지기만을 기다리고 있었다.

의사 두 사람의 모습이 발코니에 나타나자, 거리에서 기다리던 사람들이 기대감에 부풀어 서로들 팔꿈치로 옆구리를 찔러 댔다. 베쑨은 잠시 자기들을 올려다보는 그들의 얼굴들을 응시하다가 다시 안으로 들어왔다. 그의 얼굴은 완전히 얼이 빠진 표정이었다. 그러나 그는 즉시 명령을 내렸다. 문이 열렸다. 그러자 헌혈자들이 우르르 몰려들었다.

오전 내내 그리고 오후까지도 그들은 인적 사항을 기재하고 말라리아검사와 매독검사를 하고 혈구수를 체크하고 혈액병들을 채우면서 계속 일을 했으나, 헌혈자들의 줄은 아직도 끊이지 않고 계속 이어지고 있었다. 그리고 바깥이 너무나도 번잡스러웠으므로 그 정리를 위해 의용군 분견대까지 차출해 와야 했다. 또한 소코로로호로부터 추가 인원들이 파견되어 사무일을 거들었다. 이리하여 마침내 빈 병이 바닥나게 되었고 부엌용 냉장고까지 임시변통으로 동원되었다.

결국 닥터 로페스가 발코니에 나가 오늘은 헌혈을 그만 받고 내일 다시 계속하겠다고 거리에서 기다리는 사람들에게 큰소리로 외치지 않을 수 없었다. 그러나 수시간씩이나 기다리고 있었던 남녀들이 실망감을 감추지 못하고 항의의 소리를 외쳐댔다.

"내일이라구요?"

"도대체 이유가 무엇입니까?"

그 소란스러운 군중들에게 로페스는 혈액을 담을 용기가 완전히 바닥이 났을 뿐만 아니라 그 용기를 보관할 장소도 이젠 다 꽉 찼다고 열심히 설명을 했으나, 군중들의 항의는 계속되었다.

"동지……, 제발 지금 헌혈하게 해주시오."

"당신들은 지금 우리의 피를 채혈해야 한다. 왜냐하면 우리의 용사들이 지금도 그것을 목마르게 기다리고 있을 것이기 때문이다"라는 뜻이었다. 로페스는 고개를 돌렸다. 그리고 피로운 표정으로 베쑨을 쳐다보았다. 그리고 이렇게 물었다.

"어쩌죠? 사람들이 그대로 물러날 기세가 아닌데……."

베쑨이 발코니 난간으로 나와 밑에서 외쳐대는 군중들의 모습을 내려다보았다. 그리곤 그 스페인 의사 쪽으로 다시 몸을 돌리더니 자랑스러운 말투로 이렇게 말했다.

"저렇게 저들이 떠날 기색이 아니라면, 문은 그대로 열어둡시다. 저들 모두를 받아들이면 될 것 아니겠습니까? 우선 사무원들에게 저들의 이름과 주소를 적도록 하고 오늘은 가능한 데까지 혈액검사만 합시다. 그리고 며칠 내에 우리가 부르겠다고 하면 되지 않겠습니까?"

그로부터 10일 후인 12월 23일, 스페인·캐나다 이동수혈대는 그 혈액을 가지고 대학도시에서 첫번째 수혈을 실시했던 것이다.

다음날 베쑨은 토론토에 있는 스페인위원회 앞으로 다음과 같은 전문을 보냈다.

헌혈소는 문을 열었음. 마드리드 시민들의 호응이 대단히 열렬함. 지난밤에 행한 첫번째 수혈활동은 커다란 성공을 거두었음. 모두의 인사를 여러분께 전함.

27

전쟁은 마치 홍수와도 같았다. 이쪽을 막으면 저쪽이 다시 뚫리는 것이었다.

11월, 그 홍수는 수도 마드리드를 세차게 강타했다. 그리고 새해로 들어서자, 그것은 다시 남부에서 소용돌이치고 있었다.

프랑코는 마드리드 공략에 총력을 기울였다. 그러나 그것은 실패로 끝이났다. 이제 이 교착상태는 로열리스트들에게 그들의 방위를 강화시킬 시간을 벌어줄 것이고, 파시스트들에게는 심리적 패배감을 안겨줄 것이었다. 공화국 스페인을 포위하여 그것을 세계의 다른 지역들로부터 단절시킴으로써 로마와 베를린을 안심시키는 것, 부르고스에서는 현재 이것을 일차적 과제로 간주하고 있었다.

1월 말, 마드리드 공략이 실패로 끝난 후 남부로 배치된 독일인, 이탈리아인, 무어인들의 군대가 합동작전으로 북쪽을 향해 대대적인 공격을 감행하기 시작했다. 그들의 전략적 목표는 해안지방을 점령함으로써 로열리스트들의 측면을 위협하겠다는 것이었다. 그리고 그 길목에 위치한 것이 말라가(Malaga), 모트릴(Motril), 알메리아(Almeria) 등의 강렬한 햇볕이 내리쬐는 해안도시들이었고, 장비가 변변치 못한 공화국의 군대들이 그곳을 지키고 있었다. 만약 적군의 진격이 성공할 경우, 그들은 해안을 따라 카르타헤나(Cartagena), 무르시아(Murcia), 발렌시아(Valencia), 그리고 아마 카탈로니아(Catalonia)까지 휩쓸어 버릴 것이었다. 이것은 프랑코에게는 의기양양한 승리가 될 것이며, 공화국측에는 재앙이 될 것이었다.

프린시페데베르가라에 위치한 헌혈소에서 채혈한 혈액을 계속 전선으로 보급해 주면서, 베쑨은 정부의 발표를 예의주시했다. 그리고 간간이 스페인 지도를 유심히 살펴보았다. 전쟁이 새로운 국면으로 들어서고 있음이 분명했다. 따라서 헌혈소의 일도 새로운 대처방안을 모색하지 않으면 안 되었다. 지난 11월과 12월, 프랑코는 마드리드를 전쟁의 중심지로 만들었다. 그러나 공화국측의 철통 같은 방위가 바퀴의 살들처럼 프랑코의 공세를 마드리드 밖으로 쫓아내 버렸다. 이 바퀴의 살들 가운데 하나가 헌혈소였다. 이제 1천 킬로미터에 달하는 전선에서 효과적으로 활동하고 있는 수혈체계를 갖추게 된 그들은 남부에서 새롭게 시작되고 있는 파시스트들의 공격에 대처하기 위해 활동을 확대해 나갈 계획을 입안하지 않으면 안 되었다. 이 전쟁은 철혈의 전쟁이었다. 그리고 혈액은 전투가 벌어지는 곳으로 보급되지 않으면 안 되었다.

1월 말, 그는 소코로로호와 그의 동료들에게 자신의 계획을 디밀었다.

앞으로의 중대 과제는 최근 파시스트들의 직접 공격을 받게 된 지역과 전선으로까지 활동을 확대해 나가는 것이라고 그는 그 자리에서 주장했다. 그의 제안은 즉각적인 호응을 얻었다. 2월 4일 베쑨은 사이스를 데리고 말라가로 출발했다. 그리고 헌혈소의 일은 닥터 로페스와 소렌센에게 책임을 맡겼다. 그들은 특수 냉장고와 혈액병과 수혈장비를 설치한 트럭을 타고 여행을 시작했다. 남부의 전황에 대해 그들이 들은 마지막 소식은 말라가에서 막 돌아온 영국인 특파원으로부터였다. 그는 이렇게 말했다.

"아마 당신들 자신을 위해 일을 포기하는 편이 현명할 겁니다. 며칠 전에 내가 떠날 때, 말라가 지역은 스페인 전역에서 가장 뜨거운 곳이었으니까요. 이것은 물론 날씨 이야기가 아닙니다."

그들이 고속도로를 따라 해안지역으로 차를 몰고 있을 때, 베쑨은 자기들이 해야 할 일들을 이렇게 설명했다.

"발렌시아에서부터 시작하기로 하세. 그곳에서 해안을 따라 내려가면서 모든 병원들에 대해 예비조사를 하는 걸세. 혈액 수요를 파악하고 보급 방법에 대한 계획을 세워서 현지 병원들에서 담당할 수 있는 부상병 집합소의 수를 정해야 하네. 결국 더 많은 운전사와 더 많은 의사와 더 많은 기술자들이 필요할 걸세. 또 각 지역별로 헌혈자들을 확보해야 돼."

그것은 그의 부대가 마드리드 주변의 전선으로부터 지브롤터에서 수 마일 떨어진 모든 남부전선에 대해서까지 그 활동을 확대해 나가야 한다는 의미였다. 2월 6일 그들이 발렌시아에 도착했을 때, 소코로로호 본부에서 날아온 소식은 그들을 우울하게 만드는 것이었다. 그곳의 한 관리의 말에 의하면, 남부의 전황이 매우 '유동적'이라는 것이었다. 그것은 해안 아래로 내려가는 여행이 이제는 너무 위험하게 되었다는 견해였다. 전투가 어떻게 진행될지 모르기 때문에, 발렌시아에 보조적인 혈액은행을 하나 더 설립하는 편이 더 '신중한 자세'일 것이라는 이야기였다. 베쑨은 그 편이 보다 더 '신중'할지도 모른다는 견해에는 자신도 동의하고 있었다. 그러나 그들은 그럼에도 불구하고 다음날 아침 다시 길을 떠났다. 이때 토머스 워슬리(Thomas Worsley)라는 젊은 영국인이 그의 일행에 합세했다. 그리고 그는 후에 교체 운전사로 활동하게 된다.

3일 동안 그들은 전황이 불리해지는 가운데 해안선을 따라 아래로 내려갔다. 가다가 들르는 도시들마다 긴장감이 점점 더 고조되고 있었다. 2월 10일 알메리아에 도착한 그들은 결국 최악의 소식을 듣고 말았다. 말라가가 함락되었다는 소식이었다. 그곳 주지사의 대변인은 그들에게 이렇게 말했다.

"더 이상 내려가면 위험합니다. 지금 우리 군대가 어디에 배치되어 있는지도 모르는 실정입니다. 더 가보아야 소용이 없을 겁니다."

베쑨이 그에게 물었다.

"그러나 부상병들이 있을 것 아닙니까? 전투가 치열했으면, 부상병들이 많이 발생했을 텐데……."

"도처가 다 혼란상태입니다. 어디에서 그 부상병들을 찾아내겠단 말입니까? 말라가는 이미 파시스트들에게 장악되었고, 그들은 다시 북진중에 있습니다. 우리가 알고 있는 사실은 오직 그것뿐입니다. 여기에서도 무언가 할 일이 있을 텐데요."

베쑨이 짧게 대답했다.

"우리의 목적은 지금 혈액과 수혈장비를 가지고 남부의 최전선까지 가는 데 있습니다."

그들은 아래쪽으로 작은 항구를 바라보면서 그 도시를 조용히 빠져나왔다. 그 항구에는 해체를 기다리는 낡은 구축함 한 대가 정박되어 있었다. 바다 쪽을 바라다보고 있는 어느 빌라에서는 영국기가 펄럭이고 있었다.

그 항구의 아름다움을 빛내주고 있는 종려나무들 밑에다 사이스가 차를 세웠다. 그리고는 이렇게 물었다.

"자, 어떻게 하시겠습니까?"

베쑨이 길가에 있는 이정표를 가리키며 말했다.

"출발 때 목적대로 계속 내려가세나."

이정표의 수치는 169킬로미터. 그것은 말라가로부터, 즉 전선으로부터 169킬로미터 거리에 와 있다는 것을 의미했다.

28

베쑨은 그들이 알메리아를 떠난 후에 목격한 일들을 후에 이렇게 기술했다.

우리는 알메리아에서 약 한 시간 가량 식사를 위해 지체하였다. 사정이 사정인지라 식사를 할 만한 곳을 찾는다는 것은 그리 수월한 일이 아니었던 것이다. 아무튼 우리는 그곳에서 식사를 하게 되었다. 이 조그만 항구도시는 공습에 시달리고 있었고, 바다 쪽은 봉쇄되어 있었다. 거리에 나서면 사람들이 굶주리고 있다는 사실을 누구나 눈치챌 수 있었다.

거리의 소년 하나가 우리를 조그만 바로 안내했지만, 그곳은 의용군들로 만원이었고, 그들이 먹고 있는 음식도 하나같이 이것저것을 섞어서 끓인 수프뿐이었다. 그리고 남루한 차림새의 소년들이 테이블 주위를 기웃거리다가 손님들이 자리에서 일어나기가 무섭게 그 빈 테이블로 달려들어 남은 음식 찌꺼기들을 먹어치우는 것이었다. 우리는 그 바를 나와 도시의 중심에 위치한 어느 호텔로 들어갔다. 주인은 몹시 미안해하는 표정으로 식사를 제공했는데, 그것은 온통 콩으로 된 음식이었다. 식사를 마치고 호텔 문을 나서자, 거리에서는 사람들이 술렁거리고 있었다. 말라가 소식이 퍼진 것이다.

사람들이 각기 여기저기에서 삼삼오오로 모여서 그냥 눌러 있는 것이 현명하느냐, 당장 떠나는 것이 현명하느냐 하며, 파시스트들이 여기까지 쳐들어올 수 있을지에 대해 갑론을박하는 모습이었다.

사이스는 항구를 돌아 언덕들 사이로 차를 몰았다. 여기에서부터 말라가까지는 도로가 단 하나뿐이었다. 이 도로는 꾸불꾸불한 해안선을 따라 이어져 있었다. 길이 너무 꾸불꾸불하기 때문에 자주 급커브를 틀면서 운전을 해야 했는데, 도로의 오른쪽은 잿빛 절벽으로 막혀 있었고 왼쪽으로는 바다가 내려다보였다. 뒤를 돌아보니 알메리아는 이미 시야에서 사라져버렸고, 아래쪽으로는 지중해의 파도가 바위에 하얀 포말을 일으키고 있었다.

알메리아로부터 10마일 정도 벗어나자, 나의 공상은 이상한 행렬에 의해 중단당하게 되었다. 나는 무슨 일인가 하고 바깥을 내다보았다. 농민들인가? 그렇다. 그들은 분명 농민의 행색이었다. 그들은 당나귀를 끌고서 터벅터벅 걸어오고 있었다. 그러나 그들이 점점 가까워질수록 나는 그들이 이제 더 이상 그냥 농민이 아니라는 사실을 깨닫게 되었다. 한 사나이가 등에다 아이를 업고 있었는데, 그는 고개를 푹 숙이고 다리를 질질 끌면서 채찍질을 하며 당나귀를 몰고 있었다. 그리고 당나귀 등에는 메트리스와 크고 작은 냄비들, 장화와 모포 그리고 물주전자 등이 높다랗게 쌓여 있었다. 그리고 그 당나귀 뒤를 한 소년이 총총걸음으로 따라오고 있었고, 그 뒤에는 갓난아기를 팔에 안은 여인이 따라오고 있었다. 또 그 뒤로도 어린아이 하나를 손으로 잡아끌며 노인 하나가 지팡이를 짚고 쩔뚝거리며 걸어오고 있었다.

이 피난민들은 우리가 타고 있는 트럭을 거들떠보지도 않고 지나갔다.

그들은 딱딱한 길바닥 위에다 발을 질질 끌며 어깨는 축 늘어뜨리고 입은 헤 벌리고 눈만 앞을 향한 채 터벅터벅 걸어오고 있었는데, 자기들도 모르는 새이에 완전히 탈진해 버린 기색이었다.

길을 더 가다 보니 또 다른 사람들이 커브길 저쪽에서 줄을 지어 걸어오고 있었다. 그들의 모습은 마치 운구행렬을 따르는 호곡꾼들 같았다.

넓은 모자를 쓴 남자들은 비틀걸음을 하고 있었고, 여인들은 전통적인 검은 망토를 걸치고 걷는 듯 마는 듯한 행색이었다. 그리고 아이들은 그저 짧은 팬티나 시미즈만을 입고서 거의 벌거벗은 몸뚱이를 태양빛에 그을리고 있었다.

이 두번째 무리도 우리 곁을 비틀거리며 그대로 지나갔다. 나는 동정과 분노와 조바심을 느끼지 않을 수 없었다. 우리는 계속 차를 몰았다. 그런데 커브길을 돌 때마다 피난민들의 수가 점점 더 늘어나는 것이었다. 처음에는 듬성듬성 나타나다가 나중에는 점점 더 좁은 간격으로 나타났는데, 1백 야드, 50야드, 그러다 결국은 서로 줄을 지어 걸어오는 식이었다. 이 피난행렬은 한쪽 길가로 끝없이 이어지고 있었다. 그들의 머리 위에서는 태양이 뜨겁게 내리쬐었고, 바로 아래에서는 파도가 철썩거리고 있었다.

몇 가지 사소한 가재도구들을 짊어지고 가족들 모두가 함께 가는 사람들도 있었고, 그냥 홀몸인 듯한 남녀들도 있었다. 그들은 서로 붙어서 걷다시피 했기 때문에 남보다 빨리 갈래야 빨리 갈 수도 없는 형편이었다. 아이들은 피곤함과 어리둥절함이 뒤섞인 표정을 하고서 어른들의 이 손 저 손으로 옮겨다니며 걷고 있었다. 그들의 모습은 마치 땅 속에서 불쑥 솟아나와 정처 없이 떠돌아다니고 있는 유령의 모습과도 같았다. 사납게 철썩거리는 파도와 그 소리가 절벽에 부딪쳐 나는 메아리 사이에서, 그들이 내는 소리는 고작 길바닥 위에서 질질 끄는 샌들 소리, 힘에 겨워 헉헉거리는 숨소리, 메마른 입술 사이로 터져나오는 신음소리뿐이었다. 그들은 그런 모습으로 그 꾸불꾸불한 길을 따라 줄지어 오고 있었다.

그들의 나이는 천차만별이었으나, 표정은 모두 한결같이 지친 모습이었다. 그들은 한마디 말도 없이 우리 트럭 옆을 그대로 지나갔다.

가슴에 안은 갓난아이를 쳐다보며 당나귀를 타고 가는 한 열여섯 살쯤 되어 보이는 어린 소녀, 자신의 주름진 얼굴을 검은 숄로 반쯤 가리고 두 남자의 부축을 받으며 질질 끌려가는 할머니, 걸음을 옮길 때마다 멜빵이 살 속으로 파고드는 것을 참아가며 이불보따리를 어깨에 메고 가는 청년, 피골이 상접한 몸으로 길바닥에 피를 뚝뚝 떨어뜨리며 맨발로 걷고 있는 할아버지, 두려움 때문에 두 눈을 동그랗게 뜨고 배를 움켜쥐고 걷는 여인들, 한마디로 사람과 동물이 한데 뒤섞여 고통을 참아가며 조용히 걷고 있었는데, 동물들이 오히려 사람들처럼 불평의 울음소리를 내고 있었고, 사람들은 동물들처럼 불평 없이 묵묵히 걷고 있었다. 사이스가 트럭을 세웠다. 나는 바깥으로 나가서 사람들을 붙잡고 물어보았다.

"어디에서 오는 길입니까? 어디로 가는 길입니까? 대체 무슨 일 때문에 이렇게 됐습니까?"

그들은 나를 찬찬히 곁눈질해 보았다. 그들은 그냥 머뭇거릴 형편이 아니었던 모양이다. 그러다 무슨 일을 당할지 아무도 모르기 때문이었다. 파시스트들이 쳐들어왔다고 그들은 대답했다.

"말라가 말입니까?"

그렇다, 그 피난민들은 말라가에서 오는 길이었다. 말라가는 이미 함락되었던 것이다. 말라가! 그랬구나!

"그런데 대체 어디로 가는 길입니까?"

"그저 가보는 것이지요."

달리 길이 없기 때문이었다. 파시스트들이 말라가에 진입했고, 대포소리가 지축을 흔들었고, 집들은 부숴졌고, 도시는 풍비박산이 났고, 그래서 걸을 수 있는 사람들은 모두 길로 나섰을 뿐이었다.

"돌아들 가세요, 온통 쑥밭이라 가나마나입니다."

그들은 이렇게 충고했다. 그들 뒤에는 아무것도 남아 있지 않다고 했지만, 길을 갈수록 피난민의 수는 점점 더 늘어나고 있었다. 그리고 피난민 뒤에는 또 파시스트들이 있을 것이었다.

나는 트럭으로 걸음을 옮겼다. 사이스는 이미 카메라를 꺼내

들고 있었다. 나는 그가 길가에 트럭 뒤에서 사진을 찍는 모습을 험상궂게 지켜보았다. 나는 말라가에 대해 생각했다. '패배라니, 참으로 기절초풍할 일이 아닌가? 어떻게 그렇게 되었을까?' 그러나 지금 그런 생각을 해보아야 아무 소용이 없었다. 중요한 것은 저 점령된 도시 이편 어딘가에서 로열리스트들이 다시 전열을 가다듬어 새로운 방어선을 구축하여 치열한 전투를 벌이고 있을 것이었고, 적어도 길 저쪽 어딘가에서는 후퇴작전을 위해서라도 전투가 계속될 것이었으며, 따라서 거기에는 우리가 마드리드에서 가져온 혈액을 목마르게 기다리고 있는 부상병들이 있을 것이라는 사실이었다.

우리는 그런 생각에서 빠른 속도로 트럭을 몰기로 하였다. 그러나 가파른 커브길을 한 번씩 돌 때마다, 피난민의 행렬은 점점 더 넓게 길을 메워오고 있었다. 그리고 완만한 오르막길을 다 올라서자 바다 반대쪽으로 급커브길이 다시 나왔는데, 우리는 갑자기 그 언덕배기 아래로 긴 평원을 바라보게 되었다. 이때 사이스가 기겁을 하면서 급히 브레이크를 밟았다. 트럭이 끼익 소리를 내면서 멈춰섰다. 트럭 앞에는 피난민들과 동물들이 거대한 벽을 이루며 출렁거리고 있었던 것이다. 길 전체가 온통 사람투성이었다.

여인들은 비명을 질렀고 당나귀들은 앞발을 쳐들었는데, 트럭 소리에 깜짝들 놀란 모양이었다.

그러나 곧 그 피난민 물결은 우리가 언덕배기 길을 올라올 때와 마찬가지로 무서운 속도로 빠져나가 다시 대열을 이루는 것이었다. 우리가 정작 말문이 막힌 이유는 발치 아래로 내려다보이는 광경 때문이었다. 그 평원은 눈길이 미치는 곳까지 계속되고 있었는데, 그 평원 끄트머리에 마땅히 길이 보여야 함에도 불구하고 사람들의 모습만 잔뜩 보였던 것이다. 그 사람들의 무리는 약 20마일에 걸쳐서 마치 하나의 거대한 무한궤도처럼 육중하게 움직이고 있었는데, 그 행렬이 멀리 지평선으로부터 저 불모의 평원을 지나서 이곳 언덕빼기까지 이어져 있었다.

나는 트럭의 발판에 매달려 한 손으로 태양빛을 가리면서 평원 저 아래쪽을 내려다보았다. 그 어느 곳에도 길은 보이지 않았다. 피난민들로 꽉 차 있었기 때문이었다. 그들은 벌통에 몰려 있는 벌들처럼 수천 명씩 하나의 떼를 지어 밀려왔고, 또 사람들의 고함소리와 비명소리 그리고 동물들의 기묘한 울음소리가 마치 벌떼가 윙윙대는 소리처럼 들렸다.

우리는 천천히 내리막길을 헤쳐나가기 시작했다. 사이스는 쉬지 않고 경적을 빵빵 눌러댔다. 나도 계속 발판에 매달려 피난민들에게 옆으로 길을 비켜달라고 고래고래 고함을 질렀다. 그러나 그들은 나의 고함소리나 사이스의 경적소리에 전혀 신경을 쓰지 않았다. 그들은 어깨를 축 늘어뜨리고 눈을 내리깐 채 되는 대로 트럭에 부딪치면서 옆으로 흘러나가다 트럭 뒤로 빠져나오면 다시 길 전체로 쫙 퍼져나가는 것이었다. 그들이 만약 말라가에서 오는 길이라면, 그들은 적어도 5일 낮과 5일 밤을 꼬박 걸어온 셈이었다.

'과연 그런 일이 가능할까? 다리를 저는 노파가 저 허허벌판

길을 5일 낮과 5일 밤을 걸을 수 있단 말인가? 그러나 분명 저 노파는 저렇게 망토자락을 먼짓길 위로 질질 끌면서 트럭 뒤로 사라져 가는 것이 아닌가? 그리고 저 어린아이들은……. 저 아이들이, 그것도 그 대부분이 맨발로 5일간의 그 험난한 여정을 견뎌냈단 말인가? 저 수많은 아이들이!'

바로 코앞의 광경은 슬쩍 바라만 보아도 가슴이 저미는 참혹한 모습이었다. 저 꿈틀거리는 행렬의 5마일만 따져보아도 아이들의 수가 수천 명은 될 것인데…….

우리는 무질서하게 걸어가는 사람들과 가족단위로 길가에서 쉬고 있는 사람들과 뒤죽박죽 섞여서 맨땅에 누워 있는 남녀들을 헤치면서 계속 앞으로 나아갔다. 그리고 총퇴각으로 버려진 비참한 마을들과 포탄구덩이 투성이의 불타버린 농가들을 지나 앞으로 앞으로 나아갔다. 그러자 터벅거리고 걸어오는 피난민의 행렬이 갑자기 아주 미세한 변화를 보이기 시작했다. 나는 나직이 부르짖었다.

"아, 의용군!"

처음에는 피난민들 속에 섞여 몇 명씩만 보였다. 그러나 한 1마일 정도 앞으로 더 나아가니까 수백 명이 나타났고, 또 1마일 정도 더 나아가니까 수천 명이 나타났다. 그들의 군복은 찢겨 있었고 무기는 보이지 않았다. 그리고 그들의 얼굴은 거친 수염으로 뒤덮였으며, 그들의 눈은 패배와 함께 푹 꺼져 있었다.

'이들이 피난민들 틈에서 지금 무엇을 하고 있단 말인가? 이것은 분명 정치적 책임을 팽개친 형편없는 작태가 아닌가? 아

니면 탈영병?'

그러나 나는 이 문제를 더 생각할 시간적 여유가 없었다. 그 의용군들 뒤로 기병들의 행렬이 나타났기 때문이었다. 말이나 그 말에 탄 사람들이나 모두들 기진맥진해 보였다. 일부 기병들은 안장 위에 여인들이나 아이들을 태우고 부츠를 목덜미에 건 채 고개를 숙이고 자기의 말을 끌고 있었다. 그들은 이제 더 이상 기병이 아니었다. 그들 역시 다른 사람들처럼 찡그린 얼굴로 묵묵히 도주하고 있는 피난민에 불과했던 것이다.

...... 스페인의 태양은 그날따라 파시스트들처럼 무자비했다. 그날의 태양볕은 분명 가증스러운 것이었다. 길이 다시 바다 쪽으로 꺾어졌다. 그리고 우리는 다시 파도가 암벽에 부딪쳐 철썩거리는 소리를 들었는데, 그 소리는 피난민들의 아우성소리에 밀려 마치 먼 곳으로부터 북소리를 듣는 것 같았다.

이젠 앞으로 갈수록 공포와 황급함 속에서 무질서의 기미가 점점 더 뚜렷하게 나타나기 시작했다. 우리는 부서진 이륜마차와 버려진 트럭들을 피해 차를 몰아야 했다. 죽어가는 당나귀이 아래쪽 해변가에 버려지기도 했으며, 그 해변가에는 기진맥진한 사람들이 숨을 헉헉대면서 줄지어 쓰러져 있었다. 앞으로 갈수록 더 많은 어린아이들과 더 많은 의용군, 더 많은 버려진 마을들이 나타났다. 길에서 장애물을 만나 트럭이 잠깐씩 멈춰 설 때면 우리는, 도와달라고 외치는 소리와 우리를 향해 내뻗는 손들 그리고 물을 달라, 알메리아까지 태워달라는 사람들 속에 파묻히곤 하였다. 그럴 때 나는 창 밖으로 내 물통을 던져주면서 앞길을 재촉했다.

가다가 보니 빈 버스가 하나 나타났다. 그리고 그 바퀴 밑에는 의용군 한 사람이 누워 있었다. 우리가 그 옆을 지나가려 하자 그 의용군은 버스 밖으로 머리를 내밀고 두 손을 흔들면서 "휘발유……" 하며 외쳤다.

사이스는 머리를 저으면서 그에게 맞고함을 쳤다.

"전선으로 가는 길이오!"

그 버스 뒤에는 완전히 혼자가 된 어린 소녀 하나가 길가에 쪼그리고 앉아서 엄지손가락을 빨며 흐느끼고 있었다. 나는 그 곁을 지나가면서 피난민 행렬에 있던 의용군 한 사람이 그 소녀를 등에 업고 가는 모습을 볼 수 있었다. 또 그 의용군 옆에서는 한 농부가 어떤 여인을 감자포대를 들쳐메듯 자기 어깨에 걸머지고 가는 모습도 보였다.

길이 다시 해안에서 벗어나기 시작했다. 그리고 곧 길은 사탕수수밭 사이로 계속되었다. 사탕수수 이삭들이 미풍에 부드럽게 나부끼고 있었다. 수숫대에서 떨어진 잎새들이 길 위를 굴러다니다가 사람들의 맨발에 밟히고 있었다. 버스 하나가 또 나타났다. 그리고 그 옆에 있던 일단의 의용군들이 우리들에게 되돌아가라고 손짓했다. 창문 밖으로 우리는 또 아까처럼 "우린 지금 전선으로 가는 길이오!" 하고 외쳤다.

고맙게도 태양이 막 지기 시작했을 때 우리는 다시 해안가로 나오게 되었다. 태양이 그 긴 혓바닥을 지중해에 담그기 시작하자, 하늘은 붉게 물들어갔다. 그리고 곧 사방이 어두워지기 시작했다. 우리는 우리 옆을 지나가는 피난민들의 발길이 몹시 빨라지고 있다는 것을 느낄 수 있었다. 사이스가 헤드라이트를 켰다. 그러자 즉시 여기저기에서 성난 외침이 우리에게 몰려왔다. 불을 끄라는 아우성들이었다. 포위된 도시들에서는 아이들이 어둠이란 것이 이미 오래 전에 인간에 의해 정복되었다는 사실을 모르고 자라나게 되는데, 얼마 전만 해도 세계 각지에서 여행객들을 끌어모으던 여기 이 황홀한 해안가에서 이제 불빛은 위험이었고 깜깜한 밤만이 안전을 유지해 주는 것이었다.

헤드라이트를 켜지 않고 우리는 경적을 울리고 고함을 치고 하였지만, 그것은 별 도움이 못 되었다. 한 시간 가까이 지났건만, 우리가 간 길은 아주 짧은 거리에 불과했고, 이젠 더 이상 앞으로 나아갈 수가 없었다. 우리는 트럭을 멈추고 잠시 생각에 잠겼다. 그때 일단의 의용군들이 우리의 트럭으로 다가오더니 우리 앞을 가로막았다. 그러나 그들의 태도에는 그 나름의 규율이 엿보였다. 그들은 우리에게 통행증을 요구하고, 그것을 유심히 검사했다. 그리곤 경례를 붙이면서 전황을 보고했다. 그들의 이야기에 의하면, 파시스트들이 지금 빠른 속도로 동쪽으로 이동중이라는 것이었다. 그리고 다음에 나타날 도시가 모트릴인데, 그곳은 이미 적에게 함락되었거나 곧 그렇게 되리라는 것이었다. 또한 전선은 형성되어 있지 않다는 설명이었다. 알메리아에서 말라가 쪽으로는 그 어디에서도 적에 대한 저항이 전무하다는 것이었다. 이것은 패배 이상의 소식이었다. 이것은 몰락이었다. 이것은 마치 오얏 열매가 다 익어서 땅으로 떨어지듯 남부의 해안지역들이 프랑코와 외국군대들의 수중으로 떨어졌다는 이야기였다.

갑자기 트럭 문이 홱 제껴졌다. 어둠 속에서 한 사나이가 가슴에 다섯 살바기 아이를 안고 어깨로는 그 트럭 문을 받치면서 나를 뚫어지게 바라보았다. 그는 고열에 신음하는 어린아이를 내 앞으로 내밀며 빠른 말씨로 쉴새없이 말을 했는데, 처음에는 쉰 목소리였던 것이 나중에는 감정이 복받치면서 구슬픈 플라멩코조의 넋두리로 변해 버렸다. 나는 통역의 필요를 느끼지 않았다. 그 내용은 세계 공통의 것으로 어떤 언어로 말해져도 이해될 수 있는 성질의 것이었기 때문이었다. 그의 이야기의 요점은 이러했다.

"우리 아기가 몹시 아픕니다. 이런 식으로 이 아이를 알메리아까지 데려가다가는 그 전에 죽고 말 겁니다. 제발 이 아이를 태워주십시오. 병원이 나타나면 거기에 이 아이를 맡겨주십시오. 병원 사람들한테는 아이 아버지가 곧 도착할 것이라고 말해 주십시오. 이 아이의 이름은 후안 블라스(Juan Blas)입니다. 아버지인 제가 바로 쫓아가서 아이를 찾겠다고 말해 주십시오."

나는 아이를 받아서 시트 위에다 가만히 눕혔다. 그 스페인 사람은 내 손을 잡아 흔들고는 나를 위해 성호를 그었다. 나는 이 낯선 아버지에게, 소등 속에서 법석대던 그 얼굴들에게, 그날 밤 두려움에 부르르 떨며 내 주위로 몰려든 그 얼굴들에게, 흔들거리는 고통의 나무들처럼 내게로 뻗쳐진 그 팔들에게, 나에게 호소해 온 그 음성들에게, 나의 마음을 제대로 전하기 위해서는 스페인어 이상의 것이 필요하다는 것을 절감했다.

그들은 이렇게 외쳤다.

"동지, …… 제발……."

나는 그 낱말들 하나하나의 뜻은 몰라도 그들이 말하고자 하는 전체적인 뜻은 육감적으로 이해할 수 있었다.

"우리의 처자식들을 태워주십시오. 파시스트들이 곧 우리 뒤를 덮칠 것입니다……."

"동지, 우리를 가엾게 여기고 하나님의 사랑으로 우리를 구해 주십시오……."

"우리를 차에 태워주세요. 우리에게 이제 더 이상 걸어갈 힘이 없습니다……."

"동지, 우리의 아이들을……."

내가 트럭 밖으로 나가 발판에 매달리자, 몰려든 사람들이 내 옷을 잡아당겼다. 뜨거운 분노가 가슴속에서 타올랐다. 이들이 오늘밤을 어디서 새워야 한단 말인가? 그리스도 하나님의 성직자를 자처하는 사람들, 그의 사랑과 구원을 이 땅에서 베풀겠다는 사람들, 그들은 지금 어디에 있단 말인가? 그들은 지금 주님을 찾는 이 외침을 전혀 듣지 못한단 말인가? 인간의 사랑이 지금 어느 어두운 동굴 속으로 쫓겨가 있단 말인가? 세계의 자비와 양심은 지금 어디에서 그 유약한 길을 걷고 있더란 말인가?

흥, 그 뻔뻔스러운 말들! 도처가 다 그 번지르르한 말들의 대홍수인데, 그 대홍수 속에서 여기 이 말라가 도로는 갈 곳을 잃고 헤매는 피난민 천지라니! 나에게 만약 1천 쌍의 두 손이 있다면 그 한 손마다 1천 자루의 총이 쥐어져 있다면, 그 총 한 자루에 1천 발의 총탄이 장전되어 있다면, 그 각 총탄들이 모두 이 유아 살해에 책임이 있는 사람들을 겨누고 있다면, 그러면 나는 그들에게 말을 제대로 하는 방법을 가르쳐줄 것이다. 나는 각 손에 들려 있는 각 총으로부터 그 타락한 종자들에게 죽음을 선고할 것이며, 가브리엘의 트럼펫과 같은 목소리로 그 잠들어 있는 세계의 귀들에 고함을 치면서 아직도 밖에다 대고 요란한 사기행위를 계속하고 있는 그 바보들과 거짓말쟁이들을 날려버릴 것이다. 가브리엘의 트럼펫과도 같은 목소리로 스페인이 침략을 당하고 있다는 사실을 외면하고 있는 무수한 사람들에게 이렇게 말할 것이다.

"당신들의 손은, 오늘밤 평화스럽게 잠을 이루고 있는 당신들의 손은 무구한 피로 더럽혀져 있소. 만약 당신들이 오늘밤 여기 말라가 도로에서 일어나고 있는 이 수치스러운 만행에 대해 아무런 관심도 기울이지 않는다면, 당신들의 도시는 소돔과 고모라와 다름이 없소. 당신들의 아이들도, 스페인의 고통을 익히 알고 있으면서도 오늘밤 가만히 침묵을 지키고 있는 당신들 모두의 아이들도, 언젠가는 죽음과 공포의 황량한 발판에서 반드시 방황하게 될 것이오."

나는 허리를 굽히고 그 아이의 벌벌 떠는 몸 너머로 사이스를 바라보았다. 그리고 그에게 이렇게 말했다.

"아까 그 의용군들 이야기가 옳은 것 같네. 더 이상 전진해 봐야 무의미할 것 같군. 지금 우리가 할 수 있는 일은 오직 한 가지, 그것은 가급적 많은 사람들을 알메리아로 수송하는 일이 네. 짐들을 다 버리고 자리를 넓히기로 하세. 그러다 혹 지나가는 앰뷸런스라도 생기면, 그 짐들을 거기에다 부탁하기로 하세. 그리고 우선은 아이들만 태우기로 방침을 정하세……."

우리는 그 비좁은 길 위에서 트럭을 돌렸다. 장비와 혈액병을 다 부리고 나서, 나는 차의 뒷문들을 열었다. 이 모양을 지켜보던 피난민들 사이에는 긴장감이 감돌았다. 그러나 그들은 모두 가만히 쳐다만 볼 뿐, 그 누구도 감히 자기도 탈 수 있다는 생각은 못 하고 있었다. 나는 트럭 뒤칸을 둘러보면서 사람이 얼마나 탈 수 있는지 가늠해 보았다. 그리고 길바닥으로 뛰어내리며 "어린아이들만!" 하고 외쳤다. 그러나 나의 이 외침은 사람들의 북새통에 묻혀버렸고, 나는 밀고 들어오는 사람들 때문에 뒤로 벌렁 자빠지고 말았다. 그 통에 안전문까지 열려졌는데, 피난민들 모두 생사의 문제가 지금 이 순간에 달렸다고 생각한 것 같았다. 나는 그들의 미친 듯한 진격에 뒤로 밀리면서 두 팔로 그 열려져 있는 문들을 가로막고 버텼다.

"어린아이들만!"

나는 다시 이렇게 사납게 외치며 기를 쓰고 그들을 밀어냈다.

"어린아이들만!"

사이스가 내 옆으로 뛰어들면서 나를 거들었다.

사이스는 떼지어 밀려드는 군중들을 밀어내면서 헐떡이는 목소리로 이렇게 말했다.

"이 사람들⋯⋯. 어떻게 막죠? 뒤에 남게 되는 사람들은⋯⋯. 미칠 지경일 텐데."

"좌우지간 어른은 안 돼. 우선 어린아이들부터 살려야 하니까. 내가 지금부터 아이들을 골라내서 자네한테 넘길 테니까, 다른 사람은 일체 태우지 말게. 정 필요하다고 판단될 땐, 무기로 위협하게."

나는 울면서 애원하는 사람들 앞에서 내 목소리가 거칠어지는 것을 느낄 수 있었다.

나는 천천히 요령 있게 그 광적인 피난민 행렬을 뚫고 나가면서 "어린아이들! 어린아이들만!" 하고 외쳤다. 그러면서 나는 이 상황에서 누구를 태울 것이며 누구를 남길 것인지를 판단해야 한다는 것이 얼마나 섬뜩한 일인가를 몸서리치며 느끼게 되었다. 사람들의 머리 너머로 갓난아기를 목마 태우고 있는 한 여인이 보였다. 나는 그 아기 엄마를 가리키며 "당신" 하고 불렀다.

"우리가 그 아이를 데려다주겠소!"

그러자 사람들이 그녀 쪽의 길을 비켜주었다. 그 덕분에 나는 사람들 틈새에 끼어 있는 그 여인에게 곧바로 다가설 수 있었다.

"우리가 그 아기를 데려다주겠소"

나는 이 말을 다시 반복했으나, 아기 엄마는 크고 검은 꺼진 눈으로 나를 올려다보면서 자기 아기를 더욱 세게 끌어안는 것이었다.

'아마 이 여자가 이 말을 못 알아들었을지도 모르지.'

나는 이렇게 생각하며 아기를 받으려 두 손을 내밀었다. 그러나 그녀는 여전히 아무 말없이 나를 쳐다볼 뿐, 미동도 하지 않았다. 그제야 나는 아기가 너무 어려서 어머니와 떨어져서는 살 수 없다는 사실을 깨달았다. 나는 갑자기 당황하지 않을 수 없었다. "어린이들만"이라고 원칙을 세웠는데 이 여인의 검고 꺼진 두 눈은 내게 이렇게 말하는 것이었다.

"아기만 데려간다구요. 그러나 그것은 우리 두 사람을 다 죽이는 행위나 같다구요."

나는 두 팔로 그녀 주위를 헤치며 그녀가 트럭으로 갈 수 있도록 길을 터주었다. 그리고 기다리고 있던 사이스에게 그들을 인계했다.

"두 사람 모두."

나는 이렇게 외치고 나서 다시 군중 속을 헤치고 들어갔다.

나는 왔다갔다하면서 명령을 내리며 여인들을 위로하고 가장 어린 순서로 아이들을 선별해내고 어른들은 험상궂은 얼굴로 물러서게 하면서 아이들을 계속 사이스에게 날랐다. 이리하여 트럭이 점차 다 차가게 되자, 고통에 찬 목소리들이 아우성을 쳤다. 나는 사람들이 그날 밤 어딘가에서 잃어버린 가족을 불러대는 소리를 들을 수 있었다. 자기 아이를 트럭에 맡긴 어머니들은 트럭 옆에 서서 아이들에게 격려의 말을 속삭였다. 트럭이 다 차감에 따라, 혹시나 하는 희망을 억누르며 이 광경을 조용히 지켜보던 어른들은 들판 쪽으로 가더니 맨땅 위에 그대로 벌링 드러누워버렸다. 나는 이렇게 나 자신에게 자문했다.

"내가 지금 무슨 권한으로 다른 사람의 운명을 결정하고 있단 말인가?"

나는 사이스에게 물었다.

"더 태울 자리가 얼마나 되나?"

"두 명 정도입니다. 아주 바싹 좁히면 말입니다."

이때 나는 누군가가 내 팔을 붙잡는 것을 느꼈다. 나는 고개를 돌렸다. 나를 붙잡은 사람은 등이 굽은 노인이었다. 그는 눈물을 흘리고 있었는데, 그 눈물을 통해 나에게 무언의 추궁을 하고 있었다. 나는 노인을 쳐다보았다. 그리고 호흡을 한번 가다듬으며 천천히 고개를 흔들었다.

'어르신네, 당신의 얼굴이 내 꿈에도 나타날 겁니다.'

나는 이렇게 속으로 생각하면서 내 소매를 잡은 그 손을 어린아이의 손과도 같은 그 손을 뿌리쳐버렸다.

두 명이 더 탈 수 있다는 소리에 피난민들 사이에 다시 정적이 감돌았다. 그들은 그 막연한 기대를 완전히 떨쳐버리지 못하고 있었던 것이다. 그리고 그 침묵은 형리가 사형수의 목에 밧줄을 걸 때 구경꾼들이 그 마지막 믿을 수 없는 행위를 가슴 졸이며 바라볼 때 그 형장을 감도는 침묵과 다를 바가 없었다. 그러나 이곳은 또 그 경우와도 달랐다. 왜냐하면 그 누구도 구경꾼일 수가 없기 때문이었다. 여기에서는 모두가 희생자로서, 모두가 밧줄이 자신의 목을 조여오고 있다는 느낌에서 벗어날 수 없었다.

나는 또 나이보다 늙어 보였지만 죽기에는 아직 너무 젊어 보이는 한 쉰 살 정도 되는 여인 앞을 지나가게 되었다. 그녀는 거의 서 있는 것조차 힘에 겨운 기색이었다. 그녀의 두 다리에는 여기저기에 핏줄이 불거져 나와 어둠 속에서도 그것을 알아볼 수 있었고, 린넨으로 된 샌들의 커프스에서는 피가 뚝뚝 떨어지고 있었다. 나는 가던 길을 멈추고 다시 그 여인에게로 돌아갔다. 만약 이 여인이 나의 어머니라면, 나는 어떤 결정을 내려야 할까? 나는 그 여인 앞에 서서 그 여윈 어깨를 붙잡았다. 나의 어머니라면? 그러나 다시 생각하면 나의 어머니는 아닐지라도 누군가의 어머니일 것이고, 또 스페인의 한 어머니라면 나의 어머니와 무엇이 다를 것인가? 나는 그녀의 양 어깨를 잡은 내 손에 힘을 주었다. 그러나 그 여인은 조용히 눈길을 돌렸다. 그녀의 태도는 자기로서는 더 바라는 것이 없다는 그러한 것이었다.
 나는 마지막으로 아이를 하나 더 찾아서 그 마지막 귀한 자리로 데리고 가게 되었다. 나는 그 아이를 어떤 여인의 품으로부터 건네받았는데, 그 여인은 아이를 끌어안고 울고 울다가 다시 한 번 피투성이 고통 속에서 마치 자신의 자궁으로부터 아이를 내보내는 듯이 나에게 건네주었다. 나는 그 조그만 여자아이를 받아 안고 말없이 나를 바라보고 있는 군중들 사이를 뚫고 트럭으로 데려갔다. 이때 갑자기 한 여인이 사람들 사이를 헤치고 내 앞으로 다가오더니 트럭의 난간을 붙잡고 트럭 위로 기어 올라오려고 했다. 나는 그녀의 발목을 획 공중으로 뿌리치며 욕설을 내뱉었다. 그러나 그녀는 내 손을 걷어차고 그 좁은 공간으로 끼어들면서 나를 노려보았다.

"내리시오!"

나는 안고 있던 아이를 그녀에게 내밀면서 명령조로 말했다.

"당신이 타야 되겠소? 아니면 이 아이가 타야 되겠소? 내 말 알아듣겠소? 이 아이의 자리를 차지하겠다는 심보냔 말이오?"

그녀는 젊은 여인이었다. 그녀의 길고 검은 머리카락이 그녀의 창백한 얼굴 위로 헝클어져 있었다. 그녀는 괴로운 눈빛으로 나를 바라보다가, 망토를 휙 걷어올리더니 면으로 된 시미즈까지 치켜올렸다. 그녀의 배는 임신으로 크게 부풀어 있었다. 잠시 우리는 서로의 눈을 멍하니 바라보았다. 나는 내 품에 여자아이 하나를 안고, 그녀는 자궁 속에다 아이를 잉태하고 말이다. 그녀는 자신이 서 있던 트럭 바닥에 털썩 주저앉더니, 자신의 커다란 배를 무릎 사이에 끼어넣었다. 그리고 나에게 미소를 지으면서 두 팔을 내밀었다. 그녀의 두 눈과 그녀의 두 팔과 그녀의 미소는 이렇게 말하고 있었다.

"자, 이걸 보세요. 내가 이렇게 앉아 그 아이를 안고 갈게요. 그러면 내가 여기 타지 않은 것이나 마찬가지가 아니겠어요? 그 누구의 자리도 빼앗지 않는 셈이니까요."

그녀는 그 소녀를 내게서 받아 자기 무릎에 누이고 그 작은 머리를 어깨로 받쳐주었다.

이제 준비는 모두 끝났다. 40명의 아이들과 2명의 여인이 트럭 뒤칸과 앞좌석에까지 꽉 들어차 있었다. 그들 가운데 반은 바닥에 앉았고, 또 나머지 반은 서서 가지 않으면 안 되었다. 일이 제대로 되었든 못 되었든 간에, 준비는 끝이 난 것이다.

나는 차문을 쾅 닫으며 사이스에게 무슨 일이든 누구 때문이든 절대로 멈추지 말고 알메리아에 있는 병원으로 그들을 곧바로 데려가라고 명령했다. 그리고 만약 발판에 몇몇 무장의용군들을 태운다면 방해자들을 막을 수 있을 것이라고 부언했다. 사이스는 또 틀림없이 그들에게 음식을 얻어주고 치료를 받도록 조치한 다음, 주지사실로 가서 주지사에게 이곳 상황을 보고하여 즉시 수송수단을 요청하지 않으면 안 되었다. 또 그는 만약 즉시 수송수단을 보내주지 않으면 굶주림과 탈진 때문에 죽어나가는 사람이 적의 공격 때문에 죽어나가는 사람보다 더 많아질 것이라는 사실을 주지사에게 분명히 경고하지 않으면 안 되었다. 그리고 또 그는 연료 탱크에 기름을 가득 채우고 사람들을 계속 나르기 위해 즉시 되돌아오지 않으면 안 되었다. 나의 이러한 명령이 다 끝나자, 그는 운전석으로 가서 시동을 걸었다(이때 영국인 워슬리는 그대로 남아 베쏜과 함께 행동했다. 나중에 그는 혼자서 트럭을 몰기도 하고 사이스의 운전을 돕기도 하였다).

트럭이 사라지자, 여인들은 떠나간 자식들 때문에 울었고, 그대로 남게 된 자식들 때문에도 울었다. 그리고 남자들은 짐보따리들을 다시 등에 메고 앞으로 움직이기 시작했다.

지금 그들의 머리 속을 사로잡고 있는 것은 적들이 바로 덮칠지도 모른다는 걱정이었다.

나는 아까 다리에서 피를 흘리고 있던 그 중년여인을 길가에서 다시 발견했다. 그 여인은 무릎에다 머리를 파묻고 길바닥에 주저앉아 있었다. 다가선 나를 올려다보는 그녀의 모습은 수척한 얼굴에 아까와 같은 조용한 체념의 빛을 떠올리고 있었다. 나는 약품통에서 고무줄이 달린 붕대를 꺼내서 두 다리에 감아주었다. 그리고 그녀에게 이렇게 말했다.

"자, 갑시다. 알메리아까지는 아주 먼 길입니다. 아주머니가 쉴 만한 곳이 나타날 때까지 참고 더 걷기로 합시다."

그녀가 나의 말을 알아들을 턱이 없었다. 그러나 그녀는 내게 두 손을 내밀었다. 나는 그녀를 조심스럽게 일으키면서 그녀가 전에는 결코 들어보지도 못했던 이상한 언어로 계속 그녀에게 말을 걸었다.

우리는 함께 다른 피난민들의 행렬에 끼어들었다. 그녀는 내 어깨에 머리를 기대고 걸었다. 뒤처진 다른 사람들과 함께 우리는 다시 알메리아로 향하는 기나긴 여정을 시작하였다……

피난민 행렬에 밀려가면서, 나는 손목시계의 야광판을 들여다보았다.

'아직도 한밤중밖에 안 됐나? 이렇게 죽도록 걸었는데도 네 시간밖에 지나지 않았다니. 영원처럼 느껴지는 이 네 시간, 그러나 다른 사람들은 적어도 나흘 동안이나 계속 걸어온 것이 아닌가?'

나는 이미 두 시간 전에 그 중년여인을 버려두고 떠났다. 그녀가 더 이상 걸을 수 없었기 때문이었다. 그래서 사방이 터진 들판에다 그럭저럭 자리를 만들어주고 이제는 맨바닥을 침대로 삼고 있는 다른 많은 사람들 속에 그녀를 남겨두었던 것이다.

'뒤에서 오는 앰뷸런스가 그녀를 태워주거나 아니면 파시스트들이 먼저 그녀를 덮치겠지.'

나는 이렇게 생각할 수밖에 없었다.

나는 마지막 붕대까지 다 써버렸고, 마지막 알약까지 다 처방해 주었고, 마지막 초콜릿까지 다 나누어주었고, 마지막 담배 개비까지 다 피워버렸고, 그래서 빈 약품통까지 다 내던져버린 상태였다. 나는 이제 완전히 빈손이었다. 그리고 사이스가 돌아오기만을 애타게 기다릴 뿐이었다. 그러나 그가 돌아온들……. 사이스가 돌아온다고 해도 골무로 대양의 물을 퍼내는 격일 것이었다. 피난민 행렬에서 갑자기 소동이 일어났다. 트럭 한 대가 헤드라이트조차 제대로 켜지 못하고 느릿느릿 기어왔던 것이다. 사이스가 차에서 내렸다. 그의 얼굴은 핼쑥했지만 의기양양한 모습이었다…….

우리는 나흘 낮과 나흘 밤을 한 도시 전체의 나머지 피난민들을 소개시키기 위해 부지런히 왔다갔다하지 않으면 안 되었다. 48시간 동안 내내 사이스는 바퀴 위에서 살았으며 나는 길 위에서 지내면서 다음으로 수송할 사람들을 모아야 했다. 우리는 수면 부족으로 얼굴이 점점 새하얗게 되었다. 우리는 밤낮을 가리지 않았다. 우리는 뒤처지는 사람들의 상심해하는 모습과

안도의 한숨을 내쉬게 되는 사람들의 지친 기쁨 사이에서 움직였다. 우리는 트럭을 보낼 때마다 이번이 마지막일지도 모른다는 생각과 맨 뒤의 피난민들이 파시스트들의 공격에 제물이 될지도 모른다는 두려움 속에서 움직였다.

알메리아에 도착할 때마다 사이스는 매번 주지사실에 들러서 트럭과 이륜마차 또 소개를 도울 탈것들을 그 무엇이든 간에 내놓으라고 요청했다. 그러나 그 도시에 바퀴 달린 물건은 남아 있지 않았다.

두번째 날 나는 이제 더 이상 어린아이들만 태운다는 것이 능사가 아니라고 판단했다. 자식들과 떨어지게 된 부모들의 모습을 지켜본다는 것이 도저히 견딜 수 없었던 것이다. 우리는 아이들이 있는 가족들을 우선적으로 태우기로 했다. 그리고 두번째 날에는 우리 역시 다른 사람들이 요 닷새 동안 계속 맛보았던, 그 굶주림을 맛보게 되었다. 알메리아의 그 어디에서도 음식을 구할 수 없었기 때문이었다. 바로 그때 우리의 굶주림을 조롱하는 듯이 어디서 왔는지 한 사나이가 오렌지 수레를 끌고 길 위에 나타났다. 그리고 우레같이 큰 목소리로 오렌지를 사라고 외쳐대는 것이었다. 전쟁과 패주와 죽음의 와중에 그런 행상꾼이 나타나다니⋯⋯. 나는 그 오렌지를 수레째 사가지고 나를 위해 하나만 남겨놓고 다른 사람들에게 모두 나누어주었다.

나흘 낮과 나흘 밤이 이렇게 흘러갔다. 낮이면 먼지구덩이 속에서 움직여야 했는데, 뜨거운 태양 때문에 살갗에 물집이 잡히고 눈자위가 벌겋게 탔으며 더위에 숨을 헉헉거려야 했다. 그리고 밤이면 추위를 견디기 어려웠기 때문에 다시 또 그 고통스러운 햇볕을 그리워하곤 하였다.

피난민들 사이에 무거운 침묵이 흐르고 있었다. 굶주린 사람들이 들판으로 가서 벌렁 드러누워버렸다. 그들은 또 멍한 상태에서 여기저기를 돌아다니며 속절없이 잡초를 씹어보는 것이었다. 그리고 목이 타는 사람들은 몸을 부르르 떨며 바위 위에 올라가 바다를 바라보며 앉아 있거나, 눈자위를 희번득거리며 이리저리 비틀거렸다. 또 병자들 가운데 죽어가는 사람들이 여기저기에서 나타나기 시작했는데, 그들은 그 맹렬한 태양을 태연히 바라다보는 것이었다.

이때 머리 위에서 비행기들이 날아왔다. 은빛 날개를 번쩍거리는 이탈리아 전투기들과 독일의 하인켈 편대였다. 그들은 사격훈련 때처럼 태평스럽게 길 쪽으로 급강하하더니, 달아나는 피난민들을 향해 기관총으로 복잡한 기하 도형을 그리며 지나갔다.

나는 다시 트럭이 돌아오는 것을 발견했다. 우리는 가급적 많은 사람들을 태웠다. 그리고 이번에는 나도 트럭에 올라가, 열에 들뜬 벌건 눈으로 흘쩍거리며 나를 바라보는 아이 하나를 무릎에 앉혔다. 이 아이는 뇌막염 같았다. 아이의 얼굴에서는 고통스러운 표정이 사라져가고 있었다. 나는 트럭이 제시간 안에 이 아이를 알메리아까지 데려갈 수 있기를 빌었다. 아이의 나이는 일곱이나 여덟 정도로 보였다.

내가 졸다가 깨어났을 때, 트럭은 내리막길을 천천히 내려가고 있었다. 이제 마지막 1마일 정도가 남았다고 생각되었다. 그러나 그 1마일이 엄청난 시간을 소비하는 것이 아닌가! 시에라 산맥으로부터 그 도시로 수십만 명의 피난민들이 쏟아져들어가고 있었다. 그들은 왼쪽의 언덕들과 중앙의 도로 그리고 오른쪽 아래의 해변가로 쫙 퍼져서 그 도시에 더욱 빨리 도착하기 위해 안간힘을 쓰고 있었다. 어떤 사람들은 아예 바닷물 속을 첨벙거리며 걸어가기도 하였다.

도시 진입로에 다가가자, 사람들이 하도 촘촘히 도로를 메우고 있으므로 우리의 트럭도 그들이 걷는 속도에 맞추어 움직일 수밖에 없었다. 이것이 또 수시간이나 계속되었다. 그러다 갑자기 우리 앞의 피난민 행렬이 앞에서 확 흩어졌다. 드디어 알메리아에 도착했던 것이다.

나흘 동안 이 도시는 말하자면 광대한 야영지 구실을 하고 있었다. 거리거리마다 오갈 데 없는 피난민들로 꽉 차 있었다. 중앙의 광장에는 수많은 사람들이 길바닥에서 그대로 숙영을 하고 있었다. 트럭이 다가가자, 길바닥에 누워 있던 남녀들이 비실비실 일어나 길을 비켜주었다.

소코로로호를 찾아갔다. 그들은 병원 겸 아동보호소로 임시 개조한 한 낡은 건물로 우리를 안내했다. 우리는 피난민들을 그곳에 수용시키고 아픈 아이들은 의사의 치료를 받게 했다. 나는 이제 완전히 탈진한 상태였다. 마침 한쪽에 침대 하나가 보였다. 나는 그 침대로 가서 그 위에 그대로 쓰러져버렸다.

나는 불쾌감과 함께 경련을 일으키면서 잠에서 깨어났다. 깨어나서도 잠시 동안 내가 말라가 도로의 들판에 누워 있다는 느낌이었다. 그러나 거친 마룻바닥의 감촉이 손에 느껴지자, 나는 여기가 말라가 도로가 아니라 알메리아라는 사실을 깨달았다. 이상하게 귓속이 윙윙거렸다. 나는 점차 멍한 상태에서 벗어나 정신을 차렸다. 한 시간 정도 잠을 자고 깨어난 것이다.

나를 잠에서 깨운 것은 사이렌 소리였다. 나는 정신을 차리고 엉금엉금 기어서 일어나려고 했는데, 첫번째 폭격이 시작되자 그만 다시 털썩 주저앉고 말았다. 건물 전체가 흔들렸던 것이다. 나는 아이들이 공포 속에서 지르는 비명소리를 들을 수 있었다. 복도에서는 사람들이 정신없이 뛰어다니는 소리가 들려왔다. 나는 다시 엉금엉금 기면서 일어났는데, 발 밑의 마룻바닥이 아직도 진동하고 있었다. 포탄 터지는 소리들이 연이어 들려왔다. 어떤 것은 아주 가까이에서 어떤 것은 아주 멀리서……

나는 이리저리 정신없이 뛰어다니는 사람들과 몸을 부딪히면서 복도를 지나 바깥으로 뛰어나갔다. 아이들이 수용된 방들에서는 놀라서 우는 소리가 요란하게 들려왔다. 나는 나도 모르는 사이에 도시 중심지를 향해 달려가고 있었다.

비행기들이 하늘을 뒤덮고 있었다. 그 엔진 소리에 고막이 터질 지경이었다. 그리고 포탄들이 여기저기에서 터지고 있었다.

나는 폭격기 한 대가 달빛 속을 우아하게 맴도는 것을 볼 수 있었다. 그 악마들은 여유를 부리며 폭격을 해댔다. 그리고 간간이 쏘아대는 대공포화는 그저 로마의 촛불들처럼 밤하늘을 수놓을 뿐이었다.

잠시 후 나는 이 도시에서 사람들이 제일 많이 몰려 있는 지역에 도착했다. 이곳의 거리는 이제 더 이상 어둡지 않았다. 이곳저곳의 건물들에서 거대한 불기둥들이 치솟고 있었기 때문이다. 소이탄에 맞았던 것이다. 불타고 있는 건물들에서 나오는 불빛 때문에 나는 사람들이 미친 듯이 뛰어나오다 다시 쓰러지면서 주먹을 움켜쥐며 외마디 비명을 지르는 모습을 뚜렷이 볼 수 있었다.

항구 쪽에서는 폭격소리가 들리지 않았다. 그 폭격기들은 항구에 대해서는 관심이 없었다! 그들의 폭격 목표는 인간 사냥감들이었다. 그들은 말라가에서 자기들을 피해 도주한, 파시스트들 밑에서 살기를 거부한, 여기 알메리아에 완벽하게 갇혀 있는 수십만 명의 피난민들을 폭격의 주요 대상으로 삼고 있었다. 1주일 동안은 그 알메리아를 그대로 내버려두었는데 그 1주일 동안 그들은 이 폭격을 준비했던 것이었다. 말라가로부터의 그 힘겨운 여정이 끝난 지금, 피난민들이 알메리아의 도심지역에 몰려 있는 지금, 따라서 아주 경제적인 대량 살육이 가능해진 지금, 프랑코는 그 참아왔던 복수욕을 마음껏 풀고 있었던 것이다. 그는 항구에는 관심이 없었다. 항구 자체는 생각도 못하고 파시즘을 거부하지도 못하며 피도 흘릴 줄 모르기 때문이었다. 오로지 사람들만이 두뇌와 심장과 용기를 가졌기 때문이었다.

'그들을 죽여라, 그들을 불구자로 만들어라, 그들에게 파시즘

의 무자비한 발톱을 맛보여주어라.'

이것이 바로 그의 명령이었다.

나는 군중들 사이를 뚫고 나가면서 "의사요, 의사!" 하고 외쳤다. 그러나 나의 외침은 사이렌 소리와 포탄 터지는 소리와 당나귀 울음소리 속에 묻혀버리고 말았다.

그때 갑자기 폭격이 멎으면서 폭격기들의 콰르릉거리는 소리가 공중에서 사라져갔다. 그리고 건물들에서 치솟고 있는 불기둥들이 충격과 공포로 온몸이 마비된 듯한 남녀들의 얼굴을 비춰주고 있었다······.

공습은 끝났다. 그러나 나의 두 귀는 그 정적 속에서도 윙윙거렸다. 정적? 아니다. 폭격은 끝났지만, 나는 이곳저곳에서 나는 아우성소리들을 들을 수 있었다. 공습은 끝났지만, 죽은 사람들과 죽어가는 사람들이 거리에 널브러져 있었다.

나는 부상당한 사람들의 상처를 그들의 셔츠를 찢어서 묶어주었다. 또 어느 집 앞에서는 한 작은 여자아이가 기둥들 사이에 끼어 끙끙대면서 울고 있었다. 아이의 나이는 세 살쯤 되는 것 같았다. 나는 기둥들을 치우고 그 아이를 품에 안은 채 긴급 앰뷸런스를 찾아 이리저리 뛰어다녔다. 마침내 앰뷸런스를 만나게 된 나는 그 아이를 들것에 눕히면서도 불구로 살아가느니 차라리 죽는 편이 나을 것이 아닌가 하는 생각을 떨쳐버릴 수 없었다. 아이의 눈빛이 이미 제 빛을 잃고 있었기 때문이었다.

도심가를 지나다 나는 한 무리의 잠잠한 남녀들을 만나게 되었다. 그들은 거대한 포탄구덩이 속에 있었다. 그리고 구덩이

안에는 뒤틀린 배수관들, 찢겨진 옷가지들, 한때는 인체를 이루었던 부분들이 튕겨져 나가 고약한 모양새로 여기저기 흩어져 있었다. 몸뚱이가 그 죽은 사람들 자신처럼 천근만근 무거워지는 느낌이었다. 그러나 속은 비고 허전했다. 그리고 가슴속에서는 증오의 불길이 타올랐다.

이상은 말라가 도로에서 겪은 나흘 밤과 나흘 낮의 일을 베쏟이 적어놓은 것이다. 그는 이 글을 그 다음날의 많은 시간 동안 차디찬 분노 속에서 작성했다. 그는 글쓰는 일을 다 마치자, 임시 아동보호소의 부서진 창가에 서서 아직도 연기를 내고 있는 도시의 새벽을 바라보았다.

지칠 대로 지쳐 잠이 쏟아졌지만, 그는 그 창가에 서서 한동안 더 깊은 생각에 잠겨 있었다. 마드리드의 전선에서 그는 "파시즘 박멸!"이라는 외침을 종종 들었다. 그때도 역시 그 소리를 외치곤 하였지만, 이제야 그 말의 참된 맛을 알게 된 기분이었다.

'그렇다. 여인들과 아이들을 살해한 그 사악한 살인자 무리에게 죽음의 천벌이 내려지지 않으면 안 된다. 능글맞은 무관심으로 수수방관한 자들에게는 비난과 저주가 내려지지 않으면 안 된다. 그리고 이와 똑같은 무덤들이 언젠가는 자기들까지도 집어삼키리라는 사실을 생각하지 못하고 그 사악한 무리들의 만행을 아직도 그대로 지켜만 보고 있는 모든 대륙의 미혹한 사람들에게는 동정과 경고가 내려지지 않으면 안 된다.

"어디를 가도 저는 그곳에서 병자를 치료하겠습니다"라는 히포크라테스의 선서를 전에 나는 다른 많은 의사들과 마찬가지로 얼마나 건성으로 외어댔단 말인가.'

그러나 지금 그가 들어선 곳에서는, 모든 도시들을 반공이라는 깃발 아래 놓으려는 파시스트들이 그 새빨간 거짓말을 퍼뜨리며 폭격으로 사람들을 살해하고 있었다. 여기 알메리아에는 하나의 도시 이상의 것이 폐허 속에 묻혀 있었다. 이곳 알메리아의 살육은 세계의 유혈충돌이 빚은 결과였기 때문이었다.

그는 이 알메리아의 체험을 통해 자신의 모든 단점과 허영을 떨쳐버리고 자신을 강철 같은 군인으로 변모시키겠다고 맹세하게 되었다. 오로지 강철 같은 사람들만이 이제 막 탄생의 몸부림을 치고 있는 새로운 세계를 방위할 수 있을 것이기 때문이었다.

29

그로부터 며칠 후 발렌시아에 도착한 베쑨은 정부에 제출하기 위하여 짧은 여행기 하나를 준비했다. 그는 자신의 여행기에 「말라가 도로에서의 만행」이라는 제목을 붙였다. 그리고 그 여행기는 사이스가 찍은 사진들과 함께 팸플릿 형태로 정부에 의해 영어와 스페인어로 출간되었다.

발렌시아에서 그는 또한 카바예로 정부의 교체가 임박해 있다는 소식도 듣게 되었다. 전투 한 번 제대로 해보지 못하고 말라가를 포기한 것에 대해 대다수의 로열리스트들은 그 실책의 책임을 정부가 직접 져야 한다고 생각했다. 후퇴작전조차 없었던 것이 아닌가, 베쑨은 정부의 교체를 당연하다고 생각했다. 말라가는 파시스트들에게 접시째로 그대로 선사되었던 것이다.

마드리드로 돌아오자, 베쑨은 보다 배가된 정열을 가지고 수혈부대의 일을 추진했다. 부대원들에게 그는 어딘가 달라진 사람처럼 보였다. 그는 처리를 질질 미룬다든가 그저 형식적으로만 움직인다든가 하는 태도를 참지 못했고, 부대원들에 대한 요구도 전보다 더 많아지게 되었다. 그의 눈에는 이제 일체의 무기력과 비효율이 말라가와 같은 결과로 통하는 '카바예로주의'로 간주되었다. 헌혈소에서 근무하는 사람들은 그가 스페인인이든 캐나다인이든 간에 조금만이라도 소홀한 태도를 보이면 그의 불 같은 질책에 직면해야 했다. 그러나 전선에서는 전과 다름없이 냉철한 사고와 부드러운 솜씨로 일을 했다. 그와 함께 일하는 사람들은 그의 이러한 모습을 볼 때마다 늘 놀라워하는 눈치였다.

전선 일을 여전히 수행하면서, 그는 틈이 날 때마다 말라가 체험 이래 늘 그의 머리 속을 지배해 왔던 생각, 즉 수많은 전쟁 고아들을 어떻게 도울 것인가를 곰곰이 숙고했다. 정부 역시 그 문제의 해결을 위해 모종의 조치들을 강구하는 중이었지만, 베쑨은 외부세계의 지원을 받아 특별 사업을 시행할 필요가 있다고 판단하지 않을 수 없었다. 당시 정부는 돈이 없어서 쩔쩔매고 있었기 때문이었다. 북부에 위치한 대도시 바르셀로나는 당시 전투지역으로부터 멀리 떨어져 있었다. 따라서 그는 그 지역이 전쟁 고아들을 수용하는 일련의 어린이마을을 만들기에 가장 적합한 곳이라고 판단했다. 그는 시간이 나자 그 카탈로니아의 수도로 즉시 쫓아갔다. 그는 그곳에 머무르면서 정부관리들에게 자신의 계획을 제시했다. 그리고 정부의 승인이 떨어지자, 그는 토론토에 있는 스페인원호위원회로 전보를 쳐서 모금을 부탁했다. 위원회측은 그의 계획에 동의하면서 그의 요청을 받아들였다. 마침내 최초의 어린이마을 두 곳이 바르셀로나 북부에 설립되었다.

이 어린이마을들은 그후 계속 스페인공화국의 캐나다 친구들에게서 재정지원을 받았다.

마드리드로 돌아오자, 그는 다시 한 번 수혈부대의 일을 중부의 전선 전체로 확대시켰다. 4월 초 로열리스트들은 과달라하라 지역에서 공격작전을 감행했다. 이때 베쑨의 부대는 브리후에가(Brihuega)에서 3일 동안 수혈활동을 전개했다. 그리고 이 전투는 3만 명의 이탈리아군을 패주시키는 커다란 성공을 거두었다.

과달라하라 전투는 공화국측이 거둔 최초의 결정적인 승리였다. 그 결과 낙관적 분위기가 또다시 스페인 전역으로 퍼져나가게 되었다. 승리의 맛은 달콤했다. 이러한 승전 분위기 속에서, 베쑨은 새로운 수혈계획을 모색하기 시작했다. 수혈부대의 일을 스페인 전역으로 확대시킨다는 계획이었다. 그러나 이

승전 분위기는 결국 단명으로 끝날 것이었다.

어느 날 오후 그는 카를로스 콘트레라스로부터 전화 연락을 받았다. 즉시 만나자는 내용이었다. 콘트레라스는 베쑨이 자신의 집무실에 들어서자 곧바로 요점으로 들어갔다. 그는 베쑨에게 아메리카로 건너가서 미국과 캐나다의 국민들에게 공화국 스페인의 곤경을 호소해 달라고 부탁했다.

콘트레라스가 이러한 부탁을 하게 된 배경은 이러했다.

과달라하라 전투가 공화국측에 무기만 제대로 주어진다면 파시스트들의 침략을 충분히 격퇴시킬 수 있다는 것을 전세계에 보여주었다는 것이다. 그럼에도 불구하고 스페인은 서방 국가들로부터 무기 구입을 거부당하고 있었다. 러시아가 있기는 하나 지리적으로 너무 멀리 떨어져 있을 뿐만 아니라 러시아의 비무장 상선들이 지중해에서 이탈리아의 잠수함들에 의해 너무나 쉽게 격침되고 있었기 때문에, 러시아의 도움만으로는 파시스트들이 차지하고 있는 무기상의 우세를 극복할 수 없었다. 영국, 프랑스, 미국이 공화국측에 대한 통상금지조치를 철회하지 않고 있는 반면, 독일과 이탈리아는 계속해서 프랑코에게 군대와 무기를 무더기로 제공하고 있기 때문이었다. 상황이 이러한지라, 아메리카로부터의 도움이 절실히 요구된다는 것이었다. 그리고 수혈부대는 현재 아주 잘 운영되고 있었다. 따라서 부대일은 다른 사람에게 맡기고 북미의 국민들에게 스페인의 대의를 호소해 달라는 것이었다.

이 제안에 처음 접했을 때는 은근히 기분이 나빴다. 전투가 한창인데 강연 여행을 떠나다니, 도대체 나를 어떻게 보고 있단 말인가? 그러나 그는 이 제5연대 정치사령관이 제기하는 여러 곤란한 문제들을 해결할 방도를 자신이 갖고 있지 못하다는 사실을 잘 알고 있었다. 그는 부대의 캐나다인 동료들과 그 문제를 토의했다. 그들은 베쑨이 통상금지조치를 철회시키기 위해 대중연설에 나서는 것이 앞으로의 스페인 상황을 호전시키는 데 도움이 될 것이라는 콘트레라스의 견해에 동감을 표명했다. 베쑨은 고국에 있는 위원회측으로 다시 전보를 보냈다. 그리고 위원회의 답변을 기다렸다. 위원회의 답변이 도착하자, 그는 「스페인의 마음(Heart of Spain)」이라는 전쟁영화를 만들기 위해 파리로부터 카메라 기사 한 사람을 불러들였다. 그 필름을 미국으로 갖고 가기 위해서였다(이 카메라 기사의 이름은 게자 카르파티였다).

이제 그가 마치지 못한 일은 단 한 가지였다. 몇 주 전 그는 캐나다의 문학잡지인 『뉴 프론티어』로부터 기고 요청을 받은 일이 있었다.

그는 그 일을 아직 마드리드의 분위기를 맛보고 있을 때 마치기로 작정했다(『뉴 프론티어』는 지금은 폐간된 잡지이다).

그는 이 글의 제목을 「나는 왜 편지를 못하였는가(An Apology for Not Writing Letters)」라고 붙였다. 그것은 완전히 개인적인 글이었다. 그는 그 동안 이 글을 계속 미루고 있었는데, 출발할 때 밝힌 그 이유는 전쟁을 체험하면서 "진부한 말들이 싫어졌다"는 것이었다. 그는 이 거리 저 거리에서 목격한 폭격과 살인을 묘사할 수는 있었지만 그것만으로는 충분할 것 같지가 않았다. 오로지 예술만이 요 몇 달 동안 계속 겪었던 죽음과 공포의 경험을 전달할 수 있을 것이었다. 예술이란 '경험의 합법적 적자'(the legitimate and recognizable child of experience)이기 때문이었다. 그는 계속해서 이렇게 썼다.

진정한 예술가는 자신을 해방시킨다. 그의 움직임은 자연스럽다. 그는 "자기 자신의 기질대로 자연스럽게 행동한다." 그는 내심의 소리에 귀를 기울이면서 자신의 뜻에 따라 움직인다. 그는 스스로를 존중한다.

그는 깊은 바다에 사는 거대한 리바이어던처럼 장중한 모습으로 수면 위로 나타난다. 삶에 대한 그의 욕구는 거대하다. 그는 인류의 삶 속으로, 모든 인간의 삶 속으로 열정을 가지고 들어간다. 그럼으로써 그는 스스로 만인이 된다. 예술가의 기능이란 현상을 타파하는 것이다. 그의 의무는 잠자는 사람들을 잠에서 깨어나게 하고 느긋하게 수수방관적 자세를 취하고 있는 세계의 기둥들을 뒤흔들어놓는 것이다. 그는 세계에 사악한 무리들을 상기시켜 주고, 현재의 실상을 보여주며, 새로운 탄생의 길을 제시해 준다. 그는 시대의 산물인 동시에 시대의 교사이다. 그가 한번 우리 곁을 지나가고 나면, 우리는 부들부들 떨면서 그 동안 너무나도 안이하게 받아들였던 현실들에 대해 갑자기 확신감을 잃게 된다. 그는 정적인 것, 기성의 것, 고여 있는 것들을 뒤흔들어놓는다. 변화를 두려워하는 세계 속에서, 그는 혁명이야말로 삶의 원리라고 설파한다. 그는 선동가이며, 평화의 교란자이다. 그는 이 역할을 신속하게, 성마르게, 적극적으로, 쉴새없이, 요란하게 수행한다. 그는 인간의 영혼을 대상으로 하여 일하는 창조적 정신인 것이다.

헌혈소에 있는 캐나다인 동료들이 이 원고를 읽었을 때, 그들은 의사인 그가 스페인에서의 전쟁을 겪으면서 예술가의 역할에 대해 썼다는 사실을 전혀 이상하게 생각하지 않았다. 그것은 왜냐하면 베쑨 그 자신이 의사이자 예술가이기 때문이었다. 또한 그들은 그가 이 글을 통해 단지 예술가의 이러저러한 면목을 묘사하려고 노력하는 데 그친 것이 아니라 그 이상으로 앞으로의 자기 인생에 대해 윤곽을 그려보려고 노력했다는 것도 잘 이해하고 있었다.

1937년 6월 6일 그는 고국을 향해 출발했다. 프린시페데베르가라의 헌혈소에서는 모든 부대원들과 새로 조직된 의무대의 대표들과 정부관리들이 참석한 가운데 간단한 고별식이 행해졌다. 그 동안 그가 전선에서의 수혈활동을 위해 열성적으로 노력한 덕분으로, 부상자들의 사망률이 현격하게 감소되었는데, 어떤 지역들에서는 그 감소율이 75%나 되었다. 이 수치는 스페인의 정부 대변인들이 새로운 임무를 띠고 고국으로 떠나는 그를 전송하면서 행한 연설 속에서 지적된 사실이었다.

그는 자신이 스페인에 와서 보고 겪고 행한 모든 일들을 상기시켜줌으로써 "잠자는 사람들을 깨우기 위해서" 고국으로 떠나는 것이었다.

30

6월 18일 아침 8시 베쑨은 몬트리올에 도착했다. 이른 시간이었음에도 불구하고 수많은 사람들이 옛 보나방튀르 역과 그 주변 거리로 모여들었다. 그를 환영하기 위해서였다. 그가 뉴욕발 열차에서 내렸을 때, 수많은 군중들이 역문을 통해 플랫폼까지 몰려와 장사진을 이루고 있었다.

그는 영문도 모르고 군중들에게 둘러싸였다. 열성적인 사람들이 그의 가방들을 들어주었고, 또 그를 자기들의 어깨 위로 들어올렸다. 기자들은 그 군중들 사이를 헤치고 들어가 카메라 플래시를 터뜨렸다. 함박웃음을 지으며 환호하는 군중들 틈에서 그는 옛친구들의 얼굴을 발견해도 힐끗 눈인사밖에 보낼 수가 없었다. 군중들이 외쳤다.

"닥터 베쑨 만세!"

그는 사람들의 어깨에 떠메어진 채 역사를 지나 거리로 나왔다. 그들은 그를 "로열리스트 스페인 만세! 닥터 베쑨의 귀국을 환영합니다!"라고 씌인 깃발이 있는 곳으로 데려갔다.

역사 바깥에는 환영 깃발을 내단 차들이 길게 늘어서 있었다. 그는 아직도 사람들의 어깨 위에 들려진 채 다음과 같이 끝나는 감사의 말로 군중들의 환호에 답했다.

"오늘 아침 이렇게 환영해 주셔서 대단히 감사합니다. 그러나 저는 분명히 압니다. 이 환영이 어느 일 개인에 대한 환영이 아니라 로열리스트 스페인의 대의에 대한 여러분들의 지지라는 것을 말입니다."

베쑨이 시내 중심가로 떠날 때까지 군중들의 환호소리는 계속되었다. 베쑨을 선도 오픈카에 태운 자동차 행렬이 경적을 울리고 깃발을 나부끼면서 윈저를 지나 세인트캐서린 가, 그리고 몬트리올의 중심가로 나아갔다. 길가에서는 수많은 사람들이 자동차 행렬의 깃발을 보고 손을 흔들어주었다. 높은 공장 건물들에서는 노동자들이 창가에 나와 종이다발을 던져주었다.

이 행렬은 프렌치캐나다 지역의 이스트엔드까지 갔다가 다시 시내 중심가로 그리고 시내의 한 호텔로 계속되었다.

그리고 호텔방에 들어선 베쑨은 그 즉시로 전화벨 소리와 옛 친구들과 의료단체 사람들과 취재 요청과 대륙 도처에서 답지한 메시지와 축하전문들 속에 파묻히게 되었다. 전에는 의학잡지들에나 소개되었지만, 이제는 그가 행하는 일들이 도하 각지를 통해 널리 알려지고 있었다. 그는 이제 역사의 행로와 관계되는 많은 사건들 속에서 움직이고 있었던 것이다.

그 첫 흥분의 이틀 동안 그를 만나러 온 친구들은 그가 겉으로는 분명히 나타나 있지 않으나 어딘가 좀 사람이 달라졌다는 느낌을 받고 떠났다. 그리고 더 야위고 더 거무스름해진데다가 피곤한 기색이 역력하게 드러나 있었다. 그 피곤함은 육체적

과로에서 나오는 것이라기보다는 오히려 어떤 정신적 긴장감, 어떤 개인적 침잠에서 나오는 것이었다. 그러나 스페인에 대해서라면 아무리 사소한 질문이라도 그는 원기왕성하게 설명을 해주었다. 그러다가도 이야기를 다 마치면, 그는 갑자기 말이 없어지면서 함께 있는 사람들의 얼굴을 두루 살펴보는 것이었다. 또 가끔은 대화를 나누다가도 갑자기 자기 자신에게 침잠하는 듯한 기색이었다. 그래서 주위 친구들에게는 그가 아주 멀어져 보이기도 하였다.

프란시스가 그를 방문했을 때, 그 재회는 아주 화기애애한 것이었지만, 그럼에도 불구하고 두 사람은 뭔가 미진하다는 생각이 들지 않을 수 없었다. 그가 스페인에서의 생활에 대해 한참 동안 이야기를 다 하고 나자, 그녀는 이렇게 말했다.

"예나 지금이나 당신은 변한 게 없군요. 그런데도 웬지 사람이 좀 달라졌다는 기분이에요. 당신은 그렇게 생각하지 않나요?"

그는 웃으면서 이렇게 대답했다.

"정말이지 그렇게 되기를 바라고 있소."

마운트로열 경기장에서의 연설을 시작으로 그는 자신의 임무수행에 들어갔다. 그가 귀국 전보를 쳤던 그 순간부터, 스페인 민주주의 원호위원회에서는 적극적인 순회연설 준비에 착수했다. 그 일환으로 몬트리올에서의 이대집회가 준비되었는데, 이것은 귀국한 지 이틀 후의 일이었다.

로열리스트나 프랑코냐를 가지고 퀘벡의 여론은 분열되어 있었다. 스페인 민주주의 원호위원회의 활동에 반발을 보이는 공식적인 움직임들도 있었다. 그러나 베쑨이 스페인에서 행한 일은 그런 많은 정치적 대립을 뛰어넘는 성격을 지니고 있었기 때문에, 그에 대한 사람들의 태도는 대체로 존경심을 나타내는 것이었다. 경기장의 문이 열렸을 때는, 경기장 주위가 일찍부터 나와 있는 사람들의 행렬로 장사진을 이루고 있었다. 그가 스페인 원호위원회의 관계자들과 경기장에 도착했을 무렵에는, 그 거대한 건물이 이미 문자 그대로 서까래 밑까지 꽉 차 있었는데, 아직도 들어오지 못한 사람들까지 계산하면 약 1만 5천 명은 되는 것 같았다. 이 경기장에 몰려든 사람들은 서로 생업도 다르고 정치적 신념도 다른 다양한 사람들이었다. 몬트리올에 거주하는 여러 소수 민족들, 학교 교사들, 대학 교수들, 노조의 조합원들, 의사들, 그리고 베쑨의 정치적 견해에 공감하는 사람들과 또 그의 견해에는 반대이나 그 인간됨은 인정하는 사람들 등 참석자들은 여러 부류의 사람들이었다.

앞 사람들의 간단한 연설과 그에 대한 소개가 모두 끝나고 그가 마이크 앞으로 다가가자, 거대한 환호성이 경기장 안을 메아리쳤다. 약 1만 5천 명의 남녀들이 어둠 속에서 열광적으로 환호하는 가운데 스포트라이트를 받으며 혼자 연단으로 나선다는 것은 참으로 굉장한 체험이었다. 그는 연단에 서자 먼저 담뱃불부터 붙이고 박수갈채가 가라앉을 때까지 조용히 기다렸다. 그리고 아주 쉬운 어투로 연설을 시작했다.

"친애하는 의장 귀하 그리고 신사 숙녀 여러분. 제가 스페인으로 떠났던 것은 명예를 위해서였습니다. 그리고 지금은 스페인 밖에서 명예를 망각하고 떠드는 사람들에게 몇 가지 할말이 있어서 이렇게 돌아왔습니다.

저는 외과의사입니다. 저의 직업은 인간의 생명을, 그 모든 아름다움과 활력을 보존시키는 것입니다. 그러나 제가 스페인에 가게 된 이유는 정치가들이 스페인을 배반하고 또 우리들까지도 그들의 배반에 동조하도록 기만적으로 행동하기 때문이었습니다. 정치가들은 저마다 그 정도는 각기 다르지만 민주주의 스페인이 이 지상에서 사라져야 한다고 주장하고 있습니다. 그러나 민주주의 스페인이 살아 남아야 한다는 것이 저의 신념이자 지금의 확신입니다."

이렇게 인사말을 마친 그는, 스페인 국민들의 저항의 중심지인 마드리드에 대해, '파시스트들의 침입을 방위하기 위해 시민들이 싸우면서 일하는 그 전선 속의 도시'에 대해 이야기했다. 그는 조용한 목소리로 마드리드 시민들에 대해 설명했다. 그는 폭격을 당한 집으로부터 거리로 뛰쳐나온 여인들, 팔다리를 잃은 아이들, 독일제 탱크들을 저지하기 위해 용기 이상의 그 무엇으로 싸우고 있는 전선의 사나이들에 대해, 그리고 애국 시민들을 단결시키고 있는 그들의 동지애에 대해 이야기했다. 그는 계속해서 이렇게 말했다.

"국민들은 자신들이 반역자들과 침입자들을 패퇴시킬 수 있다고 굳게 확신하고 있습니다. 그러나 그들은 유럽 열강의 태도에 당혹감을 느끼고 있습니다. 그들은 파시스트들이 풍성하게 제공받고 있는 그 무기들을 서방세계가 자기들에게 제공하고 있지 않음에도 불구하고 그들이 파시스트들에게 괴멸적 타격을 가할 수 있다는 사실을 이미 과달라하라 전투를 통해 보여준 바 있습니다. 동시에 그들은 서방측의 금수조치가 여전히 강행되고 있기 때문에 더 많은 가정들이 파괴되고, 더 많은 목숨들이 사라지고 더 많은 도시들이 폐허로 변하고 있다는 사실도 아주 잘 알고 있습니다."

청중들은 긴장감 때문에 숨을 죽였다. 간간이 의자가 삐걱거리는 소리가 들릴 정도로 조용한 가운데, 그의 연설이 계속되었다. 그는 전선에서의 자신의 수혈활동, 말라가 도로에서의 피난민 행렬, 그 피난민들에 대한 폭격, 길가에서 쓰러져가는 사람들, 알메리아에서의 대량학살, 죽은 자들과 산 자들이 함께 매장되는 광경, 아이를 품에 안고 자신이 불타는 거리들을 뛰어다녔던 일들에 대해 이야기했다. 그는 청중들에게 부모와 집을 잃고 거리를 방황하는 수많은 어린 고아들에 대해, 그 아이들의 멍든 마음과 병든 육체에 대해, 찬찬히 이야기했다. 이것은 분명 프랑코의 봉기와 독일, 이탈리아의 침입과 서유럽 열강의 이른바 '불간섭'이 낳은 결과였다.

그는 이렇게 계속했다.

"이것이 바로 '불간섭'이라는 미명 아래 전세계가 한 나라의 국민들을 고통 속으로 몰아넣고 있는 참모습인 것입니다. 그러나 세계의 양심적인 사람들은 그러한 몰염치한 태도에도 불구하고 지금 인류의 대의를 위해 스페인으로 몰려들고 있습니다. 스페인을 방위하기 위해 편성된 국제여단들이 바로 그것입니다. 우리 캐나다 사람들도 천 명 이상이 맥켄지-파피노대대(the Mackenzie-Papineau Battalion)를 편성하여 캐나다의 영예를 드높이고 있습니다."

이야기가 이렇게 스페인에서 활동하는 캐나다 사람들의 언급에 이르자, 경기장 전체로부터 박수갈채가 터져나왔다. 그러자 베쑨은 잠시 이야기를 멈추고 손에 들고 있던 담배를 마지막으로 빨아들이고 나서 꽁초를 바닥에 던지고 구둣발로 비벼 껐다. 청중들의 박수갈채가 다시 잠잠해지자, 그는 수혈부대의 활동에 대해 보고한 다음, 마지막으로 이렇게 자신의 이야기를 매듭지었다.

스페인 국민들이 생각할 때, 또 자기 눈으로 스페인을 바라보는 각국의 양심적인 사람들이 생각할 때, 사실은 분명한 것입니다. 각국의 보수주의자들이 '불간섭'이라는 무화과 잎새로 그들 정책의 적나라한 진실을 은폐시키고 있는 것과 꼭 마찬가지로, 프랑코와 그 파시스트 후원자들은 침략행동을 호도하기 위해 어떤 술수를 쓰고 있음이 아주 명백합니다. 그들은 그들의 만행을 감추기 위해 한 가지 묘안을 찾아냈는데, 그것이 바로 오스트리아의 도배장이와 이탈리아의 변절자 사이에서 태어난 '공산주의의 위협!'이라는 사생아인 것입니다.

지금으로부터 14년 전 무솔리니는 특등 열차를 타고 로마에 입성하여 권좌를 차지했습니다. 이때 그가 내세운 것이 '공산주의의 위협'을 분쇄하기 위해서라는 것이었습니다. 그는 자신의 신성한 임무를 내세우며, 무서운 속도로 국민의 생활수준과 생명, 자유, 행복추구에의 권리들을 파괴하기 시작했습니다. 아주 최근에는 의심할 바 없이 그 신성한 임무의 일환으로서 이탈리아를 군국화하고 아비시니아를 파시즘과 유혈의 도가니 속으로 몰아넣었습니다.

그리고 지금으로부터 4년 전, 아돌프 히틀러가 수상으로 취임하면서 내세운 것도 '공산주의의 위협'으로부터 독일을 구하겠다는 것이었습니다. 그는 여러분들도 잘 아시는 바와 같이 이탈리아의 지도자 동지(Il Duce : 무솔리니의 칭호)보다도 훨씬 더 무서운 속도로 자신의 임무를 수행하고 있습니다. 볼셰비즘에 대항하기 위한 신성한 전쟁을 수행한다는 미명하에서, 그는 독일의 모든 민족주의적 집단들을 무자비하게 탄압하고, '비(非) 아리아인들'을 살육하고, 금세기 최고의 지성들을 몰아내고, 독일 전체를 집단 강제수용소로 변모시키면서, 그 국민들에게 역사상 일찍이 그 유례가 없었던 독재체제를 강요하고 있습니다. 히틀러 각하께서는 지금도 여전히 '공산주의의 위협'에 격분을 하고 계십니다만, 그가 재무장시킨 군대의 대포들은 유감스럽게도 바로 유럽의 주도적 반공국가들을 향하고 있습니다.

그런데 지금 프랑코와 그의 무어인, 독일인, 이탈리아인 후원자들도 그와 똑같은 주장을 반복하고 있습니다. 그들 역시 공산주의의 위협으로부터 스페인을 구하겠다는 것입니다. 그리고 다우닝 가에는, 또 우리의 오타와에는, 또 학식이 높으신 미국의 상원의원들 사이에는, 스페인 국민들을 생각하면 물론 애처롭기 짝이 없지만, 현재의 사태는 결국 모스크바와 공모한 빨갱이들 때문이라고 판단하고 계시는 분들이 많은 것 같습니다.

그렇다고 제가 오늘밤 공산주의의 장단점들에 대해 논의하겠다는 것은 아닙니다. 그럴 생각은 추호도 없습니다. 만약 스페인 국민들이 정말로 공산주의라는 것을 원한다면 그들이 언제 어떻게 그것을 채택할 것인가 하는 문제는 그들이 알아서 결정할 문제이지 그 밖의 그 누구도 간섭할 문제가 아닐 것입니다. 그러나 저는 공화국 스페인에 대한 침입을 '공산주의의 위협'으로부터 나라를 구하기 위한 희생적 행위로 채색하고자 하는 그 어떠한 시도도 새빨간 거짓말에 불과하다는 사실을 여러분에게 강조하지 않을 수 없습니다.

만약 이러한 얼토당토 아니한 거짓말들이 세계 도처에서 그대로 묵인된다면, 그것은 공산주의자들뿐만 아니라 반공산주의자들의 모든 권리와 자유까지도 침해하게 될 것입니다. 만약 여러분들이 스페인 국민들처럼 자유스럽지 못하다면, 그래서 만약 여러분들이 스페인 국민들처럼 여러분의 자유와 권리를 방위하고자 한다면, 여러분들은 공산주의자로 낙인이 찍힐 것이기 때문입니다. 만약 여러분들이 스페인 국민들처럼 굶주리고 있다면, 그래서 여러분들이 빵을 요구하고자 한다면, 여러분들은 '공산주의의 위협'을 제거시킨다는 명목하에서 타도될 것입니다. 또 만약 여러분들이 스페인 국민들처럼 최소한의 인간다운 생활을 쟁취하고자 한다면, 여러분들은 공산주의에 오염되었다는 이유로 '쩔러 총'이라는 구령과 함께 피를 뿌리며 쓰러져 갈 것입니다. 진지한 모든 주장, 인간다운 생활에 대한 모든 소망, 부정부패에 대한 모든 항의, 불완전한 세상을 보다 완전하게 만들고자 하는 모든 노력이 의심스러운 것으로, 위험한 것으로, 보복을 불러일으키는 것으로, 가장 극악한 전복행위로 낙인찍히게 될 것입니다.

물론 러시아가 로열리스트 정권을 지원하고 있으며 스페인 내외의 공산주의자들이 스페인의 인민전선정부를 지지하고 있다는 주장은 그대로 사실입니다. 그러나 그 주장은 스페인에 '공산주의의 위협'이 존재한다는 것을 입증시킴으로써 로열리스트들의 입장을 깎아내리는 데 악용되고 있습니다. 따라서 저는 그 논리를 그대로 받아들일 수 없습니다. 저는 러시아나 그 밖의 공산주의자들이 좋다고 인정하는 것은 무조건 나쁜 것이라는 그런 유치한 주장에는 절대로 승복할 수가 없습니다. 또한 저는 파시스트들과 각국의 '중립적인' 보수주의자들이 좋다고 인정하는 것은 결코 나쁜 것일 수 없다는 그러한 한심한 추론 역시 절대로 받아들일 수가 없습니다. 그렇습니다. 러시아는 스페인공화국을 원조했습니다. 공산주의 국가가 아닌 멕시코도 스페인공화국을 원조하였습니다. 이것은 부정될 수 없는 명백한 사실입니다. 그렇다고 그것이 스페인의 수치가 됩니까? 저는 오히려 그와 정반대로 생각하지 않을 수 없습니다. 저는 러시아와 멕시코가 스페인 국민을 대표하는 스페인 정부에 그들의 국제적 의무를 실천했다는 사실은 러시아와 멕시코에 영예가 되는 행위라고 말하지 않을 수 없습니다. 러시아와 멕시코는 스페인 정부를 스페인 국민들의 대표기관이라고 인정하고 있기 때문에 스페인 정부를 돕고 있는 것입니다. 그런데 서유럽 열강들은 스페인의 로열리스트들에게 금수조치를 내림으로써, 또 이탈리아와 독일이 프랑코에게 무기와 군대를 보내는 것을 묵인해줌으로써, 히틀러와 무솔리니를 지원할 뿐만 아니라 가난한 스페인 국민들을 착취하고 있는 스페인의 자본가 지주무리들까지 지원하고 있는 것입니다.

자, 이제 우리 모두 반공이라는 지독한 사기극은 그만두도록 합시다. 그것은 히틀러와 무솔리니에게는 커다란 봉사를 했지만, 노예화된 독일 국민과 이탈리아 국민들에게는 그렇지 않았습니다. 그것이 각국 보수주의자들의 귀에는 달콤하게 들리고, 또 노처녀 행세를 하는 영국의 일부 노동 지도자들에게는 그 알량한 양심을 달래줄지 모르겠습니다만, 그럼에도 불구하고 그것은 명백히 얼토당토한 거짓임에 틀림없습니다. 그것은 분명 **1930년대**를 완전히 집어삼키려 하는 거대한 거짓입니다. 그것은 자기들의 정치적 전망이 고갈되어버린, 자기들의 권력욕이 도전에 봉착해 버린, 반동들의 마지막 피난처일 뿐입니다. 이것이 바로 스페인이 우리들에게 가르쳐주고 있는 하나의 교훈입니다. 이 교훈을 우리 모두 결코 잊지 말기로 합시다. 스페인을 파시즘의 무덤으로 변모시켜 버립시다. 만약 우리가 지금 이 의무를 제대로 실천하지 못한다면, 언젠가 역사는 우리들에게 철저한 보복을 가할 것입니다.

베쑨의 이 연설이 끝나자, 모든 청중이 기립하여 오랫동안 박수갈채를 보냈다.

31

그로부터 이틀 후, 그는 토론토의 대집회에서 또 한 차례 연설을 했다. 그것은 북미대륙 전역을 돌아다니는 길고도 힘든 순회여행의 시작이었다. 7개월 동안 그는 캐나다와 미국의 대도시들과 소도시들을 돌아다니며 「스페인의 마음」을 보여주면서 강연을 계속했는데, 처음에는 동부 해안부터 시작하여 온타리오 주의 남부와 북부를 거치고 대초원지역을 건너 서부 해안의 밴쿠버까지 마친 다음, 다시 미국 전역을 순회했다.

그는 이 강연여행을 하면서 도덕적 재정적으로 기대 이상의 호응을 받았다. 그러나 그의 임무에 먹구름이 끼기 시작했다. 그가 이 도시에서 저 도시로 여행하면서, 우리가 지금 로열리스트 스페인을 구하는 데 실패한다면 세계는 앞으로 보다 큰 재앙으로 고통을 겪게 될 것이라고 경고하고 있을 때, 역사는 그의 그 최악의 예측대로 움직여갔던 것이다. 반코민테른 공작이 다시 기세를 올리기 시작했는데, 이번에는 그것이 중국에서 일어났다.

그는 자신의 한 연설에서 이렇게 열변을 토했다.

"스페인에서는 미국과 영국과 프랑스가 로열리스트들에게 금수조치를 취하고 있는 동안 파시스트들이 2천4백만 명의 국민들을 궁지로 몰아넣었습니다. 그런데 지금 중국에서는 그와 똑같은 사태가 지구 전체 인구의 거의 4분의 1에 해당하는 국민들을 고통 속으로 몰아넣고 있습니다. 만약 정치적 반대자들을 탄압하고 오히려 침략자들과 협정을 맺는 그러한 배신적 정책이 그곳에서도 그대로 계속된다면, 우리는 세계의 그 어느 곳에서도 그 누구의 안전도 기대할 수 없게 될 것입니다."

그는 서유럽 열강들의 정책이 변화하기를 기다리고 또 기다렸다. 그러나 그 어디서도 그러한 정책 변화는 이루어지지 않았다. 1931년 일본은 만주를 침략했다. 서유럽 열강들은 그저 말의 잔치만 벌일 뿐이었고, 장개석 정부도 속수무책으로 그것을 그대로 지켜볼 뿐이었다. 1937년 7월이 되자, 일본은 북평(北平 : 현재의 북경)에 대한 공격을 노골적으로 개시했다. 그리고 스페인에서처럼 일본은 아시아에서 '공산주의'를 억제하기 위해서라는 명분을 내세웠다.

베쑨은 전에 마드리드발 외신보도에 의해 행동하게 되었던 것처럼 중국발 외신보도에 귀를 기울였다. 그의 연설은 이제 더욱더 긴박한 어조를 띠어갔다. 친구들에게 보내는 그의 편지들은 격노의 감정들로 가득 차 있었다. 그는 청중들의 반응이 자신의 말을 점점 더 수용하는 자세로 변해 가고 있다는 것을 분명히 감지할 수 있었다. 폭넓은 층의 사람들이 추축국들의 움직임을 불신의 눈으로 바라보게 되었다. 그러나 그로서는 역사의 발걸음이 사람들이 깨닫는 속도보다도 훨씬 더 빠른 속도로 세계를 위협하고 있다고 생각하지 않을 수 없었다.

일본이 중국의 도시들을 폭격했다는 소식에 접했을 때, 그의 마음은 마드리드로, 알메리아로, 폭탄 터지는 소리와 부상자들의 절규와 사망자들의 처참한 모습으로 되돌아갔다. 캐나다와 미국은 참으로 각성하지 않으면 안 되었다. 그러나 그들은 여전히 '맹랑한 신문사설들과 정치가들의 위로조의 말들과 헐리우드에서 나오는 아편들과 대기업들이 펼치는 강력한 선전들'에 의해 길들여지고 있었다.

그가 스페인으로 떠나기 전에 함께 지내던 즐거웠던 시절을, 향수 어린 어조로 회상하면서 편지를 해준 몬트리올의 한 친구에게, 그는 이렇게 답장을 썼다.

그러나 나에겐 이제 두 번 다시 그런 시절이 오지 않을 걸세. 쾌락과 흥분과 사교의 매력이야 나도 누구 못지않게 잘 아는 사람이지.

그리고 나 역시 아주 약한 사람이라는 것도······. 그러나 그런 시절은 이제 다 지나가버리고 말았네. 그 시절을 그리워하기에는 이미 단련이 많이 되었다고나 할까······. 앞날이 외롭고 위험한 길이라는 것은 잘 알지만 말일세.

또 한 동료의사한테는 이렇게 편지를 써보냈다.

오늘 기차를 갈아타면서 캐나다 신문들을 몇 부 사서 보았네. 뒤 페이지 쪽 어딘가에서 일본에 고철을 선적하는 것을 반대하여 밴쿠버 부두에서 데모가 일어났다는 조그만 기사를 읽게 되었네. 그런데 그들을 칭찬해 주고, 캐나다의 고철이 중국인들의 생명을 위협하는 무기로 만들어지지 않도록 하겠다고 그들에게 약속을 해주는 그런 각료는 한 사람도 없더란 말일세. 그들에게 관심을 베풀어준 것은 오직 경찰뿐이었네. 시위자들에게 몽둥이 세례를 가할 것이 유감이지만 말일세. 정말 한심하기 짝이 없네. 그러나 그 바보짓의 결과는 얼마나 엄청나겠나? 그래서 이야기인데……

이 '바보짓'에 직면하여 그는 결단을 내렸다. 중서부 어딘가를 기차로 지나면서, 그는 토론토에 있는 스페인 원호위원회의 한 관계자에게 편지를 썼다. 그는 지금 반 년 동안이나 로열리스트 스페인을 위하여 순회강연을 해온 셈이었다. 그리고 그가 이 일을 떠맡은 이유는 그 필요성을 확신했기 때문이었다.

그러나 스페인의 전황은 그의 귀국 이래 더욱 악화일로를 걸어왔으며, 다른 지역에서의 정치상황도 역시 크게 다를 바가 없었다. 또한 동양에서는 전쟁이 확대되고 있었다. 따라서 지금 실정에서는 군사적 투쟁이 더욱 더 중요해지고 있었다. 어쨌든 북미의 대부분 지역을 순회한 지금, 그는 자신의 유용성이 다시 한 번 보다 직접적인 참여에 있으리라고 생각하게 되었다.

그는 이제 여행의 마무리 단계로서 캐나다의 몇몇 집회에서 연설을 하는 중이었다. 그는 맥길 대학교의 어느 학생 단체에 나가기도 했고 또 토론토의 어느 집회에 참석하기도 했다. 그로부터 1주일 후 새스커툰에서의 어떤 집회에서, 청중 가운데 한 사람이 그에게 큰소리로 이렇게 질문을 했다.

"당신이 공산주의자라는 말이 있는데, 그것이 사실입니까?"

그는 이렇게 대답했다.

"예, 저는 공산주의자입니다."

그의 이 발언은 언론을 통해 전국으로 퍼져나갔다. 어떤 집단에서는 이 소식에 아주 깜짝 놀라는 반응을 보였으며, 또 어떤 집단에서는 이것을 그저 일종의 제스처로 간주했다. 그러나 그의 가장 가까운 친구들이 볼 때, 그의 이러한 행동에는 그럴 만한 필연성 같은 것이 있다고 생각하게 되었다. 새스커툰 집회 후, 누군가가 그의 공산당 입당 사실이 스페인을 위한 그의 노력을 훼손시킬지도 모른다고 염려하자, 그는 이렇게 격렬한 반응을 나타냈다.

"아, 아닙니다. 나는 입당 사실을 숨기면서 행동할 생각이 없습니다. 그래요, 나는 공산주의자입니다. 그것은 내 자신이 내 자신의 신념에 따라 결정할 문제입니다. 만약 내가 지금 우유가 아이들에게 좋을 것이라고 말한다면, 그것이 공산주의자가 한 말이라는 이유로 반공주의자들이 우유는 아이들에게 좋지 않은 것이라고 주장하겠습니까? 그리고 만약 내가 사람들이 빵을 필요로 한다고 말한다면, 단지 그렇게 말하는 사람이 사회주의 사회를 정치적 도덕적으로 가장 높은 단계에 있는 사회형태로 생각하고 있다는 이유만으로, 사람들이 빵을 필요로 하지 않게 되겠습니까?"

또 어떤 집회에서 한 질문자가, 그를 보고 '모스크바의 고용인'이라고 야유했을 때, 그는 아주 안쓰럽다는 듯이 이렇게 응수했다.

"정말 불쌍할 정도로 미혹스러운 말씀을 하시는군요. 왜 내가 모스크바의 고용인입니까? 왜 내가 영국의 고용인은 아닙니까? 사회주의 이론은 러시아혁명이 일어나기 육십년 전에 런던에서 만들어졌습니다. 만약 내일 당장 러시아가 지구상에서 사라져버린다면, 당신은 그것으로 공산주의도 다 사라져버릴 것이라고 생각합니까? 만약 그리스도가 다시 이 땅에 태어나서 인류의 우애를 설교한다면, 그 역시 '모스크바의 고용인'이라는 딱지를 얻을 것이라고 나는 확신합니다."

이렇게 순회여행이 끝날 무렵, 그는 자신의 앞으로의 계획을 마음속으로 분명히 결정하고 있었다. 토론토에 있는 어느 프로테스탄트 교회에서 열린 스페인 원호위원회의 한 회의에 참석하여 연설한 후에, 그는 스페인 민주주의 원호위원회 관계자들과 자신의 문제에 대해 상의를 했다.

그는 그들에게 그 동안 자신은 외과의사로서 스페인으로 다시 돌아갈 생각이었다고 먼저 이야기했다. 그러나 지금은 일단의 새로운 미국인 의사들이 스페인으로 떠난 상태이고 또 극동의 급박한 사태 진전 때문에 중국 국민의 반침략투쟁이 중요시

되어지고 있다고 지적했다. 그는 계속해서 대충 다음과 같은 내용의 이야기를 했다.

물론 다시 개인병원을 개업할 생각은 추호도 없다. 또 스페인이 계속 도움을 필요로 하고 있다는 점도 잘 알고 있다. 그러나 그곳은 다소의 도움이나마 이미 제공받고 있는 형편이다. 반면 중국은 스페인의 경우보다도 의사들을 훨씬 더 필요로 할 것이다.

그들은 베쑨의 발언에 고개를 끄떡였다.

뉴욕에는 중국방위연맹(the China Defense League)과 협력 관계에 있는 중국원조협의회(the China Aid Council)라는 단체가 있는데, 중화민국 초대대통령 손문의 미망인인 송경령 여사가 그 대표였다. 이 협의회는 북부 중국에서 일본군과 전투를 벌이고 있는 유격대원들에게 의료봉사대를 파견할 계획을 갖고 있었다. 그는 이미 이 일에 자원한 상태였다. 의무대를 조직하여 게릴라들에게 협력하겠다는 생각에서였다. 그리고 스페인에서의 그의 경험은 중국에서도 아주 귀중하게 쓰일 것이었다.

그로부터 며칠 후, 그는 뉴욕으로 갔다. 거기에서 그는 중국원조협의회측과 완전한 준비를 마쳤다. 그리하여 1938년 1월 2일, '일본의 여황' 호를 타고 밴쿠버를 떠나 홍콩으로 향했다. 이때 그는 의무부대 몇 개 정도는 운영하기에 충분한 장비와 약품을 준비해서 떠났다.

몇 주 동안은 준비에 여념이 없어서 미래의 일에 대해 생각하고 말고 할 시간적 여유가 전혀 없었다. 프란시스는 전에 몬트리올에서 한 번 본 적이 있었고, 해밀턴에 있는 가족들한테도 이미 방문했었다. 그리고 몇몇 아주 가까운 친구들하고도 이미 작별인사를 해놓은 상태였다. 그러나 막상 배를 타고 보니 프랜시스에게 작별편지를 써야겠다는 생각이 들었다. 그래서 그는 그 배에서 쓴 편지를 홍콩에 도착해서 부쳤는데, 그 내용은 다음과 같았다(해밀턴에는 그의 어머니와 누나와 남동생이 살고 있었다. 그리고 그의 아버지는 1930년에 사망하였다).

밴쿠버로 떠나기 전에 몬트리올에서 당신을 만났을 때 내가 왜 중국으로 가려 하는지를 대충은 설명했다고 생각하오. 내가 잘 해낼 수 있는지는 물론 미지수요…….

내가 스페인에 갔다왔다고 해서 이제는 그저 옆에서 편안히 구경이나 해도 괜찮다는 어떤 특권이 있는 것은 아닐 것이오. 그것은 어느 누구에게나 마찬가지가 아니겠소. 스페인은 내 마음에 커다란 상처를 남겼소. 당신도 이해하겠지? 그 상처는 결코 치유될 수 없을 거요. 평생 동안 나는 당시 목도했던 그 비참한 일들을 떠올릴 때마다 그 고통을 다시 느낄 것이오.

나는 살인과 부패가 판을 치는 이 세상에서 그 모순을 묵과하기를 거부하오. 나는 우리가 소극적인 탓에 또는 태만한 탓에 탐욕스런 인간들이 전쟁을 일으켜 다른 사람들을 살육하는 것을 도저히 묵과할 수 없소…….

스페인이나 중국이나 모두 다 같은 투쟁의 일부인 것이오. 내가 중국으로 가려는 이유는 그곳이 가장 절실하게 도움을 필요로 하는 곳이기 때문이오. 또한 나의 능력이 가장 가치 있게 쓰일 수 있는 곳이 바로 그곳이기 때문이오.

부디 행복하기 바라오…….

당신의 베쓰

제4부

중국 인민의 영원한 동지

32

나는 국민 혁명을 통해 중국의 국제적 지위를 향상시킴으로써 중국이 다른 국가들과 자유롭고 평등하게 살도록 하기 위해 지난 40년 동안을 진력해 왔다. 나는 이 과정에서 이 목적을 진정으로 달성하기 위해서는 먼저 우리 국민을 각성시키고 우리가 세계 만방의 국민들과 동등한 국민으로서 함께 연대 투쟁을 전개하지 않으면 안 된다는 사실을 확신하게 되었다.

— 중화민국 대통령 손문의 『나의 의지』(1925) 중에서

1938년 1월 20일, 베쑨은 영국의 직할 식민지로서 중국의 남부해안에 위치한 홍콩에 도착했다. 그로부터 3일 후 그는 다시 장개석의 국민당정부가 있는 한구(漢口)로 떠났다. 한구에 도착한 그는 자신이 완전히 다른 세계에 와 있다는 느낌을 받았다. 중국은 지구상에서 역사가 가장 오래되고 광활한 땅을 자랑하는 나라였지만, 이상하게도 후진적인 냄새를 물씬 풍기는 나라였던 것이다.

환상적인 누추함과 현란한 풍부함이 한데 어우러져 있는 이 도시에서, 고루한 정치관료들이 시대의 흐름에 완강하게 저항하고 있는 이 도시에서, 그는 하급관리들을 만나보고 조악한 군병원들을 둘러보면서 북행을 준비했다.

중국에 대해 서양인들이 가한 충격은 엄청난 것이었다. 그리고 지금 중국은 제국주의와 봉건 잔재와 공산주의가 서로 각축하는 속에서 일본의 침략에 의해 커다란 홍역을 치르고 있었다. 당시 중국의 사정을 제대로 이해하기 위해서는 우리는 먼저 수천 년 동안의 중국 역사와 근대 유럽의 발흥 그리고 서유럽 열강의 경쟁적 침탈과 그에 대한 중국 국민의 저항 등을 두루 살펴보지 않으면 안 될 것이다.

중국에서 문명이 일어난 것은 지금으로부터 약 5천 년 전의 일이었다. 유럽이 아직도 미개상태를 벗어나지 못하고 있는 동안, 중국에서는 이미 봉건제가 실시되고 있었다. 비록 간접적인 것이긴 하였지만 유럽에 대한 중국의 영향 또한 심대한 것이었다. 유럽이 중국으로부터 인쇄술과 화약제조술을 전래받았을 때, 중국은 당시 유럽 상인들의 메카였다. 서양인들은 이 전설적인 보고를 늘 선망에 찬 눈길로 바라보았던 것이다. 그러나 중국이 계속 봉건제의 단잠에서 깨어나지 못하고 있을 때, 서유럽에서는 산업혁명으로 인해 봉건제가 무너지게 되었다. 이 봉건제의 해체과정에서 중국으로부터 전래된 인쇄술의 역할은 커다란 것이었다. 이리하여 자본가들이 권력을 장악하고 새로운 자본주의 질서가 자리잡게 되자, 그들은 시장과 원료를 찾아 세계 전역에 손길을 뻗치게 되었다. 그들은 자기의 목적을 위해 중국으로부터 전래된 화약을 사용했다. 그러자 곧 아시아와 아프리카가 삽시에 그들의 먹이로 전락하였다.

유럽이 이렇게 후진 지역들을 침탈하면서 그 세력을 크게 확대시켜나가고 있을 때, 중국은 이민족인 만주족의 지배하에 있었다. 19세기에 들어서자 서구의 제국주의자들은 중국을 노골적으로 능욕하기 시작하였다.

19세기는 '대약탈'의 세기였다. 영국은 홍콩을 장악하면서 치외법권을 강요했다. 또한 해안에 군함을 갖다대고 아편을 수출했다. 일본은 한국과 대만을 병탄했다. 프랑스는 인도차이나를 약탈했다. 독일은 중국 내륙의 여러 도시들을 장악했.

러시아는 만주의 중요 항구들을 점령했다. 미국 역시 서부개척을 완료하면서 침탈과정에 신참자로 끼어들었다. 미국의 대외정책은 한마디로 '문호의 개방'을 요구하는 것이었는데, 그것은 즉 '나에게도' 문을 열어달라는 의미였다.

제국주의 열강들이 이렇게 특권적 지위를 내세우며 중국을 침탈하는 동안, 중국의 일반 국민들은 그 대다수가 가난과 질병과 문맹과 압제에 허덕이고 있었다. 그러나 전통적으로 지배 왕조들과 결탁해 왔던 봉건지주계급은 호의호식 속에서 부패해 있었다. 농민들이 빈번히 반란을 일으켰지만, 그 반란들은 늘 봉건 지배자들과 외국의 군대에 의해 분쇄될 뿐이었다. 그러나 서구의 문물이 계속 밀려들어옴에 따라, 점점 더 많은 수의 중국인들이, 특히 학생과 지식인들이 서양의 기술과 역사와 진보사상에 접하게 되었다.

20세기에 들어서자 자주독립을 위한 민족운동이 손문의 주도하에 그 커다란 발전을 보게 되었다. 그러자 군에 있던 한족 병사들 사이에서도 민족주의사상이 확산되기 시작하였다. 1911년 일부 군대가 반란을 일으키자, 청조는 맥없이 무너졌다. 이리하여 손문을 대통령으로 한 중화민국 정부가 남경에 수립되었다.

그러나 이 변화는 처음엔 그저 표면상의 변화에 불과했다. 지주와 관료들은 그대로 남아 있었고, 국토의 대부분이 지방 군벌들에 의해 장악되어 있었던 것이다. 그들은 외국 열강과 노골적으로 공모관계를 맺으면서 손문에게 대항했다. 손문의 과제는 제국주의를 축출하고 국토를 통일하며 진정한 정부를 수립하고 봉건 잔재를 척결함으로써 수세기 동안 고대해 온 전반적 개혁을 실시하는 것이었다. 1914년에서 1918년 사이의 제1차 세계대전은 이 과정을 가속화시켰다.

독일과 오스트리아·헝가리 제국은 대전에서의 패배와 함께 중국에 대한 제국주의적 영향력 행사를 포기했다. 10월 혁명으로 새로운 사회주의국가로 변모된 러시아는 중국에 대한 일체의 특권을 포기하면서 식민지 각국의 완전한 독립을 지지한다고 공개적으로 선언했다. 제1차 세계대전으로 열강 블록이 약화됨에 따라, 중국에서는 새로운 내부 세력들이 성장하면서 민족운동 진영을 강화시키게 되었다. 세계대전이라는 특별한 상황 속에서 중국의 각 지방에서도 공업이 발전하게 되었다. 이것이 민족산업가계급과 새로운 노동계급을 낳게 되었다. 열강의 경제적 약탈을 속수무책으로 바라만 보고 있던 이 산업가계급은 이제 그 무기력에서 벗어나 그들의 이익을 보호해 줄 강력한 정부를 희구하게 되었다. 노동계급도 아직은 그 수가 소규모에 불과했지만, 치밀한 조직을 통해 그 존재를 인정받기 시작하였고, 또 러시아혁명의 강한 영향을 받으며 중국공산당을 탄생시켰다.

이제 손문의 주위에서는 노동자와 농민의 제휴가 공산당의 지도하에 발전하게 되었다. 또한 민족 부르주아지와 국민당의 제휴도 성장하고 있었다. 이것은 모두 민족(民族), 민주(民主), 민생(民生)이라는 손문의 삼민주의에 따른 것이었다. 적극적인 반제국주의, 소비에트 러시아와의 협력, 노동자·농민운동의 지원이라는 그의 3대 정책이 이렇게 국민을 단합시키고 있었다.

이리하여 1925년 손문이 사망했을 무렵에는, '군벌시대'를 종식시킬 제반 조건들이 무르익어 있었다. 공산당과 국민당 공동노력의 결과, 광동에서 새로운 군대가 창설되었다. 이 군대의 장교들은 저 유명한 황포군관학교(교장 장개석, 교감 주은래)에서 훈련을 받은 사람들이었다. 드디어 북벌이 시작되었다.

군벌 타파와 외세 축출을 내세운 이 북벌은 국민당원들과 공산당원들의 공동행진이었다.

북벌은 국민들 사이에서 커다란 지지를 불러일으켰다. 1927년에 이르러 이 군대는 외세의 중심지인 상해의 문턱까지 올라

오게 되었다. 광동과 상해 사이에 할거하고 있던 군벌들이 일소되었던 것이다. 영국, 프랑스, 미국은 중국으로 군대를 파견했다. 그러나 그들은 무력 사용을 자제하는 조심스러운 태도를 취했다. 상해 입성에 앞서 주은래는 변장을 하고 상해로 잠입하여 노동자들을 이끌고 반란을 일으켰다. 이리하여 성문이 별다른 저항없이 열려졌다. 손문의 유지가 완성되는 듯이 보였다. 그러나 오늘의 산업가들은 어제의 봉건지주들이었다. 그들은 더럭 겁을 집어먹었다. 상해 입성을 통해 민중의 새로운 힘이 극적으로 입증되자, 그리고 민중이 사회개혁을 열렬히 요구하자, 그들은 자기들의 경제적 정치적 지배력이 잠식될 것을 우려하게 되었다. 외국인들의 제안에 따라, 그리고 국민당 우파에 대한 공작을 통해, 그들은 민중봉기를 중단시키고 자신들의 특권적 지위를 보장받기 위해 봉건분자들과 외세와의 타협을 조용히 모색하게 되었다. 그들은 그들의 '독재자'로 장개석을 선택했다.

이리하여 장개석은 하루아침에 노동자·농민계급에게 등을 돌리면서 공산당에 대한 물리적 탄압을 시작했다. 그는 수천 명의 노동자·농민 지도자들을 처형하고, 좌익군대들을 무장해제하여 투옥시키고, 일체의 진보적 사상들을 완전히 억압했다. 손문의 삼민주의와 3대 정책은 이제 내팽개쳐지게 되었다. 군벌들에 대한 원정도 보류되었다. 독립적인 민주 중국을 위한 민중의 공동노력이 이렇게 국민당의 배신과 함께 유례없는 대학살 속에서 끝장났던 것이다.

그러나 이것으로 모든 일이 다 끝난 것은 아니었다. 공산주의자들과 그 동조자들은 심대한 타격 속에서도 잔여 부대들을 광서지방으로 이동시켜, 거기에 다시 혁명기지를 구축하기 시작했다.

반봉건 반식민 상태라는 중국의 특수한 상황 속에서, 그들은 조직된 군대를 가지고 농민봉기를 지도하는 프롤레타리아 정당이었다.

한편 장개석은 일본의 침략계획을 잘 알고 있었음에도 불구하고, 미국으로부터 자금을 조달받아 광서지방에 대한 대규모 군사행동에 착수했다. 이른바 10년 내란이 시작된 것이었다.

일본은 이 내란이라는 호기를 놓치지 않았다. 그들은 다른 제국주의 경쟁자들보다 더욱 과감한 자세로 만주를 집어삼켜 버렸다. 그리고 그 광대한 북부지방을 만주국이라 명명하고, 괴뢰 황제를 내세웠다. 이렇게 국토가 일제에 의해 침탈되었지만, 장개석은 거기에 별 주의를 기울이지 않았다. 그는 광서의 공산주의자들을 박멸하는 데만 골몰하였기 때문에, 동경과의 외교관계 단절 같은 문제에 대해서는 고민조차 하지 않았다.

1932년 광서의 공산주의자들은 그들에 대한 국민당의 토벌작전을 모두 격퇴해내면서, 장에게 휴전을 제안했다. 그리고 국민들에게는 일본의 침략을 격퇴시키기 위해 민족통일전선을 결성하자고 촉구했다. 이에 대한 장의 대답은 또 한차례의 토벌대 파견이었다. 그러나 장의 병사들 가운데 많은 수가 공산주의 진영에 투항하고 말았다.

모택동이 장개석에게 일본에 대해 공동행동을 취하자고 제안하게 된 것은, '중국이 현재 직면해 있는 최대의 문제는 민족적 압제이며, 따라서 중국의 민족 부르주아지도 일정 시기에 일정 정도로 반제반봉건투쟁에 동참할 수 있다'는 명제를 근거로 한 것이었다. 그러나 장은 이 모든 제안들을 거부했다. 1932년 6월부터 1933년 2월에 이르기까지, 장은 광서전투에 50만 명에 달하는 병사들을 투입시켰다. 그러나 그 결과는 참패였다. 1933년 10월, 그는 또다시 백만대군을 동원했다. 이 대대적인 공격에 공산당은 한발 물러서지 않을 수 없었다.

공산당 지도부에서는 다양한 의견이 표출되었다. 그 결과, 홍군을 섬서북부로 이동시킨다는 저 유명한 장정 결정이 내려졌다. 장의 공격을 피하면서 일본군에 대한 군사행동을 취하겠다는 생각이었다.

이리하여 1934년 모택동과 주덕 등의 지도하에서 그 놀라운 장정이 시작되었다. 그것은 광서로부터 섬서까지의 8천 마일에 달하는 서사시적 행군이었다. 이 행군과정에서 수천 명의 병사들이 사망했다. 그리고 그들은 또 장의 군대에 의해 끊임없이 괴롭힘을 당했다. 그러나 모택동과 주덕의 지도하에서 1935년 3만 명의 홍군이 마침내 섬서에 도착하게 되었다. 그들은 연안을 수도로 하여 여기에 중국 최초의 항일기지를 세우고, 일제의 침략을 죽음으로써 물리칠 것을 맹서했다.

홍군이 이렇게 일본군의 코앞에다 항일기지를 설치하자, 일본당국은 장개석에게 공산주의자들을 탄압하라고 협박을 가했다. 그러자 장은 서안에다 평정본부를 세우고, 또다시 토벌대를 파견했다. 그러나 이제 내전종식과 항일투쟁을 요구하는 소리가 전국으로 확산되고 있었다. 장이 파견한 토벌대 병사들은 홍군과의 전투를 거부했을 뿐만 아니라, 그 지휘관들은 비공식적으로 홍군과 정전협정까지 맺게 되었다. 이에 놀란 장개석은 상황을 바로잡기 위해 몸소 서안으로 달려갔다. 그런데 여기에서 그가 토벌대의 지휘관에게 납치되는 사건이 발생했다. 이것이 바로 이른바 '서안사변'이다. 그는 결국 자신이 기를 쓰면서 탄압하고자 했던 바로 그 공산주의자들에 의해 간신히 구조되어 목숨을 부지하게 되었던 것이다.

'서안사변'의 결과, 장은 내전을 종식하고 국민의 모든 힘을 동원하여 항일전에 투입시킨다는 협정에 동의하지 않을 수 없었다. 서안에서 장은 마침내 군인들이나 민간인들이나 모두 오로지 그 길만을 요구하고 있다는 사실에 마주쳤던 것이다. 그는 인민의 요구에 굴복하여 공산주의자들과 함께 일본군에 대항한다는 협정에 서명했다. 1937년 여름, 일본군이 다시 침략을 개시했을 때, 공산당의 기지는 섬서로부터 북쪽으로는 영하, 서쪽으로는 감숙까지 확대되어 있었다. 국민당과의 협정에 의해 3개 성이 국민행정부가 자율적으로 통치하는 '특구'로 인정되었다. 이제 약 8만 명의 군세를 지닌 홍군은 자체의 지도자들과 함께 제8로 국민혁명군이라는 이름으로 국민군사협의회의 결정에 따라 움직이게 되었다.

이리하여 새로운 단계, 즉 항일전이 시작되었던 것이다.

일본군이 이 특구의 북동쪽에 있는 산서, 차하르, 하북으로 남진함에 따라, 팔로군 부대들은 그 지역에 침투, 다른 중국인 부대들과 합세하여, 일본군의 후방에 진찰기(晉察冀 : 중국에서는 산서성을 진(晉), 차하르성을 찰(察), 하북성을 기(冀)라 불렀는데, 진찰기란 이 세 지역이 서로 만나는 곳을 가리키는 말이다)라는 새로운 '군사지구'를 세웠다. 공산당과 국민당의 이 새로운 제휴가 불안정한 것은 사실이었으나 아무튼 침략자들을 배후에서 위협하는 보루가 북부에 수립된 것이었다.

2월 22일 베쑨이 한구를 떠나 기찻길에 오른 것은 바로 이 지역을 향해서였다. 그의 앞길에는 산과 강 그리고 거친 들판과 험한 골짜기들이 끝없이 가로놓여 있었다. 그로부터 10일 후에, 그가 일본군에 체포되어 처형되었다는 소식이 특파원들에 의해 보도되었다.

33

자신의 사망보도를 가지고 뉴욕과 한구와 연안에서 이러쿵저러쿵하고 있는 동안, 베쑨은 북쪽으로부터 남진중인 일본군과 술래잡기놀이를 하고 있었다.

한구를 떠난 후 어느 날, 그는 철도 교통의 중심지인 정주(鄭州)에 도착했다. 이 도시는 얼마 전 폭격을 당해 흉측하게 변해 있었다. 그는 역 근처의 벤치에서 하룻밤을 자고 난 후, 폐허가

된 그 도시를 즉시 떠나 동관(潼關)에 도착했고, 그곳에서 정크를 타고 황하를 건너 다시 산서로 북진하는 열차에 올라탔다.

열차가 분하(汾河)의 동쪽 둑을 따라 천천히 나아가다가 갑자기 오른쪽 골짜기로 꺾어졌다. 이곳이 바로 중국의 그 유명한 뢰스 지역이었다. 수백 마일이나 되는 거리에 황토가 거대한 인조 계단처럼 층층이 쌓여 있는 뢰스 지역이 여기서부터 시작되는 것이었다.

그는 이 북행열차를 타고 가면서 일본군을 피해 남쪽으로 쫓겨가는 피난민들을 가득 실은 열차들을 많이 볼 수 있었다.

그 남행열차들은 피난민들로 꽉 메워져 있었다. 사람들은 객차의 지붕 위에도 타고 있었으며, 기관차에도 덕지덕지 붙어 있었다. 계단과 연결대 역시 사정은 마찬가지였다. 그들은 주위의 벌판과도 같은 메마른 표정에 모두 지친 기색이었는데, 그래서 그런지 자기들의 허리 위로 날개를 퍼득거리며 날아가는 수천 마리의 오리떼들에게 눈길조차 주지 않았다.

기차는 역마다 정차했다. 그러면 행상인들이 달려와 뜨거운 기장 수프와 국수와 차 그리고 튀긴 토끼고기와 밀전병과 찐빵과 삶은 달걀 등을 파는 것이었다. 이리하여 이틀 후에야 기차는 임분(臨汾)역에 도착했는데, 그러나 베쑨은 거기서 더 이상 올라갈 수 없다는 사실을 알게 되었다.

기차가 임분역에 들어섰을 때, 그곳은 가재도구를 짊어진 민간인들과 팔과 다리와 머리를 피로 얼룩진 붕대로 싸맨 부상병들로 만원이었다. 일본군이 여기에서 얼마 떨어지지 않은 곳까지 쳐들어와서 계속 빠른 속도로 남진중이었기 때문에, 주민들 전체가 소개되는 중이었다. 거리 전체가 법석대고 있었다. 이 혼란의 와중에서 베쑨은 홍군의 지방본부를 찾아내려고 노력했으나, 일본군이 진격중이라 본부는 이미 철수했다는 이야기였다. 또 그 위치를 아는 사람들조차 남아 있지 않았다. 그리고 열차들마다 짐과 피난민들을 잔뜩 싣고 계속 남쪽으로만 내려가고 있었다.

오후 4시가 되자, 일본군 폭격기 편대가 처음으로 나타났다. 베쑨은 이 폭격을 노새와 쌀과 탄약을 실은 무개화차들 사이에서 맞이하였다. 그는 수백 명의 피난민들과 함께 모래땅에 파놓은 참호 속에서 그 폭격을 끝까지 견뎌냈다. 그로부터 몇 시간 후 이 도시의 함락이 임박해졌고 더 이상 북쪽으로 갈 방도가 완전히 막혔다는 소식이 전해지자, 그는 할 수 없이 마지막 기차를 타고 동관으로 되돌아가기로 작정했다.

그는 짐보따리를 가지고 화물칸으로 올라탔다. 그 화물칸은 쌀가마들이 거의 천장까지 가득 찬 유개화차였다. 그리고 기차가 출발했을 때에는 그는 이미 깊은 잠에 빠져 있었다. 새벽 3시경, 그는 잠에서 깨어났다. 그는 화차 밖으로 나가보았다. 그리고 자기가 타고 온 이 화차가 임분으로부터 약 25마일 정도 아래쪽에 위치한 과서라는 곳에서 기관차로부터 분리되었다는 사실을 알게 되었다. 또 일본군이 임분으로부터 철도를 따라 남진중이라는 소식도 듣게 되었다. 꼼짝달싹할 수 없는 처지에 놓여진 것이었다.

그러나 천만다행으로 그는 이곳에서 팔로군 장교인 '이'라는 소령을 만날 수 있었다.

이 소령은 내동댕이쳐진 유개화차를 검사하다가 그 안에 가득 찬 쌀을 보고 그것을 일본군에게 넘겨줄 수 없다고 결정했다. 그리고 그곳 농민들로부터 그 쌀을 운반할 지원자들을 조직해냈다. 그는 베쑨에게 노새수레에 태워 연안까지 데려다주겠다고 제의했다.

베쑨의 일기에는 그 여행의 나머지 부분들이 다음과 같이 기록되어 있다.

2월 28일

다행히도 일이 이렇게 풀리기는 하였으나, 연안까지는 서쪽으로 3백 마일이나 되는 거리였다. 물론 걷기도 하고 수레를 타기도 할 것이다. 그러나 이 여행은 강을 건너 섬서로 들어가야 한다는 것을 의미했다.

섬서에 들어가도 건너야 할 강이 두 개나 더 있었다. 물론 다리 같은 것이 있을 리가 없었다! 게다가 여러 산을 넘고 넘어야 했다. 그러나 팔로군 병사들은 이런 여행을 예삿일로 생각하는 것 같았다.

출발준비가 완료될 때까지 나는 그곳의 거리를 여기저기 돌아다녀 보았다. 마침 길거리에서 고기를 팔고 있었다. 나는 여행 도중에 식량으로 쓰기 위해서 돼지 4분의 1마리를 1달러 40센트에 샀다. 철로의 북쪽으로부터 부상병들이 열 명 스무 명씩 그룹을 지어 밤낮으로 걸어왔다. 적의 대포소리도 분명히 들을 수 있었다. 그러나 이 소령의 부하들은 이런 것에 눈 하나 까딱하지 않았다.

쌀가마를 잔뜩 실은 수레들이 42대나 준비되었다. 그리고 수레 하나에 노새 세 마리가 붙여졌다. 날씨는 아주 화창했다. 나는 맑은 공기를 마시며 수레행렬 앞에서 걸었다. 가는 도중에 여러 마을들이 나타났지만, 일본군의 진격소식 때문에 주민들은 문을 꼭 걸어잠그고 있었다.

우리가 처음으로 적과 마주친 것은 저녁 나절이 되어서였다. 과서를 떠난 지 단 네 시간 후의 일이었다. 나는 선두 수레 옆에서 걷고 있다가, 두 대의 폭격기가 왼쪽 위로 지나가는 소리를 들었다. 그들은 우리 일행을 즉시 발견했다.

42대의 수레가 4분의 1마일에 걸쳐 늘어서 있었으니, 그들이 못 볼 리가 만무했다. 그리고 우리 쪽은 완전 무방비상태였다. 우리는 그들에게 단지 군침을 흘리게 하는 참새들과 같은 존재에 불과했다. 드디어 그들이 있는 기술을 다 발휘하여 공격을 가하기 시작했다. 두 대의 폭격기가 교대로 약 5백 피트 높이지 하강하여 머리 위를 덮치고 지나갔다. 우리를 호위하는 병사들은 다섯 명의 장정과 다섯 명의 소년이 전부였는데, 그들이 갖고 있는 무기는 구식 장총 다섯 자루뿐이었다. 우리는 모두 수레 곁을 떠나 땅바닥에 엎드렸다. 몸을 숨길 만한 바위 하나 나무 한 그루 없었다.

첫번째 폭격기가 재차 우리 위를 덮쳤을 때, 그 폭격기와 나와의 거리는 내가 야구공으로 그 조종사를 맞힐 수 있을 정도의 가까운 거리였다. 수레행렬의 앞 부분에 폭탄이 떨어졌다. 그러나 약 50피트 정도 빗나가고 말았다. 그 폭격기는 다시 뒤쪽의 수레들을 향해 포탄 4개를 더 투하했다. 그러자 비명소리가 들려왔다.

이 폭격으로 네 명이 부상을 당하고 노새 15마리가 죽고 12마리가 못 쓰게 되었다. 그러자 이 소령은 노새 한 마리당 멕시코 달러로 1백 달러씩 그 임자에게 즉시 지급해 주었다. 후에 알게 된 것이지만, 이것이 팔로군의 규율이었다. 그들은 인민의 재산을 절대로 그냥 빼앗는 법이 없었다.

내가 나서서 부상당한 사람들을 치료해 주었다. 그리고 망가진 수레와 죽거나 못 쓰게 된 노새들을 떼어내었다. 이제 우리의 수레 수는 출발 때의 반도 못 되는 단 20대로 줄어들었다. 그날 밤 나는 쌀가마 위에서 잤다. 길이 매우 울퉁불퉁했기 때문에 자면서도 뼈마디가 온통 쑤시는 느낌이었다.

3월 1일

새벽에 일어나자, 수레행렬이 분하의 둑에 도착해 있었다. 거기에서 우리는 마을 여관을 하나 발견했다. 일행은 그 여관에서 네 시간 동안 수면을 취하고 9시에 다시 일어났다. 우리는 달걀을 풀어서 끓인 죽으로 아침식사를 때웠다.

강둑 건너편은 강주였다. 일본군은 임분으로부터 철길을 따라 빠른 속도로 진군하고 있었다. 말하자면 부상자들을 데리고 있는 우리가 적과 가까운 거리에 있었던 셈이었다.

오전에 강주로 건너가는 동안, 일본군 비행기들이 내내 우리의 머리 위를 날아다녔다. 우리가 건넌 강은 강폭이 약 3백 야드로, 허리 깊이에다 진흙탕물이었는데, 유속이 굉장히 빨랐다.

강주는 언덕배기에 위치해 있었다.

그곳에 다 올라가자, 나는 첨탑이 두 개 달린 프랑스식 로마 가톨릭 성당을 볼 수 있었다. 나는 성당으로 발길을 옮겼다. 몇몇 상인들과 거지들을 제외하면 마을은 버려진 상태였다. 이 상극적인 계급만 남아 있다는 사실, 즉 비교적 부유한 사람들과 완전한 가난뱅이들만 남아 있다는 사실, 나는 이 사실에 묘한 느낌을 받지 않을 수 없었다. 재산이 있는 사람들은 두려움을 꾹 참으면서 일본군을 기다리고 있었는데, 그들에게는 재산이 두려움보다 더 중요했던 것이다. 그들은 고향 사람들과 함께 자유를 찾아 떠나기보다는 오히려 일본군 치하라 할지라도 재산과 함께 머무르는 쪽을 택했던 것이다. 이 얼마나 전세계적으로 공통적인 현상이란 말인가!

성당에 들어서자 신부관이 보였다. 그곳은 이제 피난처를 구하는 교인들로 가득 차 있었다. 이 성당은 수석 사제와 네덜란드 신부와 프랑스 신부에 의해 운영되고 있었다. 그들은 나를 진심으로 환영해 주었다. 그들은 붉은 포도주와 시거를 주면서 하룻밤의 잠자리도 마련해 주었다. 나는 그들과 영어와 불어로 한동안 재미있는 대화를 나누었다.

그들은 일본군이 36시간 안에 닥쳐오리라고 예상하고 있었다. "일본군이 오면 무슨 짓을 할까요?" 하고 내가 묻자, 그들은 그저 어깨를 으쓱할 뿐이었다.

"그러나 일본군이 중국인은 물론 기독교도들에게도 무자비한 만행을 저지르지 않았습니까? 침략자들이 과연 성당 첨탑에 걸려 있는 프랑스 국기를 존중해 줄까요?"

이러한 나의 질문에 그들은 '불행한' 잔학행위들이 있었고 일부 선교사들이 살해된 것은 사실이라고 시인했다. 그러나 지금으로서는 교구민들과 함께 머무를 수밖에 없다는 것이었다. 나는 그들의 용기에 감탄하지 않을 수 없었다. 다음날 그들의 환대에 감사를 표하며 작별인사를 하자, 그들 가운데 한 사람이 내게 이렇게 말했다.

"우리가 다시 이 지상에서 만날 수 있기를 바랍니다. 그리고 만약 이 지상에서 만날 수 없다면, 천국에서라도 만나기를 바라겠습니다."

짐꾼들이 쌀가마들을 모두 등에 지고 강을 건너오자, 우리는 오후 1시 20분경에 다시 출발했다. 우리가 강주를 떠나면서 들은 소식은 일본군이 약 25마일 거리까지 다가왔으며 그들의 기마대는 훨씬 더 가까이까지 접근해 있다는 것이었다. 우리와 적 사이에 강이 있다는 사실을 참으로 천만다행으로 여기지 않을 수 없었다.

우리는 저녁 무렵까지 약 60리(약 20마일)를 걸었다. 그리고 그날 밤을 직산(稷山)이라는 곳에서 보내게 되었다.

3월 2일

우리는 일찍 출발했다. 병사들의 모습은 보이지 않고, 오직 부상병들뿐이었다.

길을 걷고 있다가 나는 앞에 가는 한 젊은이가 가다가 쉬고 가다가 쉬곤 하는 모습을 발견하였다. 나는 잰걸음으로 그에게 다가갔다. 그는 숨을 매우 헐떡이면서 걷고 있었다. 나는 그의 행색을 유심히 살펴보았다. 그는 겨우 열일곱 살 정도의 소년이었는데, 그의 색 바랜 청색 재킷은 커다란 피 얼룩으로 검게 굳어 있었다. 나는 괜찮다고 하는 그를 억지로 세워, 그의 상처를 검사해 보았다. 일 주일 전에 가슴에 총상을 입었다는데, 오른쪽 흉벽이 심한 화농현상을 보이고 있었다. 그러나 붕대 같은 것을 전혀 감고 있지 않았다. 총탄이 폐를 관통해서 등을 빠져나왔는데도 말이다. 세번째 갈비뼈 부근에서는 고름이 흘러나왔고 심장은 왼쪽으로 3인치쯤 옮겨앉아 있었다. 어린 소년이 이런 부상을 입고서도 일 주일을 걸어왔다니, 만약 내가 이 모습을 내 눈으로 직접 확인해 보지 않았다면, 나는 이런 이야기를 절대로 믿지 않았을 것이다. 나는 소년을 수레 위로 태웠다. 그래도 그는 수레가 먼지투성이의 거친 길에서 덜커덩거릴 때마다 아주 고통스러워하는 기색이었다.

그날 우리는 20마일밖에 이동하지 못했다. 일본군의 공격은 전혀 없었는데, 그것은 오히려 우리들에게 더 섬뜩한 느낌을 주었다.

3월 3일

오늘 우리는 하진(河津)이라는 도시에 도착했다. 이 도시는 염석산(閻錫山) 장군의 지방군으로 가득 차 있었다. 우리가 마침내 먼저 후퇴한 이 부대를 따라잡았던 것이다. 이곳에 있는 미국장로병원은 이미 한 달 전에 철수했다는 소식이었다. 이 병원이 철수한 지 일 주일 후에 5백 명의 부상병들이 북쪽으로부터 도착했지만, 그들을 치료해 줄 병원은 그 어디에도 없었다는 이야기였다.

'가게'에서 '의사' 노릇을 하는 사람이 한 사람 있기는 있었다. 그는 일반의사, 치과의사, 약사 노릇을 두루 하고 있었는데, 사실은 돌팔이의사였다. 그의 가게에는 1달러씩 주고 붕대를 감으려고 기다리는 부상병들로 가득 차 있었다. 그는 나에게 50센트 되는 조그만 가제 한 롤을 4달러나 받고 팔았다.

이 지방군은 명령체계가 엉성한 것 같았다. 어떤 병사들은 그들의 상관에게 복종을 거부하기도 했다. 보수적인 장교들이 병사들의 봉급을 횡령했다는 비난까지 나돌고 있었다. 그들의 봉급은 식량과 제복, 그리고 한 달에 6달러밖에 안 되는 금액이었다. 일부 부대에서는 수개월 동안이나 봉급 한푼 받지 못했다는 소리까지 들렸다.

3월 4일

오늘은 나의 마흔여덟번째 생일이다. 작년에는 마드리드에서 생일을 맞이했는데, 올해는 하진에서 생일을 맞이한 것이다. 나는 부상병들에게 붕대를 감아주는 일로 생일을 자축했다. 이들의 상처를 보면 처음엔 아주 사소한 상처가 관리소홀로 악화된 경우가 태반이었다. 또 이들의 말을 들어보면 도중에 사망한 부상병들이 아주 많았다는 이야기였다. 나는 이 도시에서도 거리를 이리저리 거닐며 '구경'에 나섰다. 물동이에 산 잉어를 담아 팔고 있는 행상인들, 커다란 귀를 쫑긋쫑긋하고 있는 시커먼 돼지들, 짖지 않는 개들, 창호지 문에다 더러운 온돌바닥이 있는 집들…….

3월 5일

오늘 우리는 하진을 떠나 황하의 동쪽 둑을 향해 이동했다. 우리는 하진을 떠나기 앞서, 일본군이 우리가 지금까지 36시간 동안 지나온 마을들을 깡그리 불태워버렸다는 이야기를 들었다.

출발이 늦었기 때문에, 우리는 오후 9시가 되어서야 깜깜한 어둠을 뚫으며 강둑 아래로 내려갈 수 있었다. 거기에서 우리는 잊을 수 없는 광경과 마주치게 되었다. 5천 명의 병사들이 트럭과 노새와 말과 대포와 보급품더미와 함께 집합해 있었다. 모두들 강을 건너 섬서로 들어가기 위해서였다. 야영장 주변을 병풍처럼 두르고 있는 가파른 절벽들이 횃불 빛을 반사하고 있었다. 이곳의 물길은 높은 절벽들 사이로 세차게 흐르는 급류였다. 어둠 속이었음에도 불구하고 얼음 조각들이 서로 부딪치며 흘러가는 것을 볼 수 있었다. 가히 환상적인 광경이었다.

3월 6일

어젯밤에는 강가에 쌓아둔 쌀가마더미 위에서 잤다. 아침 5시에 일어났는데, 주위는 냉랭하고 음습한 새벽이었다. 우리를 강 건너편으로 날라줄 배는 단지 정크 네 척 뿐이었다. 모두가 다 강을 건너려면 적어도 나흘은 걸려야 할 판이었다. 일본군은 지금 단지 10마일 거리밖에 떨어져 있지 않은데 말이다.

3월 7일

도강작전을 책임지고 있는 중국인 장교들이 첫번째로 떠나는 정크로 우리를 안내했다. 이 정크는 길이가 약 50피트에다 너비가 약 25피트쯤 되는 배였는데, 여기에 1백 명의 사람과 야포와 노새와 보급품 상자들이 실렸다. 우리는 약 1천 명의 부상병들이 집합해 있는 지점을 지나 한 반 마일 정도를 급류를 타고 내려갔다. 이때 벌거벗은 소년 하나가 뱃머리에서 삿대를 가지고 배의 속도를 늦추었다. 그러자 사공들이 일제히 반대쪽 둑으로 힘차게 노를 젓기 시작했다.

서쪽 둑에는 많은 군대가 주둔해 있었다. 또 튼튼한 참호와 대피소들이 잘 갖추어져 있었다. 중대도 꽤 여럿이나 보였다. 병사들도 일사불란한 기율하에서 효율적으로 움직이고 있었다. 그들은 수개월 동안을 흙먼지만 뒤집어쓰고 생활해 오고 있었다. 그래서 그들의 군복들은 아예 흙색으로 변해 버린 상태였다. 많은 자동소총, 경기관단총, 중기관단총, 막대기수류탄 등, 장비도 훌륭해 보였다.

우리는 근처 마을에 있는 폐가로 안내되었다. 나는 우리의 점심을 위해 쇠고기 통조림을 두 개 땄다. 지금도 생생하게 머리 속으로 떠오르는 것은 주덕의 소유라는 커다란 붉은 말이었다. 주덕이 얼마 전 미 대사관 육군무관 에번스 칼슨(Evans Carlson) 대위에게 정찰용으로 잠시 빌려준 것을 칼슨이 주덕에게 되돌려주라고 이곳 사령관에게 맡겼다는 것이다(이 에번스 칼슨은 후에 미 해병대의 저 유명한 칼슨 특공대의 책임자가 되는 칼슨 중령이다).

우리가 하진을 떠난 지 하루 만에 일본군도 하진에 도착했다는 소식이 들려왔다. 우리의 후퇴가 그러니까 한 발짝 앞지른 셈이었다……. 그러나 머지않아 일본군이 강둑에 도착할 텐데, 강물이 높아져 남아 있는 많은 사람들이 염려가 된다. 강둑은 하진에서 단지 5마일 거리일 뿐이다. 얼마 지나지 않아 강둑에서는 전투가 벌어질 것이다. 지금 날씨는 비가 내려 아주 쌀쌀하다.

3월 8일

염려한 대로였다. 어제 오후 4시 일본군 기병대가 강둑에 도착했다. 나는 강가로부터 나머지 보급품을 가져오기 위하여 병사들을 데리고 강으로 갔다. 그때 적이 반대편 둑에서 사격을 가해 왔다. 총탄은 1백 야드 앞 물 속으로 떨어졌지만, 우리는 다시 둑 밖 참호로 후퇴하여 적의 동태부터 자세히 살펴보기로 했다. 마침내 우리는 벌판을 건너 다시 시도하기로 결정을 내렸다. 그러나 이번에도 또다시 사격을 당했다. 우리는 화들짝 땅바닥에 몸을 던졌는데, 총탄이 몸 옆에서 먼지를 일으키면서 지나갔다. 잠시 후 고개를 들어 주위를 살펴보니까 섬뜩하게도 우리의 위치가 아군 야포 바로 근처였다. 우리는 지체없이 포복으로 그곳을 빠져나왔다. 나는 이 일을 겪으며 일본군의 사격 솜씨가 보통이 아니라는 사실을 깨닫게 되었다.

이야기를 들어보니, 강을 마주보고 우리와 대치중인 일본군의 수는 사오백 명의 기병과 여러 포병중대들과 보병을 포함해서 2만 명이나 된다는 것이었다. 보급품의 대부분은 이미 운반되었다. 나는 많은 부상병들에게 붕대를 감아주었다. 그런데 이상하게도 군의관들이 보이지 않았다. 그들은 도대체 어디에 있을까? 나중에 사정을 알아보니, 국민당의 군의관들은 자기 사단의 병사들만을 치료해 주고 다른 사람들은 치료해 주지 않는다는 이야기였다.

이거야 원 미친 짓이랄 수밖에…….

중국에 오고 나서 가장 추운 밤인 것 같다. 땅 위에는 눈이 2인치나 쌓였다. 우리는 아늑한 동굴 하나를 발견하여 그곳으로 들어갔다. 그러나 병사들은 아직도 바깥 눈밭에서 발을 동동 구르고 있다. 마을에도 먹을 것이라곤 기장밖에 남아 있지 않은 실정이다.

좀전에 일본군의 대포가 반대편 강둑에 도착했다. 그리고 지금은 쉴새없이 우리에게 포격을 가하고 있다. 우리의 대포도 응수중이다. 포탄 터지는 소리들이 여기저기의 골짜기에서 기묘한 메아리를 울리고 있다. 우리가 있는 곳에서 3백 피트쯤 떨어져 있는 집 하나는 일본군의 포탄으로 완전히 날아가버렸다. 그러나 우리의 경우는 아주 안전하다. 동굴의 위치가 지하 40피트나 되기 때문이다.

나는 어느 멍청한 장교 때문에 의약품 상자가 운반되지 못했다는 사실을 알게 되었다. 장뇌, 디기탈리스(강심제), 아드레날린, 실크 봉합사, 주사기, 코카인 앰플 등이 다 날아가버린 것이다.

3월 9일

오늘 아침 잠자리에서 일어나니 중국 병사 한 사람이 「라 마르세예즈」를 부르는 소리가 들렸다. 황하의 강둑에서 이 무슨 기상나팔 소리란 말인가? 오전중에 어린이 하나가 경련을 일으켰다. 그러자 아이 어머니가 동굴 밖으로 뛰어나가며 아이의 이름을 큰소리로 부르는 것이었다. 설명을 들어보니, 아이의 몸에서 일시적으로 떠난 영혼을 되돌아오게 하기 위해서라는 것이었다. 그녀는 그렇게 믿고 있는 것이다. 귀신들과 라 마르세예즈!

3월 10일

오늘 우리는 2백25마일이나 떨어져 있는 서안을 향해 걷기 시작했다. 이 소령은 놀라운 사람이었다. 이제 서른두 살밖에 안 되는 그는 전에는 상해에서 인력거꾼 노릇을 하다가 장정에 참가했다는 것이다. 그의 두 다리는 도무지 지칠 줄 몰랐다. 한성(韓城)에 도착했을 때도 그는 조금도 지친 기색이 없이 여전히 쌩쌩했다.

행군하기에는 아주 그만인 날씨였다. 길 옆의 들판에도 밀이 약 4인치 정도로 자라 눈이 다 시원한 느낌이었다.

우리는 강을 오른쪽으로 끼고 행군을 계속했는데, 도중에 임분 대학교의 학생들을 많이 만나게 되었다. 그들의 이야기에 의하면, 일본군이 들이닥치자 약 3천 명은 남쪽과 서쪽으로 흩어져 달아났으며, 나머지 학생들 중 일부는 붙잡혀 사살되고 일부는 또 산악으로 갔다가 추위로 쓰러졌다는 것이다. 대부분의 학생들은 팔로군이 운영하는 연안 대학교로 가는 길이라고 했다.

한성시에 도착한 것은 오후 5시쯤이었다. 우리는 성벽을 높다랗게 쌓은 서문(西門)을 통해 들어갔다. 모두들 무사히 도착하게 되어 참으로 다행스럽다.

3월 22일

정신없이 움직여야 했기 때문에 일기를 쓸 여유가 전혀 없었다! 우리는 서안으로부터 트럭이 오기를 기다리며 한성에서 일주일 이상을 머물러야 했다. 이 일 주일이 얼마나 긴 세월처럼 느껴졌던가? 나는 부상병들과 민간인 환자들 속에서 정신없이 일해야 했다. 폐결핵, 난소종양, 위궤양 등 닥치는 대로 환자들을 다 돌보아야 했다. 절간에 자리잡은 한군기지병원에서 며칠을 일하고 나자 그곳의 간호병 전체가 나를 따라가겠다고 제의했다. 물론 지금으로서는 그들을 데리고 갈 형편이 아니었다. 3월 19일이 되어서야 마침내 트럭들이 도착했다. 우리는 2백 마일 거리에 있는 서안을 향해 출발했다. 서안까지는 이틀이 걸렸다. 아무튼 지금은 서안이다. 나는 그 유명한 아그네스 스메들리(Agnes Smedley)라는 여성을 만나보게 되었다. 그녀는 연안에 있는 병원들로 보급품을 보내기 위해 열심히 움직이고 있었다. 나는 서안에 도착하자마자 목욕탕부터 쫓아갔다. 뜨거운 탕 속에 들어갔을 때의 그 말로 표현하기 어려운 행복감. 한 달 만에 처음으로 다시 맛보는 행복이었다.

나흘 후 연안으로 떠날 예정이다.

34

트럭은 마마자국이 난 듯한 언덕들 사이를 달리다 아래쪽으로 구불구불하게 이어지는 길로 나오게 되었다. 연안은 세 개의 골짜기들이 합류하는 저쪽, 팬케이크 같은 평원 위에서 그 모습을 드러내고 있었다.

마침내 연안이었다!

바로 여기에 외부세계에는 아직도 별로 알려져 있지 않은 연안이라는 도시가 있었다. 지금으로부터 3년 전만 해도 쫓기고 쫓긴 소규모 패잔병부대들의 잡동사니였지만, 이제는 이 부대들의 일거수 일투족이 중국 전체에 대해 예언적 영향력을 행사하고 있었다. 외부세계에서는 아직도 잘 모르고 있었지만, 이곳 연안에서 20세기 중국의 새로운 역사가 창조되고 있었다.

반봉건 반식민이라는 구곽을 벗어버리고 중국의 마르크스주의 혁명가들이 자치를 실시하고 있는 곳이 바로 이곳이었다.

도심으로 들어가자, 대표단이 그를 기다리고 있었다. 이 대표단을 이끌고 있는 사람은 키가 작고 명랑한 표정의 미국인이었는데, 그는 베쑨을 만나자 굳은 악수를 나누었다. 그는 자신을 닥터 마해덕(馬海德 : George Hatem)이라고 소개했다. 베쑨은 이 미국인이 몇 년 전에 중국으로 와서 이름도 중국식으로 고치고 결혼도 중국 여성과 하고 중국말도 유창하게 할 줄 아는 팔로군의 의료고문이라는 사실을 익히 알고 있었다.

베쑨이 곧 도착하리라는 소식은 이 '특구'의 군사행정본부로 이미 도착해 있었다. 베쑨은 연안의 중요 시설을 둘러보면서, 닥터 마가 자기에게 나타내는 기대감에 깊은 인상을 받았다.

닥터 마는 베쑨에게 이렇게 말했다.

"홍콩을 떠난 당신이 갑자기 실종되었다는 소식에 우리는 무척 놀랐습니다. 이곳 사람들이 당신을 얼마나 기다렸는지, 당신은 아마 잘 모를 것입니다. 당신은 유능한 외과의사에다가 스페인 체험까지 있는 사람 아닙니까? 그래서 당신 소식을 정확히 알기 위해 백방으로 수소문하는 중이었는데, 오! 이렇게 오시다니……."

베쑨은 사람들과 간단한 인사를 마치자, 숙소로 안내되었다. 그 숙소는 근처 언덕들 사이에 있는 동굴이었다. 크기는 캐나다 가정의 제일 큰 방규모였는데, 온돌침대와 조그만 테이블이 하나씩 놓여 있었다.

연안에 대한 그의 첫인상은 아주 놀라운 것이었다. 그는 그 날 일기를 이렇게 시작하고 있다.

중국의 옛 도시들 가운데 하나임에도 불구하고, 연안의 운영상태는 굉장히 훌륭했다. 한구에서 내가 발견했던 것은 혼란과 무질서 그리고 관료들의 도도한 태도와 비효율적 업무뿐이었다. 연안의 행정관리들은 자신감과 목적의식 속에서 움직이고 있었다. 이곳 연안까지 오면서, 나는 이미 여러 곳들을 들러온 터라 중국의 반봉건적인 실상에 익숙할 대로 익숙한 상태였다. 더러운 주거환경, 지저분한 거리, 누더기를 걸친 사람들, 모든 도시가 다 이런 모습들이었다. 그러나 이곳은 완전히 딴판이었다. 고대 건축물들 사이로 이어지는 도로는 말끔히 청소되어 있었으며, 사람들은 분명한 목적의식을 갖고 움직이고 있었다. 하수도시설은 보이지 않았지만, 하수처리도 분명히 조직적으로 행해지는 것 같다.

중국의 다른 지역들과는 대조적으로 이 특구행정부는 이곳의 항일 투쟁 역량을 조직함과 동시에 사회개혁을 위한 종합적 프로그램을 추진중이다. 대학교도 하나 있는데, 그래서 다른 지역들로부터 수많은 학생들이 모여들고 있다. 의료요원을 양성하는 의학교도 하나 있다. 병원도 하나 있는데, 규모가 점점 더 커지는 중이라고 한다. 의료시설이야 아직 초보상태를 벗어나지 못하고 있지만, 이곳 정부에서는 만인에 대한 무상의료를 실시하고 있는 것이다.

이 항일기지를 지원하기 위해 몰려든 학생들과 일반인들의 유입으로, 연안의 인구는 3천 명에서 3만 명으로 늘어나 있었다. 행정당국은 이에 따른 주거문제를 해결하기 위하여 베쑨이 지금 살고 있는 주위 언덕들에 동굴집들을 짓도록 하였던 것이다. 식량사정이 좋지 못했기 때문에, 배급 제도가 실시되고 있었는데, 필요한 물품들을 똑같이 나누어주고 있었다. 그리고 전선의 병사들에게는 민간인의 두 배가 지급되었다.

공산주의자들이 일사불란한 지도력을 발휘하고 있었지만, 국민당 사람들과 다른 정파의 사람들에게도 행정부 참가가 권유되었다. 이 도시에서는 침략자들을 막아내기 위해 공동으로 투쟁하자는 분위기가 확고했기 때문에 베쑨이 남부 중국에 있을 때 종종 겪어야 했던 이러저러한 제약이나 술책 같은 것이 전혀 없었다. 중국의 나머지 지역들에 대해 모든 부문의 인민들을 적에 대한 공동전선 속으로 어떻게 조직해 나가느냐를 실제로 보여주자는 것이 이 특구의 자세였던 것이다.

두번째 날 저녁, 베쑨은 연안을 중심으로 한 이 특구와 일본군 후방에 위치한 진찰기지구의 총책임자를 만나게 되었다.

그날 밤 11시, 그는 중국공산당의 지도자 모택동에게 초대되었던 것이다.

두 사람의 대담은 어느 평범한 집에서 행해졌다. 이 자리에 배석한 사람은 팔로군의 의무책임자인 닥터 장과 통역관뿐이었다.

베쑨이 들어서자, 모가 자리에서 일어나 그를 중심으로 반갑게 맞이해 주었다. 그는 키가 크고 몸집이 좋았다. 그리고 그 사자 같은 검은 머리카락을 머리 한가운데에서 가리마를 타고 있었다. 악수를 하는 손에는 힘이 넘쳤으며, 미소를 짓는 얼굴은 온화해 보였다. 그리고 상대방을 조용히 바라다보는 두 눈은 사람을 가늠해 보는 그런 빛을 띠고 있었다. 악수를 마치고 두 사람은 잠시 촛불 속에서 서로를 응시했다. 모가 제스처를 쓰면서 썰렁한 방 한가운데 있는 테이블로 베쑨을 안내했다. 방 안에는 테이블 외에 특별히 가구라 할 만한 것이 거의 없었다. 테이블에 딸린 의자 몇 개에 책으로 가득 찬 책장 그리고 그 온돌침대가 전부였다. 모가 통역관과 몇 마디를 나누는 동안, 베쑨은 모의 모습을 유심히 관찰하였다. 그는 자신이 미국에서 읽은 몇몇 모택동 인터뷰 기사들과 실물을 비교해 보았다. 그러나 그의 판단으로는 그 기사들이 모의 이미지를 제대로 전달하지 못할 뿐만 아니라 오히려 많은 오해를 불러일으켰다는 느낌이었다. 한 30분 동안 이야기를 나누고 나자, 이러한 판단은 더욱 확고해졌다. 깜빡거리는 촛불 속에서 부드럽고 나지막한 음성으로 말하는 모의 모습을 보면서, 그는 이 공산당 지도자가 문화적 소양이 깊은 사람이며, 자신의 정치관을 피력할 때는 예리한 표현으로 그 정곡을 찌르는 시인이며, 천만 가지 현상들을 아주 간단한 말로 녹일 줄 아는 대가다운 사람이라는 강한 인상을 받게 되었다.

모는 스페인에 대한 베쑨의 견해를 정중히 물음으로써 이 대담을 시작했다. 처음엔 질문만 했는데, 그러나 곧 그가 스페인 전쟁의 전체적 추이와 스페인 내부의 정파들에 대해서도 아주 잘 알고 있다는 사실이 명백해졌다. 그는 공화국 스페인의 모든 정치, 군사 지도자들의 이름을 알고 있었는데, 모데스토 (Modesto), 리스터(Lister), 라 파쇼나리아(La Pasionaria), 디아스 (Diaz), 네그린(Negrin), 델 바요(Del Vayo) 등에 대해서도 질문했다. 결국 그의 견해는 히틀러와 무솔리니가 이 장기화되고 있는 전쟁을 조속히 결판내기 위해 스페인으로 인원과 물자를 점점 더 많이 보내게 될 것이라는 예상이었다.

모는 화제를 이제 스페인에서 중국으로 돌렸다. 그는 전선에서의 의료활동이 절실히 요청되고 있다는 이야기를 하면서 부상병문제에 대한 베쑨의 견해를 물었다.

베쑨은 자기로서는 기동의무대를 조직하여 가급적 전선 가까이에서 활동하는 것이 최선일 것 같다고 대답했다.

모는 잠시 생각에 빠지더니, 베쑨에게 장비도 가져왔느냐고 물어보았다.

베쑨은 그렇다고 대답했다. 그는 자신이 생각하는 식으로 활동할 기동의무대의 장비를 미리 준비해 가지고 왔던 것이다.

모는 자리에서 일어나 방 안을 왔다갔다하기 시작했다.

그러다 갑자기 이렇게 말했다.

"가급적 전선 가까이에서 활동한다는 말이지요. 기동의무대라, 참 훌륭한 생각이군요. 우리 병사들이 부상 즉시 치료를 받을 수 있다는 것을 알면 아주 기뻐할 것입니다."

베쑨은 그날 모택동을 만나기 전에 닥터 마와 먼저 대화를 나누었다. 그래서 그는 현재 팔로군의 의료 능력이 장비와 의약품 그리고 요원들의 부족 때문에 서구적 의미로 본다면 실제로는 전무한 상태나 마찬가지라는 사실을 잘 알고 있었다. 이제 베쑨이 모에게 질문을 하기 시작했다.

"지금 팔로군에서는 기동의무대 같은 것을 운영하고 있습니까?"

대답은 없다는 것이었다.

"그렇다면 중상자가 발생할 때는 어떻게 하고 있습니까?"

불행하게도 그들을 수술할 장비와 시설이 없기 때문에 대단히 많은 중상자들이 그대로 죽어간다는 것이 모의 대답이었다.

"그러나 기동의무대를 운영하면 그들을 살릴 수 있습니다."

베쑨은 이렇게 단언했다. 그는 기동의무대들이 충분한 장비를 가지고 신속하게 치료한다면, 그 일이 가능하다고 주장했다. 아까 닥터 마는 그에게 야전병원들에는 복부 관통상을 당한 부상자가 단 한 사람도 없다고 말했었다. 그러나 그것은 전선에서 그러한 부상병들이 발생하지 않는다는 의미가 아니라, 그들이 후방병원으로 옮겨지기 전에 이미 사망해 버린다는 의미였다. 요컨대 병원에 도착할 때까지 견디어낼 수가 없기 때문이었다.

모는 고개를 끄덕였다.

베쑨은 계속해서 이렇게 말했다.

"저는 스페인에서도 비슷한 경험을 많이 했습니다. 그곳에서의 제 경험으로 판단할 때, 저는 그런 부상병들도 즉시 수술만 받는다면 칠십오 퍼센트가 회복이 가능하다고 확신합니다. 가급적 전선 가까이에서 의료활동을 해야 한다고 제가 굳게 믿고 있는 까닭은 바로 그 때문입니다."

모는 고개를 들며 굉장한 관심을 나타냈다.

"칠십오 퍼센트라구요? 지금으로서는 아주 극소수만이 살아나고 있다고 알고 있는데, 칠십오 퍼센트라는 말이 사실입니까? 정말로 정확한 통계수치입니까?"

"예, 칠십오 퍼센트라고 말씀드렸습니다."

모의 걸음이 마치 덫에 걸린 사람처럼 딱 멈추어졌다. 그때부터는 모든 대화가 이 중심적 문제만을 맴돌았다. 그는 결심을 한 듯 이렇게 말했다.

"그렇다면 우리가 지금 당장 해야 할 일은 아주 분명합니다. 즉시 그 기동의무대를 조직해서 활동해 주시기 바랍니다."

"좋습니다."

베쑨은 자기 계획이 이렇게 빨리 승인되었다는 사실에 대단히 기뻐했다. 그는 모에게 뉴욕에 있는 중국원호위원회 앞으로 즉시 이 결정을 연락해서 그들의 지원을 요청하겠다고 이야기했다. 미국을 떠나기 전, 그는 꾸준한 재정지원을 분명히 확약받은 바 있었다. 그는 이제 그들에게 적어도 1천 달러 이상을 요청할 생각이었다.

당장의 실제적 문제가 타결되자, 대화는 다시 스페인으로, 그곳에서의 베쑨의 활동으로, 최신 발견된 수혈방식문제로, 기술이 낙후된 중국 오지에서의 수혈문제로, 현대적 냉장시설 없이 혈액을 보관하는 방법으로, 국제정세 문제로, 중국의 내부 정치문제로, 항일전의 전망문제로 계속 이어져갔다. 전선에서 가까운 후방의 차가운 냇물에서 혈액을 보관하기 위한 베쑨의 실험 이야기가 나오자, 모는 특히 그 문제에 흥미를 보이면서 중국에서도 그 방법을 쓸 수 있겠느냐고 계속 파고들었다.

모는 또 계속해서 중국문제를 이렇게 설명해 나갔다.

"일본군의 침략에 대한 중국공산당의 투쟁계획은 절망적 몸부림 또는 단순한 반항행위에 기초한 것이 결코 아니다. 우리는 승리를 확신하고 싸우는 것이다. 그것은 중국 자체의 진보를 위한 필수불가결한 단계일 뿐만 아니라 실제로 충분히 가능한 일이기도 하다. 왜냐하면 승리에의 길을 명확히 제시할 뿐만 아니라 인민의 요구와 바람에 따라 추진되고 있는 공산당의 프로그램이 점점 더 많은 지지를 받고 있기 때문이다. 한구에 있는 국민당 내부에서는 자기들의 기득권 때문에 공산당과 협력하여 항일투쟁에 나서기보다는 오히려 일본군과 타협하고자 하는 분자들이 아직도 강력한 힘을 발휘하고 있다. 그러나 중국 인민은 손문 이래의 사회적 민족적 해방운동의 크나큰 발전 덕분으로 이제 더 이상 무력한 인민이 아니라 무장한 인민인 것이다. 인민의 투쟁의지는 이미 반역도당을 고립시켜 일본군에의 투항을 방지할 정도로 충분히 강력해진 상태이다. 국민당 지도부의 뿌리깊은 반공의식 그리고 그에 따른 과감한 정책들조차도 민족 전체의 전쟁 수행을 요구하는 인민의 강력한 의지를 파괴시킬 수 없을 것이다. 군사적 관점에서 보더라도 우리가 승리할 것은 명백하다. 현대적 장비를 갖춘 군대라는 점에서는 일본군이 우리보다 우월하다. 그러나 이 문제를 궁극적으로 좌우할 보다 많은 요인들, 즉 사기라든가 인적 자원, 정치적 의식화라든가 전반적인 잠재력 또는 국민적 유대라든가 지리적 조건들을 복합적으로 생각해 보면, 우리 중국 쪽이 일본군보다 우세하다. 지금 당장 또는 앞으로 얼마 동안은 일본군이 일시적인 승리를 거둘지도 모른다. 그러나 결국은 중국이 그 침략자들을 패퇴시킬 것이다. 일본의 전략은 속전속결을 요구한다. 반면 중국의 전략은 장기전이다. 그러나 일본군들은 속전속결로 전쟁을 승리로 이끌 수 없다. 반면 중국은 이 장기전에서 결국은 승리자로 나타날 것이다."

대담이 끝났을 때는 새벽 2시가 되어 있었다. 그들은 세 시간 동안이나 아무런 방해없이 계속 이야기를 나눈 것이었다. 그런데도 모는 이야기를 시작할 때와 마찬가지로 전혀 지치지 않은 기색이었다.

모가 그를 문까지 마중했다. 그리고 군사령부에서는 최대의 협력을 하겠다고 확약하면서 미국에 있는 친구들에게 고맙다는 인사를 전해 달라고 베쑨에게 부탁했다. 그들의 지원은 연대와 우정의 좋은 예이며, 또 중국의 전사들은 그들의 친구들을 어떻게 기억하며 또 훗날 그 보답을 어떻게 해야 하는지를 잘 알 것이라고 덧붙였다. 그러다 그는 잠시 걸음을 멈추고 베쑨의 손을 꽉 잡았는데, 다시 한 번 확인하고 싶다는 듯이 이렇게 묻는 것이었다.

"아까 부상병의 칠십오 퍼센트가 살아날 수 있다고 하셨는데, 그 말 정말 믿어도 되는 이야기입니까?"

"예, 적어도 칠십오 퍼센트가 그렇다고 말씀드릴 수 있습니다."

베쑨이 단호하게 대답했다.

모는 베쑨의 손을 다시 한 번 꽉 잡았다.

베쑨이 일기에다 모와 만나서 중국 최초의 기동의무대를 조직하기로 한 이야기를 다 적었을 때는 아침이 다 되어 있었다. 그는 대담이 끝나자 의기양양한 기분으로 즉시 그의 동굴로 돌아와서 그 대담 내용을 잊어버리기 전에 자세히 기록하고자 했던 것이다. 그는 온돌침대에서 타자기를 무릎 위에 얹어놓고 그 이야기를 쳐나갔는데, 옆에 있는 의자에서는 촛불이 계속 타고 있었다. 그날의 그의 일기는 이렇게 끝을 맺고 있었다.

나는 그 휑뎅그렁한 방에서 모의 조용한 이야기에 귀를 기울이면서, 그와 주덕이 남쪽으로부터 이 언덕들 사이의 뢰스 지방까지 6천 마일을 걸어왔을 때의 모습을 그려보았다. 게릴라전으로 침략자들의 우세한 장비를 무력화시켜 중국을 구하겠다는 것은 그때부터의 전략이었다. 그리고 그들은 그 전략을 지금도 견지하고 있었다. 이제 나는 모가 왜 그를 만나는 모든 사람들에게 깊은 인상을 주는지 잘 알게 되었다. 그 사나이는 거인이다! 그는 우리 시대의 위대한 사람들 가운데 하나인 것이다!(중국공산당의 공식 책자에 의하면, 장정의 거리는 우회로를 계산하면 8천 마일이 된다고 한다).

35

베쑨은 연안에서 3주일을 보냈다. 그 사이에 장비와 의약품들이 서안으로부터 도착했고, 동료 캐나다인인 닥터 리처드 브라운(Richard Brown)이 한구로부터 도착했다. 닥터 브라운은 한구에 있는 감리교 선교병원 소속의 젊은 의사였다. 북부에서의 유격전 소식에 흥분된 그는 감리교 선교병원으로부터 3개월간의 휴가를 얻어 북부 지역의 일을 돕기 위해 달려온 것이었다. 그는 숙련된 외과의사로서 중국어가 아주 유창했는데, 그와 베쑨은 즉시 친해지게 되었다. 베쑨은 자기 일을 위해서는 적어도 10여 명의 숙련된 조수가 필요하다고 생각하고 있었다. 그런데 닥터 브라운이 뛰어왔으니 참으로 고맙지 않을 수가 없었다.

4월 24일 그들은 연안에서 2백 마일 북쪽에 있는 전선의 병원들을 둘러보기 위해 여행을 떠났다. 그런 후에는 그 동쪽에 있는 진찰기라는 군사 지구로 들어갈 예정이었다. 진찰기는 산서성과 차하르성과 하북성이 서로 만나는 곳에 위치한 거대한 지역이었다(10만 평방 마일). 그리고 그곳에서는 중국의 유격대원들이 특별 변구 정부의 자치부대로서 일본군을 궁지에 몰아넣고 있었다. 닥터 마해덕도 배쑨을 따라갈 생각이었으나, 연안에서는 그를 절실히 필요로 하고 있었다. 그래서 그는 토의 끝에 배쑨의 부대와 연안당국 사이에서 연락관 역할을 하기로 결정되었다.

그들은 트럭을 타고 여행을 시작했다. 12명의 병사들의 호위를 받으며, 그들의 트럭은 딱딱한 먼지길을 달렸다. 배쑨은 이때의 일을 이렇게 썼다.

> 연안을 벗어나 몇 시간을 달리자, 언덕들 사이로 급한 오르막 길이 나타났다. 연평이라는 곳을 지날 때는 유전 두 개를 볼 수 있었다. 그리고 길을 더 달려가니까, 고품질의 무연탄이 그대로 드러나 있는 노천탄광도 나타났다. 언젠가 이 지역이 산업화된다면, 지구상에서 가장 부유한 곳 가운데 하나가 될 것이다.

연안에서 북쪽으로 1백 마일 떨어져 있는 수덕(綏德)이라는 곳에서 도로는 끝나 있었다. 그래서 그들은 짐을 노새 등에 싣고 걸어서 여행을 계속했는데, 반당이라는 곳에 있는 한 병원까지, 그리고 또 호가장(胡家莊)이라는 마을의 야전병원까지 1백50마일을 걷지 않으면 안 되었다. 호가장에서 그는 중국원호위원회측으로 자신의 첫 보고서를 보냈다.

> 우리는 지금 약 50가호가 모여 사는 호가장이라는 작은 마을

에서 일하고 있습니다. 이 호가장이라는 마을의 위치는 그러니까 황하의 서쪽으로 20리(6.25마일), 그리고 장성의 남쪽으로 약 75마일 정도 되는 곳입니다. 이 지방은 황량한 산악지역입니다. 트럭이 다닐 만한 도로도 없기 때문에, 우리는 미지(米脂)라는 곳으로부터 13마리의 노새에다 보급품을 싣고 걸어서 왔습니다. 가장 많이 걸은 날이 25마일이었습니다. 골짜기 아래쪽만 버드나무가 드문드문 있을 뿐, 대개가 민둥산들이었는데, 여기까지 오는 데 엿새나 걸렸습니다.

이곳의 부상자 수는 1백75명인데, 이 집 저 집에 분산되어 있습니다. 우리가 말하는 '병원'이란 바로 이러한 마을을 말합니다. 초라한 온돌침대 위에 누워 있는 그들의 모습을 보면, 여러분의 가슴은 찢어질 것입니다. 어떤 사람들은 덮을 이불이 없고, 또 어떤 사람들은 밑에 깔 요가 없는 실정입니다. 이 지방의 날씨는 밤이면 무척 추워서, 깃털 침낭 속에서 잘 수 있는 우리 부대원들은 자기들이 무척 운이 좋은 사람들이라 생각하고 있습니다. 부상병들한테는 이가 득실대고 있습니다. 그들은 모두 단벌 군복 하나를 마냥 입고 지냅니다. 아홉 달 동안의 전투로 흙먼지투성이의 더럽기 짝이 없는 군복인데도 말입니다. 그들이 감고 있는 붕대도 그 동안 하도 자주 빨아서 이젠 더러운 천조각에 불과합니다. 또 세 사람의 경우는 그 군복조차 없는 실정입니다. 그 중 한사람은 동상으로 두 다리를 모두 잃기까지 했습니다. 그들에게는 단지 덮을 이불만 있을 뿐입니다. 식사도 기장죽이 전부입니다. 모두들 빈혈증세에다 영양실조상태입니다. 또 패혈증과 기아로 서서히 죽어가는 사람들도 있습니다. 결핵에 걸린 사람들이야 태반이고 말입니다.

우리는 이들을 도와야 합니다. 그들은 중국의 방위와 아시아의 해방을 위해 싸워온 사람들입니다. 우리 의무대의 일이 재정난에 허덕이는 팔로군에게 짐이 되지 않도록 재정지원을 요청하는 바입니다. 제 계산에 의하면 우리 의무대의 한 달 비용은 1천2백50달러(중국 달러)입니다. 제가 아는 최신 환율로 계산하면 이 금액은 4백 달러(미국 달러)를 넘지 않을 것입니다.

그는 또 일기에 이렇게 쓰고 있었다.

군사적 상황은 아주 나쁜 편이다. 이 지역이 그렇다는 것이 아니라, 중국 전체를 생각할 때 그렇다는 것이다. 이곳 북부에서는 한구가 늦어야 한두 달 안에 끝장이 날 것이라고들 믿고 있다.

영국의 『맨체스터 가디언』(Manchester Guardian)지로부터 기사를 써달라는 전보를 받았다. 괜찮은 일이지! 그 돈으로 보급품을 살 수 있을 테니까. 그러나 지금으로서는 기사 쓸 시간이 언제 생길지 완전히 의문이다. 현재로서는 마해덕과 모택동에게 보낼 보고서를 쓸 시간도 없기 때문이다. 그러나 그런 시간들을 가급적 빨리 만들어야 할 것이다!

6월 초 그들은 홍현(興縣)과 남현(嵐縣)에 있는 다른 병원들로 이동하게 되었다. 6월 말 마침내 그들의 여행이 끝났다. 그러니까 베쑨이 캐나다를 떠난 지도 이제 6개월이 되는 셈이었다. 그러나 그는 중국원호위원회로부터 아무런 연락도 받지 못하고 있었다. 그는 뉴욕으로 다시 전보를 보내는 한편 모택동에게 보낼 최종 보고서도 작성하였다. 그리고 진찰기를 향해 출발했다(베쑨은 모르고 지냈던 일이었지만, 그가 중국원호위원회로 보내는 전보와 편지들은 국민당정부를 거치는 과정에서 봉쇄되거나 계류당했다. 위원회측에서 북부 중국으로 실제로 어느 정도의 재정지원을 하고 있는지에 대해 전혀 알 수가 없었다). 진찰기란 어떤 곳인가? 그 지역은 어떻게 해서 형성되었는가? 그곳은 적진 속에서 어떻게 살아 남을 수 있었는가? 또 그곳 사람들은 어떠한 사람들인가? 베쑨은 장문의 글에서 자신의 체험적 인상을 기록한 적이 있는데, 그 요점은 다음과 같다.

여기 중국 북부 오지에 일본군에 의해 완전 포위된 지역이 하나 있다. 주변의 모든 철도와 간선도로가 다 일본군에게 장악되어 있는 이 지역은 1천3백만 인구에 10만 평방마일 크기의 지세가 험한 곳이다. 이 지역에는 중국 최초로 통일전선정부가 들어서 있다. 이곳은 앞으로의 중국 사태에 시금석이 되는 대단히 중요한 곳이기 때문에 그 형성 과정에 대한 이야기를 여기에서 밝히지 않을 수 없다.

만주를 집어삼킨 일본군이 1937년 7월 7일 본격적인 중일전쟁을 개시하자, 하북성 동부와 북평이 단숨에 점령되어버렸다. 그리고 적의 공세는 다시 서쪽과 남쪽으로 이어졌다. 이리하여 곧 하북성과 차하르성과 산서성의 주요 철도들이 이 일본군에게 장악되었다. 이들 지역의 지방군들은 항복을 하거나 후퇴를 했다. 지방정부의 관리들 역시 마찬가지였다. 이에 따라 과거 정부의 권위가 땅에 떨어진 상태에서, 북평(北平)－천진(天津), 북평－석가장(石家莊), 북평－대동(大同), 대동－태원(太原)을 잇는 철도들이 적의 수중으로 들어갔다.

일본군은 기세가 등등했다. 그들은 대승을 외쳤다. 북부 중국을 점령하기 위한 그들의 공세는 완전히 성공적이라고 생각되었다. 모든 대도시에 수비대가 설치되었고, 그것을 발판으로 하여 남부 공략이 계속되었다. 그들의 군대는 패배를 몰랐다. 그들은 중국군을 노골적으로 경멸했다. 그들은 자기들이 점령한 중국 도시들을 거들먹거리며 돌아다녔다.

1937년 가을 현재 하북과 산서와 차하르의 산악지역에는 중국군의 패잔부대들이 널리 흩어져 있었다. 그리고 그 총병력도 약 2만 5천 명에 불과하였다. 이들에게는 중앙의 군사령부도 없었다. 또 마을 사람들을 조직한다든가 대규모 유격전을 조직한다든가 하는 시도도 없었다.

이때 섭영진(聶榮臻) 장군 휘하의 팔로군 부대가 산서의 중부와 하북의 서부로 잠입해 들어왔다. 섭 장군은 중국공산당에서 가장 뛰어난 전략가들 가운데 한 사람이었다. 그는 거대한 오대산 줄기에다 자신의 본부를 설치했는데, 그래서 이 오대산 줄기가 오늘날 진찰기라 불리는 지역의 커다란 등뼈 역할을 하고 있다. 그는 자신의 군지휘관들과 정치위원들을 인민들에게 파견하여 유격대를 조직하도록 만들었다. 적의 후방과 적의 양쪽에서 유격활동을 펴도록 함으로써 팔로군의 활동을 돕도록 하기 위해서였다.

그러자 곧 일본군들은 커다란 타격을 입기 시작했다. 섭 장군은 일본군들이 도시와 철도 중심지들을 아무런 저항도 받지 않고 차지하도록 내버려두었다. 그런 다음 팔로군과 그 휘하의 유격대들로 하여금 산서성의 평신 근처에서 적에게 공격을 가하도록 명령했다. 일본군은 허를 찌르는 이 공격에 패주하지 않을 수 없었다. 이 전투의 의미는 대단히 중요했다. 전쟁 발발 이후 중국측이 거둔 최초의 대승리였기 때문이다.

이에 섭 장군은 남아 있던 정부관리들에게 접근하여 이 지역에 새로운 정부를 세우는 데 협력해 달라고 요청했다. 그는 이 정부를 일본군의 패퇴와 인민생활의 향상이라는 공동목표에 기초한 하나의 통일전선정부로 만들 것을 그들에게 제안했다.

1937년 12월 29일, 5인의 대표위원회가 구성되어, 그들이 이 새로운 정부수립계획을 준비했다. 이 위원회는 이 지역(산서, 차하르, 하북)의 모든 인민조직들과 군사세력들의 합동회의를 소집할 것을 결의했다. 이것이 바로 1938년 1월 10일에 열린 저 유명한 부평(阜平)회의였다. 여기에서 중국의 역사상 최초로 지방정부와 국민당정부의 모든 정부관리들과 중앙정부군과 팔로군의 군사 지도자들, 노동자 대중조직, 농민동맹, 여성동맹, 청년동맹 그리고 공산당 대표들이 한자리에 모이게 되었다.

대표의 수는 모두 1백46명이었다. 이것은 진정으로 민주적인 회의였다. 지난날에는 소수의 사람들이 1천3백만 인민의 미래를 결정했었다. 그러나 이제는 인민 자신이 그들의 미래를 결정했다. 이곳 인민들의 대중조직들은 거의 3백만 명에 달하는 회원들이 대표하고 있었다.

회의는 이제 진찰기로 명명된 이 지역을 다스릴 9인행정위원회를 선출하였다. 이 행정위원회는 실제로 내각의 구실을 했는데, 교육, 내무, 농업, 공업 등의 장관들이 포함되어 있었다. 이 위원회의 군사 대표는 두 명으로 섭 장군과 노(Lu) 장군이었다. 섭 장군이 최고사령관으로 선출되었다. 9인위원회의 위원 중 섭과 노만이 공산당원들이었다.

진찰기의 유격대원들과 군대들은 어떻게 무기를 공급받고 있는가? 이 전쟁의 아이러니들 가운데 하나는 중국인들이 주로 일본군에게서 빼앗은 무기와 보급품으로 일본군과 싸우고 있다는 사실이다. 내가 갖고 있는 장비도 바로 그 한 예이다. 나의 털모자와 말과 장화가 모두 일본제인 것이다.

현재 무기와 의복과 식량을 지급하고 병들거나 부상을 당하면 돌보아야 할 병사의 수는 이러저러한 부대의 병사들과 유격대원들 그리고 민병대원들까지 모두 합쳐 12만 5천 명에서 17만 5천 명 정도이다. 아마 이곳의 현정부에서 사용하는 비용은 역대 정부들 가운데 가장 낮은 금액일 것이다. 예컨대 진찰기의 의장인 송소문(宋劭文 : 전에는 산서성의 국민당 고위관리였다)

의 경우 현재 한 달에 20달러를 받고 있다. 병사와 유격대원의 봉급은 한 달에 1달러, 섭 장군의 봉급은 한 달에 5달러이다……. 그러나 현재 국민당정부의 관리들의 봉급은 2백50~2천 달러 정도이다. 그리고 이 금액에는 그 수많은 국민당 관리들이 중요한 소득원으로 삼고 있는 뇌물이 포함되어 있지 않다. 그러나 진찰기에서는 뇌물이란 것이 있을 턱이 없다! 유격대원이란 무엇인가? 그는 한마디로 군복을 입은 노동자이다. 그는 보통의 소농이다. 그는 강인하고 거칠어서 곤경에 잘 견디며 오랫동안 굶거나 조금만 먹어도 버텨낼 수 있는 사람이다. 어릴 때부터 날씨가 어떻든 간에 아무렇게나 입고 자라왔기 때문에, 그는 더위나 추위에 그리 큰 영향을 받지 않는다. 그는 사랑하는 조국이 위험에 빠져 있다는 소식을 이 마을 저 마을을 거쳐 입에서 입으로 전해듣게 되었다. 그래서 아직도 일본군의 비행기와 대포와 총검을 보지 못한 경우도 많다. 그는 자신이 어떻게 행동해야 하는지 배우고 있다. 이 전쟁의 원인이 무엇이라는 것도 그에게 설명된다. 또 모든 전쟁의 원인이 무엇인가에 대해서도 그에게 설명된다. 그는 동료 노동자들과 단결해야 된다는 것을 배운다. 그는 대중조직에 가입해서 읽고 쓰는 것을 배우고 있다. 그는 민병대에 입대하여 낡은 소총이나 조악한 창을 가지고 거리 순찰이나 교량 경비 또는 반역자 감시 등의 임무를 수행할 수도 있다. 만약 그가 민병대에 입대했다면 그는 자기가 사는 지역을 떠나지 않아도 된다. 그는 시간제로 임무를 수행하기조차 한다. 또 그는 곧바로 유격대에 소속되어 거기서 군사훈련을 받고 군복과 무기를 지급받을지도 모른다. 군복에 대한 그의 행동은 모든 게릴라 전사들의 그것과 마찬가지이다. 그는 군복을 입으라는 명령을 받으면 군복을 입고, 군복을 벗으라는 명령을 받으면 군복을 벗는다. 그리고 적진에 침투하여 무지한 농투성이 노릇을 할지도 모른다. 그의 봉급은 임무여하를 불문하고 정규군의 그것과 마찬가지이다.

일본군은 현재 진찰기 주위에 있는 25개의 도시들을 장악하고 있다. 그러나 일본군은 유격대원들 때문에 그 지역의 온갖 자원들을 제대로 활용할 수가 없었다.

진찰기의 모든 곳에서 사람들은 그들이 벌이는 투쟁이 중국의 다른 지역들에 대하여, 그리고 세계의 다른 지역들에 대하여, 어떠한 의미를 갖고 있는지를 배우고 있다. 모든 대중조직의 집회에서, 유격대원들과 팔로군이 개최하는 집회에서, 전반적인 전략이 설명된다. 진찰기는 오늘밤 중국에서 가장 중요한 의미를 갖고 있는 전투지역이다. 만약 일본군이 여기에서 피를 흘리고 죽는다면, 그것은 전 중국을 정복하려는 그들의 계획이 차질을 빚고 있다는 이야기가 될 것이다.

진찰기의 대중운동들은 광범위한 통일전선의 원칙에 입각하여 조직되어 왔다. 따라서 공산당 조직원들이 어떤 지역으로 파견될 경우 그들에게 제일 먼저 강조되는 것이 늘 지방정부와 국민당정부와의 협력관계이다. 1927년 이래 국민당에 의해 포기된 손문의 삼민주의가 진찰기의 국민당·공산당 연정의 기초다. 민주, 민족, 민생이라는 손문의 삼민주의가 현재 이곳에서 실천되고 있는 것이다. 봉건체제는 타파중이다. 세금과 소작료는 인하되었다. 문맹도 퇴치중이다. 재산 몰수 등의 자본주의 체제를 폐지시키기 위한 노력은 일체 허용되지 않는다(괴뢰 장군들과 반역 지주들의 경우는 물론 예외이다). 사회주의 혁명은 지금 당장을 위한 슬로건이 아니라 미래를 위한 슬로건이다. 먼저 공동의 적을 패퇴시키고 봉건제를 뿌리뽑아야 한다는 것이 공산당의 주장이다.

이제 일본군은 새로운 전술을 채택하였다. 개별 사령부들이 '북중국 토벌군 본부'라는 단일 사령부로 통합되었다. 전선이라는 개념이 무의미하게 되자, 그들은 지금 빨치산 방법을 흉내내려고 애쓰면서, 진찰기에 있는 팔로군의 주요 기지인 오대산지역을 완전 포위하고 있다.

진찰기지구는 중국의 다른 지역들로부터 완전히 고립되어 있다. 그러나 이곳에서는 결사항일이라는 거대한 불꽃이 인민의 가슴속에서 세차게 타오르고 있다. 그리고 그 불길과 함께 새로운 민주주의공화국이 서서히 성장하고 있다. 이 진찰기지구는 외세의 지배와 국내의 타락과 반동을 격퇴시켜 나갈 미래 중국의 희망이요 전조인 것이다.

36

베쑨이 진찰기에 도착한 것은 6월 초였다. 그는 외부세계로 결국 전달되지 못했던 많은 편지들 가운데 한 편지 속에서 이렇게 썼다.

"이제 나는 전쟁의 한가운데에 서게 되었습니다. 이제야 나는 이 엄청난 투쟁의 고원하고도 묘한 맛을 온몸으로 느끼게 되었습니다." (베쑨은 편지를 쓰면 꼭 복사본을 남겨놓고 있었다.)

그러나 일본군의 완전 포위 속에 있으면서도 아주 자유롭게 생활한다는 신기함은 곧 사라지게 되었다. 어느 날 갑자기 전선에서 적을 만나는 것, 그 적을 괴롭힌 다음 다시 후퇴하여 산악 숲으로 사라지는 것, 적을 뒤에서 기습하는 것, 장수말벌처럼 윙윙대며 적의 보급선 주위를 교란시키는 것, 적의 전방진지에서 몇 마일밖에 떨어져 있지 않은 곳에서 자치를 해가는 것, 이것이 바로 북부에서의 전쟁이 지니고 있는 특성들이었다. 그리고 이것이 바로 베쑨의 기운을 북돋워주는 그 지역의 특성이기도 했다. 하루에 18시간을 일하면서 그는 이제 아예 면도를 포기했다. 그래서 그의 턱에서는 덥수룩한 수염이 그대로 자라게 되었다.

베쑨의 부대가 오대산에 도착한 후 3주일 동안, 그는 하북촌과 하서촌과 송암구에 있는 오대산 소관구의 세 기지병원들을 시간을 쪼개서 돌아다녔다(진찰기의 오대산 소관구에는 당시 섭 장군의 본부가 있었다).

그는 기지병원들을 순회하면서 모든 의료요원들과 치료방법들과 시설들과 의약품들을 계속 점검했다. 하루의 일이 끝나는 저녁때면, 그는 의료차트를 작성하고 체크 노트를 검토하고 섭장군과 연안에 보낼 세부 보고서를 썼다. 그는 자신이 눈으로 직접 본 상황들을 보고서에 옮기면서 차디찬 결론을 내리지 않을 수 없었다. 서구적 의미에서 생각한다면, 팔로군과 그 유격대원들에게는 병원시설이라 할 만한 것이 거의 없었다. '기지병원'들이라는 것들도 전부해서 3백50개의 병상들을 갖고 있었지만, 그 병상이란 것이 실제로 병상이 아니었고 그 병원이란 것도 실제로 병원이 아니었다. 이곳의 상황은 호가장의 경우보다는 좀 나은 편이었지만, 여기에서도 부상병들이 누워 있는 곳은 진흙 바른 데다 짚을 덮은 온돌침대였다. 환자용 병원복 같은 것은 있을 턱이 없었다. 그래서 그들은 그 더러운 군복들을 그대로 입고 지냈다. 병원의 요원들도 그들의 최선을 다하고 있었지만, 그 가운데 제대로 훈련된 요원은 한 사람도 없었다. 마취제도 그가 가져온 것 외에는 없었고, 정식 수술실도 없었고, 수술에 필요한 정식 기구들도 없었다. 붕대도 쓰고 나면 다시 빨아서 바깥에서 말렸다가 재차삼차 사용되었다. 상처를 꿰매는 실도 마을에서 쓰는 보통의 실이었다. 의약품들이라고는 그 거개가 지방 제조업체에서 만든 알약들이었고, 그 효과도 대단히 의심스러운 것들뿐이었다. 탐침 역시 양철 조각으로 만들었다. 의사, 간호사 등의 의료요원을 양성하는 기관도 없었다.

진찰기의 부상병들에게 베풀어지는 것은 결국 베쑨이 가지고 온 의약품들, 그 자신의 장비, 그 자신의 수술기술, 닥터 브라운과 지방에서 훈련된 다섯 명의 군의관들, 그리고 봉사 의지는 충만하지만 의료훈련은 거의 또는 전혀 받지 못한 자원자들뿐이었다. 더욱이 7월 중순이 되자, 브라운은 떠나지 않을 수 없었다. 휴가 기간이 끝났기 때문이었다.

마침내 슬픈 고별시간이 찾아오자, 두 사람은 너무도 격동된 나머지 말문이 막히는 기분이었다. 그들은 그 동안 함께 산악을 헤쳐왔고, 같은 온돌침대 위에서 몸을 녹였으며, 엉성한 방에서 수술을 할 때마다 서로 바로 옆에서 일해 온 사이였다.

브라운은 헤어지면서 의약품 공급에 최선의 협조를 다하겠다고 베쑨에게 약속했다. 브라운이 떠나게 되자, 섭 장군은 미국에서 대학을 다녔다는 부평현의 현장을 베쑨에게 통역관으로 보내주었다. 그의 이름은 동월천(董越千)이었다. 그는 키가 작고 몸집이 다부지고 품성이 좋아 보이는 젊은이였다. 그는 또 외교관의 천품을 타고났는지, 늘 얼굴에 웃음기가 서린 젊은이였다. 그의 영어는 아주 독창적이었고, 중국의 역사와 정치에 대한 지식은 무한했으며, 베쑨에 대한 그의 존경심도 곧 무한해졌다. 두 사람이 만난 지 일 주일도 채 안 되어서 베쑨은 그를 '나의 분신'(my other self)이라고 부르게 되었다.

브라운이 떠난 다음날 베쑨은 연안을 통해 뉴욕의 중국위원회로 도움을 청하는 다음과 같은 긴급 전보를 보냈다.

지난 한 달 동안 일본군 후방에 있는 진찰기라는 군사지구에서 유격대원들과 함께 일하고 있습니다. 하루에 평균 열 건의 수술을 합니다. 돈과 의약품이 크게 모자랍니다. 모택동 동지 앞으로 즉시 송금해 주기 바랍니다. 의약품들을 구입할 수 있는 곳이 아직도 대도시뿐이기 때문입니다.

이제 외부세계와의 주요 통로가 된 연안에 있는 닥터 마에게 그는 그곳에 두고 온 엑스레이 장비를 보내달라고 요청하면서 또 다음과 같이 궁금한 문제들을 묻지 않을 수 없었다.

당신은 지금도 뉴욕 사람들이 여기에서 보내는 전신들을 제대로 받고 있다고 생각합니까? 아마 당신은 그 전신들을 손문 부인 앞으로 보내야 될 것입니다. 그 부인이라면 어떤 조치를 취할 수 있을지도 모르니까요. 지금은 정말로 도움이 필요합니다. 브라운은 떠났습니다. 그가 떠나서 얼마나 섭섭한지 모릅니다. 아주 훌륭한 의사였는데 말입니다.

핼도어 핸슨(Haldore Hanson)이라는 이름의 연합통신 특파원이 북평을 거쳐 막 이곳을 다녀갔습니다. 그는 지금 주석을 만나기 위해 남쪽으로 내려가는 중입니다. 나는 우리의 일을 설명하면서 의약품 지원이 아주 절실하다는 것을 그에게 이야기했습니다. 나는 또 이곳 전체에 대한 장문의 글 한 편도 그에게 건네주었습니다. 한구에 도착하는 대로 송고해 달라고 말입니다.

섭 장군은 저에게 동이라는 아주 훌륭한 통역관을 보내 주었습니다. 그의 영어는 좀 독창적인 데가 있지만, 이곳에서는 없어서는 안 될 사람입니다. 지금은 중국어 몇 마디를 나도 모르는 사이에 알게 되었습니다만, 지금까지 살면서 외국어를 의식적으로 배우려 한 적이 전혀 없습니다. 그러나 요즈음은 중국어를 조금씩 배워나가는 중입니다. 중국어 사전과 신문잡지류를 보내주시면 고맙겠습니다.

지난 3개월 동안 저는 미국어나 영국어로 된 신문이나 잡지를 전혀 보지 못하고 생활했습니다. 혹시 그런 것을 받아보시지 않습니까? 세계가 지금 어떻게 돌아가고 있는지, 또 스페인의 상황은 현재 어떠한지, 모두가 다 몹시 궁금합니다. 무슨 들은 소식이 있으면, 알려주시면 고맙겠습니다. 오늘도 수술을 여덟 건이나 했습니다. 몸은 몹시 피곤합니다만, 마음은 무척 만족스럽습니다……. 이곳에서 기초부터 시작하는 의료과정을 개설할 필요가 있다는 것을 요즈음 절실히 느끼고 있습니다. 또 수혈문제에 있어서도 무언가를 하지 않으면 안 됩니다. 일들이 제대로 되도록하기 위해서 저는 지금 고함과 눈물과 웃음을 모두 다 동원하고 있습니다. 조수 한 사람이 굉장히 필요합니다. 지금 당장을 위해서 말입니다. 우리는 지금 눈물과 피로 범벅이 된 길을 여행하고 있습니다.

그로부터 며칠 후 그는 이 지역의 의료관계 회의에 참석하기 위해 오대산 줄기에 있는 조당장이라는 곳으로 여행을 떠났다. 그곳은 섭 장군의 본부가 있는 곳이었다.

베쑨은 그 회의를 학수고대하고 있었다. 섭영진 장군이 프랑스에서 공학을 공부한 다음, 중국과 러시아가 동맹관계를 긴밀히 하고 있을 시절 러시아에서 군사학교를 다녔으며, 국민당과 공산당이 공동으로 운영하고 있던 광동에 있는 황포군관학교에서 교관 노릇을 하다가, 1927년 장개석의 배신 이후 홍군으로 넘어온 사람이라는 사실을 들어서 알고 있었다. 이제 나이는 겨우 마흔 살밖에 안 되었지만, 그는 이미 항일전 수행에 있어서 핵심적인 군사 지도자들 가운데 한 사람이었다. 조당장에 있는 참모본부에서 섭 장군을 만나자, 베쑨은 부드럽고 젊음이 넘치는 표정하며 한순간만 가만히 있어도 답답해하는 서른 살의 젊은이 같은 그의 패기에 그만 깜짝 놀라지 않을 수 없었다.

그는 대단히 기쁜 표정을 지으면서 베쑨을 맞이했다. 그러면서 그는 베쑨에게 이렇게 말했다.

"아마 다른 사람들 같았다면 이곳에 오자마자 두 손을 번쩍 들었을 텐데요."

그의 계속되는 이야기는 대단히 진지한 제안을 하나 하겠다는 것이었다.

베쑨을 지원하는 미국위원회와의 접촉은 지금으로서는 쉬운 문제가 아닌데, 베쑨 자신이 여러 보고서들을 통해 누누이 지적했던 바와 같이 그 사이 아군의 의료 수요는 나날이 급증 추세라는 것이었다. 따라서 베쑨의 주장대로 팔로군에서는 모종의 과감한 조처를 취하지 않으면 안 된다는 것이었다. 그래서 그의 제안은 진찰기 전체의 정규군과 유격대원들을 위한 의료 체계를 수립하는 임무를 맡아달라는 것이었다. 미국에 있는 베쑨의 친구들이 보내주는 일체의 재정지원은 물론 이 사업에 쓰일 것이며, 또 앞으로는 캐나다·미국 대표 역할뿐만 아니라 진찰기 팔로군의 의료책임자 및 진찰기정부의 의료고문 역할까지도 맡아달라는 것이었다.

베쑨은 동의 통역이 끝나기 전에 이미 자신의 대답을 준비해 놓고 있었다. 그는 후에 이때의 심경을 닥터 마해덕에게 이렇게 써보냈다.

"저는 영광과 자부심을 느낍니다. 저의 현재 직함은 진찰기 군사지구 의료고문 닥터 노먼 베쑨입니다."

베쑨이 이 새로운 임무를 떠맡은 후 처음으로 행한 일은 여러 가지 면에서 유치한 상태를 벗어나지 못하고 있는 기지병원들 가운데 하나를 시범병원으로 재조직하는 것이었다.

이 지역에 있는 모든 병원들이 정규군이나 유격대원들의 치료에 부적절하다는 것이 그 동안 베쑨이 품고 있던 결론이었다. 그는 자신이 가지고 온 장비를 잘 활용하기만 하면, 또 지금 현재의 시설을 잘 활용하기만 하면 보다 나은 병실에서 보다 훈련된 요원들과 함께 보다 나은 치료를 할 수 있는 병원을 세울 수 있다고 생각했다. 그는 그 무엇보다도 군의 의료업무를 향상시키기 위해 기존의 시설을 어떻게 활용해야 하는지를 시범적으로 보여줄 생각이었다.

7월 말 그는 섭 장군의 열성적인 후원하에서 의료관계자 회의를 소집했다. 이 회의는 위생국장 닥터 엽의 사회로 하북촌에서 진행되었다. 베쑨은 자신의 계획을 대강 설명했고 회의는 그 계획을 승인했다. 그리고 시범병원을 세우기 위해 5주간 캠페인을 시작하기로 결정하였다.

37

여러 시간 동안 그들은 하북촌을 떠나 노새를 타고 터벅터벅 90리(30마일) 길을 여행하였다. 길은 노새길밖에 없었는데, 폭이 10피트 정도 되었다. 바퀴자국으로 깊이 패인 이 길은 때로는 흙과 바위로 된 절벽들 사이로 이어지기도 하였고, 때로는 거친 산줄기 뒤로 이어지기도 했다.

북쪽과 남쪽으로 가파른 산들이 마을 앞뒤를 가로막고 있었고, 서쪽으로는 거대한 오대산 줄기가 산서와 하북 사이에 우뚝 솟아 있었는데 그 산줄기를 타고 만리장성이 달리고 있었다. 동쪽으로는 골짜기가 나 있었는데 그 저편에는 구름 속에 가리워진 높다란 산들이 펼쳐져 있었다.

그들은 곧 마을에 도착했다. 그곳은 약 2백 명의 농민들이 맑고 푸른 물줄기 옆에서 진흙 오두막들을 짓고 옹기종기 모여 사는 마을이었다. 은빛머리카락에 턱수염을 한 외국인의 느닷없는 출현에 이제는 아주 익숙해져 있었음에도 불구하고, 베쑨과 동이 지나가자 마을 사람들은 먼지가 풀풀 나는 길로 나와 정중한 예를 갖추는 것이었다. 병원은 마을 뒤 바위언덕에 위치한 절이었다. 그 절은 버드나무와 소나무로 둘러싸여 있었는데, 베쑨은 그곳으로 올라가면서 독경소리를 들을 수 있었다.

"오 부처님, 저의 신심을 당신에게 바치나이다."

절이 병원으로 바뀐 뒤에도 승려들은 계속 그곳에 남아 있었는데, 베쑨은 후에 자신의 일기에서 이 승려들은 "아나톨 프랑스의 『펭귄 섬』에 나오는 사제들" 같은 사람들이라고 묘사하고 있었다.

그들은 피둥피둥한 몸집과 번드르한 얼굴과 불필요한 노예근성 때문에 나에게 늘 혐오감을 준다. 하루에 세 차례 그들은 종소리와 징소리를 내면서 염불을 했는데, 그럴 때면 나는 주변의 화초냄새를 압도하는 그 달짝지근한 선향의 자극적인 냄새 때문에 코를 쿵쿵거리곤 했다. 내가 말에서 내리자, 애국적인 노래를 부르고 있던 병사들의 소리가 갑자기 더 우렁차졌다.

우리에겐 총이 없다.
우리에겐 대포도 없다.
그러나 적들이 준다.
우리가 갖고 있는 모든 것들을……

승려들은 부처에 대한 그들의 믿음을 찬송했고, 병사들은 다른 신들에 대한 그들의 믿음을 노래했다. 나는 마당에 나갈 때마다 활짝 핀 꽃들을 보고 늘 기쁜 마음이 되었다. 커다란 분홍빛 수련은 뚱뚱한 노부인이 식사를 잘하고 났을 때처럼 숨을 가빠하고 있었고, 제라늄, 장미, 초롱꽃, 플록스 등이 문간 옆에서 방실대고 있었다. 다시 말리기 위해 바깥에 내건 네모진 가제들이 키 작은 오렌지나무들 위에서 쭈글쭈글한 목련꽃처럼 매달려 있었다. 몇몇 회복중인 병사들이 팔과 다리에 붕대를 감고서 계단에 앉아 휴식을 취하고 있었는데, 아무래도 불편해하는 기색이었다. 간호병들은 이리저리 바삐 뛰어다니다가 땅바닥에 누워 자고 있는 개나 돼지와 갑자기 마주치면 그 동물들을 뛰어넘곤 하였다. 비둘기들의 구구 소리와 아래쪽 시냇물의 쫄쫄대는 소리와 바람에 살랑대는 나뭇잎소리와 함께 절간은 금빛 공기로 가득 차 있었다. 전에는 승려들의 숙소와 응접실이었다가 지금은 병동으로 사용되고 있는 절 옆의 별채들은 태양 빛을 받기 위해 마당 쪽으로 문을 활짝 열어놓았다.

이것이 바로 송암구라는 조그만 마을에 있는 기지병원의 모습이었다. 동은 이곳이 "지도상에는 나타나 있지 않다"고 말한 적이 있었다. 그러나 베쑨의 머리 속에는 이미 전부터 이곳이 시범병원으로 자리잡고 있었다. 그리고 앞으로 5주일 후면, 이곳은 중국해방의 투쟁사 속에서 길이 기억될 전설적 이름이 될 것이다.

5주간 캠페인은 관계자회의를 통해 세부적 목표들이 설정되고 마을집회를 통해 이 캠페인의 목표가 설명되고 모택동의 승인 메시지가 도착됨으로써 본격적으로 시작되었다.

모의 메시지는 섭 장군을 통해 송암구로 보내졌는데, 동은 그것을 받자 크게 흥분해서 베쑨에게 쫓아왔다. 그는 다른 요원들에게 그것을 흔들어대다가 아주 기쁜 목소리로 베쑨에게 통역해 주었는데, 섭 장군을 수신인으로 한 그 전보내용은 다음과 같았다.

닥터 베쑨에게 매달 1백 달러를 지급하시오 닥터 베쑨의 보고서에 의하면, 그곳 (송암구) 병원을 개조하려면 돈이 필요하다고 했소. 계획대로 움직이라고 병원측에 지시하시오. 베쑨이 군 및 정부의 의료고문에 취임하는 것을 승인하오. 나는 그의 견해와 능력을 완전히 신뢰하오. 우리의 부상병들을 위하여 당신이 적합하다고 생각하는 대로 행동하기 바라오.

모택동

모에게 보내는 답신에서 베쑨은 자신의 사업계획을 더욱 자세히 보고하면서 봉급문제에 대해서는 모의 제안을 사양해 버렸다.

섬서성, 연안
팔로군 군사평의회
모택동 귀하

귀하의 전신에 답신합니다.

첫째, 저는 매달 1백 달러를 제공하겠다는 귀하의 제의를 사양합니다.

저한테는 현재 돈이 필요없습니다. 왜냐하면 일체의 음식, 의복 등이 지급되고 있기 때문입니다. 그 돈이 만약 개인적으로 보내진 것이라면, 그 돈을 가지고 부상병들을 위한 특별 담배기금 같은 것을 만들어주시기 바랍니다. 정말로 돈이 조금이라도 필요한 경우가 생기면, 이곳 본부로부터 타 쓰겠으니 염려 마시기 바랍니다.

둘째, 이곳에서 제가 특별히 지출을 허락한 금액은 약 1천5백 달러입니다. 이 금액은 이곳의 병원을 진찰기지구의 시범병원으로서 개축하는 데 드는 자재비와 인건비를 충당하기 위한 것입니다. 개축작업이 끝나면, 매달 약 1천 달러면 운영이 가능합니다.

셋째, 지금 당장 필요한 것은 5천 달러 상당의 의약품입니다. 북평에 가면 이 의약품의 구입이 가능합니다.

넷째, 제가 재정상황을 파악할 수 있도록 캐나다와 미국에서 송금되고 있는 금액을 알려주시기 바랍니다.

다섯째, 이상의 비용은 영구병원 건립이라는 보다 큰 사업계획과는 전혀 무관한 것입니다. 아마 이 영구병원의 건립을 위해서는 약 5만 달러가 필요할 것입니다. 영구병원에 대한 계획에 대해서는 조만간 다시 보고하도록 하겠습니다. 우선 당장의 과제는 눈앞에 있는 기존의 자재를 가지고 시범병원을 세우는 일입니다.

이 5주간 캠페인은 무서운 속도로 진행되었다. 마을 사람들의 협조를 받아 베쑨은 수술실 건설을 감독했는데, 이것은 서구적 기준에서 보면 아직도 초보적 상태를 벗어나지 못한 것이지만 그 효과는 아주 대단한 것이었다. 아무튼 그것은 이곳 전체에서 최초로 마련된 진짜 수술실이었다. 그는 오물과 음식찌꺼기와 못 쓰게 된 붕대들을 처리하고 병동의 청결유지를 책임질 '청소반' 등을 조직했다. 그는 파리로부터 폐물 조각에 이르기까지 일체의 위생관리를 실시했다. 그는 수술기구들과 붕대들을 소독하기 위한 소독기도 고안, 제작했고 간호병들과 운반병들과 군의관들이 지켜야 할 근무수칙도 작성했다. 그는 마을에서 팔과 다리에 댈 부목과 들것 시렁과 환자용 이름표와 음식 보관을 위한 특별한 통과 표준화된 붕대 상자를 만드는 방법을 그들에게 가르쳤다.

그는 병원 바깥의 공터에 안락한 의자들을 설치해 놓고 그곳을 환자휴게소로 만들었다. 절의 부속건물로 예전에는 주방으로 쓰였던 곳을 그는 게임과 강의와 회의와 읽고 쓰기를 배우기 위한 장소로 개조시켰다.

또 마을 여인들도 자청하고 나서서, 병원복과 베개와 이불과 기름막을 입힌 면 시트 50벌씩을 만들어주었다. 그는 그것들을 청소, 세탁, 소독반원들이 새로운 체제로 관리하게 된 병동으로 보냈다. 송암구의 환자들은 이제 진찰기에서 병원복을 입고 시트에 눕는 최초의 사람들이 되었다.

"일하면서 배우자"라는 슬로건하에서 그는 전에는 연안의 의학교에서 몇몇 소수의 사람들만이 배울 수 있었던 기본적인 의학지식을 요원들에게 가르치기 위해 강의 프로그램을 준비했다. 이 강의는 격일제로 오후 5시에서 6시 사이에 실시되었다. 의료요원들이 책상다리를 하고 그의 말에 귀를 기울이는 동안, 그는 해부, 상처 치료법, 생리학 등등에 대해 흑판에 재빨리 그림을 그려가며 강의했다.

이 의무적인 강의 프로그램 이외에도 그는 간호병들과 군의관들을 위해 병원 부속학교를 개설했다. 그는 자신이 떠난 후의 일까지 생각해서 이 학교에서 교습할 완전한 커리큘럼을 작성했다. 그리고 진찰기에는 그 어디에도 의학교재가 전혀 없었기 때문에, 자신이 직접 교재를 썼다. 이 교재는 수많은 그림과 함께 이해하기 쉽게 씌어진 것이었다. 그는 하루의 일과가 끝나면, 그 교재를 무서운 속도로 써나갔고, 그가 쓰는 대로 동이 중국어로 번역했다. 이 교재는 진찰기정부에 의해 출판되었는데, 그것은 말하자면 게릴라전을 위한 세계 최초의 의학 핸드북이었던 것이다. 이 교재가 출판되자 그는 모택동에게 보내는 보고서 속에서 이 교재를 진찰기지구의 모든 의료 종사자들에게 배부할 계획이라며 다음과 같이 덧붙였다.

만약 이 교재가 성공을 거둔다면, 저는 공중보건과 예방의학 등에 대한 소책자들도 시리즈로 집필할 생각입니다. 또한 2백 페이지 정도의 보다 더 자세하고 보다 더 기본적인 의학교재의 준비에 이미 착수한 상태인데, 두 달 후 정도면 집필이 끝날 예정입니다.

시간과의 싸움, 초인적인 활동, 돕고 창조하고 지도하는 기쁨 속에서 그는 아직도 많은 문제들이 산적해 있다고 생각했다.

이때는 이미 병원의 정규 프로그램의 일부로서 주간 요원회의가 이루어지고 있었는데, 이 회의는 매주 일요일 오후에 열렸다. 이 회의에는 모든 간호병들과 군의관들이 참석하여 그 주일의 주요 문제들을 토의하였다. 솔직한 비판과 제안이 행해지고 또 요원들이 토의사항들을 진지하게 기록하는 등 처음 몇 차례의 회의가 만족스럽게 이루어지자, 이제 그는 서로의 단점을 솔직하게 상호비판함으로써 업무의 향상을 기할 때가 되었다고 판단했다.

회의는 베쑨의 이 제안을 기꺼이 동의했고, 베쑨은 각 개인의 업무에 대해 차례로 평가를 내리기 시작했다. 예컨대 닥터 유의 경우, 기술적 능력에서는 커다란 의욕을 보이지만 자신의 건전한 판단을 전체 요원들에게 밀어붙이는 데에는 나약한 모습을 보이고 있다는 비판이 행해졌다. 베쑨의 밑에서 수석 외과의사로서 일하고 있는 닥터 임의 경우에는, 기술적 능력이 뛰어나고 교육성적이 다른 사람들보다 앞서며 수술에 있어서도 열성적이지만, 간간이 틈이 날 때면 다른 예삿일도 거들 줄 알아야 된다는 평가가 내려졌다. 또한 정치위원인 류의 경우는, 매우 정력적이고 유능하고 신뢰할 만한 사람으로서 자신의 정치적 임무를 헌신과 지성을 가지고 잘 수행하고 있다는 평가가 내려졌다.

베쑨이 이렇게 한 사람씩 차례로 평가해 나가자, 그들은 주의 깊게 그의 말을 경청하면서, 아무리 심한 비판이 가해져도 아무도 이의를 제기하지 않았다. 이제는 베쑨이 평가될 차례가 되었다.

그들은 사심없이 비판을 주고받을 수 있는 사이처럼 마음 편하게 이야기를 계속해 나갔다. 베쑨의 일에 대해, 그의 지도력에 대해, 그의 수술 솜씨에 대해, 그가 끊임없이 보다 나은 성과를 위해 그들을 밀어붙이는 열의에 대해 계속 칭찬이 쏟아져 나왔다. 그러나 그들이 이야기를 다 마쳤을 때, 동은 베쑨을 돌아보면서 당혹스러운 표정을 짓고 있었다.

"한 가지 이야기가 더 있습니다. 이들은 모두 선생님에 대해 똑같은 비판을 제기하고 있는데, 그 말을 영어로 무어라 하는지 모르겠군요."

"비판이라고 했나?"

"예, 그렇습니다."

"나의 일에 대해서?"

"아니, 선생님의 일에 대한 비판은 아닙니다."

"그럼 나의 성격에 대해서?"

"예, 그렇습니다. 중국어로는 기성(氣性)이라는 말인데…… 영어로는 무어라 하는지를 모르겠군요."

베쑨은 사정을 금세 눈치채버렸다. 그것은 '성마른'(irascible)이라는 표현이었다.

그날 밤 그는 자기를 위해 따로 마련된 집에서 이 사건을 자신의 일기 속에 이렇게 기록했다.

그 낱말은 '성마른'이란 단어였다. 나의 '분신'인 동은 그 단어를 결국 기억해내지 못했지만, 나는 금방 그것을 알아차릴 수 있었다. 일처리가 제대로 되어 있지 않으면, 일의 방법이 바르지 못하면, 일이 효율적으로 이루어지지 않으면, 내가 '성마르다'는 것이 그들의 비판이었다. 그들은 그 경우에도 내가 좀더 친절한 말투로(목청을 높이지 말고) 이야기해 주면 좋겠다는 것이었다. 나는 그들에게 그러기로 약속했다. 그런데 그놈의 성질이라는 것이 그렇게 마음대로 되는 것이 아닌 모양이다. 약속을 한 지 한 15분 정도 지났을까? 소독 처리를 함부로 하는 간호병을 보자 나는 또다시 냉담한 태도를 취했던 것이었다.

간호병은 동에게 아까의 약속을 상기시켜달라고 했다.

나는 이렇게 동에게 대답했다.

"아참, 그랬지. 그러나 저 간호병에게도 부주의한 일처리가 한 사람의 목숨을 앗아갈 수도 있다는 사실을 다시 한 번 상기시켜 주게."

그러나 이번엔 아주 조용한 말씨로 말했다. 그리고 그 간호병에게 이렇게 한마디 덧붙였다.

"자네의 부주의에 대해 용서해 주어야 할 사람은 내가 아니라 저 부상병이네."

그러자 그 부상병(이 부상병은 파편에 맞아 팔에 심한 부상을 입고 있었다)은 간호병을 쳐다보며 이렇게 나지막하게 말했다.

"제가 용서합니다."

그러자 간호병은 거의 울상이 되어버리고 말았다. 나는 그 간호병이 다시는 나를 '성마르게' 만들지 않으리라고 생각한다. 그런 부주의한 행동을 다시는 안 할 테니까 말이다.

38

어느 날 56명의 부상병 집단이 북쪽으로부터 산악을 타고 넘어왔다. 그들의 입원을 지휘 감독하면서, 베쑨은 그들 대다수가 심한 부상은 입었지만 수술만 잘 받으면 회복될 가망이 있다고 생각했다. 그런데 그들 가운데에는 여전히 실신상태에서 온돌침대에 눕혀져 있는 병사가 한 사람 있었다. 베쑨은 그의 상처를 재빨리 살펴보고 아직도 식은땀을 줄줄 흘리고 있는 이마를 손으로 짚어보면서, 동에게 마을집회를 즉시 소집하라고 지시했다.

"그 사람, 가망이 없습니까?"

간호병 가운데 하나가 물었다. 베쑨이 대답했다.

"아닐세, 상처는 그리 심각한 것이 아냐. 그런데 출혈이 너무 심했군."

그로부터 15분 후 마을 사람들 모두가 절 앞 마당에 집합하였다. 2백 명의 남자와 여자와 어린아이들이 송림 사이의 빈터에 조용히 모여 있었다. 베쏜을 뒤따라 운반병들이 그 실신한 병사를 들것에 싣고 나오자, 마을 사람들은 더욱 앞으로 몰려들었다. 베쏜은 운반병들에게 그 병사를 마을 사람들 앞에 내려놓으라고 지시한 다음, 어리둥절해하는 그들의 수심에 찬 얼굴을 살펴보았다.

이때가 바로 그가 기다리고 있었던 심리적 순간이었다. 지금으로부터 3주일 전에 수술이 한창 진행되는 도중에 한 환자가 심한 출혈을 한 적이 있었다. 그래서 그는 간호병들에게 헌혈할 사람이 있으면 나서보라고 요청하였다. 그러나 수술실에 있었던 그 누구도 자진해서 나서지 않았다. 그는 이미 수혈이란 것이 헌혈자한테는 전혀 해롭지 않다는 사실을 설명한 상태였다. 그러나 그들은 여전히 주저하는 모습이었다. 그는 치밀어 오르는 분노를 느끼면서, 환자의 생명이 앞으로 수분 이내에 수혈을 받느냐 못 받느냐에 따라 좌우된다고 소리를 질렀다.

'이들 모두가 겁보들이란 말인가? 한 병사의 생명을 구하기 위하여 1파인트(0.57리터)의 피를 제공할 사람이 아무도 없단 말인가?'

그는 간호병 가운데 몸집이 다부져 보이는 젊은이 하나를 지적했다.

"자네…… 자네가 나서지 않겠는가?"

그러나 그 간호병은 불안한 몸짓을 하면서 고개를 떨구었.

뒤에 서 있던 동이 소맷자락을 걷으며 조정자 역을 맡고 나섰다.

"이들은 아직 이해를 못 해서 그래요. 우선 제 피를 뽑아 쓰세요. 그리고 나서 이들에게 설명해 주면, 서슴없이 나설 겁니다."

베쑨은 성난 눈초리로 간호병들을 노려보았다. 그리곤 잠자코 수혈장비를 설치한 다음 자신의 피를 뽑아냈다. 그의 혈액형은 누구에게나 수혈할 수 있는 O형이었기 때문에, 환자의 혈액형을 따로 알아볼 필요도 없었다. 다른 사람들이 부끄러운 얼굴을 하고 그 모습을 지켜보는 동안, 그는 환자에게 수혈을 해주고 수술을 끝마쳤다.

이것이 바로 지금으로부터 3주일 전의 일이었다. 그후 그 부상병은 곧 회복되었고, 그 사이 간호병들이 왜 헌혈을 망설였는지를 되돌아볼 수 있었던 것이다. 그의 조수들은 모두 그 개인적 용감성에 대해서는 의심할 여지가 없는 사람들이었다. 그들은 명령만 받으면 일본군 진지를 뚫고 들어가 그 어떠한 일도 죽음을 무릅쓰고 감행할 사람들이었다. 그런 그들이 헌혈에는 주저했던 것이다. 그들이 두려워했던 이유는 죽음이나 부상 따위가 아니라 미지의 것에 대한 두려움 때문이었다. 작은 유형의 것이었다. 적이 그들의 땅에 침범했고, 그래서 그들은 그 어떤 희생에도 불구하고 그 적에 대항할 자세가 되어 있었다. 그러나 피를 뽑아낸다는 일에 대해서는 전혀 들어본 적이 없었다. 그들로서는 그 미지의 일이 굉장한 공포를 주는 것이었다. 베쑨은 그날의 일을 일기에 다음과 같이 정리했다.

사람들은 모르는 것에 대해서는 공포감을 느낀다.

그들이나 나나 그 점은 다 마찬가지이다. 두려움을 패퇴시키는 것은 그 무엇보다도 바로 이해와 지식이다. 내 몸에서 피를 뽑아냈는데도 나에게 아무런 일이 일어나지 않자, 그들은 더 이상 헌혈을 두려워하지 않았다. 그리고 또 그들은 환자가 되살아나는 모습을 직접 눈으로 보기까지 하였다. 그들은 그 연관관계를 알게 되자, 몹시 부끄러워하는 표정이었다. 그러니까 그들에 대한 나의 분노는 수혈에 대한 그들의 두려움처럼 근거가 전혀 없는 것이다. 중국의 작가들과 지식인들에게 모택동은 어떻게 말했던가?

"인민을 가르치기 위해서는 여러분들이 먼저 그들의 학생이 되지 않으면 안 됩니다."

이 얼마나 올바른 지적인가? 보다 좋은 선생이 되기 위해서는 누구나 먼저 보다 좋은 학생이 되지 않으면 안 되는 것이다.

베쑨은 다정한 미소를 지으며 마을 사람들 앞으로 나섰다. 그리고 사람들이 잠잠해지기를 기다려 동에게 이렇게 말했다.

"내가 마을 사람들 앞에서 수혈 시범을 보여줄 테니까, 자네가 필요할 때마다 설명을 해주게."

그는 들것 앞으로 다가가더니, 군중들을 바라보면서 다음과 같은 즉석 연설을 했다.

"여기 팔로군 병사 한 사람이 누워 있습니다. 이 병사는 어제 전선에서 적과 싸우다 부상을 당했습니다. 하루 낮과 하루 밤 동안 지칠 줄 모르는 우리 동지들이 산악을 넘고넘어 이 병사를 데리고 왔습니다. 그런데 우리 동지들이 이 병사를 운반해 오는 동안, 적한테 입은 상처에서는 피가 계속 흘러나왔습니다. 이 병사를 보십시오. 지금 미동도 없이 가만히 누워 있습니다. 그는 지금 죽은 사람처럼 보일 것입니다. 여러분, 그렇게 보이지 않습니까? 그렇습니다. 만약 우리가 저 병사를 이대로 그냥 놔둔다면, 그는 이 세상을 다시는 보지 못할 겁니다."

마을 사람들이 그 병사의 꼼짝도 않고 누워 있는 모습을 보기 위해 앞으로 몰려들었다. 그리고 그들의 얼굴에서는 연민의 정이 번져나오고 있었다.

"지금 제가 만약 여러분 가운데 어느 한 사람에게 당신의 한 가지 행동으로 이 병사의 목숨을 구할 수 있다고 말한다면, 그분은 제게 뭐라고 대답하겠습니까? 아마 그분은 '예, 그렇게 하겠습니다' 하고 나설 것입니다. 제가 지금 여러분들에게 보여주고 싶은 것이 바로 그 시범입니다. 이 부상병은 지금 두 눈을 감고 있습니다. 그는 지금 숨도 거의 쉬지 않는 듯한 모습입니다. 왜냐하면 지금 죽어가는 중이기 때문입니다. 그가 지금 죽어가고 있는 까닭은 그 상처를 통해 피가 너무 많이 빠져나왔기 때문입니다. 여기 이 병원에서 우리는 그의 상처를 치료할 수 있습니다. 그러나 우리가 만약 그에게 피를 넣어주지 않고 치료해 버린다면 그는 그리 오래 살지 못할 것입니다. 땅에 씨를 뿌리지 않으면, 기장이 자라지 않을 것입니다. 따라서 우리는 그가 잃은 피를 보충해 주어야 합니다. 그러면 우리는 그의 상처를 깨끗이 치료할 수 있는 것입니다. 그러면 그는 또다시 전선으로 나가서 적과 싸울 수 있게 될 것입니다. 그러기 위해서는 그가 잃은 피를 보충해 주어야 할 텐데, 그 피를 어디서 구할 수 있을까요? 누군가가 자기 피를 그에게 주지 않으면 안 됩니다. 건강한 사람의 경우는 피를 다소 뽑더라도 몸에 전혀 이상이 없습니다. 왜냐하면 건강한 신체에서는 스스로 곧 그 피를 다시 만들어내기 때문입니다."

그는 수혈장비를 들고 있는 운반병 한 사람에게 신호를 보냈다. 그는 "자, 그럼 이제부터 제가 헌혈 시범을 보여드리겠습니다"라고 말하고, 그 부상병 옆에 마련된 들것 위에 앉았다.

이때 그의 뒤에 서 있던 병원요원들 가운데 한 사람이 갑자기 뛰어나왔다. 그는 3주일 전에 수술실에서 헌혈을 망설였던 그 간호병이었다. 이 간호병은 동에게 급히 다가가더니 이렇게 부탁했다.

"제 피를 뽑아 쓰세요. 백구은 동지가 허락만 하신다면, 영광스러운 마음으로 그 시범을 대신하겠습니다. 백구은 동지는 헌혈을 한 지 얼마 지나지 않았고, 저는 건강한 젊은이입니다."

베쑨은 얼굴에 미소를 지으며 그 간호병을 올려다보았다. 그리고 이렇게 말했다.

"이 부상병에게는 한 사람 이상의 헌혈이 필요할 것일세. 나한테서 먼저 일 리터 뽑아낸 다음, 자네한테서도 일 리터 더 뽑기로 하세. 아, 그러나 그러기에 앞서 자네의 혈액형부터 조사해야 한다네."

베쑨은 고무관을 쭉 풀어내더니, 그 끝에다 주사바늘을 꽂았다. 그리고 이렇게 계속 말했다.

"자, 보십시오. 이렇게 하면 됩니다. 먼저 이렇게 팔뚝을 소독합니다. 그리고 정맥에다 이렇게 바늘을 꽂습니다. 바늘 속에는 구멍이 있어서 그 구멍을 통해 피가 흘러가게 되는 것입니다."

붉은 핏줄기가 병에 묻어나기 시작하자, 마을 사람들은 아, 하는 탄성을 올렸다. 병에 혈액이 300cc까지 차오르는 동안 베쑨은 들것에 누워 있었다. 300cc가 다 차자, 그는 팔에서 재빨리 바늘을 뽑아내더니, 다른 한 손으로는 능란한 솜씨로 가제 조각을 접었다. 그리고 그 채혈부위에다 가제를 대고 반창고로 붙였다. 그는 들것에서 일어나 마을 사람들을 다시 바라다보았다. 그리고 이렇게 말했다.

"여러분이 보시다시피 저는 아까와 같이 멀쩡합니다. 자, 그러면 이젠 이 부상병에게 피를 넣어주도록 하겠습니다. 자, 이렇게 병 속의 피가 이 병사의 정맥으로 흘러 들어가도록 하면 됩니다."

스페인의 전쟁터에서 이미 몸에 밸 대로 밴 그 정확한 솜씨로 그는 바늘을 그 병사의 팔뚝에 꽂은 다음, 그것을 반창고로 단단히 고정시켰다. 그리고 그 병을 높이 쳐들며 한걸음 뒤로 물러섰다.

마을 사람들이 한걸음 더 앞으로 나왔다. 그리곤 서로들 소곤거리다가 다시 잠잠해졌다. 그들은 그 병사의 얼굴에 시선을 고정시키고 감히 숨소리조차 제대로 내지 못하고 있었다. 그들은 과연 어떻게 될까 하며 초조한 눈길로 그 병사를 지켜보았다. 한 무리의 새떼가 머리 위에서 파다닥거리며 저편으로 날아가버렸다. 나뭇잎들은 미풍을 받아 부드럽게 살랑거렸다. 정적이 감돌았다.

병 속의 피가 서서히 줄어들었다. 모두들 몸을 앞으로 내밀면서 어떤 변화가 일어나기를 조용히 기다리고 있는 모습이었다. 그때 그 병사의 두 입술이 벌어지면서 가느다란 신음소리가 새어나왔다. 그러다 곧 그 병사는 두 눈을 뜨고 머리를 쳐들더니, 자기 주위를 불안한 눈길로 둘러보았다. 그리고 그의 얼굴에서는 서서히 미소가 번지기 시작했다.

군중 속으로부터 커다란 함성이 터져나왔다. 그것은 기쁨과 안도와 경외와 승리의 외침이었다.

한 늙은 노파가 앞으로 나섰다. 그 노파의 가죽처럼 질겨 보이는 얼굴에는 주름이 깊게 패여 있었다. 그리고 등은 구부러져 있었는데, 두 눈만은 반짝거렸다. 그 노파가 이렇게 말했다.

"나는 이제 늙어서 쓸모가 없는 사람이라오. 내 피를 바치도록 하겠소"

베쑨은 그 노파의 팔을 다정하게 잡으면서 군중들을 둘러보았다. 그리고 이렇게 말했다.

"부상병들이 더 생기면, 이 할머니의 피를 뽑도록 하겠습니다. 아마 앞으로는 훨씬 더 많은 부상병들이 산악을 넘고넘어 이곳으로 오게 될 것입니다. 여러분, 지금 우리 병원에서는 혈액이 절실히 요구되고 있습니다. 여러분들이 나서서 헌혈대를 만들어주시지 않겠습니까? 우리의 병사들이 다시 전선으로 나가 싸울 수 있도록 여러분들이 피를 나누어주시지 않겠습니까?"

마을 사람들이 그에게 몰려들었다. 그리고 이렇게 외쳤다.

"그래요, 우리 피를 주겠소."

이것이 바로 중국 최초의 헌혈대였다. 그리고 베쑨이 방문하는 다른 마을들과 도시들에서도 이와 같은 헌혈대들이 잇따라 나타나게 되었다.

39

5주간 캠페인이 시작된 지 4주가 지난 지금, 하북촌 회의에서 설명된 목표들은 계획대로 착착 진행되고 있었다. 병동은 개축되어 깨끗이 청소되었으며, 군의관과 간호병들의 근무수칙도 분명히 정해졌다. 또 새로운 시설도 완공되어 사용이 가능하게 되었다. 한 달 전만 해도 낡은 절에서 초라한 응급치료소 역할밖에 못하던 곳이 이제는 시범병원의 기준들을 점차 충족시켜나가고 있었다.

이제 일 주일 후면, 이 병원이 공식적으로 개원될 것이었다. 그 사이 베쑨은 그 지역의 부상병 집합소들을 신속히 둘러보기 위해 병원을 떠났다. 그리고 그 집합소들에서 수술도 하고 강의도 하고 외과술도 시범해 보였다.

닷새째 되는 날 송암구로 되돌아오다가 베쑨 일행은 조당장에서 발걸음을 멈추었다. 섭 장군의 호출소식이 그를 기다리고 있었기 때문이었다. 무슨 심각한 일이라도 일어났나 하며 섭 장군의 방으로 들어섰다. 그런데 뜻밖에도 섭 장군의 방에서는 웬 매력적인 여인 한 명이 차를 준비하고 있었다. 알고 보니 그녀는 섭 장군의 부인이었다. 그녀는 진찰기의 몇몇 여성조직들이 모이는 회의에 참석하러 가다가 틈을 내어 잠깐 남편한테 들른 모양이었다. 그들은 동의 통역으로 30분 정도 즐거운 대화를 나누었다.

부인이 떠나자, 장군의 태도가 확 바뀌기 시작했다. 그는 방 안을 왔다갔다 거닐면서 굳어진 얼굴로 동에게 무어라 빠른 말씨로 말하기 시작했다. 동은 장군의 말이 너무도 빨라 그것을 통역하는 데 어려움을 겪지 않을 수 없었다.

섭 장군은 이렇게 말했다.

"말씀드리고 싶은 첫번째 사항은 선생께서 자신의 건강과 안전을 너무 무시하면서 행동한다는 것입니다."

베쑨은 이의를 제기했다. 그러나 장군은 그에게 잠자코 있으라는 손짓을 했다. 그리고 단호한 어조로 이렇게 말했다.

"아, 가만히 계십시오. 우리는 선생의 생활에 대해 모든 이야기를 다 듣고 있습니다. 나는 선생이 다녀간 모든 마을, 모든 전선으로부터 보고를 받고 있습니다. 선생은 또 충분한 식사를 하지 않고 있습니다. 그리고 선생은 일본군의 총탄이나 포탄이 선생 근처에는 떨어질 수 없다는 듯이 행동하고 있습니다."

베쑨은 장군의 말을 끊고 그 보고들은 너무나 과장된 것이라고 지적했다.

"저는 제가 필요한 만큼은 자고 있습니다. 그리고 불필요한 모험적 태도를 취한 적이 없습니다."

동은 이제 통역자로서의 자신의 역할을 떠나 섭 장군의 말에 동조하고 나섰다. 그는 이렇게 말했다.

"선생님께서는 요즘 충분히 먹지도 않고 충분히 자지도 않으면서 열 사람 몫의 일을 하고 계십니다."

"나는 선생의 그러한 행동을 절대로 묵과할 수 없소."

섭이 이렇게 주장하자, 베쑨은 화를 가장한 그의 충심에 실소하지 않을 수 없었다. 베쑨이 웃어버리자, 그는 방책을 바꾸었다.

"좋아요, 좋아. 그럼 먹고 자는 문제는 그만두기로 합시다. 팔로군 군사평의회에서는 선생에게 매달 백 달러를 지급하라는 지시를 내렸소. 그런데 선생은 그 봉급도 거절했소. 그 이유가 도대체 뭡니까? 선생도 개인적으로 돈이 필요할 것입니다. 선생도 그 돈을 받아서 자신을 위해 써야 한단 말입니다."

그러자 베쑨은 이렇게 대답했다.

"그 문제에 대해서는 이미 모 동지에게 편지로 다 설명했습니다."

섭이 다시 주장했다.

"그러나 선생도 생활해야 할 것 아닙니까? 이것은 실생활의 문제입니다. 우리 군대에서 아마 선생이 가장 헐벗은 생활을 하고 있을 것입니다."

베쑨은 섭을 묘한 눈길로 쳐다보더니, 이렇게 물었다.

"섭 장군, 진찰기의 최고사령관인 장군의 봉급은 얼마나 됩니까?"

베쑨은 그의 대답을 기다리지 않고 계속해서 이렇게 말했다.

"한 달에 5달러 아닙니까? 그리고 또 사병의 봉급은 얼마입니까? 한 달에 1달러 아닙니까? 자 그러니, 우리 한번 순리대로 따져봅시다. 장군은 지구 전체의 최고사령관이고, 반면 저는 그저 의료고문일 뿐입니다. 그리고 또 장군한테는 돌보아야 할 가족들이 있습니다. 그러나 저에겐 그러한 가족이 한 사람도 없습니다. 간단한 산수로도 제가 그 많은 돈을 받을 이유가 전혀 없습니다. 사병들 봉급 수준이라면 모를까. 아니, 사병의 경우도 저보다 당연히 많아야 합니다. 왜냐하면 대다수의 경우 그들에게는 가족이 있지 않습니까?"

섭이 의자 속에서 몸을 움직였다. 그리고 이렇게 말했다.

"좋아요, 선생 뜻대로 하지요. 백구은 동지, 선생은 정말 까다로운 사람이군요. 그러나 원칙문제가 있기 때문에 그 돈은 지급되어야 합니다. 선생의 뜻이 정 그러하니까, 선생의 이름으로 그 돈을 환자들을 위한 특별 기금으로 사용하도록 하겠습니다."

그날 밤 그와 동이 숙소로 사용하고 있는 집에서, 베쑨은 갑자기 자리에서 일어나 촛불을 켜고 타자기를 꺼낸 다음, 다음과 같이 기록했다.

> 몸은 몹시 피곤하다. 그러나 이렇게 행복했던 적이 내게 있었던가? 나는 지금 아주 대만족이다. 하고 싶은 일을 하고 있기 때문이다. 또 지금 나는 얼마나 부자인가? 매순간을 활기차게 일하는데다, 모두들 나를 필요로 하고 있지 않은가? 그 이상 무엇을 더 바란단 말인가? 돈 같은 것은 지금 전혀 필요하지 않다. 나는 지금 공산주의를 단지 말로만 떠벌리는 것이 아니라 몸으로 실천하고 있는 사람들 사이에서 생활한다는 무한한 행복을 누리고 있다. 이곳 사람들의 공산주의는 단순하면서도 심오하며, 무릎관절처럼 반사적이며, 허파의 운동처럼 무의식적이며, 심장의 박동처럼 자동적이다. 이들은 증오에 있어서도 집요하지만, 사랑에 있어서도 굉장히 포용적이다. 참으로 금욕적인 중국인들이라는 생각이 든다. 이곳 사람들은 바로 인류라는 계급에 속해 있는 것이다. 이들은 온갖 잔학행위를 겪었으면서도 온화함을 잃지 않고 있으며, 처절한 쓴맛을 보았으면서도 웃음을 잃지 않고 있으며, 지독한 고통을 겪었으면서도 인내와 낙천적 태도와 조용한 지혜를 알고 있다. 나는 정말이지 이들을 사랑하

게 되었다. 그리고 이들도 또 나를 사랑하고 있는 것이 아닌가?

그는 다시 자리에 누워서, 섭의 걱정에 대해, 병원에 대해, 가르치는 것이 배우는 것이라는 뜻밖의 각성에 대해 곰곰이 생각해 보았다. 이틀 후면 송암구에서는 시범병원이 공식 개원되어 그는 연설을 하게 될 것이었다. 그리고 그것은 의미 있는 연설이 되지 않으면 안 되었다.

그들은 모두 이 병원과 그들의 일을 자랑할 것이었다. 그리고 그는 무엇이 성취되었으며 그들 모두가 무엇을 배웠으며 앞으로 무엇이 더 이루어져야 할 것인지를 말하지 않으면 안 되었다. 또한 그는 의술의 몇 가지 기본적 진실들을 그들 앞에 밝히지 않으면 안 될 것이었다.

40

송암구에는 축일 분위기가 감돌았다. 진흙 오두막에서는 여인들이 길고 검은 머리카락을 곱게 따 매었다. 2천 명 이상의 사람들이 이 고찰에서 거행될 대행사에 참석하기 위해서 이웃 마을로부터 몰려들었다. 닥터 엽은 위생국을 대표해서 하북촌으로부터 왔으며, 장교 대표단이 팔로군을 대표해서 오대산으로부터 도착했다. 또 민간인 대표단도 진찰기의 통일전선정부를 대표해서 참석하였다.

이날은 진찰기지구와 팔로군 최초의 시범병원이 5주간 캠페인을 성공적으로 끝내고 공식적으로 개원되는 날이었다. 병사들과 정부관리들에게 이날은 즐거운 축제의 날이었다.

첫번째 의식은 저녁나절 병동에서부터 시작되었다. 병원요원들과 연사들이 이 병동에서 저 병동으로 돌아다니며 병상에 누워 있는 부상병들에게 짤막한 연설을 먼저 했던 것이다. 이 내부행사가 끝나자, 병원요원들은 화려하게 장식된 절 마당을 지나 개축된 병원 앞마당으로 행진했다. 간호병, 군의관 등의 병원요원들은 모두 티 하나 없는 하얀 가운들을 입고서 연단 앞에 자리를 잡았다.

연단이 정리되고 손님들이 자리를 잡는 동안, 병사들은 우렁찬 노래들을 합창했다. 병사들의 합창이 끝나자, 정치위원인 류가 개원식의 시작을 선언했다. 그는 키가 작고 몸집이 다부지고 얼굴이 둥글고 사람 좋게 보이는 웃는 입매에 지적인 눈을 가진 사람이었다. 그는 자랑스러운 짤막한 말로 시범병원의 공식 개원을 선언했다. 그 다음으로 팔로군과 진찰기정부와 의료 종사자들과 여러 대중조직들의 대표들의 인사말이 뒤따랐다. 그러자 류는 다시 자리에서 일어나 연단 뒤쪽의 벤치에서 동과 함께 앉아 있는 베쑨을 뒤돌아보며 이렇게 말했다.

여러 동지들과 병사 여러분, 그리고 송암구의 주민 여러분, 오늘 여러분들은 5주간 캠페인을 통해 우리의 부상병들을 위해 마련된 새로운 병원을 여러분의 눈으로 똑똑히 보게 되었습니다. 이것은 진찰기 군사지구를 위해, 우리의 모든 인민들을 위해 위대한 업적이라 할 수 있습니다. 이제 우리의 부상병들은 부상을 이겨낼 수 있는 보다 좋은 기회를 갖게 되었습니다. 이제 적의 손에 죽어가는 병사들의 수는 줄어들 것입니다.

무엇이 이 시범병원의 개원을 가능하게 하였습니까? 우리 모두가 자기 개선을 위해 열심히 일했다는 사실, 지구정부가 우리를 지원해 주었다는 사실, 인민 여러분들이 이 방대한 개축작업을 도와주었다는 사실, 바로 이러한 노력들로 이 병원은 오늘 개원을 보게 되었습니다. 그리고 이 병원이 이렇게 개원하게 된 데에는 또 한 사람의 숨은 노력이 있었습니다. 만약 이분의 숨은 노력이 없었다면, 우리는 이 새로운 병원을 갖지 못했을 것입니다. 그분은 바로 우리의 동지 백구은 선생입니다. 이 병원의 건립을 처음으로 계획한 사람이 바로 백구은 동지입니다. 우리를 지도하고 우리를 몰아대며 이 병원이 얼마나 필요하며 어떻게 해야 이 병원을 건립할 수 있는지를 가르쳐준 사람이 바로 백구은 동지입니다. 우리를 일깨우고 우리를 비판하고 우리가 게으름을 피우지 않도록 매질한 사람이 바로 백구은 동지입니다. 선생은 우리들에게 스스로의 행동으로 모범을 보여주었습니다.

백구은 동지, 우리는 우리 인민들을 위한 선생의 열성적인 노력과 헌신에 대해 감사를 드리지 않을 수 없습니다. 그러나 우리에게는 우리가 풍부히 갖고 있는 것들, 즉 고난과 희생 그리고 중국을 해방시키겠다는 굳은 의지 이외에는 그 무엇도 나누어드릴 것이 없습니다. 그래서 오늘 우리는 우리 자신이 만든, 몇 가지 선물들을 선생께 드리고자 합니다. 우리는 그 선물들이 우리 지구의 병사들과 인민들이 선생에 대해 품고 있는 사랑과 존경을 대변하리라 확신합니다.

류가 몸을 돌리며 절 마당 쪽을 향해 신호를 보냈다. 그러자 청중들이 박수를 치며 일어났고, 간호병들과 걸을 수 있는 부상병들과 마을 사람들이 일곱 개의 붉은 깃발을 쳐들고 마당으로 행진해 왔다. 각 깃발 위에는 중국어와 영어로 씌어진 글들이 마을 여인들에 의해 금실로 수놓아져 있었다.

행렬이 노래를 부르며 청중들을 돌아서 베쑨에게로 다가갔다. 각 그룹은 그에게 그 깃발을 선사할 때마다, 그 깃발에 수놓인 헌사를 큰소리로 복창했다.

백구은 선생, 우리의 교사
백구은 선생, 우리의 동료투사
백구은 선생, 우리의 의료고문
백구은 선생, 우리의 의사
백구은 선생, 우리의 친구
백구은 선생, 우리의 모범
백구은 선생, 우리의 동지

눈시울을 붉히는 베쑨과 옆에서 기쁜 웃음을 짓고 있는 동이 연단으로 함께 천천히 다가서자, 마을 사람들과 병원요원들과 방문객들은 박수갈채를 터뜨렸다. 한동안 그는 자기 앞 테이블 위에 놓인 원고에 눈길을 고정시키면서 머리를 계속 떨구고 있었다. 그러다 그는 다시 기쁜 웃음을 지으면서 청중들에게 고개를 쳐들었다. 그리고 청중들에게 앉으라고 권한 다음, 철테 안경을 얼굴에 걸쳤다. 그리고 동에게 통역시간을 주기 위해 간간이 말을 멈추면서, 연설을 계속했다.

동지 여러분, 저는 여러분들이 저에게 이 아름다운 깃발들을 선사해 주신 데 대해, 또한 여러분들이 저에게 고마운 말씀을 해주신 데 대해, 먼저 감사를 드립니다. 여러분들 모두가 다 그렇게 생각하고 계시리라고 믿습니다만, 저는 오늘이야말로 우리의 고통스럽고 기나긴 여정에 하나의 이정표가 될 중요한 날이라고 생각합니다.

자유를 사랑하는 수많은 캐나다, 미국, 영국의 국민들이 일본 제국주의에 항거하는 여러분들의 영광스러운 투쟁을 존경의 눈으로 주시하고 있습니다. 이 병원은 여러분들의 외국인 동지들의 도움 속에서 설립되었습니다. 저는 그들의 대표로 이 땅에 파견되었다는 사실을 아주 영광스럽게 생각합니다. 지구를 반 바퀴나 돌아야 하는, 3만 리나 떨어져 있는 먼 곳의 국민들이 여러분들을 돕고 있다는 사실을 이상하게 생각하지 마십시오. 여러분들과 우리는 모두 국제주의자들이기 때문입니다. 우리 국제주의자들은 우리를 서로 가르고 떼어놓는 민족, 피부빛, 언어, 국경 등을 중시하지 않습니다. 일본과 그 전쟁 상인들은 세계의 평화를 위협하고 있습니다. 그들은 패퇴되어야 마땅합니다. 그들은 인간사회를 사회주의적으로 조직하려는 위대한 역사적 진보운동을 방해하고 있습니다. 캐나다와 영국과 미국의 노동자들과 진보주의자들은 이 사실을 잘 알고 있기 때문에, 여러분들이 아름답고 사랑스러운 이 나라를 방위하고자 하는 노력에 기꺼이 도움이 되고자 하는 것입니다.

제가 진찰기 군사지구에 도착하여 이 병원에서 여러분들과 함께 일한 지는 아직 몇 달도 못 됩니다. 전에는 저도 이 병원을 '여러분들의' 병원이라고 생각했습니다. 그러나 지금 저는 이 병원을 '우리들의' 병원이라고 생각합니다. 왜냐하면 우리 모두가 함께 협력하여 이 병원을 만들어냈기 때문입니다. 우리는 서로를 변화시켜오지 않았습니까? 감히 말하건대, 저는 우리가 서로에 대해 변증법적으로 작용하여 서로를 수정해 왔다고 주장하고 싶습니다. 그리고 우리의 그러한 변화된 관계의 산물이 이 멋진 새 병원인 것입니다. 그 개원을 우리는 오늘 축하하고 있는 것입니다. 저는 여러분들로부터 많은 귀중한 교훈들을 배우게 되었습니다. 여러분들은 저에게 사심없이 서로 협동하여 커다란 곤경을 함께 극복해내는 귀중한 정신을 몸으로 보여주셨습니다. 그래서 저는 그 교훈들을 가르쳐주신 데 대해 고마움을 표합니다. 한편 저한테도 기술습득이라는 점에서 여러분들에게 가르칠 것이 조금은 있다고 생각합니다. 승리를 위해서 기술을 습득하고 지도자를 육성하지 않으면 안 됩니다. 일본이

10등급의 후진국 상태에서 50년이 채 지나지 않아 막강한 세계 열강으로 변화하게 된 그 부분적인 원인은 그들이 서양의 기술을 받아들였기 때문입니다. 그러나 이 기술은 금융자본의 독재자들에게 장악되었기 때문에, 오히려 일본을 세계의 적으로 만들어 놓았습니다. 그러나 만약 이 기술이 중국의 노동자들의 손에 쥐어진다면, 그것은 중국을 세계 평화를 위해 노력하는 강대국으로 만들 것입니다. 그렇다면 중국은 일본을 모방해야 합니까? 그렇습니다. 우리는 적들로부터 배우지 않으면 안 됩니다. 우리는 그들이 기술을 습득했다는 면에서 그들을 모방해야 합니다. 그리하여 기술습득에 있어서 그들을 능가해야 합니다. 우리는 그 기술을 소수의 풍요를 위해서가 아니라 무수한 사람들의 행복과 번영을 위해서 사용하지 않으면 안 됩니다.

우리 위생국의 경우, 기술습득이란 부상당한 우리의 동지들에 대한 치료 기술을 학습하고 이용하는 것을 의미합니다. 그들이 부상병이 된 이유는 우리를 위해 적과 싸웠기 때문입니다. 따라서 우리도 부상병들을 위해 싸우지 않으면 안 됩니다. 그리고 우리의 투쟁대상은 죽음과 질병과 불구입니다. 현재의 기술수준은 이들 적을 모두 정복하지는 못할지 모르지만, 그 대부분은 정복할 수 있습니다.

기술이란 일반적으로 원료처리술을 의미하는 용어입니다. 그것은 일을 행하는 가장 효과적인 방법을 말합니다. 그것은 우리가 자연에 의해 좌우되는 대신에 우리가 자연을 좌우하는 것을 의미합니다. 그래서 우리는 마룻바닥을 청소하는 기술, 병원을 조직하는 기술, 응급처치를 하는 기술, 수술을 하는 기술, 환자를 씻어주는 기술, 환자를 앉혀주는 기술, 환자를 편안하게 돌보는 기술에 대해 이야기할 수 있을 것입니다. 이 모든 일에는 올바른 방법과 잘못된 방법이 있습니다. 우리는 올바른 방법을 '좋은 기술'이라고 하며, 잘못된 방법을 '나쁜 기술'이라고 합니다. 우리는 좋은 기술을 배우지 않으면 안 됩니다.

우리가 왜 좋은 기술을 배워야 하겠습니까? 의술에 있어서의 좋은 기술이란 보다 신속한 치료, 보다 적은 고통, 보다 적은 불편, 보다 적은 죽음, 보다 적은 질병, 보다 적은 불구를 의미하는 것이기 때문입니다. 그리고 이 모든 일들은 바로 우리의 직무입니다. 우리가 만약 전선에서 싸우는 우리의 동지들로부터 당신네들은 항일을 위해 무슨 일을 하고 있습니까? 라는 질문을 받는다면 우리에게 단 하나의 답변, 단 하나의 변명이 있을 뿐입니다. 그것은 우리는 부상병들을 치료하고 병약자들을 돌보고 있습니다라는 대답입니다. 그들은 또 당신네들은 그 일을 잘하고 있습니까?라고 물을지도 모릅니다. 그러면 우리는 우리가 할 수 있는 데까지 잘하려고 노력합니다라고 대답합니다. 그러나 우리는 이 마지막 질문을 우리의 마음속에서 스스로에게 이렇게 되물어야 합니다.

"과연 우리는 힘이 자라는 데까지 최선을 다하고 있을까?"

군의관의 의무, 간호병의 의무, 운반병의 의무란 무엇이겠습니까? 단 하나의 의미가 있을 뿐입니다. 그 의무가 무엇이겠습니까? 그것은 우리의 환자들을 편안하게 해주면서 건강과 원기를 되찾고자 하는 그들의 싸움을 돕는 것입니다. 여러분들은 환자 한 사람 한 사람을 여러분 자신의 형제나 아버지로 생각하지 않으면 안 됩니다. 그들은 형제나 아버지에 못지않은 여러분들의 동지이기 때문입니다. 그들이 모든 일에 있어서 우선시 되지 않으면 안 됩니다. 만약 여러분이 그들을 여러분들 이상으로 생각하지 않는다면, 여러분이 이 위생국 안에서 발붙일 땅은 없습니다. 아니 여러분들이 이 팔로군 속에서 발붙일 자리는 전혀 없습니다.

영국의 병원에서는 오래된 속담 하나가 곧잘 인용되곤 하는데, 그것은 '의사란 사자의 심장과 숙녀의 손을 갖고 있지 않으면 안 된다'는 말입니다. 이 말은 의사란 대담무쌍하고 강인하고 결단력이 있어야 하는 동시에 부드럽고 친절하고 사려 깊어야 한다는 의미입니다. 이 말은 병약자들과 부상병들을 치료하는 일에 종사하는 그 누구에게나, 그가 군의관이든 간호병이든 운반병이든 간에 우리 모두에게 적용되는 말입니다. 따라서 끊임없이 환자들에 대해 생각하면서, 여러분들 자신에게 끊임없이 내가 그들을 위해 더 할 일은 없을까? 하고 자문하지 않으면 안 됩니다. 또한 여러분들의 일을 개선시키고 여러분들의 기술을 향상시키기 위한 방법을 끊임없이 찾아 나서지 않으면 안 됩니다.

처음에는 물론 다른 사람의 지도와 감독이 필요할 것입니다. 지도자가 필요한 이유는 바로 그 때문입니다. 그러나 여러분들은 끊임없이 자신이 감독받는 것을 당연하게 여겨서는 안 됩니다. 감독이란 여러분들이 배우는 동안에만 행해지는 일시적인 것입니다. 여러분들은 곧 여러분 자신의 일을 스스로 감독할 수 있지 않으면 안 됩니다. 그래서 운반병 여러분들은 여러분들의 지도자인 수석 운반병과 군의관들과 간호병들에게 가서 이렇게 말합니다.

"다음 일은 무엇입니까? 무슨 일을 해야 하는지 말씀해 주십시오. 그리고 제가 이 일을 제대로 했는지도 말씀해 주십시오."

그래서 다음 일을 마치고 나면 여러분들은 또다시 그 지도자에게 가서 "할 일이 더 없습니까?"라고 묻습니다.

이렇게 한참을 지나다보면, 그 지도자는 여러분의 계속되는 요구에 진력을 내게 될 것입니다. 그래서 그는 여러분을 그 자리에서 쫓아버리기 위해 간호병으로 만들 것입니다. 이렇게 해서 간호병이 된 다음에는 여러분의 팀을 맡고 있는 군의관에게, 여러분의 지도자에게 가서 이렇게 말합니다.

"이 일을 하는 방법을 알려주십시오. 제가 한 이 응급 처치는 제대로 되었습니까? 그 일을 더 잘하는 방법은 없습니까? 이런 식으로 하는 이유가 뭡니까? 할 일이 더 없습니까?"

그러면 이번에도 또 그 지도자는 여러분 자신과 계속되는 질문에 참으로 진력을 내게 될 것입니다. 그래서 그는 여러분을 그 자리에서 쫓아내기 위해서 자기와 같은 군의관으로 만들 것입니다. 그리하여 여러분 자신이 군의관이 되어도 이런저런 소란으로 열심히 움직이면서 계속 스스로를 다그치면서 열성적으로 활동하기를 바랍니다. 다른 군의관들보다 두세 배의 일을 하시고, 여러분의 기술을 어떻게 하면 더욱 향상시킬 것인지를 끊임없이 연구하시고, 환자들의 평안과 복지에 대해 끊임없이 생각하시기 바랍니다. 만약 다른 군의관들이 하루에 한 번이나 이틀에 한 번 자기 환자들을 둘러본다면, 여러분은 환자들을 하루에 두세 번 둘러보십시오. 이렇게 한참 지나다보면 섭 장군이 여러분의 이야기를 듣게 될 것이고, 그러면 그는 여러분을 어느 소관구의 수석 군의관으로 만들 것입니다. 그러면 거기에서도 전과 마찬가지로 부하들을 계속 지도하면서 자기 자신과 자신의 일에 끊임없이 불만을 느끼며 환자들의 조건을 향상시키기 위해 끊임없이 생각하고 계획하시기 바랍니다. 그러면 모택동 동지가 여러분에 대한 이야기를 들을 것이고, 그래서 여러분을 팔로군 전체의 위생국장으로 만들기를 원할 것입니다. 그러면 누가 여러분을 데리고 일할 것인가 하는 문제를 놓고 섭 동지와 모택동 동지 사이에서 우정 어린 다툼이 일어날 것입니다.

자, 동지 여러분, 우리는 기술을 필요로 하고 있으며, 또 그 기술을 구사할 지도자들을 필요로 하고 있습니다. 가장 이상적인 사람은 훈련이 잘되고 양심적이며 기술적 능력이 있는 지도자일 것입니다. 그렇다면 그러한 지도자가 갖추고 있어야 할 자질은 어떤 것들일까요? 그것은 첫째 조직하는 능력, 둘째 지도하는 능력, 셋째 감독하는 능력이라고 할 수 있습니다. 조직이란 계획, 즉 전체적 계획과 세부적 계획을 의미합니다. 지도란 그 계획을 다른 사람들에게 납득시키고 올바른 기술을 가르치는 것을 의미합니다. 감독이란 계획의 진행에 대한 끊임없는 검토, 오류의 시정, 실천에 의한 이론의 수정을 의미합니다. 그리고 지도자란 그 무엇보다도 첫째도 일, 둘째도 일, 셋째도 일을 중시하지 않으면 안 됩니다. 지금 우리 군은 지도자들을 갈구하고 있습니다. 모든 부문이 다 지도자들을 찾고 있습니다. 총과 식량 이상으로 지도자들이 요구되고 있습니다.

이 병원의 과제들 가운데 하나도 바로 이 지도자 육성문제입니다. 그리고 제가 지도자라는 말을 할 때, 그것은 장군이라든가 대령이라든가 각 지구의 의장들만을 의미하는 것은 아닙니다. 그렇습니다. 제가 지도자라는 말을 할 때, 그것은 소위 꼭대기에 있는 큰 지도자들로부터 밑바닥에 있는 작은 지도자들에 이르기까지의 전군과 전지구를 염두에 두고 하는 말입니다. 그러나 사실은 꼭대기도 없고 밑바닥도 없습니다. 그것은 잘못된 개념입니다. 우리의 조직은 움직이지 않는 고요한 집 같은 것이 아닙니다. 그것은 둥글고 역동적인 이 지구(地球)와도 같은 것입니다. 그것은 한 방울의 물처럼 개별 부분들의 응집과 협력에 의해 결합되어 있습니다. 그래서 리더십 문제를 생각할 때, 저는 큰 부대의 큰 지도자들보다도 오히려 작은 부대들의 '작은' 지도자들부터 먼저 생각하게 됩니다. 자율적으로 행동하고 사회적으로 각성된 개인들로 인간사회를 혁명적으로 재조직하기 위해서는, 이 '작은' 지도자들의 육성이 절대적으로 필요합니다. 이것이 달성될 때 지도자들은(국가 자체와 마찬가지로) 점차 사라질 것입니다. 따라서 여러분들이 지금 지도자들을 필요로 하고 앞으로도 오랜 기간에 걸쳐 지도자들을 필요로 할지라도, 여러분들은 지도자들에게 의지하는 습관에서 벗어날 태도를 갖추기 시작하지 않으면 안 됩니다(제 이야기는 지도자들에게 크게 기대는 습관에 빠지지 말라는 의미입니다). 여러분이 여러분 자신만 지도한다 할지라도, 여러분 스스로가 지도자가 되시기 바랍니다. 왜냐하면 모든 지도자는 먼저 자기 자신을 지도함으로써 지도자의 길을 출발하기 때문입니다.

우리들 가운데 지금 그 동안의 경험 때문에 지도자 노릇을 하고 있는 사람들은 자신의 입장을 바꾸기 위해 열심히 노력하고 있습니다. 우리는 지금 여러분들이 우리의 직무와 우리의 책임을 대신 떠맡아줄 때를 고대하고 있습니다. 그때가 되면 우리는 뒷자리로 물러나 우리를 능가하는 여러분들의 방식에 대한 참으로 우정 어린 선망을 느끼면서 찬양을 보낼 것입니다.

우리는 지도자들을 필요로 하고 있습니다. 우리는 특히 전체 인민대중 속으로 들어가 그들에게 현실을 일깨워주고 그들에게 가난과 무지와 곤경으로부터 벗어날 수 있는 길을 보여주는, 자생적 중심으로서 행동하는 작은 지도자들을 필요로 하고 있습니다. 작은 지도자들이 결여되어 있기 때문에 이른바 '위대한 인물' '위대한 영웅'이 나타납니다. 그래서 우리는 숭배를 강요받고 지도를 강요받게 되는 것입니다.

자, 다시금 우리의 현실문제로 되돌아가도록 합시다. 군의관들은 신참군의관들과 간호병들과 운반병들을 지도하고 감독합니다. 그들을 지도하십시오. 그러나 그들에게 정력과 자기 반성과 사려의 모범을 보이십시오. 간호병들은 운반병들을 지도합니다. 그들을 지도하고 감독하십시오. 그러나 부지런하고 신속하게 행동하십시오. 말을 너무 하지 말고 일을 더 하십시오. 자기 자신부터 더 낫게 행동할 수 없으면, 남에게 충고하는 버릇에 빠지지 않도록 주의하십시오. 다른 사람의 도움 없이도 혼자서 처리하는 방법을 익히도록 하십시오. 자기 자신이 할 수 있는 일을 다른 사람들에게 미루지 마십시오.

회의에 대해서도 한마디 해야겠습니다. 회의란 필요하고도 좋은 것입니다. 그러나 행동이 뒤따르지 않으면, 그것은 완전히 소용없는 것입니다. 말이란 행동의 대체물이 아닙니다. 낱말이란 행동을 묘사하기 위해서 창조된 것입니다. 우리 모두 그 본래의 목적대로 말을 사용하도록 합시다.

오늘은 우리의 계획을 완수한 날입니다. 즉 오늘은 팔로군에서 제일 좋은 병원을 만들어보자는 5주간 캠페인이 계획대로 완수된 날입니다. 저 역시 다른 많은 병원들을 보아왔습니다만, 이 병원이 팔로군에서 제일 좋은 병원이라고 생각합니다. 그러나 우리는 여기에 만족해서는 안 될 것입니다. 우리는 이 병원을 중국국민군 전체에서 가장 좋은 병원으로 만들기 위해 계획하고 실천하지 않으면 안 됩니다. 이것이 바로 지금 우리가 스스로 설정해야 하는 목표입니다. 아마 그렇게 하기 위해서는 적어도 5, 6주 이상의 피나는 시간이 필요할 것입니다. 그런데 과연 그 일이 가능할까?하고 의구심을 품는 분들도 있을 것입니다. 예, 가능합니다. 저는 그 일이 가능하다고 확신합니다. 어떻게 가능하냐구요? 모든 동지들이 열성적인 노력을 기울인다면 충분히 가능합니다. 그것은 우리가 정력적이고 열성적으로 힘을 합쳐 일한다면 이루어질 수 있습니다. 여러분에게는 그 정력과 열성이 있습니다. 그 정력과 열성을 이 위대한 임무에 바치십시오. 그 어떠한 일도 중요하지 않은 일이 없습니다.

만약 어떤 사람이 자기 의무를 제대로 다하지 못한다면, 그 결과로 모든 사람들이 고통을 받게 됩니다. 또 만약 어떤 사람이 자기 일을 뛰어나게 수행한다면, 그 결과로 모든 사람들이 이득을 보게 됩니다. 그러나 저는 여기에서 마지막 경고의 말을 한마디하지 않을 수 없습니다. 우리 모두 우리의 성공에도 불구하고 희망적인 관측과 자기 기만에 빠지지 않도록 합시다. 그리고 우리의 바람과 우리의 실제 성과를 혼동하지 않도록 스스로 경계하기로 합시다. 우리는 우리 자신에 대한 비판에 있어서 무자비하도록 합시다. 개인적 허영에 대해서도 잔인하도록 합시다. 또 나이나 지위 또는 경험이 오히려 장애가 될 경우에는, 그것을 무시하도록 합시다. 모든 이론들이 실천이라는 맑고 깨끗한 빛에 종속되도록 합시다. 이럴 때 비로소 우리의 개념들이 현실을 제대로 반영할 것이기 때문입니다.

이제 결론을 내리도록 하겠습니다. 저는 자랑스럽고 훌륭한 병원을 만들어주신 모든 분들에게 감사를 드리고 싶습니다. 저는 여기 건물들을 짓고 고치고 또 병동 안의 가구들을 만들기 위해 대단히 열심히 일해 주신 목수 여러분들과 토머스 부목들을 만들어주신 철공 여러분께 감사를 드립니다. 저는 또 우리의 군의관들과 간호병들과 운반병들이 이 훌륭한 일을 해내신데 대해 칭찬의 말씀을 전하고 싶습니다. 특히 자원봉사로 나서서 우리의 부상병들을 돌보아주신 분들께 다시금 감사의 말씀을 드리지 않을 수 없습니다. 그들 가운데 많은 분들은 연세가 많으신 분들입니다. 부상병들에 대한 그분들의 극진한 간호는 우리 의료요원들 모두에게 나날의 교훈이 되어 왔습니다. 또 마을 주민 여러분들도 남녀를 불문하고 저희 부상병들과 병원요원들에게 여러 차례 집을 제공해 주셨습니다. 커다란 불편을 겪으면서도 기쁜 마음으로 협력해 주신 주민 여러분께 진심으로 감사를 드립니다. 저는 또 관리 및 감독부서에서 수고해 주신 분들께도 감사의 말씀을 드리고 싶습니다. 만약 제가 일일이 이름을 거명한다면 한 십여 분이 되겠습니다만, 이 자리에서는 그 대표로 두 분에 대해서만 언급하고자 합니다. 한 분은 우리의 정치위원 류 동지입니다. 그는 지칠 줄 모르는 정력으로 열심히 활동해 주셨습니다. 그리고 또 한 분은 저의 분신이자 조수이자 통역관인 동 동지입니다. 만약 그의 인내와 상냥한 태도가 없었다면, 아마 저는 지금 이 자리에 서 있지 못했을 것입니다.

(동은 이때 자기 이름을 통역하지 않을 수 없게 되자, 얼굴을 붉히며 몹시 당황해했다. 베쑨은 웃으면서 동을 두 팔로 얼싸안았다. 그러자 군중들이 환호성을 올렸다. 베쑨은 다시 조용해지기를 기다리며 연설을 계속했다.)

저는 우리 부상병들의 용기와 인내정신에 대한 저의 경탄을 언급하지 않고는 이 자리를 마칠 수 없습니다. 그들이 우리를 대신해서 지금 그 끔찍한 고통을 인내하고 있는 것에 대해서 보답하기 위해 우리가 할 수 있는 일은 최대의 배려와 간호 이외에는 아무것도 없습니다. 왜냐하면 그들은 오늘의 중국을 위해서 뿐만 아니라 그들과 우리가 생전에 보지 못할지도 모르는 저 내일의 위대하고 자유롭고 계급이 없고 민주적인 중국공화국을 위해서 투쟁해 왔기 때문입니다. 그러나 저는 그들과 우리가 오래도록 살아서 저 평화스러운 번영의 노동자공화국을 생전에 볼 수 있느냐 없느냐 하는 문제는 중요하지 않다고 생각합니다. 중요한 것은 지금 그들과 우리 모두의 행동이 새로운 공화국의 탄생을 위한 끊임없는 노력이라는 사실입니다. 새로운 공화국이 탄생될 수 있는지 없는지는 오늘과 내일의 우리의 행동에 달려 있습니다. 그 새로운 공화국은 필연적인 것도 아니며 자기 발생적인 것도 아닙니다. 그것은 미래를 신뢰하는, 인간과 영광스러운 인위적 운명을 신봉하는 우리들 모두의 피와 땀에 의해 창조되지 않으면 안 됩니다. 그럴 때 비로소 그것은 필연적으로 나타날 것입니다. 병동 안에 누워 아직도 움직이지 못하고 있는 우리의 부상병들을 위해, 여러분, 우리 모두 목청을 높여 이렇게 외쳐봅시다.

"동지 여러분, 우리는 당신들을 존경합니다. 우리는 정성스러운 간호를 통해 당신들의 고통에 보답하도록 노력하겠습니다."

부상으로 쓰러져간, 우리가 구할 수 없었던, 먼저 가신 분들의 무덤 앞에서 우리 모두 이렇게 외치도록 합시다.

"우리 모두 당신들의 죽음을 기억하겠습니다."

우리의 목표는 그들이 목숨을 내걸고 투쟁한 자유로운 중국입니다. 그들을 기억하면서, 우리의 위대한 대의에 헌신할 것을 다짐하면서, 산 자와 죽은 자 모두로 하여금 우리의 동지애를 영원한 것으로 만들도록 합시다. 투쟁과 희생 속에서, 우리는 하나의 목적, 하나의 생각을 갖고 나아갈 것입니다. 그러면 우리는 무적의 상태를 자랑하게 될 것입니다. 그러면 우리는 우리 생전에 보지 못한다 할지라도 언젠가 우리의 뒤를 좇는 사람들이 오늘의 우리들처럼 이 자리에 다시 모여서 한 시범병원의 개원을 축하할 뿐만 아니라 해방된 중국 인민의 위대한 민주주의 공화국의 건설까지도 축하하게 될 것입니다.

누군가가 "백구은" 하고 소리쳤다. 그러자 군중들이 이렇게 외쳤다.

> 우리의 의사 백구은!
> 우리의 교사 백구은!
> 우리의 친구 백구은!

41

시범병원의 개원은 진찰기 전역에서 축하되었다. 연안에서도 이 소식은 대단히 중요한 성과로서 받아들여졌다. 이 소식은 전선의 병사들에게, 해방구의 주민들에게 일본군의 후방에서 밤그림자들처럼 작전을 수행하는 게릴라 전사들에게 번져 나갔다. 그리고 그와 동시에 이 병원을 창설하기 위해 5주간 캠페인을 주도한 사람이 중국의 해방전쟁을 도우러 온 '코쟁이 외국인'이라는 소문도 퍼져갔다.

산서의 산악지역에서, 하북의 평원에서, 뢰스 지방에서, 진흙 오두막들과 동굴에서, 백구은(白求恩 : White Seek Grace)이라는 이상한 이름의 의사가 죽어가는 부상병들을 다시 병사로 되살려낸다는 말이 입에서 입으로 전달되었다. 대도시를 한 번도 구경해 본 적이 없는 농민 게릴라들도 외부세계에서 뛰어든 이 의사선생에 대해 자부심을 가지고 이야기했다. 일본군이 점령한 영토에서 비밀리에 활동하고 있었던 선전원들도 중국을 지원하는 국제적 연대가 성장하고 있는 실례로서 그의 이름을 언급했다. 의사라고는 전혀 본 적이 없는 벽촌에서도 언젠가는 그가 병자들을 고치러 올 것이라는 소문이 나돌았다. 고산의 오솔길을 행군하는 빨치산들은 부상병들이 있는 곳이라면 그 어디라도 자신의 부대를 이끌고 가는 그의 모습을 노래로 만들어 전파시켰다. 그의 치료를 받아본 병사들은 자기 부대로 귀대해서 뼈대가 굵고 턱수염을 기른 얼굴에 형형한 눈초리를 가지고 이상한 말을 하는 그의 모습을 자신의 동지들에게 존경심을 가지고 설명해 주었다.

전설이 자라나기 시작했다. 그리고 그것은 북쪽과 북서쪽으로 급속히 확산되었다. 그들은 그가 결코 지칠 줄 모르는 사나이라고들 말했다. 그는 부상병들을 치료하기 위해서는 산꼭대기까지도 올라간다는 것이었다. 그는 더 이상 할 일이 없을 때까지는 환자 곁을 절대로 떠나지 않는다는 것이었다. 그는 쉬지 않고 여러 사람 몫의 일을 한다는 것이었다. 그는 더 이상 할일이 없을 때에만 노상에서, 마을 오두막에서, 동굴에서 잔다는 것이었다. 일이 제대로 처리되지 않거나 비효율적으로 처리되면, 그의 분노가 주위 사람들을 벼락처럼 뒤흔들어놓는다는 것이었다. 그러나 그의 두 눈은 부상병들에 대한 사랑으로 빛나고 있었으며, 모든 부상병들에게 하는 그의 첫마디가 '우리 아들'이라는 중국어라는 것이었다. 이러한 전설이 계속 자라남에 따라, 일본군에 대한 게릴라 활동이 진찰기 주변에서 치열하게 불꽃을 튀김에 따라, 전선에 있는 많은 부대들이 그의 방문을 요청하는 결의문들을 연안으로 제출하기 시작했다.

새로운 전투가 재개되었다는 소식이 베쑨에게 전해지자, 그는 하루에 평균 열 건의 수술을 하면서 새로운 의무대들이 사용할 장비를 준비하고 그들에게 매일 특별 강의를 해주고 있었다. 그 병원의 운영을 떠맡을 연안의료훈련소의 졸업생들에게는 보다 나은 병원운영을 위해 이러저러한 노트들을 준비해 주었다. 다른 사람들이 잠을 자는 동안, 그는 또 중국의 특수한 사정에 맞는 의학교재 집필을 계속했다. 수술실이 생기자 동에게는 실제 상황 속에서 마취술을 가르쳤다. 그러면서도 그는 새로운 일본군 부대들이 나타나게 된 오대산 줄기에서의 활동을 위해 자신의 기동의무대를 조직했다.

여러 기동의무대들이 각자의 맡은 위치로 떠나기 전날 밤 최종 회의가 개최되었다. 거기서 그는 그들의 새로운 의무에 대해 이야기했다. 그가 곧 게릴라 의료봉사의 공식 슬로건이 될 간단한 구호를 채택한 것은 바로 이 회의에서였는데, 그것은 "의사들이여, 부상자들이 찾아오기를 기다리지 말고, 그대들이 먼저 그들을 찾아가시오"라는 것이었다.

다음날 새벽의 찬 공기 속에서 기동의무대들은 서로의 안녕을 빌며 산악을 향해 출발했다. 마지막으로 떠난 것은 베쑨의 기동의무대였는데, 그것은 사람과 동물이 한데 어우러진 부대였다. 일행의 맨 선두에는 베쑨과 동이 위치했다. 그 다음은 베쑨이 조수로서 또 수술현장에서의 특별 훈련을 위해 뽑은 닥터 왕과 닥터 유가 뒤따랐다. 그들 뒤에는 건강하고 쾌활한 간호병인 가라고 하는 소녀와 요리사 한 명과 두 명의 운반병과 두 명의 마부가 뒤따랐다. 그의 이동식 '수술실'은 두 마리의 노새에 실려 그들과 함께 움직였는데, 그것은 접었다 폈다 할 수 있는 수술대와 수술기구 일체와 마취제와 방부제와 팔다리용 부목들과 소독 가제와 기타 필요한 물품들로 이루어져 있었다.

베쑨 일행이 병원에서 내려와 마을로 들어서자, 큰길가에는 마을 사람들이 나와 있었다. 베쑨이 치열한 전투가 벌어지고 있는 전선 가까이로 떠날 예정이라는 사실은 이미 여러 주 전부터 알려져 있었다. 그래서 마을 사람들이 그를 환송하기 위하여 나와 있었던 것이다. 그가 말을 타고 자기들 앞을 지나갈 때, 마을의 노인들은 정중한 인사를 했고, 젊은 사람들은 애국적 슬로건을 큰소리로 외쳐댔다. 그는 그들 앞을 지나가면서 한 팔을 구부리는 스페인공화국식 인사를 했는데, 마을 사람들은 그 제스처가 동지들에게 하는 그의 인사법이라는 사실을 이미 알고 있었다.

산그늘이 진 골짜기 속으로 들어섰을 때까지도, 그는 마을 사람들의 인사소리를 들을 수 있었다. 그것은 참으로 자랑스럽고 만족스러운 전송이었다.

그들은 높은 산을 넘고 긴 골짜기를 지나면서 여행을 계속했다. 그들이 가는 길은 때로는 너무나 가팔랐기 때문에 차라리 말에서 내려 걸어가는 것이 더 빠를 때도 많았다. 그날 밤 그들은 동굴처럼 오목한 곳을 찾아서 잠자리로 삼았다. 바람은 그런대로 피할 수 있었지만, 물어뜯는 듯한 차가운 밤공기는 어쩔 수가 없었다. 그들은 어둠 속에서 서로의 체온에 의지하며 잠을 청했다. 또한 밤하늘에서 쏟아지는 별들은 참으로 경탄스러운 장관이었다. 그들은 해가 뜨기 전에 일찍 일어나 다시 여행을 계속했다.

그들은 전투가 있었던 박랑진이라는 마을을 빙 돌아서 팔로군 제5연대와 제6연대의 응급치료소인 하고촌에 도착하였다. 여기에서 엿새를 지내면서 그들은 1백42명의 환자를 돌보고 1백5건의 수술을 했다. 이것은 하루에 평균 20건에 가까운 굉장한 격무였다.

이때 또 다른 일본군 부대가 하북으로부터 진입해 들어오고 있으며 팔로군 병사들이 그들을 공격하고 있다는 소식이 날아왔다. 베쑨의 부대는 방향을 동쪽으로 돌려 산악을 넘어 하북 지방으로 들어갔다. 이 지역은 새로운 부상병 집합소, 새로운 전투 흔적, 새로운 지명 등 베쑨으로서는 처음으로 밟아보는 땅이었다. 용만리, 하용왕, 석가하 등의 지명은 그도 자신의 의료일지를 들추어보아야만 기억할 수 있었다. 부상병들은 이들 마을에서 농민들의 오두막에 분산 수용되어 있었다.

베쑨의 부대는 각 마을에 도착할 때마다 곧바로 이동식 수술대를 설치하고 수술환자들을 계속 받아들였다. 이 일이 끝나면 베쑨과 그의 조수들이 오두막들을 쭉 돌며 환자들을 보살펴주었다. 그 다음엔 마을 주민들을 집합시켜놓고, 아이들을 진료하고 민간인 환자들을 돌봐주고 마을의 위생 상태를 검사했다.

10월 중순 그들은 홍자점이란 곳으로 떠났다. 그들이 입수한 정보에 의하면, 일본군 부대가 이제는 단지 몇 마일 거리에 있다는 것이었다. 만약 앞에 있는 산들이 갑자기 사라져버린다면 그들의 모습이 적의 눈에 그대로 드러날 것이라 생각하니, 이 구불구불한 오솔길을 걷는다는 것이 오싹해졌다. 이것은 그들이 무대 커튼의 이쪽에 있고 적은 무대 커튼의 저쪽에 있는 것이나 마찬가지였기 때문이었다.

홍자점에 다가감에 따라 간간이 나타나는 노새의 시체, 버려진 수레, 여기저기 총탄자국이 난 일본군 대포 등, 그들은 바로 얼마 전 일본군이 침입했다 퇴각한 흔적들을 뚜렷이 알아볼 수 있었다. 동이 이렇게 말했다.

"그들은 중국을 훔치러 왔어요. 새들도 아마 저들의 저 나자

빠진 광경을 즐길 겁니다."

 서하북지방은 한참을 가도 생명체 하나 볼 수 없는 바위투성이의 민둥산들로 이어지고 있었다. 이 조용한 황야가 가끔 시끄러워질 때는 단지 버드나무 가지의 꽃봉오리들처럼 강둑을 따라 옹기종기 모여 있는 조그만 마을들이 나타날 때뿐이었다. 이 마을들은 큰 곳이 약 3백 가구, 작은 곳이 약 50가구 정도의 규모였다. 마을 사람들은 그들을 호기심 어린 눈빛으로 맞이하였다. 그러다 하얀 머리카락에 성자와 같이 고색창연한 턱수염에다 외국말을 하는 이방인을 난생 처음으로 보게 되자 깜짝 놀라는 기색들이었다. 그들은 모두 머리카락이 흑갈색이었고, 남자들은 키가 커서 6피트나 되는 사람들도 간간이 섞여 있었다. 여자들은 아름다운 얼굴에 키는 좀 작았지만 매우 억세 보였다. 그리고 그들 가운데에는 위로 말아 올린 머리카락에 두꺼운 은비녀를, 손목에는 은팔찌를, 손가락에는 은반지를 낀 여자들이 종종 있었다.

 각 마을에 들어설 때마다 간단한 의식과 연설이 행해졌다. 그러고 나면 베쑨이 진료할 환자들을 데려오게 했다. 그들의 환대는 끝이 없었지만, 그들의 생활은 빈한하기 짝이 없었다. 쌀은 없었고, 차는 사치품이었으며, 주식은 기장 반죽을 얇게 썰어서 끓인 국수 같은 것이었다. 그들은 경험에 뿌리를 둔 지식에 의해 요리를 하면서 끓이지 않은 음식은 그 어떤 것도 먹거나 마시지를 않았다. 우유도 없었고, 그래서 베쑨은 모든 마을에서 여인들이 서너 살짜리 아이들에게 젖을 먹이는 모습을 볼 수 있었다.

경작지들은 마을 주변에 흩어져 있었는데, 그것들은 대부분 시냇가 둑 근처에 있는 작은 땅뙈기들이거나 민둥산 기슭에 수세기에 걸쳐서 만들어진 계단식 땅에 자리잡고 있었다. 그들은 그러한 계단식 밭들을 무수히 보면서 지나갔는데, 그 밭들은 한 필지가 몇 피트밖에 안 되는 것들도 있었고 또 반 에이커나 되는 것들도 있었다. 그런데 모두가 다 바위 위에 얹혀진 선반에다 귀중한 흙을 가득 담아놓은 모습이었다.

그들이 홍자점에 도착한 것은 10월 18일이었다. 그들이 들어섰을 때, 그곳은 불타는 재에다 물을 뿌려놓았기 때문에 아직도 매운 연기와 묘한 냄새가 나고 있었다. 이곳이 바로 일본군 부대가 평산(平山)으로부터 급습하여 가장 깊숙이 들어왔던 지점이었는데, 퇴각하면서 불을 질렀던 것이었다. 이 소읍은 일시 포기되었다가 일본군이 보급선을 좁히기 위해 철수하기 시작하자 유격대원들이 공격해 들어왔던 곳이었다. 그래서 전투로 부상을 입은 사람들이 아직 불타지 않고 남아 있는 몇몇 집에서 베쑨 일행을 기다리고 있었다.

말로 달리면 한 시간밖에 안 되는 지점에서 아직도 빨치산 부대들이 일본군의 후미를 괴롭히고 있던 곳이 바로 이 홍자점이었으며, 베쑨이 임시로 마련된 수술실에서 부상병들을 치료하고 있는 동안 현정부의 긴급회의를 위해 대표들이 조용히 도착한 곳이 바로 이 홍자점이었다.

간부회의의 대표들이 회의를 위해 일본군의 화를 모면한 어느 창고에 모인 것은 아침 8시 정각이었다.

병사들과 정부관리들을 제외하면 이곳은 거의 버려진 상태나 다름없었다. 꾸불꾸불하게 이어진 중앙도로는 여기저기가 파괴되었는데, 그 옆 보도에서는 오륙 명의 상인들이 석유와 담배와 고기와 채소 등을 팔고 있었다. 어떤 이발사는 아예 길에다 의자를 내놓고 이발을 해주고 있었다. 또 그 곁에서는 한 노인이 불탄 자기 집터에서 타다 남은 물건들을 끄집어내고 있었다. 차가운 아침 공기에도 불구하고 완전히 벌거벗은 꼬마들이 웃고 떠들며 흩어진 벽돌더미 속에서 놀고 있었다.

정부건물 앞에는 보초 한 사람이 황록색 군복을 고쳐 입고 소매에는 진찰기 군사지구의 배지를 단 채 꼿꼿한 자세로 서 있었다. 총에 달린 낡은 멜빵은 더러운 붕대 조각이었으나, 그의 허리춤에 달린 네 개의 수류탄은 노란 손잡이들이 반짝반짝 빛나는 새 것이었다. 그는 양말도 신지 않고 밑바닥은 헝겊 조각들을 짜서 만들고 위는 밝은 적록색 울로 된 세주언 샌들을 신고 있었다.

태양이 산 위로 떠오르자, 시커멓게 그을린 벽돌주택들이 햇빛을 비스듬히 받으며 흉측한 모습을 드러냈다. 베쑨은 동과 함께 회의장소를 찾아가면서, 수세기 동안 별다른 변화 없이 생활을 계속해 온 이 이역만리의 사람들이 어떻게 그렇게도 신속하게 행동하였을까 하고 생각해 보니 놀라지 않을 수 없었다. 지금으로부터 단지 2주일 전에 일본군이 여기에 왔었고, 그

때 읍민들은 적군이 쳐들어오기 전에 아주 질서 있게 피난을 떠났다. 일본군은 기습해 들어왔지만, 공격할 것이 아무것도 없었다. 이제 일본군은 떠나버렸다. 그리고 며칠 있으면 읍민들이 되돌아와서 집을 다시 짓고 그들의 생활을 다시 시작할 것이었다. 그러다가 일본군이 다시 공격해 들어올 조짐이 보이면, 그들은 또다시 후퇴를 준비할 것이었다. 베쑨은 전에 동이 말한 적이 있는 "우리는 중국 인민이라는 거대한 대양에서 헤엄을 치는 물고기와 같다"는 중국 공산주의자들의 말을 생각해 보았다. 결국 그 말은 이 거대한 대양이 길길이 날뛰는 일본 침략자들을 집어삼켜버릴 것이라는 의미였다.

아직도 멀쩡한 상태로 남아 있는 몇몇 집들의 낮은 지붕들 너머로, 베쑨은 언덕 위에 서 있는 절을 하나 볼 수 있었다. 그 절은 열려진 문들을 통해 어두운 내부와 지붕 없는 방들이 보일 정도로 가까운 거리에 있었다. 한 무리의 비둘기들이 화려한 공중발레를 하며 그 절 위를 날아다니고 있었다. 그는 저 타버린 절 너머로 일본군이 단지 약 17리(5.5마일) 거리에 떨어져 있다는 사실을 알고 있었다. 그들의 기병대는 한 시간이면 이 읍내에 도달할 수 있었다. 그러나 홍자점과 적 사이에는 게릴라들이 언덕 위 곳곳에 쫙 포진하고 있었으며, 깊은 산골짜기 곳곳에 매복하고 있었다. 몇 시간 전만 해도 기관단총소리와 대포소리가 들려왔었던 것이다.

베쑨이 동과 함께 그 창고에 들어갔을 때, 20명의 대표들은 이미 도착해 있었다. 그들은 이쪽 끝에서 저쪽 끝까지 이어진 옻칠을 한 테이블 여기저기에 앉아 있었는데, 창고 안의 공기는 냉랭하고 축축했다. 그리고 얼룩진 벽과 높은 천장에서는 아직도 나무 타는 냄새가 희미하게 나고 있었다. 베쑨과 동은 자기들을 위해 남겨져 있었던 귀빈석으로 가서 앉았다. 회의는 이제 막 시작할 태세였다. 베쑨은 참석 대표들의 얼굴을 관심 있게 둘러보았는데, 그들 대다수가 젊은이들이었다. 그리고 그들 모두는 민첩하고 유능해 보였다.

"동지 여러분."

의장이 개회를 선언하였다. 베쑨은 자기 옆에 서 있는 그 인물이 약 스물다섯 살 정도의 젊은 여성이라는 것을 깨달았다. 그녀는 색이 바랜 푸른 재킷과 빨치산 바지를 입고 있었는데, 얼굴은 수더분한 인상이었고 몸집은 땅딸막했다.

"동지 여러분."

그녀는 이 말을 다시 반복했다. 그리고 계속해서 이렇게 말했다.

"이 긴급 간부회의는 지난 두 주일 동안의 일을 비판, 분석하고 지금 우리가 직면해 있는 새로운 상황에 대응할 방책을 논의하기 위하여 소집되었습니다. 이 회의의 목적은 대중조직들의 활동을 강화시킬 방법을 찾고 이 지역의 방위를 위해 우리 군대를 보다 효과적으로 도울 수 있는 방안을 모색해 보자는 것입니다. 그럼 먼저 율 동지의 이야기를 들어보도록 하겠습니다."

그녀가 자리에 앉을 때 베쑨의 시선이 그녀의 고요한 얼굴로 향해졌다. 3백 개 마을을 대표해서 그녀가 막강한 군사력을 지닌 일본군과의 전쟁수행문제를 의제로 선언했다고 베쑨은 생각했다. 그런데도 그녀는 마치 다음주에 열릴 다과회에 대해 논의하는 여학생회 회장과 같은 태도로 그 중대한 문제를 제기하는 것이었다.

다른 사람들의 경우도 그녀와 마찬가지로 진지한 자세로 간단간단하게 이야기했다. 어깨가 굽은 농민들, 눈이 반짝거리는 학생들, 전통복장을 한 여성들, 군복을 입은 병사들, 이들 모두가 이 엄청난 문제를 놓고도 마치 일상적인 문제를 논의하듯 태연한 말투로 자신의 의견들을 밝혔다.

칭찬과 비판이 객관적으로 토론되었다. 이들은 모두 연안의 군사, 정치프로그램을 중심으로 하여 이야기를 풀어나갔다. 연안의 방략이 이들 대표들에 의해 토의, 채택되어 다시 그들을 통해 농민 대중, 학생, 교사, 방위기관, 여성조직, 군복을 입은 젊은이와 군복을 입지 않은 젊은이, 공공관리, 각급 행정기관 등으로 전달되는 것이었다.

첫번째 연사인 율은 키가 크고 몸집이 바싹 마른 서른다섯 살 가량의 남자였다. 청색 면옷을 걸치고 있는 그는 빡빡머리에 암갈색 얼굴이었는데, 이마에는 벌써 주름이 져 있었고, 얇은 입술에 오똑한 코 그리고 지적인 눈매를 갖고 있었다.

그는 현(縣)의 농민동맹 지도자로서, 3만 명의 소농들을 대표하고 있었다.

그는 현재의 군사적 상황, 민간인 소개와 초토화정책, 최근

적의 공세기간중에 나타난 농민단체들과 다른 그룹들의 몇몇 취약점 등의 문제들에 대해 이야기했다. 어떤 사람들은 아직도 화승총과 녹슨 칼을 가지고 중무장한 적에게 저항해 보아야 아무 소용이 없다는 식의 사고방식에서 벗어나지 못하고 있다고 그는 지적했다. 그는 계속해서 단호한 어조로 이렇게 말했다.

"그러나 우리는 현재의 무기를 가지고 적과 싸우지 않으면 안 됩니다. 왜냐하면 지금 우리가 싸우지 않는다면 적으로부터 새로운 무기들을 빼앗을 수 없기 때문입니다."

의장이 다시 일어나 이야기했다.

"우리에게 주어진 임무들을 보다 잘 수행하기 위해서 먼저 적의 목표와 적의 장단점들을 잘 파악하고 있지 않으면 안 됩니다."

그녀는 군사적 상황에 대해 설명을 계속하면서, 현상황의 주요 특징은 일본군이 진찰기지구에 대한 대규모 공격을 위해 양자강전선으로부터 3개 사단 내지 4개 사단을 이동시켰다는 것이라고 지적했다. 그녀는 계속해서 이렇게 말했다.

"자 그러면 이 지구에서의 우리의 몇 가지 강점을 살펴봅시다. 우리는 전보다 점점 더 많은 무기와 군대를 확보해 가고 있습니다. 우리의 병사들은 지난 이 주일 동안의 전투에서 매우 귀중한 경험을 얻었습니다. 그 결과 우리의 사상자 수는 점점 줄어들고 있습니다. 우리의 주요 무기는 수류탄입니다. 그것은 접근전을 의미합니다. 우리는 그런 전투에 유리합니다. 왜냐하면 우리의 병사들이 물불을 가리지 않고 용감히 싸우려 하기 때문입니다.

 정부는 인민들을 지도하였습니다. 정부는 퇴각하지 않았습니다. 그 결과 정부에 대한 인민의 신뢰가 강고해졌습니다. 적의 공격 앞에서도 정부가 소개명령을 내릴 때까지는 인민들이 물러나지 않고 있다는 사실은 이러한 신뢰를 잘 보여주는 것입니다. 대중조직들의 활동 역시 우리 군대를 크게 도와주었습니다. 그리고 민병대원들의 활동은 침략자들을 섬뜩하게 만들고 있습니다. 이제 이 마을 저 마을에서는 비교적 소수의 일본군이 쳐들어올 경우 마을 민병대원들이 자기들의 마을을 스스로 적극적으로 방어하는 자세를 취하고 있습니다.

 자, 그렇다면 우리의 임무는 이제 무엇이겠습니까? 우리의 임무는 인민들에게 선전을 강화하고 그들에게 전쟁의 진실을 보여주는 것입니다. 우리 간부들은 하급 지도자들에게 접근하여 그들을 격려하고 그들을 도와줌으로써 보다 더 많은 인민들을 전투에 참여시키지 않으면 안 됩니다. 우리는 우리의 빨치산 대원의 수를 늘리지 않으면 안 됩니다. 우리는 우리 인민의 무장투쟁지역을 확대시키지 않으면 안 됩니다."

 다음 연사는 송암구에서 베쑨과 함께 일했던 제4소관구의 정치위원인 류였다. 그는 자기 생각이 확고한, 그래서 자신의 견해를 남들에게 밝히는 데 조금도 어려움을 느끼지 않는, 그러한 사람이었다. 그는 단 한 가지 사항에 대해서만 이야기했는데, 그것은 현의 군사력을 튼튼히 다지기 위해서는 끊임없이 정치교육을 실시할 필요가 있다는 지적이었다.

그 다음으로 나선 두 명의 연사들은 의장과 같은 옷차림에 얼굴이 넓고 햇볕에 그을린 얼굴을 한 단발머리의 어린 소녀들이었다. 그들은 최근 수행된 민간인 소개 및 초토화 정책으로부터 배워야 할 교훈들에 대해 보고했다.

이제 정오가 되었다. 그러자 회의는 점심식사를 위해 휴회되었다. 대표들은 창고 앞에 있는 마당으로 나가서 엉성하게 보이는 기다란 테이블에 각기 자리를 잡았다. 임시로 마련된 부엌으로부터 양배추 수프가 담긴 커다란 솥단지들이 테이블로 운반되자, 모두들 명랑한 얼굴로 이야기를 나누며 그것을 떠먹었다. 수프를 다 먹고 나자, 발효시키지 않은 밀가루로 만든 찐빵이 나왔다. 식사가 끝나자, 회의가 재개되었다.

다섯 시간 동안 대표들은 아무런 방해도 받지 않고 현의 재정문제, 식량문제, 조세문제, 협동상점의 설립문제, 물가의 인하문제, 예비식량의 비축문제, 마을 대표 선정방법의 개선문제, 정치·군사 지도자들의 훈련문제, 점령지에서의 비밀활동의 확대문제 등에 대해 토의했다. 정각 6시가 되자, 다시 정회가 선언되었다. 이 고요한 읍내에 서서히 땅거미가 지고 있었다. 그와 동시에 차가운 밤공기가 스며들었다. 테이블 위에는 촛불들이 밝혀졌다. 그러자 그 구릿빛 얼굴들의 그림자들이 창고벽에서 커다랗게 흔들거렸다. 베쑨이 문 밖을 쳐다보니, 하늘에는 창백한 별들이 하나둘 떠오르고 있었다.

저녁식사는 없었다. 왜냐하면 아까 정오 때에 1일 배급량을 전부 다 먹어치웠기 때문이었다. 식사 대신 노래가 시작되었다.

처음에는 조용한 노래들이 선택되었다. 그러다 이내 우렁찬 군가들로 바뀌었다. 누군가가 의장에게 노래를 요청했다. 그녀는 처음엔 극구 사양했으나, 결국은 그냥 앉아서 부르겠다고 물러섰다. 아주 맑은 음성이었다. 그녀가 부른 노래의 가사는 다음과 같았다.

우리는 피압박 민족,
침략자들에게 끝까지 저항합시다.
저항만이 우리의 해방을 약속하리라,
투쟁만이 우리의 생존을 보장하리라.

적의 맹렬한 공격에 응답하라,
중국의 인민들이여! 스스로를 무장하고 앞으로 전진합시다.
일본군을 우리의 영토에서 축출합시다.
오로지 피의 투쟁만이 우리의 땅에 평화를 약속하리라.

의장의 노래가 끝나자, 이번엔 대표들의 눈길이 베쑨에게로 쏠렸다. 노래를 하라는 것이었다. 동이 옆구리를 쿡쿡 찌르며 이렇게 속삭였다.
"서양 노래로 좋은 곡 하나 하시죠"
베쑨이 웃으면서 일어섰다. 턱수염 때문에 젊은 대표들 사이에 낀 그의 모습이 마치 노인처럼 느껴졌다. 그는 노래에 앞서 이렇게 인사말을 했다.

"저는 오늘 이 자리에 있으면서 가난과 무지로부터 인류를 해방시키기 위해서 싸우고 있는 세계 도처의 수많은 사람들에 대해서 생각해 보았습니다. 저는 얼마나 많은 사람들이 여러분들과 마찬가지로 그들 자신과 그들의 자녀를 위하여 평화롭고 인간다운 생활을 염원하고 있는지를 다시 한 번 생각해 보았습니다. 그리고 저는 특히 여기에 계신 여러분들과 마찬가지로 위대한 대의를 위해 투쟁하고 있는 저 강인한 스페인 동지들에 대해 생각해 보았습니다. 저는 그들을 기억할 때마다 가슴이 뿌듯해지는 것을 느낍니다. 제가 부를 노래는 국제여단에 뛰어든 반나치스 독일인들이 곧잘 부르는 곡입니다. 그것은 바로 탤만대대의 군가입니다."

그는 먼저 동에게 가사 통역을 부탁했다. 가사 통역이 끝나자, 그는 가벼운 바리톤으로 노래를 부르기 시작했다.

> 스페인의 하늘은 화려한 별빛으로 반짝이누나,
> 전선에 있는 우리의 참호 위에서.
> 저 멀리로부터 또 아침이 다가오누나,
> 오늘도 용감히 싸우라 손짓하면서.

전투경험이 많은 이 젊은 용사들에게 베쑨의 노래는 매우 친숙하게 느껴지는 것 같았다. 멜로디도 단순한데다 가사가 자기들의 처지와 아주 비슷했기 때문에, 이들은 아주 마음에 드는 모양이었다. 베쑨은 노래를 부르면서 자신이 지금 이렇게 이 자리에 있다는 것이 조금도 어색하지 않고 대단히 정상적이며 심지어는 필연적이라는 느낌에 스스로 놀라움을 금치 못했다. 캐나다인인 자신이 마드리드 주위에 있는 전선에서 반파시스트 독일인들이 부르던 노래를, 지구 반대편에 있는 이곳 홍자점의 잿더미 속에서 중국의 노동자, 농민, 병사, 교사들에게 부르고 있는데도 오히려 자연스럽게 느껴지다니, 이것은 참으로 놀라지 않을 수 없는 일이었다.

우리의 고국은 멀리 있어도,
우리의 각오엔 흔들림 없네.
용감히 싸워서 기필코 승리하리,
너, 자유를 위해.

파시스트들 앞에서는 한 발자국도 물러서지 않으리,
총탄이 빗발처럼 퍼부어진다 하여도
동지여, 우리의 굳센 투사들이여, 우리 곁에 서시오
우리의 앞길은 오로지 승리, 후퇴 없으리.

드럼을 쳐라, 총검을 세우라!
앞으로 전진하라, 승리가 보답하리라.
깃발을 앞세우고 적진을 쳐부수라.
탤만 대대여, 앞으로 전진하라.

우리의 고국은 멀리 있어도,
우리의 각오엔 흔들림 없네.
용감히 싸워서 기필코 승리하리,
너, 자유를 위해.

노래가 다 끝나자, 다시 토의가 시작되었다. 세 시간 이상 동안 그 옻칠을 한 테이블에서 회의가 계속되었다. 가물거리는 촛불 속에서 그들의 그림자는 유령처럼 너울거렸다.

회의가 다 끝났을 때는 9시 30분이었다. 대표들은 급한 인사말을 나누면서 서로들 흩어져 갔다. 또 내일의 저항을 준비해야 했기 때문이었다. 내일 그들 가운데 일부는 멀리 떨어져 있는 마을들로 바삐 돌아가 오늘 회의의 결과를 보고할 것이었다. 또 그 일부는 전선으로 되돌아갈 것이었고, 또 일부는 적진을 뚫고 빨치산 부대에 다시 합류하거나 적의 후방에서 비밀 활동을 재개할 것이었다.

그날 밤 베쑨의 일기는 그 서두가 이렇게 시작되고 있었다.

동과 내가 다른 대표들과 헤어졌을 때, 어두운 밤하늘에서는 별빛이 쏟아지고 있었다. 서늘하면서도 맑은 날씨였다. 그리고 거리는 중국의 밤답게 숨막히는 정적이 감돌고 있었다. 우리는 손전등을 비추며 지나가다가 어느 불타버린 집 벽에서 커다란 한자로 씌어진 이런 슬로건을 볼 수 있었다.

"살길은 오직 싸우는 길뿐이다."

그것은 오늘의 중국 현실을 그대로 나타내는 말이었다.

42

다음 열흘 동안 베쑨의 기동의무대는 그 지역의 험한 산길을 오르락내리락하며 부상자들이 모여 있는 13개 마을에서 수술대를 설치하면서 1백75마일을 여행하였다. 이젠 부대 전체가 베쑨의 보조에 따라 움직이고 있었다. 해뜨기 전에 기상하여 걷거나 말을 타고 서둘러 이동하여 부상자 집합소나 기지병원에 도착하는 즉시로 검진과 수술을 실시하고 잠깐 눈을 붙이며 휴식을 취한 후 그 다음 행선지로 떠나는 그러한 생활의 연속이었다.

11월 중순, 그들은 오대산에 있는 섭영진 장군의 본부로 여행을 했다.

다른 부대원들에게 휴식을 취하게 하고, 베쑨은 이 부대가 앞으로 어떻게 활동할 것인가에 대하여 섭과 상의했다. 섭은 현재의 상황을 두 가지 측면에서 짤막하게 설명했다.

첫번째 측면은 군사적 정세였다. 일본군의 포위 공세는 점점 더 죄어들어 오고 있었다. 이 공세로 진찰기는 새로운 시련을 맞이하고 있었다. 국민당 지도자들 사이에서는 이 지구가 일본군의 포위 공격에 과연 버텨낼 수 있을지에 대해 여러 가지 말들이 많았다. 에번스 포다이스 칼슨(Evans Fordyce Carlson) 중령도 미 정보기관 대표로 몇 달 전에 이 지역을 방문했을 때 똑같은 의구심을 나타냈었다. 또한 영국 외무성에서도 일본군의 새로운 공세가 저지될 수 있을지에 대해 비밀리에 조사를 한 바가 있었다. 이곳의 전투소식이 국외의 일반 국민들에게는 거의 전달되지 않고 있었지만, 몇몇 수도들에서는 진찰기의 사태 전개에 대해 이렇게 은밀한 관심을 기울이고 있었다.

군사적 상황에 대한 설명이 끝나자, 섭은 계속해서 두번째 측면, 즉 이 나라의 국내정세에 대해 설명했다. 장개석의 국민당정부가 국공합작의 기본 원칙에서 벗어나는 조짐들을 보이기 시작한다고 섭은 지적했다. 주요도시들과 교통의 중심지들을 장악하고 있는 일본군은 이제 교묘한 술책으로 국민당정부 측에 평화 공세를 퍼붓고 있었다. 중국 민족을 분열시키기 위하여 그들은 공산주의자들이 활동하고 있는 지역들 이외에 대해서는 더 이상 군사행동을 벌일 생각이 없다며 반공주의자 장개석에게 미끼를 던지고 있었던 것이다. 국민당 군대와 일본군이 대치중인 전선에서는 이미 총성이 멎어진 상태였다. 국민당정부는 한구를 떠나 내륙 깊숙이 자리잡고 있는 중경으로 옮겨졌다. 해안에 있는 대도시들의 학생들과 노동자들과 애국 단체들로부터 멀리 떨어져 있는 중경에서는 국민당 내의 지주, 산업가, 금융가 그룹들이 자기들의 사리사욕에 따라 정책을 움직이고 있었다. 그들의 목적이 두 가지라는 것은 모두들 이미 잘 알고 있는 바였다. 즉, 첫째 군사행동을 삼가면서 일본군과의 타협을 모색하고, 둘째 북부의 공산군 세력과 강서의 신사군 세력을 견제하기 위해 있는 힘을 다한다는 것이었다.

그러나 사정이 이렇다고 해서 국민당정부가 일본군에게 쉽게 항복하지는 않으리라는 것이 섭의 판단이었다. 노골적인 항복은 전국민이 절대로 용인하지 않으리라는 것은 장개석정부도 잘 알고 있을 것이기 때문이었다. 그러나 그들은 은밀하게 배신적 술책을 쓰고 있었다. 연안과 중경 사이의 접촉이 점점 줄어들고 있었다. 국민당이 관할하는 지역에서는 공산주의자들은 물론 온건한 진보주의자들까지도 심한 탄압을 받고 있었으며, 일본군에 대한 군사행동도 그저 단순한 '지연작전'에만 국한되어 있었다. 또 그 무엇보다도 가장 기가 막힌 사실은 마땅히 일본군과 싸워야 할 국민당 군대들이 섬서—영하—감숙지구와 진찰기지구에 대해 적대적 입장을 취하기 시작했다는 것이었다. 그들은 북부의 이 지역들을 노골적으로 봉쇄하고 있었다. 또한 남부의 신사군에 대해서는 무장을 해제시키려는 시도까지 자행되고 있었다.

이러한 상황 속에서 전쟁이 새로운 단계로 진입하고 있다는 것이 섭의 판단이었다. 현재와 같은 상황이 계속된다면, 일본군과의 교전은 팔로군 병사들과 진찰기의 유격대원들에 의해서만 이루어질 것이었다. 그리고 이것은 일본군이 남부의 부대들까지 이동시켜 진찰기 쪽으로 병력을 집중시킬 수 있다는 것을 의미하는 것이었다.

일본군의 전략은 우세한 인력과 장비를 내세우는 것이었다.

따라서 팔로군의 전략은 그들을 산악지역으로 유인하여 그들의 보급·통신망을 차단하면서 사방에서 기습하는 그러한 방식이 될 것이었다. 그러나 이 전투는 전과 다른 규모로 진행될 것이기 때문에 지금보다도 훨씬 더 많은 부상병들이 발생할 것이었다. 섭은 이렇게 결론을 맺었다.

"따라서 백 동지, 선생은 전략적으로 매우 중요한 사람입니다. 선생이 우리와 함께 있다는 사실 자체가 이미 우리 병사들의 사기를 크게 올려주고 있습니다. 그들은 지금 선생을 자기들 부대로 보내달라고 모두들 아우성입니다."

섭의 본부를 떠난 베쑨의 부대는 장유로 돌아왔다. 여기에서 베쑨은 동굴생활을 하면서 간호병 훈련소의 일도 착수하고 마을의 기지병원도 정돈시켰다. 그리고 최근까지의 일을 일기에 정리할 시간을 찾았다.

닥터 키슈가 이곳의 일을 돕기 위해 나에게 온다는 소식이 들어왔다. 참으로 뜻밖의 소식이 아닌가? 그러나 스페인은 어쩐단 말인가? 그곳 상황은 어떤지? 아주 곤란하다고 알고 있는데……. 키슈가 여기에 오다니! 그리고 마해덕에 의하면 코트니스(Kotnis : 자와하랄 네루가 주도하는 인도 국민회의에 의해 중국으로 파견된 인도의 유명한 외과의사)라는 인도 의사도 이리로 오는 중이라지 않은가? 마의 이야기에 의하면 국민당의 봉쇄가 여간이 아니라고 한다. 또 남부에서는 장개석의 군대들과 신사군이 여러 차례 충돌했다고 한다.

마는 또 광동이 전투 한번 없이 일본군에 함락되었으며, 한구는 피비린내 나는 폭격 후에 함락되었다고 말했다.

왕진(王震) 여단을 따라 북쪽 전선으로 갈 때는, 닥터 유와 닥터 왕을 데리고 갈 생각이다. 그런데 물품사정이 문제다. 수술칼과 동맥겸자와 수술가위와 내부 봉합사와 실크 봉합사 등이 시급히 필요하다. 만약 보급품이 장의 봉쇄를 뚫고 들어오지 못한다면 우리가 스스로 일본군의 봉쇄를 뚫고 그 물품들을 직접 구하지 않으면 안 될 것이다. 지금 충분히 남아 있는 것은 붕대, 탈지면, 가제와 같은 물품들뿐이다. 방부제도 떨어져가고 있고 마취제도 마찬가지이다. 수술실과 소독실과 약제실에서 쓸 물품과 장비를 운반하기 위해 새로운 수송형태를 생각해냈다. 1백 회의 수술과 50회의 응급조치와 5백 회의 처방에 쓰일 이 모든 장비가 노새 두 마리면 충분히 운반이 가능하다. 또 접었다 폈다 할 수 있는 수술대와 수술기구들과 팔다리용 부목들과 마취제와 방부제와 소독가제 등까지 같이 운반할 수 있다. 나는 그 어디라도 가능한 데까지 그렇게 다녀볼 생각이다. 그래서 이 수송방법을 모든 기동의무대에 보급시킬 계획이다.

베쑨의 기동의무대가 북쪽에 있는 내원 방면으로 떠나기로 되어 있었던 날, 베쑨이 동굴 밖으로 나오니, 동과 위생국의 닥터 왕과 닥터 유, 닥터 엽, 닥터 소, 닥터 임이 정렬을 해서 그를 기다리고 있었다. 베쑨은 학생들처럼 싱글거리고 있는 그들을 보고, 동에게 도대체 무슨 일이냐는 눈짓을 보냈다. 그러나

이 통역관은 베쑨을 향해 한걸음 앞으로 나오더니, 공식적인 어투로 다음과 같이 말했다.

"위생국 간부들은 귀하에게 개인적 편지를 직접 전달하기를 고대해 왔습니다. 이들은 저에게 그 편지를 영어로 번역해 달라고 부탁했습니다. 이들은 귀하가 장유를 떠날 때 그 편지를 직접 전달할 계획이었습니다. 그럼 지금부터 그 편지를 읽어드리도록 하겠습니다.

동은 편지를 꺼내 들었다. 그리고 다섯 명의 위생국 의사들이 고갯짓을 하자, 그 편지를 정중하게 읽기 시작했다.

진찰기 군사지구 의료고문
닥터 베쑨께

친애하는 닥터 베쑨 귀하

먼저 우리는 우리를 열심히 지도, 감독해 주신 데 대해 감사를 드립니다. 귀하는 우리 요원들의 기술수준을 크게 향상시켜 주었을 뿐만 아니라 우리의 병원들을 크게 개선시켜 주었습니다. 그 결과 수많은 부상병들이 회복되어 전선으로 또다시 달려가게 되었습니다. 우리 위생국 간부들과 모든 의료요원들은 귀하의 비판과 제안을 아주 기쁜 마음으로 받아들여왔습니다.

그러나 우리는 그 동안 귀하를 잘 모시지 못한 데 대해 송구스러움을 크게 느끼고 있습니다. 그 점에 대해 진정으로 귀하의 용서를 바랍니다. 그러나 우리는 우리에 대한 귀하의 친절과 지도를 결코 잊지 못할 것입니다.

다음으로 우리는 또 귀하가 자신의 봉급으로 우리의 부상병들을 위해 담배기금을 마련해 주신 데 대해 커다란 고마움을 표명하지 않을 수 없습니다. 이 커다란 친절은 귀하가 귀하 자신보다도 우리의 부상병들을 더욱 생각하고 있다는 사실을 잘 나타내주는 것입니다. 온돌침대 위에 누워 있는 환자들이 귀하에게 크게 감사하고 있음을 전달해 드립니다. 귀하는 진실로 평화의 화신으로서 세계의 평화와 민주주의를 위해 싸우는 국제주의자입니다.

지금 우리는 귀하가 주신 돈으로 맛있는 음식과 담배를 여러 병원에 누워 있는 부상병들에게 나누어줄 수 있게 되었습니다. 우리는 이 선물을 나누어줄 때, 귀하가 직접 부상병들에게 한 말씀 해주시기를 희망하고 있습니다.

우리는 귀하가 앞으로 다른 소관구들을 순회하며 부상병들을 수술해 주고 그곳 요원들의 기술수준을 향상시키기 위해 길을 떠날 것이라는 소식을 들었습니다. 우리는 귀하의 뜻에 완전히 동의합니다. 그러나 우리는 귀하가 곧 다시 돌아오셔서 여기에 있는 우리 요원들을 다시 한 번 지도해 주시기를 희망합니다.

최대의 동지적 인사를 보내며,
닥터 엽, 유, 소, 임, 왕

동은 낭독을 끝마치고 영어와 중국어로 된 그 편지를 베쑨의 손에 쥐어주었다. 베쑨은 순간 그저 잠자코 있다가, 천천히 그 의사들 한 사람 한 사람과 차례로 악수를 나누었다. 그리고 이렇게 말했다.

"여러분들은 모두 훌륭한 동지들입니다. 그 동안 가끔 심하게 대한 것을 이해해 주시기 바랍니다. 아무튼 이렇게 열심히 일하고 있는 여러분들의 모습을 보니, 저는 행복하기 그지 없습니다."

그리고 그는 장유에 그대로 남아 있을 닥터 엽과 닥터 소에게 이렇게 덧붙였다.

"다시 만나기를 바랍니다."

그들도 허리를 굽혀 인사하면서 이렇게 말했다.

"아무쪼록 건강하시기를 빕니다."

베쑨도 이렇게 답례했다.

"저도 여러분들이 모쪼록 건강하시기를 빌겠습니다. 그리고 여러분들이 부상병들을 극진히 돌보아주기를 진심으로 바라겠습니다."

43

장유를 떠난 그들은 멀리 보이는 황토빛 산악을 향해 좁다랗게 이어져 있는 들판길을 지나갔다. 들판에는 여름 수확 때 남겨진 밑둥들이 누렇게 말라 있었다. 얼어붙은 길은 말들이 지나가자 바삭바삭 소리를 내면서 부서졌다.

운반병으로 베쑨을 돕고 있던 활달한 성격의 젊은이인 수라는 소년이 지나가는 새들에게 돌을 던지며 노래를 했다.

하늘을 보면,
반짝거리는 두 눈들……

우리는 모두가 자유의 명사수들,
백발백중의 사격에 적들이 쓰러지네.

들판이 끝나고 처음으로 나타난 산을 오르기 시작하자, 공기는 더 냉랭해지고 길도 더 험해졌다. 그들은 능선을 타고 또다시 들판으로 내려갔다.

골짜기와 산들을 계속 오르락내리락하며, 그들은 이렇게 닷새 동안을 북쪽으로 나아갔다. 골짜기 길을 지나갈 때는 말들의 발굽소리가 깎아지른 듯한 절벽에 부딪쳐 울려퍼졌다. 능선을 타고 올라갈 때는 그들은 말에서 내려 낑낑거리며 말들을 끌었다. 이럴 때면 지나가는 바람이 목덜미에 배어나오는 땀을 식혀주었다. 산마루를 넘어갈 때는 험한 길 때문에 숨이 멎는 듯한 기분이었다. 단단한 바위들 틈새로 이어진 길들은 천길 벼랑 끝에 달려 있었는데, 머리 위에서는 햇빛에 반짝거리는 고드름들이 마치 그들을 겨누고 있는 것 같았다.

3일째가 되던 날, 그들은 눈보라를 뚫고 나아가야 했다. 들판은 흰눈에 싸여 그 모습을 완전히 감추었으며, 산머리는 짙은 구름으로 뒤덮여 있었다. 베쑨의 일본제 털모자도 눈으로 덮여졌고 그들이 지나온 길도 눈으로 그 흔적이 사라졌다. 말과 노새들의 몸에서는 물로 변한 눈이 옆구리를 타고 뚝뚝 떨어지다가 다시 수증기로 변하면서 모락모락 김을 내고 있었다. 그들은 체온을 유지하기 위해 말고삐를 바짝 쥐고 동동걸음으로 걸었다. 장유에 있을 때보다 기온이 20도나 떨어진 상태였는데, 이것이 바로 산서의 산악지방을 찾아오는 저 지독한 첫번째 매서운 한풍이었다.

동이 전에 현장으로 있었던 부평읍에 도착하자, 그들은 읍민들의 집을 찾아들어가 온돌침대에서 몸을 녹이면서 하룻밤 휴식을 취했다. 그리고 다음날 아침 일찍부터 그들은 바람과 추위와 눈보라 속으로 다시 여행을 계속했다. 11월 11일 저녁 그들은 마침내 첫번째 부상병 집합소에 도착하게 되었는데, 이때는 마지막 열 시간을 식사나 휴식 없이 계속 행군한 후였다. 이곳 하석촌은 제359연대의 의료포스트였다.

해방지역에서는 무선통신이 원활하게 이루어지고 있었기 때문에, 그들의 도착소식은 이미 그곳 사람들에게 전달되어 있었다. 위생부대의 보건부장인 닥터 구와 닥터 봉이라는 젊은 군의관이 그들을 사무실로 안내했다.

그들은 인사를 교환하기가 무섭게 젖은 코트를 벗어버리고 추위에 얼어붙은 발을 녹이기 위해 이리저리 동동거렸다. 그리고 설탕을 넣지 않은 뜨거운 차를 마셨다. 추위가 조금 가시자 베쑨이 물었다.

"진료소는 어디 있습니까?"

봉이 걱정스러운 듯이 대답했다.

"식사를 준비중인데 식사부터 하시고 휴식을 좀 취한 다음 진료소로 가시죠. 원하신다면 오늘밤도 좋습니다."

베쑨이 말했다.

"오늘밤이 아니라 지금 당장 가보고 싶소. 식사가 다 준비되려면 얼마나 걸립니까?"

봉이 대답했다.

"한 이십 분 정도면 준비됩니다."

베쑨이 두터운 외투를 다시 걸치며 말했다.

"그 정도 시간이 있다니 지금 당장 둘러보도록 합시다."

봉이 걱정스러운 눈빛으로 구 부장을 쳐다보았다. 그리고 다시 동 쪽으로 시선을 던졌다. 동이 베쑨 쪽을 바라보며 좀 쉬었다 하는 것이 좋지 않겠느냐는 표정을 지었다. 그러자 봉이 다시 나서서 말했다.

"여러분들은 지난 오일 동안을 여행에 시달렸습니다. 게다가 오늘 아침부터는 식사도 못 하지 않았습니까?"

구가 끼어 들었다.

"그래요, 식사부터 하시고 좀 쉬고 나서 시작하시죠."

그러나 베쑨은 외투 단추를 채우며, 단호히 이렇게 말했다.

"긴 여행으로 우리가 지금 지쳐 있다는 것은 사실입니다. 그러나 부상병들의 사정은 우리보다도 더 급합니다."

그들은 하는 수 없이 어둠 속을 걸어가는 그의 뒤를 따랐다.

진료소는 읍내 바로 바깥에 위치한 한 조그만 절에 있었다. 그것은 남쪽에서 보았던 다른 병원들과 조금도 다를 바가 없었다. 비좁은 병실 하나에 약 30명의 병사들이 누워 있었다. 베쑨은 즉시 환자들을 차례로 검진하기 시작했다. 그는 검진 중에 봉에게 이러저러한 질문을 던지면서 조수들에게 몇 가지 지시를 내렸다. 그리고 수술이 필요한 환자들이 나오면 체크만 해두고 그렇지 않은 환자들에게는 응급처치를 계속했다. 검진이 거의 다 끝나갈 무렵이었다. 그는 어느 환자의 다리 상처를 살펴보고 있다가, 갑자기 허리를 펴며 이렇게 물었다.

"이 환자의 책임자가 누구요?"

봉이 머뭇거리다 대답했다.

"전대요……."

베쑨은 봉을 노려보며 이렇게 말했다.

"이 환자 수술준비를 즉시 하시오. 그리고 당신한테는 이따가 할말이 있으니, 그리 아시오."

그는 검진을 다 마치자, 아까 그 수술 환자가 돌 테이블에 눕혀져 있는 옆방으로 잔뜩 화를 내면서 성큼성큼 걸어왔다. 여기가 수술실이었다. 사방 벽에는 하얀 커튼이 쳐져 있었고 천장도 하얀 시트로 막아놓았는데, 머리 위에는 윙 소리를 내는 가스 랜턴이 걸려 있었다. 그리고 수술대 옆 스탠드에는 수술기구와 방부제가 놓여 있었다. 베쑨은 재빨리 손을 씻고, 병사의 다리에서 붕대를 풀러냈다. 수술대 머리맡에는 동이 자리잡았고, 닥터 유는 베쑨 옆에 서 있었다.

고름과 피로 뻣뻣하게 굳어 있는 그 붕대는 해진 살갗에 짝 달라붙어 있었다. 붕대를 떼어내자, 악취가 진동했다.

베쑨이 봉을 바라보면서 말했다.

"당신이 이 환자의 담당자라고 했소?"

그는 다시 한 번 딱딱한 목소리로 물었다.

"예……."

"당신은 처벌될 거요. 이 병사의 다리 하나를 자르게 되었으니, 그래야 마땅하지 않겠소? 저걸 보시오. 뼈가 개의 송곳니처럼 살갗을 뚫고 나오지 않았소? 저 지경이 되도록 그대로 두었다니, 도대체 어찌된 일이오? 부목을 댔어야지, 그렇지 않소?"

수술실에 침묵이 흘렀다. 봉은 베쑨의 힐난 앞에서 마치 채찍질을 당하는 사람처럼 뒤로 주춤주춤 물러섰다.

'나를 동지들 앞에서 꾸짖고 있는 이 사람이 바로 백구은이란 말인가? 이 사람이 바로 내가 그렇게도 만나보고 싶어하던 우리 군대의 우상이란 말인가?'

봉의 투박한 얼굴이 수치심으로 씰룩거렸다. 그는 무어라 변명하려고 했지만, 그 말들이 그만 목구멍에서 꽉 막혀버렸다. 그는 구에게 무언가 구원을 청하는 듯한 눈길을 던졌다.

구 부장은 어찌할 바를 몰라하며 역성을 드는 목소리로 이렇게 말했다.

"그것은 봉 동지의 잘못이라기보다는……."

"아니라구요?"

베쑨은 차디찬 눈초리로 구 부장을 쏘아보았다.

"잘못이 아니라니, 그럼 도대체 무슨 일이 벌어져야 잘못이라고 하겠단 말입니까? 닥터 봉이 저 지경이 된 다리를 제대로 치료해낼 것이라는 말입니까? 아니면 자기 다리라도 잘라서 저 병사에게 붙여주겠단 말입니까? 이것은 하찮은 잘못이 아닙니다. 이것은 환자의 신체를 완전히 경시한 결과입니다."

"그, 그러나 이 병원에는 부목이 열 개밖에 없어서요……. 그게 지금 모두 사용중이라서……. 봉 동지에겐 이 환자한테 쓸 부목이 없었단 말입니다."

"부목이 없어서 그랬단 말이죠?"

베쑨은 이제 분노로 심장이 터질 지경이었다.

"그걸 변명이라고 합니까? 부목이 없으면 그것이 생길 때까지 기다려야 된다는 말입니까? 구 동지, 대답해 보시오 우리 병사들이 늘 무기를 가지고 싸웁니까? 무기가 없다고 해서, 그들이 전투를 중단합디까? 그들이 무기가 생길 때까지 전쟁을 중단하겠다고 말합니까? 아니면 적한테서 무기를 뺏어다 싸웁니까? 만약 부목이 없으면 그것을 자기가 만들어서라도 써야 하는 것이 닥터 봉의 의무입니다. 진정한 의사라면 그렇게 일하는 것입니다. 송암구에서 우리는 그렇게 일했습니다. 스스로 의사라 자처하면서 환자들에게 그렇게 무사태평한 자세를 취하다니, 나로서는 도저히 용납할 수 없습니다."

봉이 고개를 떨구었고, 구도 입을 다물었다. 다른 사람들도 서슬이 퍼런 베쑨의 태도에 숨을 죽이고 있었다. 이때 동이 테이블 머리맡에서 마취를 하고 있다가 아주 태연한 자세로 이렇게 조용히 말했다.

"백 선생님 마취가 끝났습니다."

그러자 베쑨이 수술대로 몸을 돌렸다. 그는 잠시 썩어 문드러져가는 그 병사의 다리를 내려다보았다. 그리곤 아무런 일도 없었다는 듯이 불쑥 수술에 대한 설명을 시작했다.

이제 그의 음성은 더 이상 분노로 흥분된 사람의 소리가 아니라, 차분히 가라앉은 진지한 목소리였다. 왜 절단이 불가피한가? 그는 괴저증에 대해 설명하더니, 으스러진 뼈가 살갗을 찢고 나온 모습을 가리키면서 절단 부위를 잘 선정하는 것이 중요하다고 강조했다. 그는 또 절단 부위의 근육과 신경과 동맥과 뼈 등을 살펴보면서, 수술 동안과 그 이후의 출혈에 대한 대책에 대해서도 대충 설명을 했다.

이제 수술실에서는 베쑨의 설명소리와 동의 경쾌한 통역소리와 가스 램프의 윙 하는 소리뿐이었다. 마침내 베쑨은 절개를 시작했다. 왕과 유는 수술대 양쪽에서 베쑨의 지시에 따라 재빨리 움직였으며, 봉과 구, 가와 다른 간호병들은 가만히 지켜보고만 있었다.

베쑨이 갑자기 하던 일을 멈추고 허리를 폈다. 그는 손에 든 기구를 노려보면서 기가 막힌 듯한 표정을 짓고 있었다. 그는 봉에게로 몸을 돌리더니, 이렇게 소리쳤다.

"아니, 이것은 보통의 나무톱이나 다를 바가 없지 않소? 이게 어디 나무 자르는 톱이지, 사람의 뼈를 절단하는 톱이란 말이오? 이것을 가지고 절단 수술을 하란 말입니까?"

봉이 또 쩔쩔매면서 대답했다.

"그건……. 우리가 갖고 쓰는 유일한 톱입니다……."

베쑨이 얼굴을 찡그리면서 그 톱을 내팽개쳤다.

"닥터 유, 우리 기구들을 가져오도록 합시다. 아, 아니 잠깐만. 그러다가는 너무 늦겠군, 노새의 짐을 푼 상태도 아니니까."

그는 다른 사람들의 안절부절하는 눈초리를 느끼면서 내던진 톱을 다시 집어들더니, 그것을 두 손으로 팅 하고 튀겨보았다. 그리곤 욕설을 내뱉으면서 톱을 소독한 다음, 다시 수술대 앞에 섰다. 그는 이를 악물고 톱으로 환자의 다리뼈를 사각사각 자르기 시작했다. 그의 두 입술은 턱수염 위에서 굳게 다물어져 있었다.

수술이 끝났을 때는 자정이 지난 시간이었다. 모두들 환자를 둘러싸고 조용히 서 있었다. 베쑨은 그 몽당다리에 붕대를 다 감고 나자, 다시 닥터 봉에게 이렇게 말했다.

"우리 의사들은 공부와 실습에 수년을 보냅니다……. 그러다 때가 되어야 자기가 직접 환자를 다룰 수 있습니다. 생명을 다루는 일이기 때문에 그렇게 신중하게 움직이는 것입니다. 그런데 우리 의사들이 공부도 제대로 하지 않고 환자를 맡게 된다면 어떻게 되겠습니까? 우리가 소홀한 자세로 환자를 접하면 어떻게 되겠습니까? 그 대가는 누군가가 다리를 바치고 그 생명을 바치는 것입니다……. 닥터 봉, 당신은 도대체 어느 대학을 나왔소?"

봉은 입 안으로 무어라 웅얼대다가, 고개를 푹 숙이고 수술실 밖으로 뛰쳐나갔다.

다시 침묵이 흘렀다. 그러자 평상시에는 말수가 아주 적은 닥터 유가 용기를 내어 이렇게 말했다.

"절단까지 하게 되었다는 것은 아주 불행한 사태입니다. 그러나 우리가 현재 아주 열악한 조건 속에서 일하고 있다는 것도 참작해야 할 줄로 압니다. 만약 부목이 넉넉했다면……"

"만약이라구요! 부목이 없었기 때문이라구요! 지금 우리에게 도대체 무엇이 충분합니까? 또 언제 충분한 상태에서 일하게 되겠습니까? 안 돼요, 도저히 용서할 수 없습니다. 즉시 섭 장군에게 보고하도록 하겠습니다. 만약 병사들 가운데 누군가가 자기 총을 버린다면, 그는 처벌될 것입니다. 따라서 우리 의사들 가운데 누군가가 정당한 이유없이 어떤 병사의 다리를 절단하도록 만들었다면, 그 역시 처벌되어 마땅합니다. 총 따위야 다시 구해서 쓸 수도 있습니다. 그러나 사람의 사지는 완전히 경우가 다릅니다."

베쑨은 처벌문제는 이미 결정되었다는 자세로 다시 환자에게 몸을 돌렸다. 그는 마지막 체크를 끝내더니 간호병 한 명이 환자 옆을 계속 지켜야 한다는 지시를 내렸다. 그리고 손을 씻은 다음, 자기의 손목시계를 힐끗 쳐다보았다. 모두들 이젠 식사를 하러 사무실로 돌아갈 표정이었다. 그런데 베쑨은 지금

할 일이 더 남아 있다는 듯이 이렇게 물었다.

"나머지 환자들은 어디 있습니까?"

구가 놀라는 표정을 짓자, 그가 다시 물었다.

"다른 환자들 말입니다. 진료소가 여기뿐입니까? 정보에는 분명 많은 부상병들이 기다리고 있다고 하지 않았습니까? 그런데 여긴 단지 서른 명뿐이니, 환자들이 또 어디 있을 것 아닙니까?"

말귀를 알아차린 구가 재빨리 설명했다.

"다른 환자들이 더 있습니다. 그러나 그들이 있는 곳은 이곳이 아니라 주회택이라는 곳입니다. 우리 병원은 두 군데로 나누어져 있는데, 여기가 후방병원이고, 주회택이라는 곳은 북쪽 전선 근처에 있습니다. 그쪽 환자들이 더 중상자들입니다. 이곳 일을 마치시면 그곳으로 모실 계획이었는데……. 그러나 여러분들이 긴 여행 때문에 휴식이 필요한 것 같아서……. 아무튼 지금 출발한다는 것은 무리입니다."

안절부절못하며 간신히 이렇게 대답한 구는 다시 응원을 구하는 눈길을 동에게 던졌다. 배쑨이 듣지 못하도록 이렇게 동에게 속삭였다.

"어떻게 좀 잘 설명해 주시기 바랍니다. 제발 부탁입니다. 우선 이분의 진노부터 꺼주십시오. 이분은 지금 여행과 수술 때문에 지칠 대로 지친 상태입니다. 이런 상태에서 계속 움직이다가 과로로 쓰러지기라도 한다면, 우리는 엄한 문책을 받게 될 것입니다."

"두 사람 지금 무슨 이야기요?"

베쑨이 다그쳐 물었다.

동이 차분히 설명을 시작했다.

"동지, 다른 진료소는 여기에서 수 리나 떨어져 있습니다. 게다가 지금은 깊은 밤입니다. 또 이곳 사람들에게도 준비할 시간을 주어야 합니다. 그러니 내일 아침까지는 좀 쉬면서 기다리는 것이 어떻겠습니까? 이곳 분들은 또 그곳의 부상병들을 위해서라도 동지께서 먼저 쉴 필요가 있다고 생각하고 있습니다. 만약 지금 떠난다면 그런 몸으로 어떻게 수술을 제대로 할 수가 있겠습니까?"

베쑨은 시계를 다시 들여다보더니 망설이는 모습이었다.

"그런가……. 지금 다시 출발하기에는 시간이 너무 늦었군. 그럼 이따가 새벽 네시 삼십분 정도면 출발할 수 있겠습니까?"

이것은 질문이라기보다는 명령이었다. 그는 구의 답변을 가만히 기다렸다.

"그럼, 그 시간에 떠나는 것으로 알겠습니다. 닥터 구, 새벽 네시 삼십분입니다. 그리고 우리가 가지고 온 수술장비는 모두 가지고 떠날 생각이니까 그렇게 아시기 바랍니다."

구가 한숨을 돌리며 낮은 목소리로 말했다.

"자, 그럼 여러분 준비한 식사가 있으니까 가시도록 하시죠. 식사에 응해 주시면 아주 영광으로 알겠습니다."

그들은 다시 어둠 속으로 나갔다. 거리에서는 아주 세찬 바람이 불고 있었다. 바람 때문에 몸을 앞으로 숙이며 그 한밤중의 눈길을 저벅저벅 걸었다. 베쑨이 먼저 위생국 건물로 들어가자, 구가 동의 등을 붙잡았다.

"새벽 네시 삼십분이라니, 정말로 하는 소리입니까? 그러면 앞으로 기껏해야 두 시간밖에 잘 수 없을 텐데……. 혹시 그거 그냥 해본 소리는 아닙니까?"

동이 웃으면서 대답했다.

"아닙니다. 저분은 아주 진지하게 말한 겁니다. 저분과 부상병들의 관계는 자석과 쇠붙이의 관계와도 같습니다."

구는 추위로 몸을 부르르 떨면서 밤하늘을 올려다보았다. 그날따라 하늘에는 별 하나 보이지 않았다. 구가 이렇게 나직이 읊조렸다.

"저분 자신이 쇠붙이 같은 사람이군요. 열에 달구어지면 하얗게 되는 그 쇠붙이 말입니다."

그들은 그 오랫동안 기다리던 식사를 위해 건물 안으로 서둘러 들어갔다.

새벽 4시가 되자, 베쑨은 이미 진료소에 나와 있었다. 그는 어제 다리를 절단한 소라는 소년을 석유 등불의 희미한 빛 속에서 검진하고 있었다. 그가 중국어로 물었다.

"상태가 어떤가?"

"좋습니다."

"아프지 않은가?"

"예, 아프지 않습니다."

베쑨은 그 병사의 땀에 밴 이마에 한 손을 얹으며, 그 여윈 얼굴에 있는 긴장된 두 눈과 꽉 다문 입술과 고통으로 배어나온 찬이슬 같은 땀방울들을 가만히 들여다보았다.

"오!, 내 아들, 아프지 않다니. 내 다 아네, 자네가 지금 굉장히 아프다는 것을 말일세."

이때 동이 가만히 병실로 들어왔다. 동이 들어오자, 베쑨은 이제 하고 싶은 이야기를 마음대로 할 수 있게 되었다.

"자네가 이렇게 잘 참아주니, 굉장히 고맙네, 한동안은 지독히 고통스러울 거야. 그러나 그게 다 나아간다는 증거니까, 그렇게 생각하고 잘 참아주게. 내가 주회택에 다녀오는 동안, 이곳 사람들이 잘 보살펴줄 거야. 내 반드시 돌아와서 자네 상처를 다시 봐줄 것을 틀림없이 약속하지."

그리고 그는 그곳 간호병에게 이렇게 부탁했다.

"여기 이 환자를 꼭 당신 형제처럼 잘 보살펴주게……."

4시 25분, 베쑨과 동은 이미 말을 탄 상태에서 절 밖에 있는 뚱뚱한 불상 아래에 나와 있었다. 몇 분 지나자, 왕과 유와 그리고 다른 수행원들이 짐을 실은 노새들을 몰고 모여들었다.

4시 30분이 되자, 구가 마을로부터 숨을 헐떡거리면서 달려왔다.

그는 자기 말에 아주 힘겹게 올라타더니, 동에게 이렇게 속삭였다.

"아이구, 정말 죽을 뻔했습니다. 그냥 뜬눈으로 밤을 새우고 말았습니다. 제시간에 깨지 못하면 어쩌나 하는 생각에 잠을 잘 수 있어야 말이지요. 그래서 여러분과 헤어지면서부터 시계

옆에 램프를 켜놓고 방 안을 계속 왔다갔다하며 이 시간까지 기다리고 말았습니다. 저분은 정말 용하군요. 어떻게 잠에 들었다가 이렇게 기계처럼 일어납니까?"

어둠이 서서히 사라지면서 햇빛이 눈 위에 반짝반짝 반사되기 시작했을 때, 그들은 이미 산악 깊숙이 들어와 있었다. 동보다 한걸음 앞서가고 있던 베쑨이 고개를 돌려 동의 시무룩한 표정을 살펴보았다. 그리고 이렇게 말했다.

"동지, 자네가 오늘은 이상하군 그래. 출발하고부터 여태껏 한마디 말이 없으니. 자네는 나의 분신인데, 분신인 자네가 그렇게 침묵만을 지키고 있으니, 나 역시 침묵 속으로 빠져드는군."

동은 고개를 돌려 뒤에서 따라오는 사람들을 힐끗 쳐다보더니, 거리가 꽤나 떨어져 있다고 생각되자 말의 속도를 늦추었다. 그리고 이렇게 말했다.

"선생님, 저는 지금까지 계속 봉에 대해 생각하고 있었습니다."

베쑨이 다시 동을 돌아다보았다. 그는 이제 동의 표정만 보아도 그의 속생각을 헤아릴 수 있는 처지였다. 그런데 그 명랑한 표정이 지금은 시무룩해 있는 것이었다. 동이 지금 문제를 자기에게 어떻게 꺼낼까 하고 궁리중이라는 것을 즉시 알아차릴 수 있었다. 그리고 그것이 어떤 문제인지도 잘 알고 있었다. 그러나 이렇게 잘라 말했다.

"그 이야기는 시간낭비일 뿐이네. 그 사람은 자격이 없어. 의사 노릇을 할 자격이 없는 사람이란 말일세. 변명의 여지가 없지 않은가?"

"물론 그렇습니다. 사실은 그래서 문제입니다. 제 마음이 지금 이렇게 슬픈 이유는 그가 의사가 아니며 또한 그에게 변명의 여지가 없다는 사실 때문입니다."

"아니, 그게 무슨 소린가?"

"그는 사실 의사라고 할 수 없습니다. 그는……."

베쑨이 동의 말을 가로막았다.

"아니 내 이야기는 그런 의미가 아니라 그의 심성이 의사로서 적합하지 못하다는 것일세. 그 사람이 어떻게 행동했는지 자네도 잘 알지 않나?"

그래도 동은 아까 했던 말을 다시 반복했다.

"그게 무슨 터무니없는 말인가? 그 사람은 하석촌 부상병 집합소의 외과의사 아닌가? 설령 대학을 갓 졸업한 애송이라도 그 병사의 다리를 그 지경이 되도록 놔두지는 않았을 걸세."

동이 고개를 끄덕였다. 그들은 한참 동안을 계속 눈을 맞으며 앞으로 나아가고 있었다. 그때 동이 아까의 이야기를 무심결에 다시 끄집어냈다.

"가엾은 봉. 얼마간만이라도 대학 덕을 보았으면, 그런 일이 없었을 텐데……. 그 사람, 의과대학을 나와서 군의관이 된 사람이 아닙니다. 그는 다른 군의관들이 수술하는 것들을 보고 들으면서 기술을 익혀온 사람입니다. 한마디로 몸을 부딪치면서 수술을 익힌 사람이란 말입니다."

베쑨은 화들짝 놀라며 말의 고삐를 끌어당겼다. 그리고 동의 말 재갈을 붙잡아, 그를 자기 옆으로 오게 했다.

"아니 의학공부를 한 적이 없다니, 그게 도대체 무슨 말인가? 동, 자네의 그 얼굴을 보니 자네가 내 마음을 돌리려 하는 모양인데, 도대체 지금 무슨 터무니없는 말을 하고 있나? 자네는 지금 그가 처벌을 받지 않아야 한다는 생각 아닌가? 자네도 그 사람의 잘못 때문에 어떤 결과가 빚어졌는지 두 눈으로 똑똑히 보지 않았나? 그런데도 그것을 용서하겠단 말인가?"

동이 차분한 말씨로 이야기를 시작했다.

"동지, 어젯밤 동지가 깊이 잠들었을 때, 나는 한참 동안 봉과 이야기를 나누었습니다. 그래서 어린 시절부터 그가 살아온 슬픈 이야기들을 듣게 되었습니다. 오늘 아침 제가 계속 말이 없었던 것은 그 생각을 하느라고 그랬습니다. 동지, 닥터 봉의 이야기를 한번 들어보시겠습니까?"

베쑨이 동의 말을 놓아주며 입술을 일그러뜨렸다.

동의 이야기가 계속되는 동안 두 사람은 말머리를 나란히 하고 천천히 말을 몰았다.

"봉은 아주 조그만 마을에서 태어났습니다. 살림도 물론 가난하기 짝이 없었죠. 또 그 마을에는 학교가 없었기 때문에 읽고 쓰는 것조차 배울 기회가 없었습니다. 소년 시절에 그가 한 일은 물소를 돌보는 일이었습니다. 소년 시절 내내 그는 들판을 쫓아다니며 물소만 돌보았습니다. 책 같은 것은 물론 구경조차 못했지요. 그러던 어느 날 팔로군 병사 몇 사람이 마을을 지나게 되었습니다. 그 마을 사람들이 세상 이야기를 듣게 된 것은 그때가 처음이었습니다. 봉이 입대한 것도 물론 그것이 계기였습니다. 입대 후 그는 다른 사람들에게 물어가면서 스스로 읽고 쓰는 것을 익혔습니다. 처음 그는 보초병일을 맡았습니다. 그리고 읽고 쓰기를 다 익히자 간호병이 되었습니다. 그러다 수석간호병이 되었지요. 그때부터 그는 라틴어로 된 의학용어들을 한자로 써달라고 군의관들에게 부탁하기 시작했습니다. 그런 모습을 보고 일부 병사들은 그를 비웃기까지 했습니다. 그러나 그는 그 외국어 낱말들을 밤중에 혼자서 공부했습니다. 의학용어들을 그렇게 암기했던 것이지요. 뿐만 아니라 수술을 할 때면 군의관들의 동작 하나하나를 아주 유심히 관찰했습니다. 이런 식으로 수술을 익힌 겁니다. 몸으로 배워서 외과의사가 되었단 말입니다. 어제 우리가 하석촌에 도착했을 때, 그는 그 라틴어 의학용어들을 공부할 때처럼 영어단어들을 익히던 중이었습니다. 물론 그것은 백구은 당신한테서 조금이라도 더 배우기 위해서였습니다."

동은 이야기를 마치자, 이젠 더 이상 흥미가 없는 지난 일을 이야기한 사람처럼 태연한 얼굴을 하고 안장 앞머리의 고삐를 잡아당겼다.

베쑨은 놀란 눈초리로 그를 바라보았다. 어떻게 그런 일이 있을 수 있을까? 어느 조그만 벽촌에서 물소몰이를 하던 한 소년이 마을 바깥의 세상 이야기를 듣고 전방에서는 싸우고 후방에서는 가르치는 군대에 입대했다니. 그리고 그는 순전히 자기 노력에 의해 외과의사가 되었다는 이야기였다. 왜냐하면 전쟁에는 으레 부상이 따르기 마련이었고, 승리로 이끌기 위해서는 그런 부상병들의 치료가 매우 중요하기 때문이었다. 이 저항과정 속에서 일자무식꾼 봉이 의사 선생님 봉으로 변신하게 되었다는 이야기였다. 베쑨은 속으로 자기 자신을 나무랐다.

'왜 그런 사정을 미처 헤아리지 못했을까? 봉이 내 질문에 아무 대답도 못했을 때 왜 그런 방향으로는 전혀 생각지 못했을까? 그리고 봉과 같은 사람들이 이곳에 또 얼마나 많을 것인가? 한쪽 다리를 자르고도 아프지 않다고 잡아떼는 유격대원소, 수천년 동안의 노예상태에서 떨치고 일어나 지방정부를 이끌고 있는 평산의 그 여성 의장, 죽음보다도 더한 공포를 극복하고 헌혈을 자청한 송암구의 그 간호병, 점령된 도시들을 빠져나와 굶주린 배를 움켜쥐면서도 배움을 위해 연안의 대학교로 걸어가던, 또 적진 속으로 침투해 들어가 이 마을 저 마을을 돌아다니며 애국적 정열을 불사르고 있는 젊은 학생들, 치안판사라는 뭇사람들이 선망하는 직책을 내동댕이치고 자기를 따라 이 산악 저 들녘을 누비고 있는 통역관 동, 적의 공격 앞에서 자기 집을 다 불태워버리고 보따리 몇 개와 함께 후퇴했다가 게릴라 대원이 되어 손에 무기를 들고 되돌아오는 이곳저곳의 수많은 남녀들, 이들 모두가 봉과 같은 사람들이 아닌가? 이들은, 묵묵히 굽힘없이 나아가는 이 봉과 같은 사람들은, 봉과 마찬가지로 배우면서 생활하고 생활하면서 배움으로써 억눌린 조국을 해방시키려는 이 5억의 국민들은, 이제 그 어둠을 뚫고 일어나고 있었다. 그런데 그것도 모르고 내가 봉같이 훌륭한 사람을 모욕하다니. 지금으로부터 단 몇 주 전에 여러분이 인민을 가르치기 위해서는 먼저 그들의 학생이 되지 않으면 안 된다고 일기장에 적었던 내가 그런 한심한 짓을 하다니.'

그는 송암구에서 연설을 하면서 이 모택동의 말을 은근히 이용했었다. 그는 자신이 이 말을 잘 이해하고 있다고 생각했었다. 그러나 지혜의 길은 끝이 없었다. 이해하고 배우고 가르치고 겪어야 할 것은 늘 존재했던 것이다.

"저 골짜기 아래가 주회댁입니다."

앞에 가던 동이 갑자기 말을 멈추면서 이렇게 뒤로 소리쳤을 때, 베쑨은 비로소 자신의 상념에서 깨어났다.

그들은 이제 산 속에서 벗어나 골짜기로 들어섰다. 평지로 이어지는 골짜기 저 아래로 전방 부상병 집합소가 있는 마을이 눈 덮인 벌판 속에 거무튀튀한 모습을 하고 있었다. 두 사람은 말에서 내려 다리를 풀며 심호흡을 하였다. 그리고 다른 사람들이 다가오기를 기다렸다.

마을을 내려다보며 베쑨이 동에게 이렇게 말했다.

"봉 이야기를 해줘서 정말 고맙네."

동이 그에게 고개를 돌리자, 그는 계속해서 이렇게 말했다.

"자네도 알다시피 서양인들이 중국에 대해 쓴 책들을 보면 중국인들이 '체면'을 굉장히 중시한다는 이야기들이 많이 나오지. 지금도 그런가? 해방지구에 들어와서는 그런 걸 별로 못 느꼈는데……."

동이 웃으면서 대답했다.

"물론 아직도 많은 중국인들이 체면을 중시합니다. 그러나 중국은 지금 많은 것들이 변하고 있습니다. 지난번 보셔서 아시겠지만, 팔로군과 이 변구의 조직체들에서는 자아비판이 스스럼없이 행해지고 있습니다. '체면'이라는 것 자체가 다 지주들과 부자들을 위한 것이죠. 전투의 와중에서 그런 걱정을 할 시간이 어디 있겠습니까?"

이렇게 말한 동은 또 장난기 어린 말투로 한마디 덧붙였다.

"물론 동지가 남들의 체면을 생각해 주지 않는다는 사실은 아주 유명하지만 말입니다."

베쑨이 웃으면서 동에게 어깨동무를 했다. 그리고 이렇게 말했다.

"하석촌으로 돌아가면, 동지, 내가 봉에게 '체면'이 말이 아니게 되는 모습을 보게 될 걸세."

그 이튿날 늦은 시간에 그들은 어제의 말발굽 자국이 아직도 분명히 남아 있는 오솔길을 지나 하석촌으로 돌아왔다. 베쑨과 동은 일행보다도 훨씬 앞서서 말을 마을로 몰았다. 두 사람은 말을 끌고 곧장 마을의 한 집에 있는 봉의 방으로 갔다.

봉은 어스름한 저녁 빛 속에서 온돌침대에 누워 있었다. 두 사람을 보자 그는 벌떡 일어나 "안녕하세요?" 하며 재빨리 등잔불을 밝혔다.

베쑨은 봉 옆에 걸터앉았다. 그리고 스스럼없이 이야기를 시작했다.

"봉 동지, 어제 동한테서 당신 이야기를 들었습니다."

봉의 시선이 베쑨으로부터 동한테로 옮겨졌다. 그리고 곧 바닥으로 떨어졌다.

"훌륭한 외과의사가 된다는 것, 그것은 결코 쉬운 일이 아닙니다. 그렇지 않습니까?"

베쑨이 차분한 음성으로 이야기를 계속했다.

"당신 이야기를 좀 들었으니까 내 이야기도 좀 하겠습니다. 아시다시피, 내가 의사활동을 시작한 것은 지금 당신의 나이보다 훨씬 더 되었을 때부터였습니다. 게다가 난 의사임에도 불구하고 두 가지 굉장한 난치병을 앓았습니다."

봉이 호기심을 느끼면서 다시 고개를 들었다. 그는 베쑨의 도착이 자기에 대한 공식 심문의 시작이라고 생각하고 있었다. 그런데 베쑨의 태도에는 전혀 그러한 기색이 없었다.

"첫번째 것은 악성결핵이었는데, 그것은 내가 외과의사의 길을 막 걷기 시작할 때의 일이었습니다. 게다가 지금으로부터 이십 년 전인 당시는 결핵 치료를 위한 수술 같은 것이 아주 원초적인 단계에 있을 때였습니다. 치료할 가망이 없어 보였습니다. 그래서 요양소엘 들어갔지요. 조용히 살다가 죽겠다는 생각이었습니다. 그런데 천만다행으로 병이 낫게 되었습니다. 흉부외과의사가 되기로 결심한 것은 바로 그때였습니다. 그때부터 나는 한쪽 폐로 살면서 열심히 연구를 했습니다. 세계적인 권위자들 가운데 한 사람인 한 캐나다인 밑에서도 일했습니다. 그 결과 나 역시 권위 있는 흉부외과의사로 성장하게 되었습니다."

베쑨은 잠시 이야기를 멈추고 담배에 불을 붙였다. 간간이 침묵이 계속될 때마다 앉아 있던 봉이 고개를 돌리며 백구은을 바라보았다. 그는 베쑨의 얼굴에서 수수께끼 같은 미소를 발견했다. 그것은 그에게 마음을 풀고 이야기를 나누자는 표정이었다. 주저주저하던 봉이 마침내 이렇게 물었다.

"그럼 두번째 질병은……."

"나의 두번째…… 고질병은…… 그래요, 그것은 먼저 것처럼 그렇게 간단하지가 않았어요. 내가 그 병에 걸리게 된 것은 어떤 개인 때문이 아니라 세상 탓이었습니다. 나는 소년으로서, 성인으로서, 의사로서 그 병을 앓아야 했습니다. 그것은 '성질'이라는 고질병인데, 따라서 그것은 어떤 전염병들과는 그 종류가 아주 다른 것이었습니다. 약으로도 고칠 수 없었을 뿐만 아니라, 의사생활을 하면서 그 고질병은 점점 더 악화될 뿐이었습니다. 내가 결핵에 굴복했듯, 그 고질병에도 또 굴복했어요. 그러다 그것이 모종의 변화를 보이기 시작한 때가 찾아왔습니다. 그것은 결핵이란 것이 단지 어떤 개인의 신체적 질병일 뿐만 아니라 사회적 병폐에서 비롯된다는 사실을 이해하게 되었을 때, 우리 캐나다 국민이 소수는 부자이고 다수는 가난뱅이라는 사실을 알게 되었을 때, 스페인의 민중들이 중국의 민중들과 마찬가지로 용감히 투쟁하고 있다는 사실을 알게 되었을 때였습니다. 나는 인간으로 살기를 바라기 때문에 죽어야 하는 많은 사람들을 보았습니다. 이곳에 머무르면서 활동을 시작한 지도 구 개월이 더 되는데…… 이 두번째 질병을 극복하기 위해서는 어떻게 해야 하는지도 알고 있는데…… 그런데도 그놈의 고질병이 때때로 재발이 되는군요. 물론 나는 나의 성질을 자제할 수 있도록 계속 노력해야 하겠죠. 그래도 요즈음은 비교적 괜찮은 편이었는데, 지난번에 또 그놈의 고질병이 재발했지 뭡니까? 동지, 내 말을 이해하시겠죠?"

"예."

봉이 선선한 말투로 대답했다. 베쑨이 활기차게 일어나면서 말했다.

"우리는 내일 아침 일찍 떠날 예정입니다. 그리고 오늘 잠자리에 들기 전에도 할일이 많이 남아 있습니다. 훌륭한 외과의사가 되기 위해서는 열심히 일하면서도 많은 실망을 겪지 않으면 안 됩니다. 동지, 만약 내가 당신에게 솔직하게 경고하지 않는다면, 그것은 당신을 기만하는 것입니다. 당신은 당신의 잘못을 보상하기 위해서 노력하지 않으면 안 됩니다. 당신은 우리의 소년들이 적들과 싸우는 것을 배워야 하는 것과 꼭 마찬가지로 질병과 싸우는 것을 계속 연마하지 않으면 안 됩니다. 나는 닥터 구에게 가까운 장래에 당신을 우리 의무대로 전출시켜달라고 부탁할 작정입니다. 그러면 당신도 우리와 함께 일할 수 있을 겁니다. 그렇게 되면 당신의 공부를 돕도록 하겠습니다. 우리도 의사 한 사람이 더 생기는 일이니까 피차 좋은 일이겠지요. 당신도 당신의 기술을 향상시킬 기회가 생길 것이고"

봉이 일어서며 말했다.

"함께 일하게 되기를 꼭 바라겠습니다."

그는 베쑨과 동을 문 앞까지 배웅했다. 그러다 그는 뭔가 한마디하지 않고서는 못 배기겠다는 듯이 말문을 열었다.

"백구은 선생님…… 소 병사의 일은 제 잘못입니다. 책임을 통감합니다. 더 많은 것을 알고 일에 임해야 하는데……. 그러나 제가 입대해서 읽고 쓰기를 배우기 시작한 것이 이제 불과 몇 년이 못 됩니다. 만약 앞으로 당신 밑에서 일하게 된다면, 아주 신중하게 일할 것을 약속합니다…… 저에게는 아들이 하나 있습니다. 아마 그 녀석이 성장할 때쯤 되면, 농부의 자식들도 학교에 다닐 수 있을 것입니다. 저는 제가 갖지 못했던 배움의 기회를 자식놈한테는 꼭 주고 싶습니다. 그것을 위해서는 무슨 일이든지 다할 작정입니다. 만약 그 녀석이 훌륭한 의사가 된다면, 제 잘못까지 다 보상해 줄 수 있을 겁니다……."

"동지, 당신 자신부터 훌륭한 외과의사가 되시오. 그래서 자식놈한테 훌륭한 모범을 보이시오."

그러자 봉은 두 눈에 엄숙한 빛을 띠며 이렇게 덧붙였다.

"저는 그놈한테 더 훌륭한 모범을 따르라고 가르치겠습니다. 백구은 당신을 모범으로 삼으라고 말입니다."

44

전선에서 실려오는 부상병들의 수가 점점 더 많아졌다. 그래서 베쑨의 기동의무대는 쉴새없이 산악을 뛰어다니며 그들의 치료를 담당하지 않으면 안 되었다.

11월 22일 베쑨의 부대는 내원 북쪽에 위치한 전림구라는 마을에 도착하게 되었는데, 이곳은 제359여단 여단장인 왕진의 본부가 있는 곳이었다. 여기에서 베쑨은 또다시 화를 내게 되는데, 그러나 이번에는 사과 같은 것은 필요가 없었다.

사흘 낮과 사흘 밤 동안 계속 부상병들이 전선으로부터 전림구로 줄줄이 실려왔다. 전투가 아주 치열했기 때문에 사상자들의 수가 크게 불어났던 것이다. 35명의 부상자들이 처음 실려왔을 때, 베쑨은 수술대를 설치하는 중이었다.

그런데 검진에 나선 그의 안색이 하얗게 변해 버렸다. 그는 들것 운반병들을 수술대가 설치된 진흙건물로 집합시켰다. 그리고 성난 목소리로 그들에게 일장훈시를 했다.

"이 부상병들이 전선으로부터 여기까지 오는데는 무려 사흘이나 걸렸다. 그런데 여단 군의관의 응급처치만이 그들이 받는 치료의 전부였다. 이리로 실려오는 도중에는 완전히 방치되었다는 말이다. 도대체 왜 붕대 한 번 갈아주지 않았는가? 여러분들은 여러분들의 임무가 이 부상병들을 그저 짐짝처럼 운반해 주면 그것으로 그만이라고 생각하는가? 여러분들은 의료 종사자이지, 노새가 아니다."

베쑨이 분노를 터뜨리자, 그들은 기가 질리지 않을 수 없었다. 이때 한 운반병이 기어들어가는 소리로 이렇게 변명했다.

"내원에서 이 마을까지는 휴게소도, 의무대도 없습니다. 그래서 어쩔 도리가 없었습니다……."

"그것은 변명이 못 된다. 휴게소가 없으면 여러분들이 마련하면 될 것 아닌가? 또 붕대가 없으면 여러분들의 셔츠를 찢어서 쓰면 된다."

베쑨은 동에게로 몸을 돌렸다. 그리고 이렇게 말했다.

"왕 장군에게 즉시 전령을 보내주네. 나는 진찰기 군사지구 의료고문으로서 정식으로 그의 방문을 요청하네. 부상병들의 운반상태를 그가 직접 살펴볼 필요가 있으니까."

다음날, 왕 장군이 베쑨의 요청에 따라 이곳 병원으로 왔을 때, 베쑨은 수술실에서 수술중이었다. 왕은 수술중인 병사가 수술실에서 실려나갈 때까지 밖에서 기다리다 안으로 들어갔다. 그가 베쑨에게 인사를 했다.

"안녕하십니까, 백구은 선생님. 제가 왕 사령관입니다. 오래 전부터 존경해 왔는데, 이렇게 만나 뵈어 반갑습니다."

베쑨이 말했다.

"저도 전부터 왕 장군을 존경해 왔습니다. 섭 사령관 말씀이 당신이 휘하장군들 가운데 가장 용맹한 장군들 중 한 분이라고 하셨습니다. 제가 장군의 방문을 요청한 것은 장군이 지휘하는 여단의 전투능력 때문이 아닙니다. 전투능력이야 굉장히 훌륭하다고 생각합니다. 그러나 부상병들을 취급하는 자세는 절대로 묵과할 수 없습니다."

인사가 끝나자, 베쑨은 왕 장군을 데리고 부상병들이 묵고 있는 집들을 돌아다녔다. 그리고 사흘 동안 아무런 보호조치

없이 이송됨으로써 어떠한 결과가 빚어지고 있는가를 설명해 주었다. 그는 단순한 부상이었음에도 불구하고 이송 도중에 관리를 너무나 소홀히 했기 때문에 팔다리를 잘라내야 하는 두 명의 괴저증 환자에 대해 지적했다.

왕 장군은 정중한 자세로 베쑨의 말을 경청했다. 다시 수술실로 돌아온 그는 잠시 생각한 끝에 단호한 어조로 이렇게 말했다.

"의사 선생님, 당신의 비판은 정말 가슴을 후벼파는 것 같군요. 그러나 그 비판은 정당한 지적들이라고 생각합니다. 아시다시피 우리의 의료업무는 장비와 요원이 태부족인 상태에서 이루어지고 있습니다. 그러나 선생의 지적을 듣고 보니 무언가 즉각적인 조치를 내리지 않으면 안 되겠군요. 저는 지금 선생의 지적대로 많은 것들이 개선되어야 한다고 생각합니다. 그래서 막중한 책임감을 느낍니다. 현재 이곳에 있는 모든 부상병들이 다 처리될 때까지 이곳에 머무르고 싶은데, 괜찮겠습니까? 그리고 나서 방도를 논의했으면 합니다만……."

왕 장군은 24시간 동안을 수술실에서 보냈다. 그는 베쑨이 수술하는 모습을 유심히 관찰했다. 아침 햇살이 창호지 문을 통해 들어왔을 땐, 수술실의 공기가 피와 땀과 고름냄새로 가득 차 있었다. 식사와 5분간의 휴식을 위해 두 차례 잠시 중단되었을 뿐, 수술은 그날 내내 계속되었다. 저녁 늦게서야 수술이 다 끝나고 두 사람은 찬 바람을 쐬러 잠시 바깥으로 나갔다가, 수술실로 되돌아와 현안문제를 상의하기 시작했다.

논의는 짧았지만, 그 결론은 아주 파격적인 것이었다. 전선과 후방 사이에 있는 마을들에 응급소를 세우고, 여기에 요원과 장비를 배치하여 이송중인 부상병들을 돌보기로 하였던 것이다. 현안문제가 타결되자, 베쑨이 보다 더 적극적인 방안을 제시했다.

"더욱 좋은 방법은 우리 기동의무대가 직접 전선을 찾아다니며 활동하는 방법입니다. 그렇게 하면 사망자 수가 현격히 감소될 것입니다. 장군 생각은 어떻습니까?"

왕이 대답했다.

"그야 물론이겠지요. 수일 후에 적에 대한 유인작전을 시작할 예정인데, 그때 선생의 의무대가 우리와 합세할 수 있겠습니까?"

베쑨이 대답했다.

"하루 전에만 연락해 주시면 즉시 그리로 가겠습니다. 내일 아침엔 여기에서 한 십 마일 떨어진 양하장으로 떠날 예정입니다. 그럼 거기에서 연락을 기다리겠습니다."

왕이 기쁨에 넘쳐 베쑨의 손을 잡아 흔들었다. 그리고 이렇게 말했다.

"선생, 다음주엔 함께 지내겠군요."

11월 27일 밤 전령 한 사람이 왕 장군의 본부로부터 왔다. 그는 베쑨에게 보내는 왕 장군의 서신을 휴대하고 있었다. 그리고 이 서신과 함께 선물도 하나 같이 보냈는데, 그것은 적으로부터 노획한 갈색 암말이었다. 늘 그렇듯이 그 서신은 번역을 위해 동의 손으로 먼저 들어갔다. 동은 숙소에서 그 서신을 받아보고 시간부터 확인해 보았다. 그는 혼자서 한참을 생각하다가, 결국 닥터 유와 상의해 보기로 마음을 먹었다.

그는 즉시 유의 방으로 찾아갔다. 유는 자기 방에서 닭기름으로 벨트를 닦고 있었다. 동이 괴로운 기색을 하며 이렇게 말했다.

"동지, 백구은의 조수인 당신의 의견을 듣고 싶군요……. 왕장군으로부터 연락이 왔는데 임주 북쪽에서 이틀 후에 전투가 벌어질 예정입니다. 그런데 이 서신을 백구은 선생에게 지금 당장 전해야 할지 아니면 내일 아침에 전해야 할지 판단이 잘 서지 않습니다. 동지의 생각은 어떻습니까?"

유가 되물었다.

"내일 아침에 전해 주는 것이 낫지 않겠소? 오늘 꼭 전달해야 할 특별한 이유라도 있는 거요?"

그는 통통한 얼굴에 사람 좋게 보이는 인상을 지닌 한 마흔 정도의 사나이였다. 그는 보통 땐 거의 말이 없다가 꼭 말할 필요가 있을 때에만 짤막하게 분명히 말하는 그런 성격의 소유자였다. 전에 누군가가 장난 삼아 그가 하루에 평균 몇 마디나 하는지를 세어본 적이 있었다. 그때의 결과는 열 마디 정도가 전부였다. 이번엔 유가 동의 얼굴을 쳐다보며 대답을 기다렸다.

동이 생각 끝에 큰소리로 대답했다.

"그가 또 화를 낼까봐 그렇습니다. 근 사흘 동안 사십 건의 수술을 계속 했으니까 잠이 몹시 부족합니다. 아니, 제대로 자지 못한 지가 이미 여러 주일이나 됩니다. 왕 장군한테 가려면 거리가 꽤 되는데, 만약 내일 아침 전한다면 그때까지라도 쉴 수 있을 것 아닙니까. 그러나 만약 지금 이야기한다면 즉시 떠나자고 준비를 서두를 것입니다. 그러면 또 쉬지 못하게 되죠. 그분의 건강을 잘 살피라고 섭 장군한테 부탁을 받았는데……."

동은 걱정스러운 얼굴로 또 이렇게 덧붙였다.

"부상병들이 있다는 소식만 들으면 당장 쫓아가자고 할 텐데 그런 그의 성미를 당신도 잘 아시지 않습니까?"

유는 벨트를 다 닦더니, 천천히 이렇게 말했다.

"오늘밤이라도 잘 잘 수 있도록 해야지요. 수술은 모두 끝난 상태이니까, 그 서신 전달만 내일 아침으로 미루면 됩니다. 물론 화를 내겠지요. 그러나 오늘밤 휴식을 취하지 못하는 쪽보다 내일 아침 화를 내는 편이 더 좋을 것 아닙니까? 그분 요새 체중이 많이 빠졌어요. 그분은 요새 이것을 가지고 일하는 게 아니에요."

유는 이렇게 말하며 자기의 두 팔을 굽히는 제스처를 취했다. 그리고 다시 손가락으로 자기의 머리와 심장을 가리키면서 이렇게 말했다.

"그분 요즈음 이것을 가지고 일하는 겁니다. 어디 그 서신이나 한번 봅시다."

이때가 동이 닥터 유로부터 가장 많은 말을 들은 날이었다.

그러나 그 서신을 다 읽고 난 유는 후회스러운 기색으로 이렇게 말했다.

"아까, 한 말은 잘못이군요. 이 서신을 즉시 전해야겠어요. 왕 사령관이 직접 보낸 데다가 이틀 후의 작전이 매우 중대한 전투라니 말입니다. 일이 잘못될 경우, 아무래도 대책이 없을 것 같아요. 지금으로서는 백구은 선생을 설득해서 오늘밤은 쉬고 내일 아침에 아주 일찍 떠나자고 할 수밖에요. 그런 그한테 휴식시간이 필요하다는 식으로 말해서는 안 되겠죠. 그런 식으로 말하다가는 즉시 떠나자고 성화를 부릴 테니 말입니다."

결국 동은 유의 말을 따르기로 했다. 그는 베쑨을 찾아갔다. 베쑨은 자기 방에서 램프를 켜놓고 무언가를 쓰고 있었다. 동은 테이블 위에 원고가 있는 것을 보고 베쑨이 지금 의학교재 일을 하고 있다는 것을 알 수 있었다.

"왕 장군한테서 전갈이 왔습니다."

동은 그 서신을 통역해 준 다음, 베쑨의 표정부터 살폈다. 선생한테 휴식시간이 필요하다는 사실은 의문의 여지가 없었다. 그의 면바지는 자루처럼 헐렁해져 있었고, 그의 어깨는 목이 긴 스웨터를 입고 있는데도 앙상해 보였다. 그리고 오직 두 눈만이 철테 안경 속에서 빛나고 있었다.

베쑨은 지도부터 펼쳤다. 테이블 위에 펼쳐진 지도를 보며 전투지역까지의 거리를 계산해 보았다.

"전선까지가 약 이백 리 거리니까, 아주 곤란한 편은 아니군요."

동이 걱정스럽게 이렇게 말했다.

"오늘은 이미 밤이 깊었습니다. 부대원들에게 언제 준비를 시킬까요? 내일 아침 몇 시가 좋겠습니까?"

베쑨이 얼굴을 찌푸리며 말했다.

"지금 시간이 열한시니까, 내일 아침 다섯시로 하지. 그럼 문제가 없겠지?"

"새벽 다섯시까지는 여섯 시간밖에 안 됩니다. 짐 꾸리는 데에도 시간이 필요한데, 그래 가지고야 중대사를 앞두고 부대원들이 제대로 쉴 수 있겠습니까? 일곱시가 어떨까요? 그래야 부대원들이 두 시간이라도 쉴 것 같은데요"

"그렇다면 여섯시로 하세나."

베쑨이 타협적으로 말했다.

"그럼 부대원들에게 그렇게 지시하겠습니다……. 안녕히 주무십시오……."

동은 아주 기쁜 마음으로 방을 나섰다. 말재주로 백구은을 한 시간 더 자게 했으니, 자기가 이겼다는 느낌이었던 것이다.

45

11월 29일 이른 아침, 관림-임주 도로 근처의 한 절에서는 아직도 어스름빛 속에서 임시수술실이 마련되고 있었다. 양하장을 떠난 베쑨의 부대는 어제 하루 꼬박 밤낮을 가리지 않고

75마일이나 산악을 여행했다. 그는 이렇게 오는 길에도 왕 장군과 연락을 취하면서 부상병들을 릴레이식으로 나를 들것 운반병들을 조직했다. 수술이 끝난 부상병들을 주회택으로 긴급 이송시키기 위해서였다.

오늘 행해질 작전의 목적은 진찰기로 남진해 오는 일본군을 저지하기 위해 전략적 중요성이 높은 관림-임주 도로를 끊어버리는 것이었다. 왕 장군은 이 작전을 위해 부하들을 두 그룹으로 나누었다. 한 그룹은 도로를 경비하는 적의 수비대를 기습 공격할 계획이었고, 또 한 그룹은 그 동안 대기하고 있다가 매복작전을 펼칠 계획이었다. 베쑨이 임시병원으로 쓰고 있었던 절은 이 두 부대의 중간쯤 되는 도로에서 1마일 정도 떨어져 있었다.

지난밤 동안 일본군의 탱크정찰대는 이 도로를 정찰하였지만 아무런 낌새도 느낄 수 없었다. 공격은 동트기 직전에 시작되었다. 나팔소리와 함께 시작된 이 공격은 이내 총탄이 나는 소리와 수류탄 터지는 소리로 이어졌다. 공격이 시작된 지 정확히 7시간 15분 후인 오후 5시 15분, 첫번째 부상병이 베쑨이 있는 절로 실려왔다. 들것 운반병들이 언덕들 사이로 나타났을 때, 그는 이렇게 걱정했다.

"이 정도로는 안 돼. 더 빨리 움직여야 돼."

그러나 그로부터 15분 후 병사가 마취에 떨어졌을 때, 하나의 중요한 기록이 세워졌다. 그 동안 중국의 많은 전선에서 무수한 사람들이 부상으로 쓰러졌지만, 이렇게 빨리 제대로 수술을 받은 병사는 일찍이 없었던 것이다.

그날 새벽에 시작된 전투는 밤새도록 계속되었다. 부상병들이 절로 속속 운반되어 들어왔고, 베쑨과 그의 조수들은 수술을 계속했다. 다음날 아침 8시, 그는 이미 중요 수술을 25건이나 하고 있었다. 그래도 들것 운반병들의 보고에 의하면, 전투는 점점 더 치열해지고 있다는 것이었다. 한낮이 되자, 절마당에서 수술을 기다리는 부상병들의 수가 두 배로 늘어났다. 베쑨의 부대는 쉴새없이 움직이지 않으면 안 되었다. 부상병들이 전선에서 실려오면 위급 환자의 경우에는 수술실로 즉각 들여보내졌고, 수술이 끝난 환자들은 특별 운반팀에 의해 약 10마일 정도 떨어져 있는 주회택의 후방병원으로 이송되었다.

왕 장군의 참모 한 사람이 절로 달려와서 부상병들을 더 보내도 되겠느냐고 다급히 물었을 때, 베쑨은 수술대에서 계속 일하면서 이렇게 대답했다.

"다들 보내시오, 부상병들이 아무리 많더라도 수술을 다 해줄 테니까."

50번째 수술을 할 때였다. 동은 24시간을 계속 그대로 서서 마취를 하던 중이었다. 그런데 그의 손이 갑자기 떨리기 시작했다. 그는 가까스로 그 수술을 마쳤다. 그러나 그의 눈은 아주 흐리멍텅해 보였고, 얼굴은 새하얗게 질려 있었다. 그러다 그는 마룻바닥에 그대로 주저앉아버렸다.

베쑨이 쫓아가서 그를 부축했다. 동을 벤치에 앉힌 그는 목 안을 들여다보고 체온을 쟀다. 그러더니 큰소리로 말했다.

"이 사람아, 나보고 밤낮 몸 걱정 좀 하라고 잔소리더니, 몸 걱정을 해야 했을 사람은 정작 자네군그래. 심한 편도선염으로 열이 펄펄 나는데도 24시간을 계속 서 있다니."

그는 가에게 자리를 준비하라고 지시하고 동에게 진정제 몇 알을 먹였다. 닥터 유가 동 대신 마취 일을 맡았고, 닥터 왕이 베쑨 옆에서 그의 일을 계속 거들었다.

저녁에도 부상병들이 계속 실려오고 있었다. 이때, 처음으로 쇼크 환자가 들어왔는데, 헌혈할 사람이 없었다. 그러자 닥터 왕이 나섰고, 베쑨도 300cc를 뽑았다. 그래도 왕은 수술대에 버티고 서서 12시간을 더 일했다. 출혈이 심한 환자가 또 생기자, 닥터 유와 닥터 봉이 헌혈을 했다.

또 그 다음 수혈에는 가가 나섰는데, 이 소녀는 베쑨의 다정한 눈길에 얼굴이 빨개졌다. 자부심을 느끼면서도 한편으로는 몹시 부끄러운 모양이었다.

이때 일본군의 증원부대가 나타났다는 소식이 전선으로부터 전해졌다. 승패가 이제 곧 판가름나게 된 것이었다.

제359여단의 예비부대가 어두운 산악을 이용하여 관림-임주 도로가 내려다보이는 언덕으로 은밀히 이동한 것은 이른 아침의 일이었다. 그들은 조용한 소리로 서로 연락을 하면서 언덕의 이곳저곳으로 산개해 갔다. 그리고 그림자처럼 이리저리 기어다니며 바위들 뒤에 야포를 설치했다.

도로는 50야드 아래쪽에서 가느다란 타원을 그리고 있었다.

그리고 도로 건너편은 급경사면으로 막혀 있었다. 왕 장군이 입수한 정보에 의하면 이 일본군의 증원부대가 조만간 이 협로를 지나게 된다는 것이었다. 그들이 55대의 트럭에 분승하여 이리로 접근중이라는 보고가 척후병들로부터 다시 들어왔다.

중국인 병사들은 두 시간 동안을 바위 뒤에 쭈그리고 앉아 적군이 도착하기를 기다렸다. 그러자 부응하는 트럭 소리가 들리기 시작했고, 이어서 탱크 한 대가 드르릉거리며 오는 모습이 나타났다. 탱크의 포탑에서는 모자를 쓴 머리 하나가 나와 주변을 이리저리 살피고 있었다. 그 탱크 뒤로 트럭 다섯 대가 나타났다. 선두 트럭들이 지나가자, 또다시 다섯 대가 나타났고, 이런 식으로 트럭의 행렬이 계속되고 있었다. 그들은 라이트를 끈 채 조용히 이동중이었는데, 모두가 무개 트럭이었다. 그리고 그 속에 탄 일본군 병사들의 긴장된 얼굴이 달빛을 받아 번쩍이고 있었다.

한편 언덕 위에서는 소총을 어깨에 멘 왕의 부하들이 기관단총으로 목표물을 조준하며 벨트에 있는 수류탄을 어루만지고 있었다. 군기가 엄격한 군대에서 많은 전투경험을 가진 그들은 숨을 죽이고 발사명령만을 기다리고 있었다. 그러나 트럭들이 계속 지나가는데도 발사명령이 떨어지지 않자, 어떤 병사들은 어둠 속에서 불안스러운 눈초리로 사령관의 모습을 찾고 있었고, 또 어떤 병사들은 수류탄 핀을 입에 갖다 대고 있었다. 트럭의 행렬이 대충 반 정도가 언덕을 지나갔을 때, 사령관의 발사명령 소리가 갑자기 들려왔다. 그러자 소총과 기관단총이 그 트럭 행렬을 향해 일제히 불을 뿜었다. 그리고 수류탄 터지는 소리들이 뒤를 이었다.

트럭으로부터 고통에 찬 비명소리와 다급한 명령소리가 터져나왔다. 맨 앞에 가던 탱크가 그 좁은 길에서 방향을 돌리려고 끙끙대기 시작했다. 탱크를 향해 수류탄 세례가 퍼부어졌다. 세 발이 명중되었다. 그러자 탱크가 옆으로 기우뚱하더니 레일이 부서지면서 길바닥에 털썩 주저앉았다. 트럭들은 서로 연쇄충돌을 일으켰고, 기름 탱크가 폭발하면서 불길이 치솟았다. 적의 병사들이 혼비백산하여 트럭 아래로 뛰어내려 길바닥에 엎드렸다. 그러다 그들은 사방으로 무차별 사격을 가하면서 일부 병사들은 트럭 밑으로 기어들어가 숨고, 또 일부는 반대편 경사면을 기어올라가느라 안간힘을 써댔다.

게릴라 병사들은 그 허둥대는 적병들을 향해 계속 정조준으로 사격을 가했다. 이때 몸은 바싹 마르고 키는 껑충 큰 대위 한 사람이 바위 위로 펄쩍 뛰어오르더니 트럭을 향해 수류탄을 던졌다. 자신이 던진 수류탄이 '피이잉 쾅' 하고 터지자, 그는 격앙된 목소리로 이렇게 외쳤다.

"동지 여러분, 돌격합시다! 우리의 부상을 치료해 주기 위해 백구은 선생이 오셨소!"

게릴라 병사들이 언덕 아래로 돌진하기 시작했다.

여기저기에서 '피이잉 쾅' 하고 수류탄 터지는 소리가 났다. 장교들마다 부하들을 이끌고 언덕 아래로 무서운 속도로 돌진해 갔다. 그러면서 그들은 이렇게 외쳐댔다.

"우리 뒤에는 백구은이 있다!"

그들이 이렇게 돌진을 시작하자, 이젠 야포가 도로를 향해 불길을 내뿜기 시작했다. 여기저기에서 돌격의 함성이 울려퍼졌다.

돌격! 부상자들을 위해 백구은이 왔다.
돌격! 우리의 뒤에는 백구은이 있다.
돌격! 우리의 뒤에는 백구은이 있다.

도로 이곳저곳에서, 언덕 여기저기에서 이상한 돌격구호가 정신없이 달아나는 일본군들을 뒤쫓았다. 새벽이 되자 마지막 총소리까지 잠잠해지고, 5백 명 이상의 적군이 사살되거나 포로가 되었다. 그리고 중국군 병사들은 산더미 같은 무기를 포획하여 귀환길에 올랐다.

12월 1일 아침 정각 10시, 베쑨은 수술대에서 지친 몸을 일으키면서 부대원들에게 철수준비를 명령했다. 그 동안 그는 40시간을 전혀 쉬지 않고 수술만 계속했다. 첫번째 부상병이 도착한 그날 오후이래, 그는 지금까지 71건의 수술을 했다. 아직도 고열에 시달리고 있는 동은 한쪽 구석에서 모포를 뒤집어쓰고 있었다. 헌혈을 한 왕 역시 마룻바닥에 쓰러져 있었다. 유는 게슴츠레한 눈으로 꾸벅꾸벅 졸면서 수술기구를 정리했다. 베쑨 자신도 윙윙거리는 불쾌한 이명현상을 양쪽 귀에서 느끼고 있었다.

이제 전투도 끝나고 부상병들도 모두 이송되어, 그들은 잠시 눈을 붙이고 있었다. 그런데 잠을 자던 베쑨이 몇 시간 안 되어 자리에서 벌떡 일어났다. 주회택으로 이송된 부상병들이 걱정되었기 때문이었다. 그는 서둘러 돌아가 그들에게 후속 치료를 해주어야 한다고 생각했다.

정각 2시, 베쑨의 부대가 이동준비를 마쳤을 때, 왕 장군이 전송하러 나왔다. 그는 기쁨에 들뜬 표정을 베쑨의 손을 꽉 잡으며 이렇게 소리쳤다.

"이번 전투에서 새로운 돌격구호가 하나 생기게 되었습니다. 이제 우리의 병사들이 선생의 이름을 내세우며 돌격합니다."

그는 또 이렇게 덧붙였다.

"앞으로는 여러 전선에서 '돌격! 우리의 뒤에는 백구은이 있다'는 소리를 적병들이 듣게 될 것입니다."

주회택으로 돌아가는 오솔길은 얼어붙어 있었다. 베쑨은 이제 지칠 대로 지쳐 있었다. 그런데도 웬일인지 즐겁기 짝이 없었다. 그는 왕 장군한테서 받은 그 갈색 암말을 타고 눈 덮인 산들을 넘고 또 넘었다. 대열의 선두에 서서 예전에 전혀 느껴보지 못한 행복감 속에서 그는 지금 부대원들을 위해 자신이 무척이나 좋아하는 그 염원과 투쟁의 노래를 부르고 있었다.

우리의 고국은 멀리 있어도,

우리의 각오엔 흔들림 없네.
용감히 싸워서 기필코 승리하리,
너, 자유를 위해!

파시스트들 앞에서는 한발자국도 물러서지 않으리,
총탄이 빗발처럼 퍼부어진다 하여도
동지여, 우리의 굳센 투사들이여,
우리의 앞길은 오로지 승리, 후퇴 없으리.

46

이제 며칠 간의 소강상태 동안, 베쑨은 휴식을 취하면서 일기도 쓰고 편지도 썼다.

12월 8일

양하장으로 돌아왔다. 동은 건강이 좋아졌다. 그러나 우리 모두가 다 지쳐 있다. 지난 몇 달 동안 식사가 계속 엉성했기 때문에 우리 모두가 약간은 빈혈상태이다. 나는 양쪽 귀가 다 이상하다. 치아도 나빠져서 치료가 필요하다. 서안에 가면 치과가 있을 텐데. 그러나 언제쯤이나 되어야 그 근처라도 갈 수 있을지는 하느님만이 아실 뿐이다.

우리 의무대가 왕 사령관의 군대에서 활동한 결과에 대해서는 모택동 동지와 섭 장군에게 보고서를 보냈다. 이제 중요한 사실이 입증된 것이다. 주회택의 기지병원에서 부상 직후 곧바로 수술을 받은 환자들을 다 체크해 보았더니, 그 결과 수술을 받은 71명의 부상병 가운데 단 한 사람만이 사망한 상태였다. 부상병들 가운데에는 일본군 병사도 세 사람이나 끼여 있었는데 그들은 이미 돌려보냈다. 전선과 주회택 사이에 제2차 응급소들이 마련되지 못했음에도 불구하고, 부상병 가운데 3분의 1이 상처가 도지지 않고 후방으로 이송되었다. 전에는 이런 일이 없었던 것이다. 참으로 커다란 성과라 아니할 수 없다. 물론 앞으로는 훨씬 더 잘될 수도 있을 것이다(일본군은 우리 병사들에게 최루가스까지 사용했다). 의사들이 부상병들을 후방에서 기다릴 때는 이미 늦어버렸다는 사실이 이제 분명히 입증되고 있다. 이제 의사들이 전선 자체에서 활동하지 않으면 안 된다. 또 참으로 중요한 이야기가 하나 있다. 똑같이 복부관통상을 입은 두 환자가 모두 똑같은 수술치료를 받았다. 그런데 한 사람은 살았고, 또 한 사람은 죽었다. 그 이유는? 앞의 환자는 부상을 당한 지 8시간 만에 수술을 받은 반면, 뒤의 환자는 부상을 당한 지 18시간 만에 수술을 받았던 것이다. 생사의 차이가 바로 이 10시간에 있었다.

전투가 소강상태일 때는 의무대들이 후방병원에서 일해도 무방하다. 그러나 연대 군의관이 처리할 수 있는 수보다 더 많은 사상자들이 예상될 때는 전선으로 달려가지 않으면 안 된다. 2백 명 이상의 사상자가 예상된다면, 그렇게 해야 할 것 같다. 아무튼 이번 일로 우린 참으로 큰 성과를 거둔 것이다.

12월 9일

친애하는 닥터 마해덕 동지,

저는 이제 당신의 소식을 듣지 않고 생활하는 데 익숙해져 있습니다. 맙소사, 벌써 그렇게 되다니! 소식을 받은 지 두 달이 다 되었으니 말입니다. 연안의무대는 11월 25일 도착했습니다 (연안당국은 한 의무부대를 진찰기의 베쑨 밑에서 일하도록 양하장으로 보냈다). 저는 이 의무대의 도착을 학수고대해 왔습니다. 왜냐하면 이 의무대가 우리 일에 도움이 될 뿐만 아니라, 그들을 통해 책과 잡지와 신문 그리고 바깥 세계에 대한 다소간의 소식을 기대하고 있었기 때문입니다. 그런데 그들은 발전기도 없고 쇠받침도 없는 엑스레이 기계를 가져왔어요. 할 수 없는 일이죠. 그들은 또 캐나다제 담배와 초콜릿바 그리고 코코아 깡통과 면도용 비누튜브를 저에게 주었습니다. 그러나 요즘은 턱수염은 그냥 내버려두기 때문에 면도용 비누 같은 것은 쓰지 않습니다. 다른 물건들은 아주 반가웠습니다. 그러나 신문이나 잡지나 책이 있었다면 기꺼이 다른 모든 것을 다 포기하고 그것을 선택했을 겁니다.

영어로 된 신문 한 장을 못 본 지가 6개월이 더 됩니다. 예외가 하나 있기는 합니다만, 그것은 4월 18일자 일본의 선전지였는데, 퇴각하는 일본군이 산서의 어느 마을에다 남기고 간 것이었습니다. 무선통신까지 없다면 저의 고립은 완벽한 것입니다.

그래서 일이 많다는 것이 얼마나 다행인지 모르겠습니다. 하루 18시간을 채울 일이 없다면, 참으로 불만스러울 것 같습니다.

부탁 한 가지만 드리도록 하겠습니다. 한 달에 책 세 권과 신문과 잡지를 좀 보내주시기 바랍니다. 몇 가지 사실은 정말이지 너무나도 궁금합니다. 루스벨트가 아직도 미국의 대통령입니까? 프랑스에서는 인민전선정부가 아직도 집권하고 있습니까? 스페인 사태는 어떻게 돌아가고 있습니까?

당신은 손문 부인의 중국방위동맹과 접촉해 보셨습니까? 캐나다나 미국에서는 의사와 기술자들을 계속 보내주고 있습니까? 닥터 코트니스한테는? 그들이 아직도 도착하지 못하다니, 봉쇄가 그렇게도 완벽합니까? 물품상황은 점점 더 심각해지고 있습니다.

저에게는 지금 봉합사가 꼭 27개 남아 있습니다. 이것마저 떨어지면, 저는 상처를 꿰매는 데 사용할 무언가 새로운 것을 발명해야 할 판입니다. 석탄산은 이제 반 파운드 정도만 남아 있습니다. 또 수술칼도 하나, 동맥겸자도 여섯 개뿐입니다. 나머지는 다른 기동의무대들에 다 나누어 주었기 때문입니다. 클로로포름도 2.5파운드뿐입니다. 이것이 떨어지면, 마취제 없이 수술을 해야 할 판입니다.

지난 한 달간은 매우 바쁘게 보냈습니다. 8백55리를 여행했고, 1백13건의 수술을 했습니다……. 상부의 누군가가 지금 제가 불평을 한다고 생각하시면, 저는 그에게 즉시 항의할 것입니다. 이곳의 생활은 아주 거친 것입니다.

그러나 저는 이 생활을 즐기고 있습니다. 이곳 북쪽 지방은 어린 시절 뛰놀던 온타리오 북부의 숲을 상기시켜 줍니다. 이곳의 마을들 역시 중국의 다른 마을들과 비슷합니다. 진흙이나 돌로 지은 단층집들이 옹기종기 모여 있습니다. 보통 서너 집이 서로 마주보며 붙어 있습니다. 그리고 거기에서 돼지, 당나귀, 개 등의 동물들을 키웁니다. 이곳에 처음 왔을 때에는 사람과 집 모두가 더러웠습니다. 우린 청소부터 시작했어요. 아마 불과 몇 주 전에 떠났던 사람이 이곳에 다시 와본다면, 이곳이 그 마을이었던가 할 겁니다.

저는 이곳에서 숙소로 집을 한 채 가지고 있습니다. 방이 하나뿐인 집이지요. 온돌침대, 간이침대, 테이블이 제 세간의 전부였는데, 여기에 제 손으로 양철 난로를 하나 만들었습니다. 석탄도 때고 나무도 땝니다. 창은 하나인데 하얀 창호지가 발라져 있습니다. 벽과 바닥은 두껍게 싸바른 진흙입니다.

이 지방에는 작은 골짜기들 외에는 나무들이 무성한 곳이 없습니다. 날씨는 온화해졌습니다. 낮에는 0℃를 약간 밑도는 정도이고, 밤에는 영하 10℃ 이하로 내려갑니다. 살을 에이는 듯한 매서운 바람이 고비사막으로부터 북서지방으로 내려오는데, 그 바람 때문에 먼지와 눈이 뒤섞인 거대한 소용돌이 구름이 만들어집니다.

이곳의 위치는 임주에서 65리(22마일) 정도 남쪽입니다. 이곳은 일본군들에게 사방으로 포위된 곳입니다. 서쪽으로는 대동-태원 철로가, 북쪽과 동쪽과 남쪽 역시 마찬가지입니다. 남쪽

에서는 일본군들이 선로를 폭이 넓은 것으로 바꾸고 있습니다. 유격대원들이 일이 불어난 셈이지요

우리는 수원(綏遠) 지역에 있는 만주부대들과 긴밀한 접촉을 하고 있습니다. 그들은 훌륭한 투사들입니다.

섭 장군은 일본군이 농해선을 따라 먼저 서안을, 그리고 또 서쪽으로 감숙(甘肅)의 난주(蘭州)를 공격할 것으로 예상하고 있습니다. 북부의 공격은 수원과 내몽고를 통해 서쪽으로 이어지거나 난주에서 북서쪽을 향해 투르케스탄(Turkestan) 쪽으로 이어지리라는 예상입니다. 중국으로 보급되는 러시아의 원조 물자들이 이 길로 오기 때문에, 이것은 매우 중대한 문제라는 것입니다.

만약 일본군이 위와 같은 공세를 시작한다면, 그곳 주위에서는 많은 전투들이 벌어질 것입니다……. 키슈와 코트니스는 도대체 지금 어디에 있습니까?

만약 이곳으로의 물품 반입을 위한 기존의 계획들이 모두 수포로 돌아간다면, 저는 의약품 확보를 위해 북평 쪽으로의 잠입을 시도할 생각입니다. 우리 쪽 사람들이 비교적 쉽게 적진을 뚫고 들어가 북평 주위를 돌아다니니까, 한번 시도할 만하다고 생각됩니다.

당신을 너무 오래 붙들었는지도 모르겠군요. 그럼 그만 놓아주도록 하겠습니다.

크리스마스가 다가오니까 고향 생각이 나는군요. 뉴욕과 토론토와 몬트리올에서의 추억들! 이렇게까지 바쁘지만 않다면,

무슨 이유를 붙여서라도 휴가를 신청했을지도 모릅니다.

대전투가 예상되기 때문에 기동의무대들을 더 조직하기 위해 또다시 여행을 떠날 계획입니다.

책하고 질문에 대한 답변, 잊지 마시기 바랍니다.

베 쑨

47

북쪽과 동쪽으로부터 적군이 진격해 왔을 때 베쑨에 의해 송암구에 세워진 첫번째 시범병원은 이미 며칠 전에 환자들과 함께 소개된 상태였다. 일본군은 병원건물을 대포로 날려버렸다.

그러면 팔로군의 자랑이었던, 모든 의료활동의 모범이 되었던, 후방지역에서의 입원치료를 위해 모범을 보여주었던, 이 시범병원은 어떻게 되었을까?

이제 무대는 서하북의 농민들에게로 옮겨갔다. 그들은 해방지역의 수많은 다른 마을에서처럼 소개된 환자들을 자기들의 오두막으로 받아들였다. 그들은 온돌침대를 부상병들에게 양보하고, 자기들은 맨바닥에서 잤다. 그리고 어느 날 이른 아침 산 위가 안개로 자욱하였을 때, 마을 사람들은 수백 명씩 떼를 지어 60도 각도의 산기슭으로 조용히 이동하기 시작했다. 그들의 어깨 위에는 삽과 곡괭이 등의 연장이 메어져 있었다. 이 연장들은 그들의 무기였다. 이 연장들은 시범병원을 파괴한 일본군의 대포와 맞서 싸울 그들의 무기였던 것이다.

 농민들이 산기슭에 모일 동안, 미리 온 선발대들은 그 경사면의 토질을 유심히 살펴가면서 땅에다 말뚝을 박으며 무언가 표시를 하고 있었다. 사람들이 다 모이자 간단한 연설과 지시가 있은 다음, 그들은 한 1백 피트의 높이까지 그 산기슭을 기어올라갔다. 그들의 작업은 여기에서 시작되었다.

 곡괭이질과 삽질이 시작되었다. 파내진 흙은 외바퀴 손수레로 운반되었다. 그들은 숲으로 덮인 그 단단한 뢰스층까지 계속 파내려갔다.

 이 작업은 날마다 은밀히 진행되었다.

 시일이 지나자, 여기에 1백 개의 동굴이 만들어졌다. 그 다음에는 동굴들의 내장이 시작되었다.

 각 동굴의 문은 3분의 2가 창이었는데, 그 창은 기름종이로 덮었다. 낮에는 이 종이 창문들을 통해 충분한 빛이 들어와 동굴 안을 밝게 해주었다. 또 밤에는 호피가 없는 석유심지 램프가 사용되었다. 여름에 이 동굴들은 문 바깥보다 더 시원할 것이었고, 겨울에는 숯 화로가 실내를 덥혀줄 것이다. 숯은 병원 사람들에 의해 만들어질 것이었고, 그들은 나무를 베어 낸 후에 반 마일 떨어진 곳에 위치한 특별한 동굴에서 작업을 수행할 것이었다.

 실내에 필요한 것을 만들기 위해 농민 갱부들은 목수가 되고 석공이 되었다. 각 동굴 안에다 그들은 두 개의 간단한 침대를 만들었는데, 이 침대들은 돌과 진흙으로 된 받침대에 널따란

판자 두 개를 얹어놓은 것이었다. 침대 위에는 하나의 매트리스와 두 장의 시트와 하나의 누비이불과 베개 하나가 놓여졌다. 이 침대와 침대 사이에다 그들은 낮은 테이블을 몇 개 만들었다. 몇몇 동굴들은 특별히 취사장, 사무실, 수술실, 환자실, 휴게실, 오락실 등의 용도로 만들어졌다. 또 병원요원들을 수용하기 위해 가까운 산허리에 추가로 동굴이 만들어졌다. 수술실은 그 특별한 성격 때문에 세 개의 동굴을 하나로 합친 것이었는데, 내부는 모두 벽돌로 싸여졌다. 베쑨은 그 수술실을 꿈이 실현되는 것을 지켜보는 사람처럼 흥분해서 둘러보았다.

이 1백 개의 동굴 속에 베쑨의 시범병원이 다시 세워진 것이었다. 이 병원은 적기의 눈에 띄지 않기 때문에 공습을 당할 염려가 없었다. 마침내 환자들이 병실로 입주하게 되었을 때, 베쑨은 기쁨에 넘쳐서 닥터 마해덕에게 이렇게 썼다.

간호병 훈련소와 동굴병원의 건설이 완료되었습니다. 새로운 시범병원이 다시 마련된 것입니다. 지금 제 기쁨을 어떻게 말로 표현할 수 있겠습니까?

이때 그는 동굴로 옮겨진 이 시범병원이 그 최종 위치에서 그의 이름이 붙은 병원으로 정착할 때까지 북부의 산악지방을 스무 차례나 더 옮겨다니게 되리라는 사실을 전혀 상상조차 하지 못하고 있었다.

48

 칠흑 같은 어둠에 싸인 싸늘한 밤이었다. 정적에 휩싸인 이 서하북의 마을에서 간간이 이상한 소리가 흘러나왔다. 베쑨은 옷을 입은 채로 온돌침대에 누워 있으면서 그 이상한 소리에 귀를 기울였다. 그리고 그 소리가 어느 부상병의 신음소리일까를 분간해 보는 것이었다.

 다시 아침이 되면 또 일 속에 파묻힐 것이었다. 새로운 부상병들이 전선으로부터 이송될 것이기 때문이었다. 허기지고 지친 몸을 한 시간 동안이나 눕히고 있었으나 좀체로 잠이 오지 않았다. 오두막마다 부상병들이 몰핀도 없이 밤새도록 끙끙거리고 있는 이 마당에 쉽게 잠이 올 리가 없었다. 집집마다 환자들이 이미 만원인데, 새로운 환자들을 또 어디다 재울 것인가? 또한 의약품이 거의 바닥난 상태에서 무엇을 가지고 그들을 치료할 것인가?

 그는 뉴욕위원회의 소식을 학수고대하고 있었다. 그러나 계속 종무소식이었다. 참으로 난감한 상황이었다. 저 아래쪽 중경에서는 장개석이 민족적 항쟁을 떠들어대고 있었지만, 정작 그 항쟁을 실천하고 있는 병사들에게는 의약품조차 보급되지 않았다. 국민당이 오히려 봉쇄를 통해 목줄을 누르고 있었던 것이다. 그러니 계속 기다리고만 있을 수 없는 상황이었다. 그는 미스 하를 만나보기로 결심했다. 그는 그녀의 협조를 얻어내지 않으면 안 되었다.

예리한 비명소리가 다시 울려퍼졌다. 그것은 이젠 아주 익숙한 소리였다. 그는 자리에서 벌떡 일어나 어둠 속으로 뛰쳐나갔다. 아무래도 마을 한가운데에서 나는 소리 같았다. 창호지 문을 통해 촛불이 희미하게 흘러나오는 어느 오두막에서 사람들의 두런거리는 소리가 들려왔다. 그 오두막은 단칸이었는데, 주인이 환자 옆에서 촛불을 들고 있고 다른 식구들은 방구석에서 아무렇게나 자고 있었다. 온돌침대에 누워 있는 환자는 두 팔을 도리깨질하면서 끙끙거리고 있었다. 그는 요 며칠 전에 절단수술을 받은 세 명의 환자들 가운데 하나였다. 베쑨은 재빠른 동작으로 몰핀을 주사했다. 몰핀의 효과가 나타나기를 기다리면서 그는 환자의 두 팔을 부드럽게 잡았다. 그리고 이렇게 말했다.

"고통이 곧 가라앉을 것이네. 편안한 마음으로 자길 바라네."

환자는 자신의 절단된 두 다리 쪽을 더듬다가 두 눈이 똥그래졌다. 순간 그의 표정이 절망감으로 일그러졌다. 그는 자신의 두 다리가 잘렸다는 사실을 그제야 깨달았던 것이다. 환자가 마침내 잠이 들자, 베쑨은 지친 몸을 이끌고 다시 자기 오두막으로 돌아왔다. 그러나 그는 그대로 잠들 수가 없었다. 그는 깊은 한숨을 내쉬면서 테이블에다 촛불을 켰다. 그리고 타자기를 꺼내 중국원호위원회 앞으로 보낼 편지를 쓰기 시작했다.

그것은 그 동안 캐나다와 미국으로 보낸 다른 많은 편지들과 똑같은 내용이었다. 약품이 거의 바닥나서, 부상병들이 그대로 죽어나가고 있으니, 어서 약품을 보내달라는 재촉이었다.

다음날 그는 미스 하를 만나러 갔다. 언덕들 사이로 꼬불꼬불 이어진 길을 성큼성큼 걸어가면서 그는 미스 하를 어떻게 설득할지에 대해 곰곰이 생각해 보았다. 그것은 분명 재치와 정직을 교묘하게 혼합한 것이 아니면 안 되었다. 그는 그녀를 처음 만났을 때를 회상해 보았다. 미스 하가 사는 지역을 베쑨의 부대가 처음 지나가는데, 수십 명의 중국인들과 함께 그녀가 구경나왔던 것이다. 이야기를 나눠보니 하라는 이름은 마을 사람들이 붙여준 이름이었다. 뉴질랜드 태생으로 중국어를 유창하게 구사하는 그녀는 이 수년 동안 그 지역에서 프로테스탄트 선교단을 이끌고 있었다. 약 한 시간 동안의 환담이 끝나자, 그녀는 교회로 한번 놀러오라고 했다. 그래서 그녀를 몇 차례 만나곤 했었는데, 지난 방문 때는 전도사로서의 그녀의 의무와 의사로서의 그의 의무를 조심스럽게 강조했었다. 그러나 그 정도로 끝냈지 본론까지 몽땅 내놓은 것은 아니었다. 그녀를 볼 때마다 그는 어머니를 생각했다. 여러모로 어머니와 닮았기 때문이었다. 그녀는 관대하면서도 강인해 보이는 얼굴을 가진 키가 큰 여성이었다. 행동거지에 위엄이 있는 그녀는 자신의 일을 이야기할 때도 아주 진지한 태도로 말했다. 처음 만났을 때부터 그녀는 솔직하고 진지했다. 두 사람 사이에는 이제 마음으로부터 우러나오는 우정이 싹트고 있었다. 그러나 그가 그녀에게 오늘 던질 요구는 그러한 우정만으로 들어줄 수 있는 성질의 것이 아니었다. 그녀는 개인적 관계보다도 자신의 신앙을 더 중시하는 여성이었다. 따라서 개인적 관계에서만 부탁해서는 안 될 것이었다. 위험이 뒤따르는 일이기 때문이었다. 그는 그녀에게 있는 그대로의 현실을 이야기할 생각이었다. 오로지 진실만이 그녀를 설득시킬 것이기 때문이었다.

전도관은 언덕 사이에 성채처럼 자리잡고 있었다. 철탑에 십자가가 달린 예배당은 그 성채의 중앙에 위치했는데, 그것은 회색 벽돌로 지은 아주 커다란 건물이었다. 그리고 그 주위에 여러 부속건물들이 여기저기 서 있었다. 그는 정문을 지나서 예배당 쪽으로 걸음을 옮겼다. 아치형의 입구에 들어서자 바닥에 무릎을 꿇은 10여 명의 중국인들이 미스 하의 인도에 따라 예배를 보고 있었다. 그는 입구에 서서 잠시 그리스도의 초상과 노란 실크를 깔아놓은 테이블에 놓인 두 개의 은촛대와 아지랑이같이 타오르는 향 연기를 바라보았다. 그 모두가 무척이나 친숙한 것들이었다. 그러나 중국의 이 산악지방에 예배당이 있다는 것이 그렇고, 또 일본군이 이 예배당에서 멀지 않은 거리에 와 있다는 것이 어쩐지 자꾸 부자연스럽게만 느껴졌다. 그는 자기 때문에 예배가 방해되지 않도록 입구에서 조용히 물러났다.

그는 예배가 다 끝날 때까지 계단 위에서 계속 기다렸다. 예배가 끝나자 미스 하가 나왔다. 베쑨의 뜻밖의 방문에 깜짝 놀란 그녀는 매우 반색을 하면서 그에게 손을 내밀었다. 그리고 이렇게 사과했다.

"미안합니다. 이렇게 기다리시는 줄도 모르고……. 사정이 괜찮으시다면 천천히 식사나 하면서 이야기하기로 하죠."

그녀는 예배당 뒤편에 있는 사택으로 그를 안내했다. 거실로 안내된 그는 커다란 소파에 앉아 그녀를 유심히 관찰해 보았다. 그녀는 기다란 검은 옷차림에 머리모양을 아주 단정히 하고 있었다. 그녀는 그의 맞은편에 앉아 있었는데, 그녀의 모습이 웬지 오늘따라 우아하다고 생각되었다. 엄숙한 옷차림으로 딱딱한 일을 하고 있었지만, 그녀는 30대 중반의 여성이었던 것이다.

태양이 마침내 언덕 위로 그 모습을 드러냈다. 그러자 창 밖으로는 십자가의 기다란 그림자가 선명하게 나타났다. 마침내 그는 그녀를 정시하면서 이렇게 말문을 열었다.

"캐슬린, 한 가지 물어보겠습니다. 중국엔 왜 오신 겁니까?"

갑작스럽게 튀어나온 이 어이없는 질문에 그녀는 어깨를 으쓱해 보이며 이렇게 대답했다.

"저는 성직자입니다. 물론 선교하기 위해서죠."

"아니, 그런 질문이라기보다는 당신이 선교사의 길을 왜 택했느냐 하는 질문입니다. 그리고 하필이면 왜 중국을 택했느냐 하는 것이죠."

"선교사가 된 것은 하느님께 일생을 바칠 생각 때문이고, 이곳을 택한 것은 기독교 신앙을 전파하기 위해서죠. 이곳은 구원받아야 할 생령들이 아주 많은 곳이니까요. 미력이나마 최선을 다해 하느님을 통한 인간 구원을 실천할 생각입니다."

베쑨이 말했다.

"그 점은 물론 이해합니다. 저희 집도 목사 집 안입니다. 그리고 또 이상하게 들릴지 모르지만, 저 역시도 어떤 의미에서는 선교사라 할 수 있습니다. 하느님께 봉사하기 위해서 이곳에 오셨다니, 사람들의 생령을 구원하여 그들이 하늘나라에서 미래의 삶을 영위할 수 있도록 하는 것이 당신의 목적이겠군요. 제 경우 역시 사람들의 생령을 구하겠다는 점에서 크게 다를 것이 없습니다. 제 경우는 다만 사람들의 생령을 이 땅에서 구하겠다는 것뿐입니다. 그러니 우리 두 사람의 길은 결국 같은 방향이 아니겠습니까? 당신이 당신이 믿는 신에게 진정으로 충실하고 저 역시 제가 믿는 그 무엇에 진정으로 충실하다면 말입니다."

"말씀을 들어보니 정말 그렇군요."

그녀가 흥미를 보이기 시작했다.

"그런데 하시고자 하는 말씀은……."

"물론 또 있습니다. 그러나 제 목적을 위해서는, 그것만으로도 충분합니다."

"목적이라뇨?"

그는 그녀 쪽으로 의자를 끌어당기며 이렇게 말했다.

"긴한 부탁이 있습니다. 그런데 지금으로서는 그 부탁을 들어줄 사람이 당신뿐이라는 생각이 들었습니다. 아시겠지만, 우리는 지금 약품 때문에 여간 고생이 아닙니다. 정작 전투를 벌이고 있는 곳은 여기뿐인데, 사방이 봉쇄되어 있습니다. 그래서 요새는 장갑도 끼지 않고 수술을 합니다. 또 가끔은 마취제와 방부제가 없는 상태에서도 수술을 해야 합니다. 약품사정이 한마디로 아주 엉망입니다. 이런 상태에서는 활동을 계속할 수 없습니다. 따라서 이 절망적인 상태에서 벗어나기 위해서는 모험도 불사해야 할 형편입니다. 아주 시급합니다. 연안으로 사람을 보내도 소용이 없습니다. 그쪽도 이미 바닥이 난 상태이기 때문입니다. 설사 그쪽에서 아주 극소량을 구할 수 있다 할지라도, 수주일, 수개월을 기다려야 될까 말까한 실정입니다. 그리고 그렇게 기다리는 동안 부상병들은 끙끙대다가 죽어갈 뿐입니다. 그래서 당신한테 부탁을 드리러 왔습니다. 당신은 선교사이기 때문에, 별 커다란 제지 없이 북경에 다녀올 수 있습니다. 구체적인 사항에 대해서는 다시 말씀드리도록 하겠습니다. 어떻습니까? 이 일을 해주실 수 있겠습니까?"

캐슬린은 조용히 자리에서 일어나 창가로 갔다. 그녀의 마음이 몹시 동요되고 있다는 것이 명백했다. 그녀는 한동안 하염없이 창 밖만 바라보고 있다가 이렇게 말했다.

"제 입장을 어떻게 설명드려야 할지……. 아무튼 저는 전쟁에 가담할 수 없습니다. 저는 살육에 반대합니다. 저는 전쟁에 반대합니다. 물론 전도사로서 당신의 사정을 충분히 이해하고 있습니다. 그러나 저에게는 중립성이 요구됩니다. 그런데 당신의 부탁에 응한다면, 그것은 중립성을 포기하는 것입니다. 실망이 몹시 크리라 생각됩니다만, 저는 전쟁에 가담할 수 없습니다."

"제 부탁은 당신한테 전쟁에 가담해 달라는 것이 아닙니다. 제 부탁은 사람들의 목숨을 구하기 위해 무언가 도와달라는 것입니다."

그녀는 이야기가 이미 끝났다는 기색으로 그를 조그만 식당으로 안내했다. 그곳에서는 중국인 하인 한 명이 커피와 우유와 케이크와 포도주를 차려놓고 있었다. 그녀는 그의 끈질긴 눈길을 피하면서 어색한 침묵을 지키며 식사를 계속했다. 그러다 갑자기 고개를 들고 웃으면서 이렇게 말했다.

"안식일에 그런 말을 들으니 정말 고통스럽군요. 게다가 도시 만만한 데가 없으시니…… 아무튼 논쟁은 그만하고 식사나 마치기로 하죠."

다음날 아침 그녀가 마을로 왔다. 그녀는 어제와 같이 기다란 까만 옷을 입고 있었다. 그녀는 그가 내밀어준 의자에 두 손을 무릎 위에 얌전히 포개며 조용히 앉았다. 그리고 이렇게 말했다.

"북경에 다녀오기로 결심했습니다."

"다시 한 번 말씀드리지만, 이것은 아주 위험한 일입니다. 당신은 물론 교회사람들 모두에 대해서 말입니다."

"예, 알고 있습니다. 그러나 당신들의 일보다야 위험이 덜하겠지요. 이 모두가 다 신의 뜻이라 생각합니다."

세세한 사항에 대한 설명이 계속되었다. 이야기가 끝나고 그녀가 떠난 후, 그는 그날 일기에다 이렇게 썼다.

오늘은 천사를 만난 날이다. 성공회 선교사인 그녀의 이름은 캐슬린 H이다. 약품과 장비를 구입하러 북경엘 다녀오겠다는 것이다. 우리를 대신해서 말이다! 그러니 천사랄 수밖에!(북평의 현재 공식 명칭은 북경이다. 그러나 베쑨이 중국에 있을 당시에는 북평과 북경이라는 두 이름이 혼용되고 있었다. 북평은 '북부의 평정'을 의미하며, 북경은 '북부의 수도'를 의미한다.)

49

그 해 가을과 초겨울 내내, 오대산 줄기에 대한 일본군의 포위망은 점점 더 옥죄어 들어오고 있었다. 일본군 사령부의 북중국 정벌본부에서는 이 포위작전에 대해 승세를 낙관했다. 이 새로운 포위전술이 진찰기의 저항근거지를 곧 무력화시킬 것 같았던 것이다. 따라서 동경의 군사 해설자들은 이곳 게릴라들의 활동이 이제는 끝장날 것이라고 관측하고 있었다.

그러나 일본군이 이 군사지구 깊숙한 곳에 위치한 오대시(Wutai City)로 쳐들어왔을 때, 그들이 붙잡은 것은 빈 공기뿐이었다. 먹이는 사라지고 없었다. 인민이라는 대양 속에서 헤엄쳐다니는 물고기처럼, 유격대원들은 일본군의 어망을 뚫고 유유히 빠져나갔던 것이다. 일본군이 많은 수의 빨치산들을 자기의 어망 속에 가두어놓았다고 생각하는 동안, 빨치산들은 조용히 흩어져서 적진 바깥에서 재집결하였다. 그리고 무기와 조직을 그대로 갖춘 빨치산들에게 이번엔 일본군이 사냥감이었다.

이것은 참으로 대규모 '누출'이었다. 이 지역사람들은 모두가 알고 있었지만, 적들은 정작 이 사실을 모르고 있었다. 이곳 농민들은 그들의 군대가 몰래 빠져나가도록 도와주었을 뿐만 아니라, 모두가 합심하여 이 비밀을 지켰던 것이다. 뒤늦게 이 사실을 알게 된 일본군 지도자들은 붙잡을 수도 없고 포위할 수도 없고 전투로 격퇴시킬 수도 없는 이 귀찮은 적 때문에 골머리를 썩지 않을 수 없었다. 그들은 또다시 새로운 방안을 강구하기 위해 경험이 풍부한 야전사령관인 아베 장군을 불러들였다.

아베 장군은 단단한 준비를 갖추기 시작했다. 그는 이 일본군을 1천 명 단위의 강력한 공격부대들로 재조직하여 그들에게 특별훈련을 시켰다. 그의 계획은 어떤 특정지역을 포위 또는 점령하는 데 그치는 것이 아니라 신속한 기습으로 빨치산들을 완전히 전멸시키겠다는 것이었다. 그리고 빨치산들의 기동력이 '인민이라는 대양 속에서 헤엄쳐다니는 물고기'라는 사실에 기초하고 있기 때문에, 아베는 작전지역 내에 있는 모든 민가들까지 철저히 파괴할 것을 명령했다. 이제 팔로군은 전격작전에 의해 산산이 조각날 것이었고, 팔로군을 음으로 양으로 도와주는 국민들도 참혹한 재앙을 맞이할 것이었다.

이 새로운 전술은 1939년 초부터 가동되기 시작했다. 1천 명으로 된 일본군 특수부대들이 하북 중부의 광활한 들판을 거쳐 오대산 줄기에 자리잡고 있는 빨치산 근거지를 향해 서쪽으로 진격해 들어왔다.

이렇게 주요 전투가 산서로부터 하북 중부로 옮겨짐에 따라,

베쑨은 359여단으로부터 봉을 불러들여 수술조수로 삼는 등 자신의 기동의무대를 18명으로 확대시켜 하북 중부를 향해 출발했다. 그가 한 1년 동안 활동해 오고 있었던 산서의 산악과 하북의 평원 사이에는 일본군이 봉쇄선을 쳐놓고 있었다. 따라서 전투지역으로 이동하기 위해서는 그 봉쇄선을 뚫고 나가지 않으면 안 되었다. 2월 초 그의 부대는 동진중이었는데, 산길은 눈으로 뒤덮여 있었고 얼음장 같은 바람이 휘몰아치고 있었다.

그들이 산악지역을 벗어난 것은 음침한 야밤의 일이었다. 그들이 구불구불한 마지막 산길을 말을 끌고 내려오고 있을 때, 그들의 발치에서는 거대한 구름 같은 은빛 안개가 지표를 뒤덮고 있었다. 동이 말했다.

"여기까지가 산악지역입니다. 이제부터는 하북 중부의 평원이 시작됩니다."

평지로 다 내려오자, 그들은 다시 말을 타고 안개 속을 달렸다. 그들의 양옆으로는 기묘한 형상들이 불쑥불쑥 솟아 있었는데, 그것은 비비꼬인 고목들이었다. 그리고 그 앙상한 가지들이 바람에 나부끼고 있었다. 바람소리들은 앞쪽으로부터 점점 고조되는 통곡소리처럼 다가왔다가 다시 뒤쪽으로 사그라드는 속삭임처럼 사라져갔다. 산악에 있을 땐, 추위 때문에 얼굴이 빨갛게 되었는데, 평지로 내려오자 이젠 이슬비가 내리기 시작했다.

어둠과 안개 때문에 뒤에서는 잘 보이지 않았지만, 맨 선두에서는 빨치산 대원들이 길을 안내하고 있었다. 동과 베쑨의 뒤로는 봉과 유와 임 그리고 나머지 부대원들이 따르고 있었다. 이 빨치산 대원들과의 접촉은 참모본부의 알선으로 어젯밤 산악마을에서 이루어졌다. 그들의 임무는 이 부대를 호위하여 봉쇄선을 뚫고 나가는 것이었다. 그들은 적의 동태를 잘 알고 있었기 때문에 그 봉쇄선을 들락거리는 데 아주 익숙한 사람들이었다. 그들은 등에는 무거운 짐짝을 지고 어깨에는 낡은 소총을 메고 조심스럽게 적의 전초기지들 사이로 다가갔다.

동과 베쑨은 산길을 지나올 때 한참 동안 사적인 이야기에 빠져 있었다. 수시간 동안을 동이 베쑨에게 서양에 있을 때의 생활이라든가, 가족관계, 어린 시절 이야기 등을 질문했기 때문이었다. 그런데 이제 또다시 동이 자기 말을 베쑨의 말에 갖다붙였다. 그리고 소매로 얼굴을 훔치며 이렇게 물었다.

"동지, 이곳으로 오게 된 것이 후회스럽지 않습니까?"

베쑨은 안장 앞으로 몸을 숙이며 어둠 속을 응시했다. 그리고 태연히 대답했다.

"글쎄 그런 생각은 전혀 안해 봤는데."

"미스 하의 문제는 어떻습니까?"

"그녀는 반드시 약품과 장비를 구해 줄 걸세."

동은 되묻지 않을 수 없었다.

"제 질문은 그게 아니구요, 그녀 곁을 떠나게 돼서 섭섭하지 않느냐 말입니다."

베쑨이 안장 위에서 허리를 젖히면서 너털웃음을 터뜨렸다. 그러자 앞쪽에서 즉각 조용히 하라는 경고가 들려왔다. 베쑨이

동에게 웃으며 대답했다.

"이 교활한 친구야, 자네 지금 로맨스 이야기를 한 것이구먼."

동도 같이 웃으며 말했다.

"사람들이 소곤대고들 있거든요, 두 사람이 사랑에 빠졌다고 말입니다."

낄낄거리던 베쑨은 갑자기 빗줄기가 거세지자 몸을 앞으로 숙였다.

잠시 후 동이 다시 이렇게 물었다.

"이혼하신 지가 꽤 돼죠?"

"그러네."

"재혼은 안할 생각입니까?"

"자네 오늘밤따라 자꾸 이상한 소리만 하는군."

베쑨이 담배를 꺼냈다. 그리고 성냥이 비에 젖지 않도록 두 손으로 가렸다. 성냥불이 잠깐 번쩍거릴 때, 동이 그의 표정을 훔쳐보았다. 그는 여전히 그저 그런 농담을 나누는 사람처럼 태연히 웃는 얼굴이었으나, 거기에는 회한에 찬 향수가 어려 있었다. 동이 설득조로 이렇게 말했다.

"사람은 누구나 동지의 필요성을 느낍니다. 모든 사람이 다 마찬가지입니다. 미스 하를 만나시는 것을 보면서 선생님의 재혼을 생각하게 되었습니다."

그는 이렇게 말하다가 말꼬리를 흐렸다.

"그래, 자네 말이 맞아. 동지를 원하는 마음, 그거야 우리 모두가 다 마찬가지지. 그러나 이 사람아, 이곳은 전선이야. 신부 감을 고른다거나 부인을 맞이한다거나 할 곳이 못 돼."

"그렇다고 그런 일이 전혀 불가능하다고까지 할 수도 없지 않습니까?"

동이 이렇게 밀어붙였다. 베쑨이 어깨를 으쓱해 보였다. 동은 베쑨과 나란히 말을 몰고 가면서 자신의 이야기가 베쑨을 괴롭혔을지도 모른다는 생각이 갑자기 들었다. 그는 동병상련의 입장에서 베쑨이 남기고 떠나온 많은 것들에 대해 생각해 보았다.

가정과 평화 그리고 그들이 지금 쟁취하고자 하는 꿈의 조각들, 그들 모두가 이것을 그리워하고 있었다. 이제는 자기한테 가장 가까운 동지가 된 이 턱수염의 이방인이 어떤 그리움과 외로움 속에서 움직이고 있는지에 대해 다른 사람들은 생각조차 해보지 않은 것이 아닌가! 동은 순간 이 갑작스러운 깨달음을 그에게 전달하고 싶은 강한 충동을 느꼈다. 그는 오늘밤 위험 속을 함께 뚫고 나가는 동지의 입장에서 이 미안스러운 감정을 고백하고 싶은 강한 충동을 느꼈던 것이다.

그러나 그가 막 이야기를 꺼내려 하고 있을 때, 전령 한 사람이 쫓아와서 그들이 현재 어느 마을로 접근중인데 정찰대가 다녀오는 동안 정지해 있어야 한다는 소식을 전했다.

베쑨의 기대가 한곳으로 조용히 집결하였다. 마을 쪽에서는 희미한 불빛들이 흘러나오고 있었다. 한참 후에 이상이 없다는 소식이 다시 왔다. 그들이 이동을 다시 시작한 지 한 **30분**이 지나자, 마을이 나타났다. 그러자 마을 쪽에서 '소귀'(小鬼)하나가 '캐나다·미국 의무대'라고 한자로 쓴 삼각 깃발을 들고서 그들을 맞이하였다.

그로부터 다시 한 시간 후, 또 한 번 정지명령이 내려졌다. 이번에도 역시 정찰대가 먼저 움직였다. 그리고 마침내 정현(定縣)이라는 곳에 도착하게 되었다. 이곳은 일본군의 봉쇄선 근처에 있는 해방지역의 마지막 지역이었다. 그들은 마을 사람들의 온돌침대 위에다 젖은 옷을 말리면서 이곳에서 잠시 휴식을 취했다.

이동이 재개되자, 이제부터는 밀집대형으로 움직였다. 정현으로부터 북평-석가장 철로까지는, 임자가 정해지지 않은 지역이었다. 그들은 모든 소리가 다 적일 수 있으며 모든 형체가 다 적일 수 있다는 생각에서 아주 조심스럽게 앞으로 나아갔다. 여기에서부터는 흡연과 대화가 일체 금지되었다. 말의 말굽도 헝겊으로 싸맸다. 그리고 말의 머리에는 꼴망태를 덮었다. 이 지역에는 개가 없었다. 빨치산들이 지나가다가 개 짖는 소리 때문에 일본군에게 발각되지 않도록 하기 위해서 마을 사람들이 몽땅 다 죽여버렸다는 이야기였다. 안개가 서서히 걷히기 시작했다. 그리고 새벽이 다가오고 있었다. 한 1년을 산악생활만 해오다가 끝없는 들판에 나서게 된 베쑨은 모든 것이 낯설게만 느껴졌다.

이때 선두로부터 명령이 전달되었다. 그것은 길 오른쪽 바깥으로 벗어나 계속 일렬종대로 행군하라는 명령이었다.

그들은 진흙길을 벗어나 일렬종대로 그 들판가를 헤쳐나가기 시작했다. 여기서부터는 일본군들이 여기저기에 초소를 배치해 놓고 있었다. 빨치산대원들은 이 초소들의 위치를 정확히 알고 있었다. 따라서 그들은 그 초소들을 피해 가는 은밀한 우회로로 베쑨의 기마대를 인도했다. 그리고 그들은 수시로 그 우회로를 벗어나 옆으로 숨기도 했는데, 수백 야드를 전진하다가 한 번씩 정지하는 그런 식이었다. 그러면 정찰대가 앞길을 먼저 살펴보고 다시 출발하는 것이었다.

그들은 이렇게 수마일을 고슴도치식으로 전진하고 있었다. 이때 정찰병 한 사람이 어둠 속으로부터 달려나왔다. 그러자 새로운 명령이 뒤로 전달되었다.

"말에서 내려서 덤불 밑에 꼼짝 말고 숨어 있으라"는 명령이었다.

그들은 명령에 따라 신속히 이동하며 말고삐를 바짝 끌어당기고 땅바닥에 쭈그리고 앉았다. 이 5분 동안 베쑨이 들을 수 있었던 소리는 부하들의 조용한 숨소리뿐이었다. 이때 강력한 서치라이트가 밤하늘을 가르면서 전방 1백 야드에 있는 도로를 내리비추었다. 그 도로는 일본군이 순찰을 도는 도로였는데, 철도와도 마주치게 되는 곳이었다. 갑자기 지각이 부르르 떨기 시작했다. 그리고 드르릉 하는 소리가 들리더니, 적의 순찰 탱크가 요란하게 지나갔다.

탱크가 지나가자, 그들은 그 길의 반대편으로 가기 위한 태세를 갖추었다. 그들은 말을 타고 바짝 긴장한 상태에서 대기했다. 그리고 신호가 떨어지자 말의 양 옆구리에 박차를 가하여 도로를 순식간에 건너버렸다. 그들은 다시 반대쪽 들판에서 재집결했다. 그리하여 그들이 도로와 철로가 만나는 곳 근처에 도착하게 된 것은 그로부터 한 시간 후의 일이었다. 이 철로가 바로 하북을 가르고 있는 일본군의 봉쇄선이었다.

 기마대가 정지했을 때, 베쑨은 주위에서 아무것도 발견할 수 없었다. 그러다 그는 곧 50야드 전방에서 철로 두 가닥이 희미하게 빛나고 있는 것을 보게 되었다. 시간 약속은 아주 철저하게 지켜지고 있었다. 그들이 말에서 내리자, 왼쪽 앞에서 시커먼 그림자 하나가 도로 위로 올라왔다. 그리고 그들 쪽으로 순식간에 다가왔다. 그 그림자는 팔로군의 지방 수비대장인 이석이라는 사람이었다. 그는 호위를 담당한 빨치산 책임자에게 경례를 붙이며 철로를 건널 준비가 다 되어 있다고 낮은 목소리로 보고했다. 이의 부대원들은 밤새도록 이 근처에서 적의 동태를 관찰하고 있었다. 이와 호위책임자가 계속 대화를 나누고 있을 때, 이의 부하 두 사람이 어둠 속으로부터 뛰어나왔다. 그들은 각기 도로 양쪽을 책임 맡고 있는 사람들이었다. 양쪽에 약 40야드의 간격으로 기관단총을 설치해 놓고 기다리고 있다는 전갈이었다. 그리고 또 많은 병사들이 철둑을 따라 잡목덤불 옆에 매복하고 있었다.

 베쑨은 긴장된 눈으로 수마일 앞에 거대한 공장처럼 우뚝 솟아 있는 육중한 건물을 바라보았다. 이가 옆에서 속삭였다.

 "적의 요새입니다. 일본군 수비대가 주둔해 있는 곳이지요.

그리고 남쪽으로 보이는 것이……."

그가 반대편 방향을 가리키면서 말했다.

"그것이 바로 철도역입니다."

같은 거리만큼 떨어져 있는 곳에서, 베쑨은 창에서 흘러나오는 빛에 의해 지평선 위로 그 윤곽이 드러나 있는 철도역을 분명히 식별할 수 있었다.

몇 분 후 부대 전체가 말을 타고 길가에 정렬하였다. 그들을 호위해 온 빨치산들이 선로 양쪽으로 산개했다. 그들의 임무는 이 봉쇄선까지였다. 여기에서부터는 계속 한 사람만이 안내자였다.

베쑨은 이리저리 둘러보면서 부대원들을 최종 점검하고 두 지휘관들에게 경례를 한 다음 자신의 말을 천천히 몰기 시작했다. 그들은 2열로 늘어선 빨치산 대원들 사이로 철로를 건넜다. 그리고 어둠 속을 질주하기 시작했다.

그들이 어느 한 부락 앞에서 멈추게 된 것은 새벽녘의 일이었다. 그들은 노새와 말을 마을 사람들에게 맡기고 마을의 오두막에서 해가 질 때까지 계속 잠을 잤다. 그리고 밤이 되자 다시 출발했는데 그들의 목적지는 팔로군의 제120사단(병력 : 1만 5천 명) 본부가 있는 하간(河間)이었다.

그들은 사흘 낮을 이 마을 저 마을에 숨어 있었다. 그리고 사흘 밤을 적의 탱크와 차량을 저지하기 위해 여기저기가 파헤쳐진 길을 따라 행군했다. 낮에는 일본군 비행기들이 빨치산들을 색출해내기 위해 저공비행을 하며 날아다녔다. 이 사흘 동안 그들은 두 차례의 포격소리를 듣게 되었는데, 마을 사람들은 그러한 포격에 이미 익숙해진 모양이었다. 그들은 그 포격이 끝날 때까지 계속 기다렸다가 다시 자기 일들을 했다.

나흘째 되는 날 아침, 베쑨의 부대는 마침내 하간에 도착했다. 일본군에 의해 완전 포위되어 있는 이곳은 적으로부터 불과 15마일밖에 떨어져 있지 않았다. 따라서 이곳 사람들은 군관민 모두가 늘 명령 한마디에 즉시 움직일 수 있는 만반의 태세를 갖추고 있었다.

베쑨의 일행은 이곳의 사단장인 여 장군에게 안내되었다. 그들은 또 베쑨의 일행을 환영하기 위하여 연극을 하나 준비해 놓고 있었다.

연극은 뒤편을 벽으로 막은 마당에서 공연되었다. 무대는 나무판으로 만들어져 있었다. 관객들을 위해서는 엉성한 의자들이 준비되어 있었다.

베쑨은 전에도 몇 번 이런 연극을 본 적이 있었다. 이때는 이미 그도 중국어를 약간은 익힌 상태라, 관심을 갖고 자리에 앉아 있었다. 그런데 이 연극은 무언극으로 시작되고 있었다. 연극을 보던 베쑨이 갑자기 동의 팔을 잡았다. 왜냐하면 연극의 '주인공'이 누구인지를 쉽게 알아차릴 수 있었기 때문이었다. 이 연극의 주인공은 바로 베쑨이었다. 그 '주인공'은 턱수염을 기르고 있었다. 그는 의사였다. 그는 먼 외국에서 온 사람이었다. 몇 장면들이 지나자, 그가 전선의 어느 게릴라 지도자에게 자기 자신을 이렇게 소개했다.

"저는 백구은이라는 의사입니다. 부상병들 때문에 이곳엘 왔습니다."

그 뒤의 장면들은 이 주인공 의사가 새 병원들을 짓기도 하고 게릴라들을 군의관과 간호병으로 훈련시키기도 하고 기동의무대를 만들어 전선에서 활동하는 장면들이었다. 마지막 장면은 관림-임주 도로에서 제350여단의 매복작전을 사실적으로 극화한 것이었다. 베쑨이 전선 근처에서 수술을 하고 있는 장면이 나타나고, 게릴라들이 "공격! 백구은 선생이 여기 와 있다!"며 무대 밖으로 돌진해 나가는 것으로 끝나는 연극이었다.

이 소극은 커다란 박수갈채와 함께 끝을 맺었다. 배우들이 웃음을 띠고 인사를 했고, 베쑨 역을 맡은 배우가 그 무대 끝으로 걸어나와 진짜 베쑨이 여기에 있다고 발표했다. 관객들도 물론 처음부터 이 사실을 알고 있었다. 그들이 자리에서 일어나 환호를 했다.

"백구은, 백구은!" 하는 외침이 여기저기에서 일어났다. 그러자 동이 당황해하는 베쑨을 이끌고 무대 위로 올라갔다.

"동지 여러분."

베쑨은 간간이 적당한 단어를 찾기 위해 머뭇거리며 중국어로 천천히 연설했다.

"저는 지금 처음으로 중국어로 연설하고 있습니다……. 저는 이곳에 와서 부상병들을 돌볼 수 있게 된 것을 아주 자랑스럽게 생각하고 있습니다. 캐나다와 미국에는 여러분들의 반제국주의투쟁을 지지하는 많은 사람들이 있습니다. 저는 여러분들과 함께 투쟁할 수 있게 된 것을 대단히 영광스럽게 생각합니다. 저는 저의 남은 생애를 다하여 여러분들과 함께 일하고 여러분들과 함께 투쟁할 것입니다."

그것은 그가 처음으로 중국어로 행한 연설이었다. 그러나 동으로서는 자신이 약간의 보충설명을 해줄 필요가 있다고 판단했다.

동의 이야기가 끝나자, 청중들이 "백구은 만세"를 외쳐댔다. 이것은 위대한 국가지도자들에게만 바쳐지는 존경의 외침이었다.

베쑨도 무대에서 그들에게 "동지 여러분, 만세"를 외치며 답례했다.

50

그는 이제 어디를 가든, 그에 대한 에피소드들이 그보다 앞질러갔다.

예컨대 돌계단 이야기 같은 에피소드가 있었다. 그는 어느 절에 설치된 기지병원을 떠나는 중이었다. 그런데 돌계단을 내려가다가 보니 마지막 계단의 돌이 없어져 있었다. 그는 그대로 출발하지 않고 거기에서 멈춰섰다. 그리고 자기 뒤를 따르는 한 수행원에게 물었다.

"자넨 이 계단을 뛰어내릴 수 있나?"

그러자 그 수행원이 아주 밝은 목소리로 대답했다.

"물론이죠"

"그러면 부상병들도 뛰어내릴 수 있다고 생각하나?"

수행원의 얼굴에서 웃음기가 싹 가셔졌다. 그들은 함께 돌을 주워다 그 없어진 계단을 다시 만들었다.

이 사건은 "부상병들을 위해 돌계단 하나라도 소홀히 생각하지 말라"는 교훈과 함께 의료종사자들 사이에서 입에서 입으로 전달되었다. 또 하나의 일화는 제120사단에서 서지걸이라는 중대장이 적군에 대한 공격작전을 선두에서 지휘하다가 6시간 만에 다 죽어가는 몸으로 병원으로 실려왔을 때의 일이었다. 긴 수술을 통해 베쑨은 복부관통상을 열 군데나 꿰매면서 수혈도 여러 차례나 했다. 일 주일 동안 그는 두 시간 간격으로 그를 살펴보았다. 그리고 식사관계를 베쑨 자신이 직접 돌보아주었다. 자신의 의무대가 다른 전선으로 떠날 때도 그를 특별 들것에 싣고 다니면서 치료를 계속했다. 이렇게 이 중대장을 이 병원에서 저 병원으로 데리고 다니면서 계속 돌본 것이 28일이나 되었는데 그제야 그 중대장을 후방으로 이송했던 것이다. 물론 이제는 살 수 있다는 판단이 섰기 때문이었다. 후방으로 떠나는 날 그는 베쑨의 손을 꽉 붙잡으며 이렇게 말했는데, 이때 이 투사의 수척해진 얼굴에는 감개 어린 빛이 서려 있었다.

"백 선생님, 당신은 제 아버지이자 어머니입니다. 당신은 저를 온몸으로 돌보아주셨습니다. 그러나 저에게는 다시 전선으로 돌아가 적과 싸우는 일 이외에는 보답할 길이 없습니다."

또 그가 지나가는 마을마다 위생조치들을 실시하고 있을 때였는데, 길가에서 우연히 울고 있는 노인과 마주치게 된 일이 있었다.

그는 이상히 생각해서 노인에게 물었다.

"노인께서는 왜 그리 슬피 울고 계십니까?"

"누가 죽어서 그렇다오."

"누가 죽었습니까?"

"내 손자놈이오."

"지금 어디에 있습니까?"

"저기요."

노인이 자기 집을 가리켰다. 베쑨과 동은 노인과 함께 그 오두막으로 갔다. 오두막에선 약 9개월 된 아이가 죽어 있었다. 이질 때문이었다. 그런데 죽은 아이 곁에는 젊은 여인이 역시 울면서 네 살짜리 아이를 가슴에 꽉 껴안고 앉아 있었다. 베쑨이 말했다.

"유감스럽지만 죽은 아이는 어쩔 수 없군요. 그러나 저 아이는 고쳐드리도록 하겠습니다."

"무엇을 고친다는 말씀이오?"

노인이 뒤에 있다가 캐물었다. 베쑨은 아이의 턱을 한 손으로 받쳐들었다. 아이는 언청이로 얼굴이 흉한 모습이었다. 노인이 물었다.

"저 입을 어떻게 고친단 말이오? 난 저런 입을 고쳤다는 소리를 들어본 적이 없소"

동이 말했다.

"이분은 고쳐드릴 겁니다."

"고칠 수 있다 할지라도, 우리에겐 돈이 없어요"

베쑨이 부드럽게 말했다.

"돈은 필요하지 않습니다."

"그러나 약값은 필요할 것 아니오? 우리에겐 약값도 없어요"

베쑨이 다시 반복해서 말했다.

"약도 그냥 드리겠습니다. 이 지역에서는 약도 모두 무료입니다."

결국 여인이 눈물을 흘리며 고개를 끄덕였다. 베쑨은 즉시 수술대를 펼쳐놓고 아이를 수술했다. 그로부터 수주일 후, 그는 전선에서 돌아오는 길에 그 마을을 다시 지나가게 되었다. 그는 지나는 길에 노인의 집에 들러보았다.

노인과 여인이 그를 아주 반갑게 맞이했다. 그리고 이렇게 소리쳤다.

"자, 보세요. 입이 깨끗이 나았어요"

그러면서 그들은 음식보따리를 싸주었다. 아이를 다시 검진한 그는 수술이 성공적으로 된 데 대해 만족해하며 이렇게 말했다.

"호의는 고맙습니다. 이곳 주민들에게는 치료비가 무료입니다."

하북의 어느 마을을 방문했을 때, 한번은 그곳의 군 지휘관이 연회를 준비해 놓고 있었다. 연회장으로 안내되자, 김이 모락모락 나는 생선요리와 고기요리가 잘 차려 있었다. 이것을 본 그의 얼굴이 분노로 일그러지기 시작했다. 깜짝 놀란 그 지휘관이 좋아하시는 음식이 아니냐고 걱정스럽게 물었다. 그러자 그는 이렇게 대답했다.

"당신은 나를 손님처럼 대하고 있습니다. 그러나 나는 손님이 아닙니다. 나는 팔로군 소속의 의사입니다."

유격대원들이든 정규군이든 그들은 모두 베쑨이 가까운 친척이지 먼 친척이 아니라는 이야기를 자부심을 가지고 이야기할 수 있었다.

또 한 번은 어느 후방병원에서의 일이었다. 베쑨은 그곳에서 환자들 대다수가 지독한 피부병으로 고생하고 있는 것을 발견했다. 그는 그것이 불충분한 소독이 원인이라고 판단했다. 그의 계획은 처음 이 일을 하루만에 마칠 생각이었으나, 사정은 그게 아니었다. 그래서 사흘이나 머무르게 되었는데, 그는 날마다 간호병들에게 물을 여러 통 데우게 해서 환자들을 마당으로 집합시켰다. 위생국장인 닥터 엽의 도움을 받아 목욕을 마친 그들의 몸에 유황연고를 발라주도록 하였다. 그리고 그들의 옷과 시트를 완전히 소독시켰다. 그는 또 훈련이 안 된 요원들에게 피부병 치료법을 가르친 다음 그 일부로 부대를 하나 조직하여 다른 병원들을 돌면서 피부병 치료에 나서도록 만들었다. 그는 그들에게 이렇게 말했다.

"의사의 일에 귀하고 천한 일이 따로 있을 수 없습니다."

이것이 바로 노동 실천주간운동의 계기가 되었다. 그는 이것을 진찰기의 의료종사자들에 대한 대중교육 프로그램으로 발전시켰던 것이다. 그는 장유에서 이 지구의 모든 병원들로부터 참석한 20명의 대표들과 함께 첫번째 노동 실천주간을 가졌다. 여기에 참가한 사람들 가운데는 닥터 봉과 닥터 구 그리고 베쑨의 의무대원 몇 사람이 끼여 있었다. 그는 당시 맨손으로 수술을 하다가 손가락 하나가 감염된 상태였다. 또한 여기에 편도선염까지 걸린 상태였다. 그럼에도 불구하고 그는 그들 모두와 함께 엄격하게 생활했다.

하루에 8시간 동안이나 그는 외과와 내과의 기본문제들에 대해 강의했다. 또 이곳에 모인 사람들은 직급의 고하를 막론하고 병원의 이러저러한 업무들을 돌아가면서 맡아보았다. 예컨대 봉의 경우, 하루는 바닥을 청소하면서 간호병 노릇을 하다가 그 다음날은 수술실에서 조수 노릇을 했다. 닥터 구는 한 의무대의 책임자임에도 불구하고 30명의 환자들의 손톱을 깎아주면서 하루를 보내기도 하였다. 그리고 저녁이 되어 하루 일이 끝나면 참가자들은 휴식에 들어가기 전에 그날의 일을 서로 이야기했다. 이렇게 일 주일이 끝나자, 그들은 각기 자기가 소속된 병원으로 돌아갔다. 그리고 그곳의 의료종사자들에게 노동 실천주간을 실시했다. 이렇게 해서 부상병들을 잘 돌보아주는 방법이 베쑨으로부터 상급요원들에게로, 그 상급요원들로부터 최하급의 간호병과 운반병들에게로 확산되어나갔다.

이리하여 의료종사자들 사이에서는 "백구은이 어떻게 가르쳤소?"라는 말이 유행처럼 번져나갔다.

또 이런 이야기도 있었다. 아마 이것이 가장 유명한 일화일지도 모르겠는데, 그것은 섭 장군과 베쑨 사이에서 벌어진 일이었다. 장군은 베쑨이 부상병들이 오기만 하면 밤낮을 가리지 않고 계속 수술을 한다는 보고 때문에 걱정을 하지 않을 수 없었다. 오대산에서 어떤 전투가 벌어지는 동안, 베쑨이 과로로 건강이 안 좋아 보인다는 보고가 동으로부터 전해진 것이었다. 그는 40시간을 한숨도 자지 않고 수술실에서 일했던 것이다. 전투가 아직도 진행되는 동안, 섭은 베쑨에게 본부로 출두하라는 명령을 내렸다.

섭의 본부에 도착한 베쑨은 정말이지 화가 나지 않을 수 없었다. 그래서 그가 섭에게 따졌다.

"무슨 회의인지 모르겠지만 이런 상황 속에서는 회의를 연기해야 할 것 아닙니까? 우리는 지금 전투중입니다. 부상병들을 그대로 내버려두라는 겁니까?"

장군이 물었다.

"잠을 자본 지 얼마나 됐습니까?"

"그래서 이렇게 날 수술실에서 불러냈단 말입니까?"

베쑨은 화를 내며 획 나가려 했다. 그러자 섭은 화가 난 것처럼 단호한 어투로 이렇게 말했다.

"선생은 나의 명령에 따라야 합니다. 따라서 지금 잠을 잘 것을 명령합니다."

장군이 한쪽 문을 가리키면서 말했다.

"저 방에 온돌침대가 있습니다. 내 허락이 있을 때까지 당신은 거기서 잠을 자야 합니다. 이것은 명령입니다."

하는 수 없이 베쑨은 섭 장군 앞을 휙 지나 그 방으로 들어갔다. 섭은 기뻤다. 그는 그 방문 밖에 앉아 책을 보면서 감시를 계속했다. 이로부터 약 30분 후, 섭은 베쑨이 이불을 제대로 덮고 자는지를 보기 위해 방 안을 들여다보기로 마음먹었다. 그는 방문을 조심스럽게 열었다. 그러자 자지 않고 있던 베쑨이 그를 노려보았다. 그는 분노로 험상궂은 얼굴을 하고 담배를 피우면서 온돌침대 위에 걸터앉아 있었다. 그는 섭에게 이렇게 말했다.

"부상병들이 기다리고 있는데 나한테 쉬라고 명령해 보았자 소용없습니다."

51

봄의 전령사인 따스한 바람과 함께 3월이 왔다. 그리고 전투가 점점 확대되는 속에서, 베쑨은 생일을 맞이했다.

정초 이래 그는 기중(冀中)군구사령부의 여섯 개 소관구들을 돌면서 기지병원들을 둘러보고 있었다. 2월에 그는 서부 하북의 산악지역을 4백 마일이나 여행하면서 하북 중부의 평원으로 들어왔다. 하북 중부에서는 2천 명도 더 되는 부상병들이 흩어져 있었는데, 한 마을에 50명에서 2백 명 정도씩 있었다. 그의 3월 1일자 일기에는 이렇게 씌어 있었다.

이곳 병원 '요원들'은 19~22세 정도의 '군의관들'로 구성되어 있다.

그러나 그들 가운데 어느 누구도 대학교육을 받았거나 현대적 시설을 갖춘 병원이나 의학교에서 일해 본 적이 없다. 간호병들은 14~18세 정도의 농촌 소년들이다. 그러나 이들이 우리의 유일한 인적 자원이기 때문에, 우리는 이들을 최대로 활용하지 않으면 안 된다. 그들은 매사에 매우 열성적이다. 그들은 끊임없이 자기 일들을 비판해 달라고 요구한다. 나는 종종 그들의 어리석은 짓과 그들의 의학지식 부족에 화를 내곤 하지만, 그들의 진정한 동지애와 공평무사한 태도가 결국은 나의 분노를 가라앉히고 만다.

3월 2일자 일기에는 이렇게 씌어 있다.

국민당정부에 대해 우리가 가장 우려하였던 일이 결국은 일어나버리고 말았다. 한구의 함락과 중경정부의 수립에 따라 정치상황은 점점 더 악화일로를 걷고 있다. 이 북부 외의 나머지 지역에 다시 사실상의 독재정부가 들어선 것이다.

3월 3일 당시 베쑨이 머무르고 있던 하간기지 근처에서 일본군의 기습공격이 있었다. 그날 저녁부터 밤새도록 부상병들이 계속 들이닥쳤다. 베쑨이 자기 생일을 기억해낸 것은 생일날 오후가 되어서였다.

그의 3월 4일자 일기에는 이렇게 씌어 있다.

오늘이 나의 49회 생일이다. 나는 전선에서 가장 나이 든 병사라는 자랑스러운 특징을 갖고 있다. 나는 오늘 낮을 잠자리에서 보냈다. 오늘 아침 6시에 잤는데, 어제 오후 7시부터 밤새도록 수술을 계속해야 했기 때문이다. 크게 다친 부상병들이 40명이었는데, 19명은 수술이 필요했던 것이다. 우리는 덜 위급한 부상병들부터 응급처치해 주고, 수술 환자들을 처리했다. 두개골 골절 환자 세 사람은 둥근 톱으로 수술하고, 넓적다리 절단 수술이 두 건, 소장관통상 봉합수술이 두 건, 악성 팔다리 골절 환자가 6명, 나머지는 비교적 간단한 수술이었다. 일본군 부상병 두 사람도 수술을 했는데, 이런 경우는 전에도 여러 차례 있었다. 포로 부상병들도 환자임에는 틀림없기 때문이다. 전에 나는 그들 두 명과 사진을 같이 찍기도 했는데, 그들은 일본에 있는 가족들에게 보내는 편지에서 우리 이야기를 하면서 사진까지 동봉했던 것이다.

적은 패퇴되었다. 그들의 전사자 수는 50명이었다. 이번 전투에서 우리측은 40명이 전사했는데, 노획한 소총도 40정이었다. 소총 한 자루에 한 사람의 목숨이 바쳐진 것이다. 이것이 바로 우리가 무기를 얻어내는 방식이다.

이제 일본군은 오랫동안 기다리고 기다리던 대공세를 개시했다. 그의 생일이 지난 지 일 주일 후, 베쑨의 의무대는 치열한 교전이 벌어지고 있는 규한이라는 곳에서 활동했다. 그곳의 전투가 5일 간이나 계속되는 동안, 일본군은 하간의 본부를 기습했다. 그후 전투는 계속 이곳저곳으로 확산되어갔는데, 이때 이 전투지로부터 저 전투지로 뛰어다니며 전선 근처에서 수술을 하고, 응급처치소들을 조직하고, 후방에서 활동하는 군의관들을 위해 노동 실천주간을 두 차례 더 실시하고, 기동의무대들을 더 조직하여 하룽(賀龍) 장군과 만주의 장군 노(Lu Chengsao)의 부대들과 함께 행동하도록 했다.

하간으로부터 팔로군 본부가 이전된 수궁촌이라는 마을에서 그가 야전병원을 차려놓고 있었을 때, 적군이 새벽 기습을 감행했다. 베쑨은 5백 명 규모의 일본군 부대가 그 마을에 진입하기 10분 전에 아슬아슬하게 부대를 이끌고 빠져나갔다.

수궁촌에 대한 기습은 그곳에서 5마일 거리에 있는 제회라는 곳에 대한 일본군 공세의 단지 일부일 뿐이었다. 베쑨의 의무대는 적의 대포가 일제사격을 가하고 있는 와중에 제회에 도착했다. 이곳의 외곽에 위치한 한 절간에는 20명의 부상병들이 땅바닥에 눕혀져 있었다. 그들은 제716연대가 거기에서 1마일 떨어진 곳에서 일본군 비행기의 공습을 받아 발생한 부상병들이었다.

이 절에서는 왕이라는 이름의 땅딸막한 젊은이가 부상병들을 책임 맡고 있었는데, 그는 제716연대의 야전 군의관이었다. 그는 베쑨의 도착에 기뻐서 어쩔 줄을 몰라했다. 그는 이렇게 말했다.

　"동지께서 도착하셨다는 소식을 즉시 전선으로 알리겠습니다. 전투가 하도 치열해서 사상자들이 많을 겁니다."

　절 내부가 임시 병동으로 이용되고 있었다. 사방 벽들은 하얀 천으로 가려져 있었으며 천장에 걸려 있는 가스 램프는 윙소리를 내며 침침한 빛을 발하고 있었는데, 포격으로 인한 연기와 화약냄새가 부상병들의 피고름과 함께 악취를 풍기고 있었다. 베쑨은 즉시 자신의 수술장비를 안으로 운반하도록 명령했다.

　낮 동안 내내 들것 운반병들이 계속 교대로 전선으로부터 부상병들을 실어날랐다. 간호병들이 새로 운반된 부상병들을 마당에 눕히고 그들의 카드를 작성했다. 간호병들이 이 일을 마치면, 닥터 임이 응급처치를 해주면서 먼저 수술할 환자들을 선별해냈다. 절 안에서는 식사시간이나 5분간의 휴식시간 이외에는 그 누구도 수술대를 떠나지 못했다.

　아침이 되어도 그들은 계속 수술을 하고 있었다. 부상병들도 여전히 실려오고 있었다. 이때 전투가 더 계속될 것이라는 전갈이 하 장군으로부터 날아왔다. 그런데 갑자기 간호병 가가 수술대로 급히 뛰어들어와서 무언가 더듬거리며 말했는데, 베쑨은 그 말을 즉시 알아듣지 못했다. 그래서 다시 물었다.

"무슨 이야기지?"

소녀의 둥글고 착한 얼굴이 괴로운 빛으로 휩싸여 있었고, 두 입술은 부르르 떨리고 있었다. 그녀는 몸을 떨면서 말했다.

"붕대가 떨어졌어요……. 방부제도 떨어지고요……."

베쑨은 급히 왕과 상의했다. 근처에서 붕대와 방부제를 구할 수 없느냐는 질문이었다. 그러나 왕은 맥없이 머리를 흔들 뿐이었다.

베쑨은 방부제 없이 수술을 다시 시작했다. 한편 간호병들도 헌 붕대들을 모아서 서둘러 빨았다.

다시 밤이 찾아왔다. 그들은 아직도 계속 일하고 있었다. 수술대 머리맡에서 동이 최면에 걸린 듯한 멍청한 눈초리로 환자들의 얼굴을 내려다보고 있었다. 지친 유 대신에 임이 조수일을 넘겨받았다. 절 밖으로 비틀거리며 나간 유는 파김치가 되어 벽에 기대고 있었다. 이제 베쑨이 무언가를 지시할 때를 빼놓고는 아무도 말하는 사람이 없었다. 베쑨도 가끔 턱을 치켜들면서 김이 서린 안경을 닦아내야 했다. 그리고 충혈된 눈을 가라앉히기 위해 잠깐씩 쉬지 않을 수 없었다.

사흘째 되는 날 저녁, 일본군이 다시 제회에 폭격을 가하기 시작했다. 다섯 시간 동안 포탄이 계속 절 근처까지 떨어졌다. 베쑨과 그의 조수들은 일을 하면서도 수술실 바닥이 흔들리는 것을 느낄 수 있었다. 그들은 혐오감과 좌절감 속에서 욕설을 내뱉으며 수술을 계속했다. 한밤중 복부 관통상 환자에 대한 수술이 끝났을 때의 일이었다. 포탄 한 발이 마당에서 좀 떨어진 절의 담벼락 근처에 떨어졌다. 뜨거운 열풍이 창호지 문을 뚫고 절 안으로 들이닥쳤다. 그 바람에 가스 램프가 꺼졌고, 파편이 바깥벽에 부딪치는 소리까지 들렸다.

누군가가 램프에 다시 불을 붙였다. 베쑨은 황급히 그 실신 상태에 빠져 있는 환자부터 살펴보았다. 그리고 다른 사람들을 둘러보면서 물었다.

"모두들 무사한가?"

그들은 숨도 못 쉬고 완전히 얼어붙은 상태에 있다가 다시 간신히 숨을 토해냈다. 모두들 무사한 것 같았다. 그런데 갑자기 동이 보이지 않았다.

"동은 어디 있나?"

베쑨이 물었다.

"그에게 무슨 일이 일어났나?"

동은 이때 한쪽 구석에 있는 보급품 상자 앞에 쭈그려 앉아 있었다. 그를 발견한 베쑨이 이렇게 물었다.

"자네도 무사한가?"

동이 천천히 일어나, 몸을 수술대 쪽으로 돌렸다. 그리고 두 손에 쥔 가제와 클로로포름 깡통을 믿기지 않는다는 눈빛으로 쳐다보는 것이었다. 그는 수술대로 와서 베쑨에게 참담한 목소리로 말했다.

"깡통이 비었어요……. 이게 마지막 깡통인데……. 마취제가 완전히 바닥났어요……."

그들 모두가 넋빠진 침묵 속에서 동을 바라보았다. 포탄이 머리 위에서 날아다니는 소리가 다시 들려왔다. 수술대에서는 환자의 숨소리가 가늘게 새어나오고 있었다. 베쏜이 물었다.

"다 떨어진 게 확실한가?"

동이 그 빈 깡통을 수술실 바닥으로 떨어뜨렸다.

"완전히 바닥났어요."

베쏜이 다시 수술대 쪽으로 몸을 돌렸다. 그리고 생각에 잠기며 환자의 일그러진 얼굴을 바라보았다.

"이 환자는 마취 기운이 떨어지기 전에 수술이 끝날 걸세."

베쏜은 이렇게 말한 다음, 다시 한마디 덧붙였다.

"그러나 다음 환자들부터는 이 같은 행운을 맛보지 못할 걸세."

그는 그 수술을 신속히 마쳤다. 환자가 밖으로 실려나갈 때, 베쏜은 그제서야 왕이 바로 뒤에서 계속 서 있었다는 사실을 처음으로 깨달았다. 그래서 물었다.

"자네, 왜 무슨 할말이 있나?"

왕이 정중하게 대답했다.

"백구은 선생님, 저는 선생의 안전을 잘 보살피라는 명령을 받고 있었습니다. 만약 선생이 포탄에 맞는다면 옆에 있는 저도 함께 날아가버릴 것입니다. 그럼 선생을 떠나시도록 설득하지 못한 책임을 제대로 지는 셈이 아니겠습니까? 선생이 위험한 곳에 계시는데 저만 안전한 곳에 있을 수가 없었습니다."

베쏜은 피곤한 얼굴에 미소를 띠며 왕의 등을 다정하게 두드렸다. 그리고 이렇게 말했다.

"동지, 내 곁에 있어보게. 포탄이 나를 피할지도 모르니까 말일세."

그 다음 환자가 수술대로 운반되었다. 그는 20대 청년이었는데, 다리와 허벅지에 파편이 박혀 있었다. 다른 사람들이 보급품 상자에서 로프를 꺼내서 그 환자를 수술대에 묶고 있는 동안, 베쑨은 앞으로 겪을 고통을 잘 참아달라고 하기 위해 적당한 말을 찾으면서 환자에게 부드러운 목소리로 말을 걸었다. 그는 또 수술대 머리맡에 있는 동에게도 단단히 준비하라는 눈짓을 하고 다른 사람들이 환자의 사지를 꽉 붙잡고 있는지를 확인한 후, 그 넓적다리를 절개하기 시작했다. 비명이 터져나왔다. 그리고 곧 환자는 기절해 버렸다. 그 동안 수많은 수술에 단련된 몸이었지만 가는 그만 얼굴을 돌리고 말았다.

이런 식으로 14명의 환자가 더 수술대 위로 올라왔다. 10시간 동안 베쑨은 마취제 없이 신속한 속도로 단호하게 수술을 계속했다. 이렇게 수술을 계속하는 동안, 기관단총 소리가 가까워지면서 포탄 터지는 소리에 절 전체가 흔들리곤 하였다. 그러다 마침내 박살난 창틀을 통해 햇빛이 비쳐들었다.

베쑨이 찬물로 세수를 하고 바깥으로 나갔을 때에는, 태양은 이미 한 뼘이나 떠올라 있었다. 그의 두 다리는 휘청거렸고, 그의 얼굴은 태양빛에 눈부셔했다. 전령이 뛰어왔다. 적의 부대가 1마일 바깥의 밀밭에서 소탕되었다는 소식이었다. 그는 지난 69시간 동안 내내 1백15명의 부상자들을 수술했던 것이다.

그는 잠시 마당에 서서, 길 아래쪽에서 마지막 들것 운반병들이 남쪽의 기지병원을 향해 걸어가는 모습을 내려다보았다. 오른쪽에 있는 제회 마을은 완전히 폐허로 변해 있었다. 대기에는 살이 타는 냄새와 화약과 연기냄새로 가득 차 있었다. 아군의 달구지들이 전쟁터에서 얻은 노획장비를 싣고 절 앞을 지나가고 있었다. 또 한차례의 전투가 끝난 것이다.

52

제회의 승리는 하북 중부에서 팔로군의 기운을 북돋우면서, 일본군을 당황하게 만들었다. 그러나 일본군 사령부에서는 다시 한 번 증원군을 파견하여 하북 평원 주위를 포위시키고 탱크와 비행기를 앞세워 한걸음 한걸음 다시 포위망을 좁히기 시작했다. 그에 따라 이 마을 저 마을이 차례로 일본군의 수중으로 들어가고 있었다. 대다수의 기지병원들 역시 마찬가지였다. 이리하여 7월 무렵에는 베쑨과 그의 의료부대가 송가장(宋家莊)이라는 곳에 물러나 있었다. 여기에서도 역시 그들은 절에다 병원을 차려놓고 있었다.

그러던 어느 날 밤 베쑨이 게릴라 의료지침서 집필을 계속하고 있는데, 동이 뛰어들어왔다. 그리고 이렇게 외쳤다.

"미스 하가 돌아왔어요!"

베쑨은 문간으로 가서 바깥을 내려다보았다. 그러나 바깥에는 아무도 없었다. 그래서 말했다.

"아무도 없는데…… 왜 이리로 모셔오지 않구……."

동이 기쁨에 들떠 이를 드러내며 말했다.

"미스 하가 이리로 왔다는 이야기가 아니구요. 우리 게릴라 대원들이 보급품을 건네받아 왔다는 말입니다. 자, 여기 그녀가 보낸 편지가 있습니다."

바깥에서는 군의관들이 보급품을 싣고 온 노새 두 마리 쪽으로 몰려들고 있었다. 그들은 서로의 등을 두드리면서 기쁨을 나누다가 노새에서 짐을 끌어내리기 시작했다. 짐꾸러미들을 갖고 온 그들은 베쑨의 테이블 위에다 약품과 마취제와 붕대와 방부제 등을 쏟아놓았다. 베쑨은 그제야 다시 편지 생각을 하고, 겉봉을 황급히 뜯었다. 편지의 내용은 다음과 같았다.

친해하는 베쑨 박사님께.

저는 계획대로 당신을 만나고 난 바로 그 다음날로 북평을 향해 떠났습니다. 북평까지의 여행은 모든 것이 순조로웠습니다. 저는 이틀간의 여행 후에 그 아름다운 고대 도시에 도착했는데, 당신과 함께 오지 못한 것이 유감스럽다는 생각이 들더군요. 당신이 왔다면 제가 그 아름다운 명소들을 안내할 수 있었을 텐데 말입니다.

북평에 도착한 그 다음날, 저는 당신이 주신 물품 목록을 들고서 모리슨 가의 커다란 약방으로 갔습니다. 그런데 너무 많은 양을 사겠다고 하니까 팔 수 없다는 것이었어요. 일본군의 조치 때문인 것 같았습니다. 그들은 군사적으로 중요하다고 생각되는 물품들이 점령지 밖으로 반출되는 것을 일체 불허한다는 것이었습니다. 따라서 일본군 당국에서 발급하는 구매허가서를 가져오라더군요. 소매로 조금씩은 허가서 없이도 구입이 가능한 모양인데, 당신이 필요로 하는 그 많은 양을 그런 식으로 구입하다가는 적어도 반 년은 걸릴 것 같았습니다.

그런데 마침 다행히도 병원 일을 하는 친구를 만나게 되었습니다. 기독교 신자인 그가 자기 병원 이름으로 허가서를 얻어주었습니다. 얼마나 고마웠는지……. 저는 그것을 가지고 모리슨가로 다시 쫓아갔습니다. 그래서 마침 재고가 남아 있지 않은 몇 가지 품목만 빼고 나머지를 다 구입할 수 있었습니다. 빠진 물품들은 그 다음날 독일 바이엘사의 지사가 있는 합대문 — 북경의 시문(市門)들 가운데 하나로서 영사관 근처에 있음 — 으로 가서 구입할 수 있었습니다. 이 소식을 들으시고 매우 기뻐하실 당신의 모습이 눈에 선합니다. 그리고 결코 쉬운 일은 아니었지만, 당신을 위해 제가 이 일을 해낼 수 있게 된 것을 저 역시 매우 기쁘게 생각하고 있습니다.

일이 다 끝나자 저는 교회일로 시간을 보냈습니다. 여기에 대해서도 당신이 기쁘게 여기시리라 생각합니다. 의약품 구입도 분명 하느님과 교회에 봉사하는 일이라는 당신의 의견, 저는 거기에 반대하지 않습니다. 당신을 돕는 것도 교회에 봉사하는 일의 일부일 테니까요.

저는 북평에서 당신이 만나보라고 한 사람들을 모두 방문하였습니다. 그들에게 당신이 그곳에서 하시는 일을 설명해 주었습니다. 처음에는 모두들 깜짝 놀라더군요. 그들은 모두들 기쁜 마음으로 당신을 직접 만나 이야기를 나누고 싶다는 것이었습니다. J라는 분의 경우는 당신의 그 숭고한 일에 동참하고 싶다며 자기를 데려다 줄 수 없겠느냐고까지 하였습니다. 그러나 당신 생각을 잘 몰라서 다음에 다시 북경에 오게 되면 그때 가서 한번 생각해 보자고 대답할 수밖에 없었습니다.

편지는 계속해서 돌아오는 길에 일본군 헌병들과 그 괴뢰 경찰들과 실랑이를 벌이게 되었을 때 그들에게 의약품들을 전도 사업에 쓸 것이라는 구실로 아슬아슬하게 넘긴 일, 또 점령지역을 되돌아오면서 겪었던 일들, 그리고 마지막으로 해방지구로 진입한 후에 팔로군을 만나 물품을 전달해 준 일 등을 이야기하고 있었다. 그리고 편지는 또 다음과 같이 계속되었다.

제3소관구의 장교 한 사람이 그 보급품들을 자신에게 인계하라고 하더군요. 그의 설명이 보급품들을 인수하여 당신에게 전달하라는 지시를 받았다는 것이었습니다. 저는 그렇게 했습니다. 물론 내심으로는 당신을 만나 직접 건네주기를 더 기대했지만 말입니다. 마음이야 정말 그러고 싶었지만, 당신이 정신없이 이리저리 왔다갔다 한다는 이야기를 듣고 그 장교의 말을 따르는 것이 더 낫겠다고 판단했기 때문입니다. 사정이 대충 그렇게 된 것입니다.

지금은 당신의 일이 매우 중요하다는 사실을 잘 이해하고 있습니다. 그것을 이해하니까 당신의 일에 동참하고 싶은 생각이 간절합니다. 그것은 고귀한 일입니다. 그리고 제가 어떤 봉사를 하든, 그것은 저를 행복하게 만들 것입니다. 이 모든 고통을 가져다준 사악한 무리들에게 곧 하느님의 형벌이 있으리라 생각합니다.

오늘밤 당신을 위해 기도하겠습니다.

당신의 친구, 캐슬린 H.

(이 편지는 중국어로 번역되어 있는 것을 재번역한 것이다.)

편지를 다 읽자, 베쑨은 동쪽으로 몸을 돌렸다. 그리고 사려 깊은 음성으로 이렇게 말했다.

"여보게 동, 자네도 아다시피 기독교도들 사이에서는 새로운 생명이 구제될 때마다 하늘나라에서는 축제가 벌어진다는 말이 있네. 그런데 오늘밤에는 우리가 이 지상에서 축제를 벌여야 할 것 같군. 미스 하라는 용감한 신병을 우리편으로 맞이하게 되었으니 말일세. 미스 하는 이곳 사람들을 기독교도로 개종시키러 중국에 왔네만, 이젠 기독교도인 그녀 자신이 우리편으로 개종된 셈이네. 우리 군대가 하늘과 땅을 서로 더 가깝게 만들고 있다고 생각지 않나?"

그는 이렇게 말하면서 미소를 지었다.

그로부터 1주일 후, 적의 공세가 송가장에도 밀어닥치게 되었다. 그러자 소규모 빨치산부대가 수마일 밖으로 나가 지연전을 폈다. 그 동안 베쑨은 절로 운반되어 오는 부상병들을 수술했다. 그때 아군이 후퇴하고 있으며 모두가 소개해야 된다는 소식이 전해졌다. 그리고 이젠 절마당에도 포탄이 떨어지기 시작했다. 그러다 갑자기 병원의 한쪽 벽이 무너지고 지붕에 구멍이 뚫렸다. 그러나 용케도 다친 사람은 없었다. 그로부터 한 시간 후, 베쑨의 기동의무대는 그곳을 떠났다.

적의 기갑부대들에게 쫓기고 있는 가운데, 그들은 서쪽의 산악지역을 향해 퇴각했다.

그들은 마을을 지나갈 때마다 그곳 농가에 분산되어 있던 환자들을 집합시키면서 이동하고 있었다. 서부 하북의 산악지역으로 데리고 가서 안전하게 돌보기 위해서였다. 그러나 부상병들을 안전지대까지 이송할 수 있으려면, 지난 2월 베쑨 일행이 넘어왔던 일본군의 봉쇄선을 다시 넘지 않으면 안 되었다.

걸을 수 있는 사람들은 모두 민간인으로 변장하였다. 그리고 몸을 가누지 못하는 사람들은 수레 속에서 짚을 덮고 숨었다. 이렇게 해서 1천 명이나 되는 환자들이 봉쇄선을 뚫고 오대산 줄기로 운반되었다. 마지막 환자 한 사람까지 일본군 점령지를 지나 봉쇄선을 넘는 것을 확인하고서, 베쑨의 기동의무대는 그들의 뒤를 따랐다. 오대산 줄기로 들어온 베쑨은 그 사선을 뚫고 이송된 환자들을 다시 여러 마을의 농가에 분산 수용시키고, 지난 2월 이래의 활동보고서를 작성하기 시작했다. 이때가

1939년 7월이었으니까, 야밤에 봉쇄선을 뚫고 하북 중부에서 활동한 것이 근 여섯 달이나 되었던 것이다. 이 6개월은 교전이 치열할 때는 전투지로의 바쁜 행군과 교전이 소강상태에 빠져 있을 때는 후방병원들에서의 요원훈련, 그리고 승리와 패배와 퇴각으로 이어진 기간이었다.

섭 장군에게 보내는 그의 보고서 속에는 이러한 그의 좌절과 분노가 들끓고 있었다.

도대체 왜 장개석 정부와 해외에서는 우리를 돕지 않는 것입니까? 자, 생각해 봅시다. 이곳은 지금 20만 군대가 포위 속에서 일본군과 전투를 벌이고 있습니다. 또 병원에는 거의 항상 2천5백 명 정도의 부상병들이 신음하고 있습니다. 그리고 지난 1년 동안의 교전 횟수는 천 차례가 넘습니다. 그런데 이곳의 의료사정은 어떻습니까? 약품도 보급되지 않는 상태에서, 학부 출신의 중국인 의사가 다섯 명, 훈련이 제대로 안 된 중국인 의사가 50명, 그리고 외국인 의사 한 명이 이 부상병들을 다 처리하고 있습니다. 도대체 이게 말이나 되는 소리입니까?

53

서하북으로 돌아온 베쑨은 자신이 진퇴양난의 곤란한 처지에 빠져 있다고 판단했다.

이즈음 마침내 뉴욕의 중국원호위원회에서 베쑨의 부대를 위해 기금을 보내왔다는 소식이 연안으로부터 전달되었다. 남부로부터 손문 부인이 가까스로 의약품을 실어보냈다는 소식이었다. 그러나 뉴욕으로부터의 송금은 아직도 종종 전달 도중에 차단되거나 지연되고 있었고, 게다가 손문 부인은 중경당국에 의해 가택연금을 당하고 있다는 소문이었다. 그리고 국민당의 봉쇄는 이제 군사적 포위의 성격으로 변화되고 있었다. 이때 또 미스 하의 교회가 일본군에 의해 방화되었다는 소식도 전달되었다.

그렇다면 이제부터는 도대체 어디에서 보급품들을 얻는단 말인가? 이 새로운 상황의 타개를 위해 우리가 어떻게 대처해야 한단 말인가? 제회, 방부제와 마취제 없이 행하는 수술들, 하북 중부에 대한 일본군의 공세, 오대산지역으로의 후퇴, 베쑨은 이러한 상황 속에서 어쩔 수 없이 몇 가지 결론을 내리지 않을 수 없었다. 그리고 그는 8월이 되자 섭 장군의 본부로 찾아갔다. 그 자리에서 그는 이 진찰기의 최고사령관에게 자신이 내린 그 결론들을 털어놓았다.

그는 이렇게 이야기를 시작했다.

"지난 6개월 동안을 되돌아볼 때, 이제 이 진찰기의 의료체제를 완전히 재조직할 필요가 있다고 생각합니다. 우리는 그 동안 기존의 조잡한 자원들도 최대로 활용하면 훌륭한 병원들이 만들어질 수 있다는 것을 보여주었습니다. 기동의무대를 운영하여 전선에서 부상병들을 수술하면 많은 생명들을 구할 수 있다는 사실도 입증해 보였습니다. 그러나 지금 상황에서는 그 정도만으로는 사태에 대처할 수 없습니다. 대여섯의 기동의무대들이 아무리 열심히 전선을 뛰어다닌다 해도 그것으로는 충분하지 못합니다.

섭 장군은 베쑨의 말을 들으며 초조한 기색으로 방 안을 이리저리 왔다갔다했다. 그러다 그는 다시 의자에 앉아 손가락으로 테이블을 두드리면서 베쑨의 얼굴을 뚫어지게 바라보았다.

베쑨이 다시 이야기를 계속했다. 이 전쟁은 분명 장기전이 될 것이다. 따라서 앞으로 수년 동안은 전투를 더 계속해야 되며, 이 전투에 동원되는 군대의 규모도 점점 더 커질 것이다. 그리고 주요 전투지가 바로 이곳 진찰기이다. 그런데 한 사람의 외국인이, 설사 그가 아무리 경험이 많은 유능한 의사라 할지라도, 어떻게 학부 졸업생 다섯 명만 데리고 그 무수한 부상병들을 계속 처리한단 말인가? 그것은 절대로 불가능하다.

게다가 이곳 진찰기는 지금 국민당에 의해서도 봉쇄되어 있다. 그래서 중국의 다른 지역과 해외의 도움까지도 완전히 차단된 실정이다. 의료요원의 확보와 보급품 문제의 해결을 위해서는 모종의 비상조치가 신속히 취해지지 않으면 안 된다.

"물론 동감입니다. 그런데 무슨 좋은 방안이라도 있다는 것입니까?"

섭이 밝은 표정으로 경청하는 자세를 보이며 물었다.

베쑨이 계속 말했다.

"지난 수개월 동안 저는 이 문제를 가지고 많은 생각을 해보

앉습니다. 특히 하북 중부에서 전투가 한창일 때 말입니다. 한마디로 장단기 프로그램을 시급히 마련하지 않으면 안 됩니다. 전선에서 활동할 기동의무대들을 계속 확충해 나가는 한편으로, 새로운 의료훈련소를 설립하여 자라나는 세대들 속에서 중국인 의사들과 중국인 간호사들을 양성해내지 않으면 안 됩니다. 이 일이 앞으로는 기동의무대들의 활동 못지않게 중요해질 것입니다. 제 취지를 이해하시겠지요? 지금 우리의 병원들에는 거의 항상 약 2천5백 명의 부상병들이 수용되어 있습니다. 그리고 이곳에는 20만 명의 군대에 천삼백만 명의 주민이 있습니다. 앞으로 일 년 후면 군대의 수와 부상병의 수가 훨씬 더 많아질 것입니다. 따라서 그때를 대비하여 지금 의료요원 양성에 힘을 기울이지 않는다면, 우리 모두가 머지않아 아주 곤란한 상황에 빠지게 될 것입니다. 아무리 많은 외국인 의사들이 이곳으로 뛰어든다 할지라도, 그것이 본국인 의사를 양성하는 것보다 더 나은 방안일 수는 없습니다. 아시겠지만, 또 한 가지 중대한 문제가 있습니다. 우리는 앞으로 몇 달 이내에 보급품 반입을 위해 모종의 결단을 내리지 않으면 안 됩니다.

또한 몇 가지 필수적 장비와 간단한 약품의 현지조달을 위해서는 이곳에 임시공장 같은 것들이라도 우리 스스로가 세우지 않으면 안 됩니다."

섭이 심사숙고 끝에 이렇게 말했다.

"결국 그런 프로그램을 추진할 돈과 자재가 문제가 되겠군요."

베쑨이 대답했다.

"그 문제의 해결을 위해 복안을 하나 갖고 있습니다만……. 그것은 제가 북미 대륙에 다녀오는 방법입니다. 여러 가지 사정을 생각할 때, 거기에 필요한 돈과 의약품과 사람들을 그곳에서 제 자신이 직접 구해 가지고 이곳으로 되돌아와야 한다는 생각입니다. 왜냐하면 일의 성격 자체가 이곳 체험이 있는 사람이 그곳 사람들에게 이곳 상황을 알려서 거기에서 구한 물품들을 가지고 직접 봉쇄선을 뚫고 돌아오지 않으면 안 되기 때문입니다. 저는 이미 앞으로의 사태에 대비하기 위해 오개년 프로그램을 작성해 놓았습니다. 계획대로 된다면 새로운 병원과 새로운 훈련소가 설립되어 오 년 후면 수백 명의 의사들과 간호사들이 배출될 것입니다. 계산을 해보니 이 일을 위한 오 년 동안의 경비가 약 오만 달러 정도입니다. 전에 제가 스페인을 위해 모금했을 때는 그보다 더 많은 돈이 모였습니다. 두 달이면 가능합니다. 제가 생각하는 긴급 방도란 대충 그러한 것입니다."

섭은 한참 동안을 테이블 앞으로 그대로 앉아 생각에 잠겼다. 그러다 그는 자리에서 일어나 다시 방 안을 이리저리 거닐기 시작했다. 마침내 그가 이렇게 말했다.

"이 문제에 대해서는 연안 쪽과 더 논의해 보기로 합시다. 나로서는 잠시라도 선생의 출국을 바라지 않지만 말입니다."

최종 결정은 그 몇 주 후에야 내려졌다. 비가 내리기 시작했다. 억수같이 쏟아지는 이 비 때문에 산악과 평원 모두가 홍수사태를 맞이하게 되었다. 베쑨은 곧 이 고립지역을 빠져나가 외부세계로 나갈 것이었다. 국민당정부가 방해하지 않는다면 그는 중경을 통해 비행기로 떠날 생각이었다. 그것이 정 불가능하다면 육로로 인도차이나를 거쳐서라도 북미대륙으로 떠날 작정이었다. 그래서 캐나다와 미국에서 한 2개월 동안 체류하면서 지원을 호소한 다음 중국으로 돌아와 그 5개년 프로그램을 즉시 착수할 예정이었다.

그러나 떠나기에 앞서 먼저 할 일이 많았다. 우선 중부 하북에서 이동된 약 1천 명의 부상병들부터 돌보지 않으면 안 되었다. 그 다음으로는 기지병원들을 정비, 확충하고 요원들을 더 훈련시키고, 그가 없는 동안을 대비해 자신의 부대원들에게 미리 준비시킬 일들이 있었다. 무더위 속에서 비가 계속 내리고 있는 동안, 그는 또 『유격전쟁중의 사단전투지구의 병원조직 및 기술에 관한 지침』(A Manual of Organization and Technic for Division Field Hospitals in Guerilla War)과 『모범의료조직법』이라는 저서를 집필했다. 그 다음으로는 수술용 가제와 부목과 목발을 자체적으로 제조하기 위한 공장들을 세우지 않으면 안 되었다.

때는 이제 9월 중순이었다. 그리고 그의 출발 날짜는 다음달로 확정되어 있었다.

54

그가 전부터 혼자 고민해 오던 걱정거리가 또다시 재발한 것은 출발 예정일 2주일 전 어느 날 저녁 수술실에서의 일이었다.

그는 아침 5시부터 극도의 피로감과 현기증 속에서 수술을 계속하고 있었다. 그런데 시간이 지남에 따라 그의 집중력이 눈에 띄게 떨어지고 있었다. 저녁이 되자, 그가 수술대에서 일을 멈추고 당혹스러운 표정으로 수술실을 이리저리 둘러보는 순간들이 자꾸만 많아졌다. 그러다 어느 환자의 응급처치가 끝나자, 그는 갑자기 수술대에서 물러나 두 귀에 두 손을 갖다 대고 머리를 세차게 흔들어보더니 흰 가운을 황급히 벗고 메스를 집어던졌다. 그리고 임에게 뒷일을 부탁하면서 쏜살같이 바깥으로 뒤쳐나갔다.

바깥으로 나온 그는 창문을 통해 새어나오는 사람들의 수군대는 소리를 무시하고 서늘한 밤공기를 쏘이며 잠시 서 있다가, 수영선수가 물 밖으로 머리를 내밀 때처럼 고개를 쭉 뻗어 보더니 자신의 숙소로 발길을 돌렸다.

숙소에 돌아온 그는 램프도 켜지 않고 자기 방 한가운데서 오랫동안 그대로 서 있었다. 묘한 기분이었다. 자신이 어떤 거대한 공동 속으로 빨려들어가는 느낌이었다. 그는 벽에 걸린 두꺼운 코트를 집어들고 다시 바깥으로 나왔다.

그는 오두막들 사이를 천천히 걸으면서 차가운 밤공기를 크게 들이마셨다. 마을을 벗어난 그는 낮은 언덕들 사이로 계속 걸어갔다. 그러면서 간간이 자신이 두 귀를 때려보았다. 그는 어둠 속을 걸었는데, 그러면서도 두 손으로는 무엇인가를 찾는 듯한 모습이었다.

한편 마을에 있는 수술실에서는 동과 임과 봉이 서로를 쳐다보면서 무슨 일일까 하고 걱정하고 있었다. 언덕들 사이의 길을 걷고 있던 베쑨은 간간이 땅바닥을 걷어차며 고개를 움직거렸다. 그는 별이 드문드문 뜬 어두운 하늘을 응시하면서 주위에서 나는 소리에 귀를 기울였다. 그는 새들의 노랫소리, 그의 샌들이 길바닥 위를 끄는 소리, 바람이 부는 소리 등에 귀를 기울이고 있었다. 그러나 그의 두 귀에서는 혈관을 통해 흘러 들어오는 혈액의 박동소리만 쿵쿵 울릴 뿐이었다.

그는 한 손으로 귀를 가리며 바람이 부는지를 살펴보았다. 바람은 여느 때처럼 언덕 아래로 불어오고 있었다. 그러나 그 바람에는 소리가 없었다. 그 바람은 산허리에서 나는 메아리를 싣고 있지 않았다. 그것은 침묵의 차가운 숨결일 뿐이었다. 그는 땅바닥에서 자갈을 한 움큼 집어서 아래로 떨어뜨려보았다. 그 자갈들은 분명 묵직하게 밑으로 떨어졌다. 그는 두 눈으로 그 사실을 분명히 확인할 수 있었다. 그런데 서리가 내린 땅바닥으로 그 자갈들이 떨어졌는데도 소리는 나지 않았다.

그는 지친 몸을 나무에 기대고 주위에 다시 귀를 기울였다. 그러나 그를 둘러싸고 있는 밤 언덕들에서는 아무런 소리도 흘러나오지 않았다.

그는 그 최초의 불쾌감, 간간이 일어나는 격심한 통증, 쉬지 않고 며칠 낮 며칠 밤을 일한 후의 이명현상, 특히 편도선염으로 귀가 욱신거리는 증세, 이 모두에 대해 그 동안 나름대로 상당히 조심을 해왔다. 이것은 산서에 있을 때부터 재발한 것이었는데, 오늘은 세상의 모든 소리가 완전히 차단되어버린 것이었다.

'이제는 두 번 다시 정말로 그 멋진 생활의 소음들을 들을 수 없단 말인가? 참으로 앞으로는 신체 내부의 소리만을 느끼면서 살아나가야 한단 말인가? 이제 더 이상 음악도 듣지 못한단 말인가? 이제 더 이상 친구들의 음성도 듣지 못한단 말인가? 이제 더 이상 들판에서 나는 온갖 소리와 질주하는 말발굽 소리와 나팔소리와 웃음소리를 듣지 못한단 말인가? 몸이 쇠약해서 생긴 것인지도 모르니까 휴식을 취하면 나아지지 않을까? 아니면 동굴 입구가 마술에 의해 큰 바위덩어리로 막혀진 것처럼 이 민감한 귀의 메커니즘이 완전히 봉쇄되어버린 것일까?'

그는 몸을 부르르 떨며 나무에 기댔던 몸을 일으켰다. 그리고 다시 마을 쪽으로 되돌아갔다. 숙소인 오두막에서는 창호지 문을 통해 불빛이 새어나오고 있었다. 방 안에서 동이 의자에 앉아 꾸벅꾸벅 졸면서 그를 기다리고 있었던 것이다. 그는 동을 흔들어 깨웠다. 그리고 그 통역관의 얼굴이 다시 걱정의 기색으로 변하는 것을 지켜보았다. 동이 두 입술을 움직였다. 그러나 그것은 침묵의 질문이었다. 베쑨은 잠시 동의 움직이는 입술을 멍하니 바라보다가 슬픈 어조로 이렇게 말했다.

"동지, 자네 이야기가 안 들리네. 귀가 먹은 모양이야."

고독한 적막의 밤이었다. 동이 돌아간 후, 그는 슬픔 속에서 오랫동안 테이블 앞에 앉아 있었다. 그토록 떨쳐버리려 했던 그 불안한 생각들이 다시금 엄습했다. 그는 소리 없이 타오르는 램프의 불꽃을 간간이 뚫어지게 응시하면서, 앞에 놓인 원고들을 건성으로 넘겼다.

　그는 침묵의 세계에 빠진 자신의 미래를 그려보았다. 이런 상태에서 어떻게 일을 계속할 것인가? 사람들은 그에게 말을 걸 텐데, 그는 아무 소리도 듣지 못할 것이었다. 그는 수술실에서의 자기 모습을 그려보았다. 동과 봉과 임은 새장에 갇힌 새에게 그러하듯 그에게 손짓으로 의사를 전달할 것이었다. 그는 아메리카로 돌아갔을 때의 자기 모습을 그려보았다. 연설을 하고 있으면서도 청중의 소리가 들리지 않을 것이었다. 그는 어머니를 만났을 때의 자기 모습을 그려보았다. 자신의 말을 듣지 못하는 아들 앞에서 그녀의 늙은 얼굴은 어머니로서의 반가움을 전달하지 못하는 안타까움 때문에 크게 일그러질 것이었다. 그는 친구들의 친숙한 얼굴들이 무성영화의 영상처럼 전개되는 모습을 그려보았다. 그러나 꼭 그들이 갑자기 얼굴을 찌푸리며 자기를 낯선 사람으로 대할 것만 같았다.

　그가 이 중국의 오지에서 생활한 지가 얼마나 오래 되었는가? 1년하고도 6개월이 넘은 상태였다. 이 기간 동안 서양 친구들의 소식을 도대체 몇 번이나 들었던가? 모두 해서 다섯 차례가 전부였다. 20개월 동안에 편지 다섯 통뿐이라니! 그리고 마지막으로 아이러니컬한 사실은 다음과 같은 일이었다. 그는 연안으로, 캐나다로, 그가 부탁할 만한 사람들에게 휴대용 라디오 한 대만 보내달라고 수없이 편지를 보냈었다. 그렇게라도 바깥소식을 듣기 위해서였다. 그러나 이제는 그것도 다 부질없는 일일 것이었다. 그리고 이젠 중국어를 어느 정도 하기 때문에 그 훌륭한 동지들과 이야기도 나눌 수 있게 되었는데, 그것도 완전히 허사일 것이었다.

육체와 의지가 운명적 모순에 빠져버리다니, 이 얼마나 기막힌 일인가? 그의 얼굴이 험상궂게 일그러지기 시작했다.

"노인네."

이것이 요즈음 사람들이 가끔 그를 부르는 호칭이었다. 어제는 어린 수조차도 이 친숙하지 못한 호칭을 썼다. 그래서 그는 결국 그 뜻을 동에게 물어보았다.

동이 싱긋 웃으며 "노인"이란 뜻이라고 대답했다.

"노인이라."

그는 기가 막히다는 듯이 웃음을 터뜨렸다.

"마흔아홉 살의 나이에 노인이라!"

동이 명랑한 어조로 이렇게 덧붙였다.

"당신의 일하는 태도가 하도 고집스러워서 젊은 친구들이 그렇게 부르는 겁니다."

어제만 해도 그는 충분히 웃어넘길 수가 있었다. 그러나 지금은 사정이 달라졌다. 그는 자리에서 일어나 반대편 벽에 걸려 있는 조그만 거울 앞으로 다가갔다. 그는 그 동안 시간이란 놈의 눈속임에 별로 신경을 쓰지 않았다. 그는 자기 외모에 대해서는 과거의 모습으로 기억했으며, 자기 내면에 대해서는 현재의 상태에서 생각했던 것이다.

거울을 보자, 70세 노인의 얼굴이 자기를 바라보았다. 그것은 자기도 모르는 낯선 얼굴이었다. 그것은 하북의 태양에 시달리고 산악의 바람에 거칠어지고 굶주림과 질병과 긴장과 지나친 과로 때문에 깊게 패인 주름과 흠집투성이로 망가질 대로 망가진 얼굴이었다. 그것은 산전수전을 다 겪은 고로의 사려 깊은 얼굴이었다. 앞이마는 더 좁아져 백발의 머리카락 앞으로 앙상하게 튀어나와 있었다. 백발 아래의 목은 가죽처럼 질겨진 상태로 더 가늘어져 있었다. 무성한 눈썹 아래의 두 눈은 더 작아 보였다. 그 눈빛은 전과 다름없이 밝고 대담해 보였지만, 눈자위는 쓰디쓴 지혜의 주름들로 둘러싸여 있었다. 은빛 턱수염 아래에 있는 턱은 근육이 빠져나가 헐렁한 주머니처럼 안으로 쫄아붙어 있었다. 두 뺨은 마른 상태에서 깊은 고랑들로 형편없이 패여져 있었다. 그리고 턱밑으로는 가죽만 남은 살갗 주름이 축 늘어져 있었다.

그는 자신의 얇아진 두 입술로 히죽 웃어보았다. 그러자 잇몸은 쭈그러들어 있었고, 더러운 치아는 충치투성이었다.

그는 소매를 걷고 두 팔을 살펴보았다. 그는 그만 흠칫 놀라지 않을 수 없었다. 야윌 대로 야윈 두 팔에 혈관이 불툭불툭 튀어나와 있었는데, 그 모습이 마치 하북의 앙상한 나뭇가지 같았다. 가슴과 어깨와 허벅지 그리고 신체의 나머지 부분들 역시 다 마찬가지였다. 몸 전체가 앙상하게 쭈그러져 뼈마디들이 불퉁불퉁 튀어나와 있었다. 결핵을 이겨내고 알프스의 봉우리들을 등정하고 로렌시아 대지 위를 스키로 달리고 시에라 산맥을 행군하던 베쑨의 그 건장하던 몸집이 지금은 1백 파운드를 간신히 넘는 체중으로 완전히 파괴되어 있었던 것이다. 그는 빈혈과 추위로 파르스름해진 두 입술을 깨물었다. 갑자기 기침이 나왔다. 그는 가슴속의 그 거북한 느낌이 팔로군 병사들이 흔히 걸리는 보통의 감기이기를 희망하면서 자신의 멀쩡한 한쪽 폐가 얼마나 오래 견디어줄 것인지를 생각해 보았다.

그는 다시 테이블로 갔다. 그리고 원고를 훌훌 넘기면서 그 일에 마음을 붙이려고 애썼다. 그러나 그것이 제대로 될 리가 없었다. 그는 많은 일들에 대해, 멀리 떨어져 있는 친구들에 대해, 구름 속을 뚫고 우뚝 솟아 있는 산서의 산봉우리와 같은 미래에 대해 생각해 보았다. 거울 앞에 섰을 때, 아까 그는 자기 나이보다 20년은 더 늙어버린 노인의 모습을 보았었다. 그는 재혼을 해서 반려자를 가지라는 동의 이야기를 기억해냈다. 그러나 그런 생각은 이내 사라져버렸다. 오히려 그의 생각은 자신이 전에 의사의 의무에 대해 어떻게 열변을 토했으며, 인간의 고통을 장사의 대상으로 삼고 있는 의사들에게 어떻게 분노했으며, 의사라는 직업이 정원을 꾸미는 예술가처럼 아름답게 될 날을 어떻게 꿈꾸었는가 하는 생각들로 이어지고 있었다.

전에 그는 닥터 노먼 베쑨으로서 그 꿈을 찾아 더듬거리고 있었다. 그러나 이젠 이곳 평원과 산악에서 그 꿈의 실체를 분명하게 발견하고 있었다. 이제 그는 노먼 베쑨이 아니라 백구은이었다. 이제 그는 예전의 그 수많은 희망과 염원을 현실 속에서 구현시키기 위하여 남아 있는 생애 동안이라도 감사하는 마음으로 살고자 노력하고 있었다. 지난날 그렇게 광포하게 흘려버린 세월을 만회하기 위해서라도, 그는 이제 미친 듯이 열심히 움직이고 있었다.

수시간 후, 그는 잠에서 깨어났다. 이런저런 생각을 하다가 테이블에 그대로 엎어져 잠이 들었던 것이다. 팔꿈치 옆에 있는 램프에서는 시꺼먼 그을음이 올라오고 있었다. 손목시계를 보니 새벽 4시였다. 그는 피곤한 눈을 손으로 비벼댔다. 그런데 그때 바깥에서 새가 우는 소리가 들려왔다.

그는 의자에서 벌떡 일어섰다. 절단된 다리의 끝부분이 따끔따끔 쑤시는 기분을 느끼듯이, 안 들리는 귀가 소리를 기억해 가지고 사람을 놀리는 것일까? 그는 창가로 달려가서 그 창호지 문을 한 손으로 푹 찔러보았다. 지저귀던 새소리가 딱 멈추어졌다. 그러나 그는 그 놀란 새가 어둠 속으로 퍼득거리며 날아가는 소리를 희미하게나마 느낄 수 있었다.

그는 창 밖으로 고개를 내밀었다. 그는 문들이 삐걱거리는 소리와 바람이 숨죽이며 울부짖는 소리들을 어슴푸레하게나마 들을 수 있었다. 밤의 소리들이 이렇게 달콤하다니, 그는 새로운 자각으로 몸을 부르르 떨었다.

그는 창가로부터 다시 성큼 걸음으로 테이블로 돌아왔다. 그는 책 한 권을 꺼내, 그것을 높이 쳐들었다가 바닥에 떨어뜨렸다. 책이 바닥에 떨어지자 풀썩 하는 소리가 약하게 들렸는데, 그것은 마치 모포를 뒤집어쓰고 듣는 소리 같았다. 그는 얼굴에 가느다란 미소를 떠올리며 이번에는 시계를 풀었다. 그리고 그것을 오른쪽 귀에서 멀리 들고 있다가 천천히 귀 가까이로 가져다 대보았다. 그러고 나서 왼쪽 귀에도 똑같이 해보았다.

오른쪽 귀는 완전히 들리지 않았다. 그것은 어젯밤과 조금도 다름이 없는 상태였다. 그러나 왼쪽 귀는 시계를 바싹 갖다 대자 째깍거리는 소리가 희미하게나마 들려왔던 것이었다.

'그래 이 정도면 아직은 움직일 수 있지. 이 정도면 충분해……. 오른쪽 귀는 적 쪽으로 돌리고 왼쪽 귀는 동지들 쪽으로 돌리면 될 것 아닌가? 나머지 일이야 동에게 맡기고…….'

방 안을 계속 이리저리 서성이던 그가 시계를 보았다. 아직 한 시간은 더 잘 수 있었다. 그러나 지금은 그럴 기분이 아니었다. 누군가와 어서 이야기를 나누고 싶었다. 갑자기 옛 친구들이 생각났다. 그래, 지금이 좋은 기회지. 그는 데이빗슨과 엘뢰서와 J.B. 그리고 몇몇 친구들에게 편지를 보낼 생각을 했다(닥터 루이스 데이빗슨과 닥터 레오 엘뢰서는 미국의 저명한 흉부외과의사들이다). 그는 타자기와 귀중하게 보관하고 있던 복사지들을 꺼냈다. 그리고 타자기의 롤러에 종이 네 장을 한꺼번에 끼워넣었다. 다시 편지할 기회가 또 언제 생길지 모르는 처지였다. 그는 종종 그랬듯이 이 편지의 복사본들을 그들에게 한 장씩 보낼 것이었다. 그는 이곳에서의 자신의 일에 대해, 자신이 외부세계로부터 단절되어 있다는 사실에 대해, 자신이 간호사와 의사로 훈련시키고 있는 그 농촌 소년들과 노동자들에 대해 이야기하기 시작했다. 그는 또 조심스러운 말투로 악화된 자신의 건강에 대해, 그가 처해 있는 어려운 조건들에 대해 설명했다. 그러면서 이렇게 덧붙였다.

우리 병원은 어깨 위에서 20피트 크기의 불상이 태연한 표정으로 내려다보고 있는 더러운 절간이라네. 물이 쫙쫙 나오고 윤이 나는 녹색 벽에다 전등 및 기타 부속 설비 같은 것은 전혀 없는 곳이네만, 이곳에서 나는 그런 곳에서와 마찬가지로 수술을 잘하고 있다네.

전쟁의 진행과정에 대해서 그는 자신만만하게 썼다. 일본군이 많은 지역을 점령하고 있다는 사실은 그 최종적 결과를 생각한다면 그리 중요한 것이 못 되며, 그들은 지금 호랑이 꼬리를 불안스럽게 붙잡고 있는 것이나 다름이 없다는 것이었다. 그는 이렇게 말했다.

나는 일본군이 결코 중국을 정복할 수 없다고 생각하네. 그것은 물리적으로도 불가능한 일일세. 이 나라는 커다란 땅 덩어리에 인구도 아주 많은 데다가 국민들의 반일 감정 또한 대단히 강하니까 말일세.

그러고 나서 그는 개인적으로 이렇게 더 이야기했다.

우리가 서로 헤어진 지도 이젠 꽤 오래 되었군. 자네한테도 많은 일이 있었겠지만, 2년이 다 되는 십수 개월 동안 내가 겪은 경험은 너무나도 엄청나다네. 편지를 자주 쓸 수 없는 까닭은 바로 그 때문일세. 내가 보내는 편지들을 단 한 통이라도 받아봤으면 좋으련만……. 이렇게 편지를 하면서 꼭 받아보리라는 확신은 없다네…….

우편상태가 아주 엉망이라, 나한테 보낸 편지가 중국에 도착해도 그것이 내게 전달되려면 적어도 5개월 이상이 걸릴 걸세. 내 추측으로는 그 동안 25통이 왔으면 단 한 통 정도만 전달되었다고 생각되네. 그러니 어쩌나? 체념하는 수밖에…….

가끔은 커피라든가 로스트 비프 또 애플파이라든가 아이스크림 같은 것들이 간절히 생각날 때가 있다네. 천국의 음식에 대한 망상이랄까……. 그리고 정말로 보고 싶은 것은 책이라네. 지금도 여전히 책이 씌어지고 있는가? 음악이 아직도 연주되고 있는가? 자네는 여전히 춤도 추고 맥주도 마시고 그림도 구경하는가? 부드러운 침대의 깨끗한 시트 위에서 잠을 잔다면 어떤 기분일까? 여자들은 아직도 사랑을 원하고 있는가?

그러한 모든 일들이 그곳에서는 당연한 것으로 받아들여지겠지? 잠깐 귀국할 생각이라네. 연말쯤이면 캐나다에 도착할 것 같은데, 내 계획은 아메리카로부터 5만 달러를 모금하는 일이네. 이곳에서 의료기관들(병원, 학교 등)을 5년 동안 운영하려면 그 정도가 필요하다네.

그리고 다시 이곳으로 돌아올 생각이라네. 나는 이곳에 있어야 돼. 이곳이 나의 터전이고, 이들이 나의 동지들이니까. 친구여, 그럼 안녕.

당신의 영원한 친구 베쓰

동은 잠에서 퍼뜩 깨어나 온돌침대에서 몸을 일으켰다. 잠이 든 지 얼마 안 되지만, 누군가의 목소리를 들었기 때문이었다. 그는 중국어로 "거, 누구요?" 하고 소리쳤다.

웃음소리가 한아름 방 안으로 들어왔다. 그리고 창문 밖 어둠 속으로부터 웬 친숙한 목소리가 이렇게 외쳤다.

"진찰기의 노인네라네. 한쪽 귀만 있는 수탉의 울음소리가 그만 자네의 단잠을 깨워버렸군. 여보게 젊은이, 어서 일어나게나. 두 눈에서 졸음기도 쫓아버리구. 지금이 벌써 바쁜 하루가 시작되는 정각 다섯시일세!"

55

10월이 되었다. 그가 떠나기로 되어 있는 달이었다. 그러나 그는 떠나기에 앞서 20개나 되는 새로 세운 서부 하북의 기지 병원들을 둘러볼 필요를 느꼈다. 그래서 그는 섭 장군에게 이렇게 편지를 했다.

기지병원들을 쭉 둘러보기 위해 출발을 재차 연기하고자 합니다. 일부는 새로 건립된 병원들이고 나머지는 기존의 병원들인데, 한동안 둘러보지 못했기 때문에 직접 쭉 둘러보려 합니다. 이 일을 마쳐야 할 텐데, 그러려면 10월이 거의 지나갈 것 같습니다. 11월 초에는 떠나도록 하겠습니다.

그는 자기 부대원들과 함께 이 시찰여행을 떠났다. 10월 20일, 그의 부대가 그 여행을 다 마쳐갈 무렵에, 일본군이 갑자기 개전 이래 최대 규모의 탱크와 비행기를 앞세워 5만 명의 군대를 동원하여 진찰기에 대한 공격을 재개하였다. 섭 장군의 참모본부로부터는 이 공격이 진찰기 전역에서 중국인의 저항을 박멸하기 위한 대대적 공세의 시작이라는 소식을 보내왔다. 또한 팔로군 서하북 사령관인 노 장군으로부터는 베쑨에게 자기 부대와 합류해 달라는 요청이 왔는데, 그의 부대는 그 공격의 주력군을 막고 있었다.

이 요청에 대해 동이 자기 견해를 이렇게 말했다.

"우리가 또 의료지원을 위해 전선으로 간다면, 십일월 초 출발도 불가능해집니다."

베쑨은 북부의 지도를 유심히 관찰하면서 이것이 일본군의 진찰기 박멸기도라는 섭 장군의 말을 곰곰이 생각해 보고 있었다. 만약 섭의 예상이 옳은 것이라면 앞으로의 전투가 이 전쟁의 앞날을 완전히 좌우할 것이었다. 일본군으로서는 진찰기지구가 그들의 후방에서 버티고 있는 한 중국 정복은 불가능했다. 그리고 이 전쟁을 태평양으로까지 확대시킬 것을 계획하고 있는 그들로서는 이곳 북부 중국은 군사기지와 인력 공급지로서 매우 중요한 의미를 지닌 곳이었다.

베쑨은 동의 지적에 대해 이렇게 응답했다.

"진찰기가 함락되면 아메리카 여행이 무슨 소용이 있겠나? 이번 전투를 끝내고서 떠나기로 하겠네."

10월의 마지막 주일, 베쑨의 기동의무대는 북부를 향해 움직이고 있었다. 주요 전투지역이 내원·마천령 전선이었기 때문이었다. 11월 2일 그들은 마천령 근처의 한 작은 마을에 도착했다.

베쑨의 부대가 목적지에 도착한 것은 한밤중이었는데, 이곳에는 이미 야전본부와의 무전통신망이 긴급 설치되어 있었다. 노 장군이 베쑨의 부대를 위해 야전전화 한 대를 가설해 주었던 것이다.

백구은이 도착했다는 소식은 병사들 사이에서 입에서 입으로 삽시간에 퍼져나갔다. 노의 부대는 진찰기 군사지구가 수립되었을 때 팔로군으로 편입되었는데, 그 대다수 병사들이 만주의 역전 용사들이었다. 그들은 두려움을 모르는 용사들로 널리 알려져 있었다. 일본군에 대한 노의 무훈담은 이미 전설적인 이야기처럼 전해지고 있었다. 그는 부하들과 함께 싸우는 두려움 없는 사나이, 쾌활한 기질의 사나이, 일단 입을 열면 무한정으로 계속할 수 있는 천부적인 이야기꾼 등으로 알려진 사람이었다.

두 사람이 만나자, 그들은 오랫동안 헤어져 있던 형제들처럼 어울렸다. 베쑨은 아직 만주 사투리를 제대로 알아듣지 못했고, 노는 영어를 모르는 사람이었다. 그러나 두 사람은 만나자마자 30분 동안이나 이야기를 나누었던 것이다. 그것도 서로 등을 두드리며 농담을 나누면서 상대의 말을 모두 이해하는 듯이 그랬다는 것인데, 이 소문이 병사들 사이에 쫙 퍼지게 되었다.

마을에서 수마일 떨어진 마천령 주위에서 치열하게 전투가 벌어지고 있을 때, 그곳 기다란 골짜기의 남쪽 끝에 베쑨의 수술대가 설치되었다.

수술실은 마을 극장의 무대였다. 그곳은 한쪽을 진흙으로 막고 나무판자로 무대를 만든 곳인데, 지붕이나 의자 같은 것은 전혀 없었다. 부상병들은 문짝으로 임시로 만든 들것에 실려서 마천령으로부터 운반되었다. 그리고 우선 맨바닥에 눕혀졌다. 그리고 무대 사방은 하얀 면 시트로 가려서 다른 부상병들과 차단시키고 있었다.

공격이 시작된 둘쨋날 오후 보초 한 명이 수술실로 들어와 북쪽 산악에 수상한 기미가 보인다고 보고했다. 자라나면서부터 군대생활만 한 유가 사정을 살피기 위해 바깥으로 나갔다.

언덕배기로 올라간 그는 두 개의 언덕 너머로 북쪽의 높은 산 하나를 주시할 수 있었다. 그 보고는 의심할 바가 없었다. 한 스무 명의 사람들이 산중턱을 내려오고 있었다. 그들의 옷차림은 중국인 민간인처럼 보였다. '저 사람들이 어디에서 오는 길일까? 그리고 도대체 왜?' 그는 그들을 쭉 지켜보다가 이내 그 해답을 찾아냈다. 그 이상한 집단 뒤로는 더 많은 사람들이 뒤따라오고 있었는데, 그들이 언덕 사이로 사라졌을 때, 산꼭대기에서 무엇인가가 반짝거렸던 것이다. 전투경험이 많은 유는 그것이 속임수라는 것을 즉각 눈치챌 수 있었다. 앞의 민간인들은 소수의 중국인 괴뢰군들이었고, 그 뒤가 민간인으로 변장한 적의 전위였으며, 그 반 마일 뒤가 완전 군복차림의 적의 주력부대였는데, 산꼭대기에서 반짝거렸던 것은 그들의 반질반질한 헬멧이 태양빛에 반사되었기 때문이었다.

그는 그 보초를 그대로 남겨놓고 수술실로 급히 되돌아와서 이렇게 외쳤다.

"적이다! 적군이 후미에서 급습중이다. 즉시 후퇴! 시간이 없다."

간호병들이 서둘러 수술기구들을 챙기려 했다. 수술대 머리맡에서 마취 일을 하고 있던 동이 당황한 어투로 그들의 말을 되풀이했다.

"후미에서라구! 어떻게 그럴 수가?"

바깥에 있는 사람들도 혼란의 도가니였다.

"적이다! 적군의 공격이다. 경보를 울려라!"

야외 강당으로부터 운반병 하나가 가쁜 숨으로 커튼을 휙 젖히며 무대로 뛰어들었다. 그리고 이렇게 물었다.

"마당의 부상병들을 어떻게 할까요?"

"잠시들 기다리시오!"

그 북새통 속에서 베쑨의 퉁명스러운 목소리가 터져나왔다. 수술실에 있던 사람들이 그가 있는 쪽으로 몸을 돌렸다. 그리고 그 창백하고 야윈 얼굴에 두 눈만 반짝거리고 있는 그를 보고 입을 다물었다. 그는 환자한테서 계속 손을 떼지 않은 채 이렇게 물었다.

"유, 그들이 어디서 온다구?"

"북쪽 산입니다."

"병력은 얼마나 되나?"

유가 흥분한 목소리로 이렇게 설명했다.

"맨 앞은 반역자들의 위장부대입니다. 그 다음은 민간인으로 변장한 적의 전위입니다. 그 뒤가 군복차림의 무장 정규군들입니다."

베쑨이 아직도 몸을 굽힌 상태에서 봉을 찾았다. 그리고 이렇게 물었다.

"봉, 더 수술할 부상병들이 얼마나 되나?"

"열 명입니다. 대개가 경상자들입니다만……."

그러자 베쑨이 각 사람에게 신속히 명령을 내렸다.

"봉, 자네는 수술이 끝난 부상병들을 소개시키게. 유, 자네는 여기에 즉시 수술대 두 개를 더 설치하게. 임, 자네는 운반병들에게 부상병들을 한번에 세 사람씩 들여보내라고 전해 주게. 동, 자네는 경비병 육십 명에게 북쪽을 경비하라고 하게. 그리고 운반병들에게 명령 즉시 이동할 수 있도록 만반의 준비를 갖추라고 지시해 놓게."

사람들이 의아한 표정으로 서로의 얼굴을 쳐다보았다. 유는 너무도 어리둥절한 나머지 이렇게 부르짖었다.

"그러나 동지, 적군이 공격해 오지 않습니까? 그들은 왕안진(王安鎭) 쪽으로부터 우리를 기습하고 있습니다. 지금은 육안으로도 그들의 군복이 보일 정도입니다."

베쑨이 간결하게 유에게 물었다.

"유, 저 북쪽 산에서 이 마을까지 거리가 얼마나 되겠나?"

"겨우 십 리 정도입니다."

"좋아, 그러면 그들이 저 언덕들을 넘어 여기까지 오는 데는 얼마나 걸리겠나?"

"빠르면 한 사십 분 정도……."

"그럼 수술할 시간이 적어도 삼십 분은 있구먼. 한 번에 세 명씩 처리한다면 적군이 들이닥치기 전에 이곳을 빠져나갈 수 있을 걸세."

간호병들이 아직도 손에다 그로모은 기구들을 꽉 쥐고서 초조하게 기다리고 있었다. 유와 임과 봉이 그들의 대변인인 동에게 눈길을 던졌다. 동이 천천히 말했다.

"필요하다면 우리 모두가 이곳에 그대로 있을 것입니다. 동지들, 내 말이 맞습니까?"

다른 사람들이 고개를 끄덕였다. 동이 다시 베쑨에게 말했다.

"그러나 선생께서 모험을 무릅쓰고 행동하시는 것은 우리 모두가 반대합니다."

이 말에 베쑨은 조급하게 머리를 흔들었다. 그러나 동이 계속해서 말했다.

"백 선생님, 지금은 제회나 송가장에서와 같은 상황이 아닙니다. 적군을 막고 있는 병사가 아무도 없는데, 적들이 들이닥치고 있는 것입니다. 우리들 중에 누가 붙잡힌다면, 그것은 그리 중요하지 않습니다. 그러나 선생님의 경우는 다릅니다. 선생님은 지도자 선생님이십니다. 그리고……."

여기에서 베쑨이 말을 가로막고 나섰다.

"그리고 어떻다는 말인가? 우리가 지금 이대로 떠나면 아직 수술을 받지 못한 저 부상병들은 어찌한단 말인가?"

"그들은 우리가 데리고 가서 치료하면 됩니다."

"지금 모두들 시간이 전혀 없는 것처럼 말하는데, 그렇지 않네. 수술할 시간이 조금은 있어. 그러니까 일을 마치고 떠나자는 말일세."

베쑨은 무대 끝으로 성큼성큼 걸어가더니 마당 쪽의 포장을 휙 걷으면서 운반병들에게 이렇게 외쳤다.

"부상병들을 한 번에 세 명씩 들여보내게."

동은 입을 다물고 바깥에 나갔다 왔다. 그러자 유가 베쑨 옆에 수술대를 두 대 더 준비했고, 간호병들은 다시 자기 위치로 돌아갔다. 유와 임과 봉이 수술대 두 대에 달라붙었다.

그들은 입을 꾹 다물고 신속한 동작으로 움직였다.

이때 갑자기 야전 전화벨이 울렸다. 임이 전화를 받았다. "예" 하고 전화를 받던 그가 전화기를 내려놓고 보고를 했다.

"야전본부의 연락입니다. 북쪽에서 내려오는 적군의 현재 위치가 7리 바깥이라고 합니다. 지연작전을 위해 일부 병사들을 파견했는데, 이곳은 즉각 철수하라는 명령입니다."

보고를 마친 그는 소독제로 손을 씻고, 다시 유의 일에 가세했다. 그로부터 5분 후, 최초로 그 급보를 알렸던 보초가 다시 뛰어들어왔다. 그는 모두들 조용히 일에 열중하는 모습에 얼이 빠져 있다가 이내 정신을 차리고 이렇게 외쳤다.

"적어도 적군 칠백 명이 이미 산을 넘었습니다."

베쑨은 손짓으로 그를 나가라고 했다.

"그런데 우리 경비대원들의 무기는 총 아홉 자루가 전부입니다."

"오히려 잘됐군. 철수할 때 짐이 가벼울 테니 말일세."

보초가 당혹감으로 입을 딱 벌리며 물러났다.

드디어 첫번째 사격소리가 골짜기 사이에서 울려퍼졌다. 동이 걱정스러운 목소리로 말했다.

"우리 병사들과 드디어 적군과 맞부딪친 모양입니다."

"이런 제기랄!"

베쑨의 이 갑작스러운 욕설에 모두들 그를 바라보았다. 그러나 그는 화난 얼굴로 일이나 계속하라는 기색이었다.

"아무것도 아닐세. 손가락 하나를 베었어. 빌어먹을! 고무장갑도 없이 수술을 해야 하다니!"

그는 칼에 벤 왼쪽 손가락을 쳐들더니 옆에 있는 옥도 용액 속에 집어넣었다. 그리고는 다시 일을 계속했다.

그로부터 15분 후, 마지막 세 명의 부상병들이 수술대에 눕혀졌다. 그들 가운데 두 명은 살점만 날아간 상처라, 봉과 유가 직접 재빨리 처리했다. 그런데 베쑨의 수술대에 뉘여진 부상병은 한쪽 다리가 형편없이 되어버린 소년병이었다.

베쑨은 동과 가에게 그 병사의 수술준비를 시켰다.

다른 사람들은 일이 다 끝났기 때문에 분주하게 노새에 짐 싣는 일을 도와주고 있었다.

총성이 또다시 울려퍼졌다. 이번엔 아까보다도 더 가까운 데서 들렸다. 임이 황급히 수술실로 뛰어들었다. 그리고 그의 뒤에는 아까의 그 보초가 따라와 있었다. 임이 재촉했다.

"백구은 동지, 이제 더 지체할 시간이 없습니다."

그 보초의 농투성이 얼굴이 근심으로 가득 차서 목메인 소리로 말했다.

"적군이 두번째 언덕까지 당도했습니다."

그러나 베쑨은 여전히 고개도 들지 않고 조용히 대답했다.

"보다시피 지금은 수술중이네. 당장 나가주게. 몇 분 후면 즉시 뒤따를 테니까."

임이 다시 간청했다.

"백구은 동지."

베쑨이 거친 목소리로 외쳤다.

"모두들 즉시 떠나도록. 우리는 곧 뒤따르겠네."

이때 그는 피범벅이 된 부상병의 다리를 닦아내고 있었다.

"안 됩니다."

임이 갑자기 단호한 어조로 말했다. 그러면서 베쑨의 팔을 잡았다.

"제가 남아서 이 수술을 맡겠습니다. 누군가가 기어코 여기에 남아야 한다면, 제가 남겠습니다. 제가 마지막 처리를 맡겠습니다. 선생이 남아 계시는 것은 절대로 허용할 수 없습니다."

"임 동지, 명령권은 나에게 있어. 동과 나 그리고 들것 운반병들만 남겨놓고 즉시 철수하게. 이것은 명령일세. 가도 자네들이 데리고 가도록. 지금 이 명령에 불복하는 자는 누구를 막론하고 섭 장군에게 보고하여 처벌되도록 하겠네."

수술대에 누워 있던 소년병이 간청하는 표정으로 고개를 들어올렸다.

"의사 선생님, 저는 저 때문에 선생님이 남아 계시는 것을 원치 않습니다."

베쑨은 그를 부드러운 손길로 다시 눕혔다.

임이 말했다.

"정 그러시다면 섭 장군에게 처벌을 상신하십시오. 선생이 떠나지 않으시면, 저도 같이 돕겠습니다."

소년 병사가 다시 애걸했다.

"의사 선생님, 제발 떠나십시오. 저는 심한 상처가 아닙니다. 저를 데리고 가면 될 것 아닙니까? 그렇게 하지 않겠다면 이대로 내버려두십시오. 아무튼 제발 어서들 떠나십시오. 이러다 적군이 들이닥치면……"

베쑨이 소년병에게 이렇게 말했다.

"일 분이면 끝나네. 지금 단 몇 분만 손을 보면 나중에 다시 고칠 수 있네. 그러나 지금 손을 안 대면 자네는 그 다리를 절단해야 돼."

기관단총 소리가 요란하게 울려퍼졌다. 그 바람에 소총소리들이 사그러들었다.

이 수술이 얼마나 걸렸는지는 후에 아무도 기억하지 못했다.

그러나 아무튼 수술이 끝나자, 옆에서 대기하고 있던 들것 운반병들이 의식을 잃은 그 병사를 부리나케 운반해 갔다. 그로부터 1분 후, 베쑨 일행은 그 마을의 남쪽 산길을 따라 질주하고 있었다.

산마루에 당도하자, 그는 들것 운반병들이 무사히 쫓아오는지 확인하기 위해 잠시 발길을 멈추었다.

그들은 골짜기 아래쪽으로 적의 전위부대가 소개된 마을로 진군하는 모습을 볼 수 있었다.

그들이 당하(唐河) 근처의 어느 마을에 도착한 것은 밤이 깊어진 후였다. 이제 전선의 부상병들은 이 마을로 실려오고 있었다. 그들은 이 마을에 도착한 후에도 밤을 새우며 수술을 했다. 그 다음날 잠시 휴식을 취한 그들은 의무대를 둘로 갈랐다.

유와 임이 한 그룹을 이끌고 다 돌지 못한 병원들을 계속 돌기로 하고, 베쑨과 봉과 동 그룹이 이곳 전선일을 계속하기로 한 것이었다.

임무를 이렇게 분담했기 때문에, 이제 전투만 결판나면 베쑨은 출국할 생각이었다. 그는 동에게 이렇게 말했다.

"아직도 시간은 있어. 잘하면 이번 크리스마스를 어머니와 함께 지낼지도 모르지."

동이 말했다.

"이제는 제발 출국을 연기시킬 만한 다른 일들이 터지지 않았으면 좋겠습니다. 그런데 손가락은 어떠세요?"

"별 것 아니네. 그 흔한 염증일 뿐일세. 너무 서두르다가 그만 베어버렸지 뭔가……. 일전에 기습 공격을 받았을 때 말이네. 신경쓸 거 없네."

일을 마친 후, 베쑨은 옥도 용액에 그 손가락을 담그고 그날 밤을 보냈다.

이튿날 아침 수술실에 들어섰을 때, 그 손가락은 심하게 부어 있었다. 사람들이 자꾸만 그 손가락을 쳐다보자, 베쑨은 다시 되풀이해 말했다.

"신경쓸 거 없네. 별것 아니니까."

그러나 사람들은 그의 수술 속도가 전과 같지 못하다는 사실을 눈치채고 있었다. 물론 그것은 손가락 때문이었다. 한번은 수술 중에 그 손가락이 무심결에 수술대에 부딪쳤는데, 그러자 그는 외마디 비명을 질렀다. 그리고는 이렇게 우물댔다.

"손가락을 베다니, 참 어리석기도 하지."

봉이 이렇게 제안했다.

"손가락이 나을 때까지 수술일을 중단하시는 것이 어떻겠습니까? 그 동안의 일은 제가 맡으면 되지 않겠습니까?"

베쑨이 대답했다.

"쓸데없는 소리, 손가락을 다친 게 어디 이게 처음인가. 좌우간 오늘 중으로 이곳 일을 다 마치기로 하세. 내일 아침엔 다음 진료소로 이동해야 하니까."

그러나 다음날 아침, 그들은 떠나지 못하고 있었다.

노새들한테 짐을 실어놓은 지 수 시간이 지났지만, 동과 봉은 온돌침대에 누워 있는 베쑨을 내려다보고 있었다. 베쑨이 말했다.

"동지들, 몸이 좀 피곤하군. 나 때문에 출발이 늦어져서 미안하네."

그는 미안해하는 눈길로 그들을 올려다보았다. 그런데 그의 눈빛이 전과 다르게 또렷하지 못했다. 그는 마른 입술을 계속 침으로 축이고 있었다.

그리고 바싹 마른 그의 얼굴이 열 때문에 벌겋게 달아올라 있었고, 다친 손가락은 퉁퉁 부어서 막 터질 지경이었다. 베쑨이 다시 물었다.

"출발준비는 다 끝났나?"

봉이 베쑨의 뜨거운 이마를 손으로 짚어보면서 낮은 목소리로 대답했다.

"선생님, 몸이 지금 매우 편찮으십니다. 손가락 상태가 몹시 악화됐어요. 열이 말이 아닙니다. 더 이상 곪지 않도록 째는 게 좋을 것 같은데…… 어떻게 하시겠습니까?"

베쑨은 잠시 눈을 감고 생각에 잠겼다. 그러다 마침내 이렇게 단안을 내렸다.

"음, 좋아. 그렇게 하세나. 지금으로선 달리 도리가 없으니까. 그리고 나서 떠나기로 하세."

그들은 베쑨의 방으로 수술기구를 가져왔다. 그리고 가를 불러들여 옆에서 돕도록 했다.

오두막 밖에서는 다른 부대원들이 모여 무거운 침묵 속에 잠겨 있었다.

봉이 십자절개를 시작하자, 그 기구 받침을 들고 있던 가가 울기 시작했다. 베쑨이 이상하다는 기색으로 그 소녀를 올려다 보았다.

그리고 이렇게 말했다.

"아니, 왜 울지? 조금 곪은 것을 칼로 째낼 뿐인데. 이 치료만 끝나면 바로 출발이야. 내일이면 실버타운에 도착해서 네가 또 내 일을 도울 텐데……."

베쑨이 계속 잤다깼다 하는 동안, 동과 봉이 그 자리를 계속 지켰다. 그의 얼굴은 점점 더 벌개져갔고, 손가락에서는 고름이 나오기 시작했다. 그리고 감염부위가 이마까지 번진 것이 뚜렷하게 나타났다. 저녁 무렵이 되자, 요리사인 장이 봉을 문간으로 불러냈다. 그리고 이렇게 엄숙하게 속삭였다.

"저는 선생이 죽어가는 사람들을 자기 피로 살리는 모습을 여러 번이나 보았습니다. 제 피를 바치겠으니, 그의 몸에 넣어 주십시오."

봉이 머리를 흔들며 말했다.

"지금은 그런 경우가 아닙니다."

"무슨 일인가?"

베쑨이 물었다.

봉이 발끝걸음으로 조용히 방 안으로 들어왔다. 그리고 이렇게 대답했다.

"아무 일도 아닙니다……."

베쏭이 분명하지 않은 말투로 말했다.

"으음, 지금 떠나기에는 너무 늦었군. 출발은 내일 아침으로 연기하도록 하세."

그는 고통스럽게 몸을 뒤척이며 꾸벅꾸벅 졸기 시작했다. 그날 밤 많은 수의 병사들이 그 마을을 지나갔다. 그들의 이야기에 의하면 적군이 지금 실버타운 북쪽까지 점령했다는 것이었다. 그래서 그들은 반격을 위해 전선으로 가는 길이라고 했다. 그들이 사라지자, 동은 베쏭에게 전투 이야기를 일체 하지 말 것을 부대원들에게 지시했다.

다시 새벽이 되었다. 구름이 잔뜩 끼고 쌀쌀한 날씨였다. 마을에는 비가 간헐적으로 내리고 있었다.

베쏭이 천천히 잠에서 깨어났다. 그리고 자리에 누워 한동안 마당을 스치며 세차게 불어대는 바람소리에 귀를 기울이고 있었다. 그는 그 바람소리를 들으며, 자기 귀가 또 이상한 장난을 하고 있다고 생각했다. 왜냐하면 멀리 바람결에 포탄 터지는 소리가 들려왔기 때문이었다.

동과 봉이 다시 그에게 왔을 때, 그가 이렇게 물었다.

"자네들 귀에는 저 대포소리가 들리나? 무슨 전투가 벌어진 모양이지?"

그들은 서로의 얼굴을 쳐다보더니, 고개를 흔들었다. 그는 다시 졸음에 빠졌다가 정오에 깨어났다. 그런데 머리 위에서 비행기들이 날아가는 소리가 들려왔다.

그는 힘겹게 자리에서 일어나 여기저기를 덧댄 면 군복을 주워 입었다. 그리고 창문을 열고 큰 소리로 동을 불렀다. 동과 봉이 달려왔을 때, 그는 이미 재킷의 단추를 채우고 있었다. 그의 얼굴은 노기로 벌겋게 달아 있었는데, 걸음걸이는 약간 비틀거렸다. 그는 성을 버럭 내며 이렇게 외쳤다.

"자네들, 나한테 무슨 거짓말들인가? 나를 천치로 생각하나? 도대체 나를 속인 자가 누구인가? 누가 책임지겠다고 했어! 그래, 지금은 이걸 따질 때가 아니지. 그래, 그 문제는 나중에 따지기로 하세. 북쪽에서 전투가 벌어지고 있는 게 확실해. 부대원들한테 당장 떠날 준비를 하라고 지시하게. 자네들 나를 병자 취급하는가? 손가락 하나가 곪았을 뿐이야. 그 이상 아무 일도 아닐세. 바보들! 자네들은 나를 기관단총처럼 써먹어야 돼. 자 그럼, 부대원들이 즉시 떠날 준비를 갖추도록!"

56

그들은 이슬비를 맞으며 전선을 향해 달렸다. 그들은 부상병들을 마을로 데려오겠다며 생각나는 계책을 다 동원하여 간청했지만, 베쑨은 말 위에서 "나는 괜찮아" 하는 소리를 고집스럽게 거듭하며 다른 대원들이 따라오기를 기다렸다.

그는 불안정한 자세로 안장 위에 구부정하게 앉아 있었는데,

그래도 아픈 팔을 코트 속에 집어넣고 선두에서 말없이 달렸다. 산기슭에 이르러 길이 진흙수렁으로 바뀌자, 그들은 말에서 내리게 되었다. 그는 오른손을 안장 위에 올려놓고 그 수렁을 건넜다.

반대편 산기슭으로 나오자 길은 더 진흙밭으로 변해 있었다. 그들은 그 진흙밭을 넘어지면서 건너야 했다. 그러다 기다란 숲이 나타나자, 그들은 나뭇가지를 꺾어 지팡이로 삼았다. 숲이 다 끝나자, 그들은 다시 말에 올라 심한 눈보라 속을 달렸다. 다시 밤이 되었다. 그들은 그 휘몰아치는 눈보라 한가운데에서 나무기둥을 방패로 삼아 야영을 했다. 다른 대원들이 보잘것없는 배급 식량을 먹는 동안, 베쑨은 그것도 거른 채 침낭 속으로 자신의 고통스러운 몸을 밀어넣었다. 그는 그 젖은 땅 위에서 아주 깊은 잠에 빠져들었다.

아침이 되자 그들은 다시 출발했다. 70리 길을 계속 달리자, 전투지 근처까지 당도했다. 그들은 그곳의 한 커다란 모래 골짜기에서 의사도 간호사도 없는 부상병 집합소를 하나 발견했다. 그러나 베쑨은 말에서 내리지도 않고, 그곳 부상병들을 10리 바깥에 있는 왕가장(王家莊)으로 이동하라고 지시를 했다. 그리고 나머지 부대원들에게 자신을 따라 그리로 이동하라고 명령했다. 그리고는 다시 질주하기 시작했다.

왕가장에 도착한 그는 연대의 의무실로 가다가 말 위에서 기절해 버렸다. 그가 다시 정신을 차린 것은 의무실 온돌침대에서였다. 동과 봉 그리고 연대의 장교들이 걱정스러운 표정으로 그를 내려다보고 있었다. 베쑨이 동에게 말했다.

"전선에 나가 있는 모든 지휘관들에게 우리의 도착소식을 전화로 알리게. 그리고 모든 부상병들을 바로 왕가장으로 보내라고 통지하게. 전화가 안 되면 특별전령들을 보내게. 첫번째 부상병이 도착하는 즉시로 내가 직접 수술을 하겠네. 좀 쉬고 나면 다시 거뜬해질 걸세."

그리고 그는 다시 눈을 감았다.

사람들은 그가 깨어 있는 것인지 잠들어 있는 것인지 분간할 수가 없었다. 봉이 그의 체온을 재보더니 동에게 이렇게 속삭였다.

"열이 보통이 아니네. 앞으로 올 부상병들보다도 선생이 더 위독하네."

오후 동안 베쑨은 가만히 누워서 때로는 잠을 자기도 하고, 때로는 눈을 뜨고 천장만 바라보기도 했다. 그는 이제 더 이상 전체가 다 욱신거리는 팔의 고통을 숨기려 하지 않았다. 오후 늦게 그는 심한 두통에 먹는 약을 청해 먹었다. 저녁이 되자 그의 체온은 섭씨 40도를 상회했다. 그는 이제 헛소리를 하기 시작했다.

"봉, 부상병들이 도착했나? 그들이 도착하는 즉시, 수술준비를 시작하겠네⋯⋯ 팔다리 환자는 자네가 맡도록 하고, 가슴이나 복부 또는 머리를 다친 환자들이 오면 잊지 말고 나를 부르게. 부상병들이 운반되는 데 무슨 시간이 이리 걸리나? 다시 한 번 서두르라고 지시하게⋯⋯. 빨리 아메리카를 갔다와야 돼…… 머리가 몹시 아파…… 손가락은 괜찮아…… 그까짓 손가락 하나를 가지고 무슨 소란이란 말인가…… 나를 기관단총처럼 써먹게…… 아메리카에 가서 돈과 의약품을 갖고 오겠네…… 그 사람들한테 내가 중경에서 비행기를 탈 수 있도록 조처하라고 하게…… 그들을 설득하라구…… 멋대로 굴면 세상이 들썩거리도록 소란을 피울 테니까…… 이봐 젊은이들, 어서 서두르게, 다음 환자를 들여보내…… 이봐 젊은이들, 그렇게 왈가왈부할 시간이 없어…… 환자들을 한 번에 세 명씩 들여보네…….”

밤이 되자, 두통이 가라앉았다. 그러자 그는 수술실 일을 자기가 하겠다고 고집을 부렸다. 그러나 봉과 동이 나서서 그것을 간신히 말렸다. 아침이 되자, 그의 상태가 크게 악화되었다. 이제 감염부위가 팔꿈치까지 확산되어 있었다. 밤을 꼬박 새우며 수술실 일을 한 봉이 고름을 빼내겠다는 생각에서 베쑨의 팔을 절개했다. 그렇게라도 해야 다소의 안도감이나마 느낄 수 있었기 때문이었다. 그런데 이때 야전본부로부터 일본군이 오미치쪽에서 이쪽으로 이동하고 있으며 따라서 즉시 소개하라는 지시가 전달되었다.

처음에 베쑨은 소개를 거부했다. 그리고 계속 고집을 부리면서 이렇게 말했다.

"몇 시간만 지나면 수술일을 다시 할 수 있네."

하는 수없이 그곳의 야전 지휘관인 지라는 대령이 그에게 와서 단호하게 소개를 명령해야 했다. 그제야 베쑨은 소개에 동의했다.

이제 마천령 전선으로부터 산과 골짜기를 넘고 넘어 남쪽으로 내려가는 긴 여행이 시작되었다. 베쑨은 들것에 실린 상태였고, 봉과 수가 그 옆에서 말을 타고 갔다. 그리고 부대의 지휘자는 선두에서 그 일본산 암말을 타고 있었다.

57

황석구의 지주 유의 집에서, 베쑨은 온몸을 사시나무처럼 떨면서 온돌침대 위에 누워 있었다. 그는 연신 이렇게 물어댔다.

"동, 왜 이리 춥지? 난로에 불이 없나? 지독히 춥군 그래."

그는 그날 내내 난로가 활활 타는 방 안에서 털담요를 덮고 있으면서도 이빨을 다다닥거리며 계속 더 따뜻하게 해달라고 부탁하고 있었다. 동은 담요 하나를 더 덮어주었다. 그래도 여전히 "아이구 추워" 하는 신음이었다.

하루 낮과 하루 밤 동안 그들은 산맥을 넘고 넘어 왕가장으로부터 이곳 황석구로 왔었다. 어제 커다란 봉우리들 사이에 위치한 이곳 황석구 사람들은 고통과 의혹에 가득 찬 얼굴로 베쑨이 실려온 들것으로 몰려들었었다. 또 빨치산 소부대가 마천령으로 가는 도중에 이곳을 지나가다가 베쑨의 이름으로 결사항전할 것을 서약했었다. 또 섭 장군은 전령을 보내 무슨 수를 쓰더라도 베쑨을 그 위험지역에서 안전하게 모셔오라고 지시했었다.

낮과 밤 내내 동과 봉은 잠깐씩 교대로 눈을 붙이면서 베쑨의 곁을 지켰다. 베쑨은 가끔 구역질을 하면서 사시나무처럼 계속 덜덜 떨었다. 봉이 절개부위에 뜸을 뜨기도 하고 혹시 화농의 확산을 막아줄지도 모른다는 생각에서 몇 가지 약들을 써 보기도 하였지만, 그의 팔은 계속 시퍼렇게 썩어들어가고 있었다. 마침내 그는 절망적인 심정에서 그 팔을 절단하자고 제안했다.

그러나 베쑨은 고개를 흔들며 나지막한 음성으로 이렇게 말했다.

"아닐세, 봉 동지, 나는 두 팔을 모두 가지고 살고 싶네. 그리고 이젠 팔이 문제가 아냐. 원인은 피야. 패혈증이거든. 그러니 절단한다고 해서 나을 병이 아니네."

봉이 애걸하면서 말했다.

"그래도 절단을 허락해 주십시오. 어쩌면……."

"소용없는 일이네."

베쑨은 자기의 조수를 응시했다.

"봉, 자네는 이제 훌륭한 외과의사야. 자네의 지금 솜씨는 명문대학을 나온 사람들보다도 더 나은 편일세…… 나는 자네가 자랑스럽네…… 절단으로 해결이 된다면 내가 왜 그것을 허락하지 않겠나. 그러나 난 알아. 이것이 어떤 병인지를 말일세. 아주 잘 알고 있지. 유럽과 아메리카에서는 지금 이것에 대한 새로운 약들이 나타나고 있네만, 우리에겐 지금 그 구닥다리

약들조차도 거의 없지 않은가……. 고맙네, 봉……. 그러나 소용이 없어."

그는 다시 꾸벅꾸벅 졸기 시작했다. 그러다 속삭임이나 다름없는 음성으로 이렇게 말했다.

"자네들 잠시 여기서 나가주게나. 혼자 좀 있고 싶구먼."

봉과 동은 이상하다는 눈길로 서로의 얼굴을 쳐다보았다. 그러자 베쑨이 이렇게 덧붙였다.

"필요할 때면 자네들을 다시 부르겠네."

그들은 서로의 눈길을 피하면서 조용히 밖으로 나갔다. 바깥으로 나오자, 마을 사람들이 궁금한 눈길로 그들을 쳐다보았다. 그러나 그들은 아무말도 하지 않았다. 그들은 마을 문 쪽으로 걸어갔다. 그때 동이 말했다.

"선생을 혼자 계시게 해서는 안 될 텐데……."

"그렇소."

봉이 한숨을 쉬며 동의 말에 동의했다. 그들은 다시 발걸음을 유의 집 쪽으로 돌렸다. 그리고 베쑨이 있는 방의 창문 아래에 있는 의자에 앉았다. 그들이 이렇게 계속 베쑨의 방 앞을 지키고 있을 때, 태양이 서서히 골짜기 너머로 기울어졌다. 사람들이 들일을 끝내고 유의 집 담장 밖으로 모여들었다. 그들은 마치 마을회의가 시작되는 것을 기다리는 듯이 정중한 자세로 줄지어 서 있었다. 다시 밤이 되었다. 마을 사람들은 그 어둠 속에서도 담장 너머로 동과 봉을 바라보았다. 동과 봉은 여전히 창문 밖 의자에 꼿꼿이 앉아 눈을 동그랗게 뜨고 방 안을 들여다보고 있었다.

마침내 봉이 말문을 열었다.

"선생을 이렇게 바라보고 있노라니, 선생은 지금 자신에게 남겨진 시간이 얼마나 되는지를 이미 다 알고 계시다는 느낌이 드는군요……."

동이 고개를 든 채 부끄러운 줄도 모르고 흐느끼기 시작했다. 그러더니 이렇게 말했다.

"이렇게 약한 눈물을 보인 것을 용서하시오. 눈물이란 곧 말라버리는 샘 아니겠습니까. 선생의 저 모습을 보니 그 어느 때보다도 비감해지는군요. 선생이 지금 돌아가시면, 그것은 선생의 두번째 죽음이오. 이제 나이 마흔아홉밖에 안 되었는데…… 물론 모두들 죽기 마련입니다. 그 동안 죽어간 동지들이 얼마나 많습니까? 그러나 우리의 경우는 모두 한 번 살다 한 번 죽는데, 선생은 다릅니다. 선생은 여러 인생을 경험해 왔습니다. 그리고 이번이 두번째 죽음입니다. 알고 계시지 않습니까? 이것이 두번째 죽음이란 것을……. 선생의 이 두번째 죽음을 애도하려면 아마 중국 대륙 전체의 눈물로도 모자랄 것입니다……."

봉이 동의 말을 수정했다.

"아니오, 동지. 어찌 중국 전체의 눈물만으로 충분하겠습니까? 아마 세계 전체의 눈물로도 모자랄 것입니다……."

창문을 통해 그들은 베쑨이 온돌침대에서 서서히 몸을 일으키더니 무수한 바늘에 찔리는 듯한 고통스러운 자세로 왼쪽 팔을 들어올리는 것을 지켜보았다. 그는 그 팔을 조심스럽게 끌면서 자리에서 일어서더니, 옆에 있는 램프에 불을 밝혔다. 그리고는 서류들을 보관해 두는 큰 상자 옆에서 무릎을 꿇었다. 그는 잠시 현기증으로 몸을 비척거렸지만, 곧 다시 정신을 차리는 기색이었다. 그는 오른팔로 종이들을 꺼내가지고 다시 느릿느릿 자리로 돌아갔다.

한참 동안 그는 가쁜 숨을 내쉬면서 엎드려 있었다. 그러다 그는 기를 쓰고 앉는 자세를 취하더니 벽에다 등을 기대고 가슴 주머니에서 만년필을 꺼내들었다. 그리고는 종이를 무릎 위에 얹어놓고 오른손으로 무엇인가를 쓰기 시작했다. 때때로 그는 그 팔을 내려뜨리고 벽에다 머리를 기댄 채 잠시 쉬다가 기운이 돌아오면 다시 쓰곤 하였다.

그는 참모본부 앞으로 보내는 유서를 다음과 같이 썼다.

친애하는 섭 장군께.

저는 지금 치명적인 병으로 죽어가고 있습니다. 죽음을 앞에 두고 저는 마지막으로 장군께 몇 가지 부탁을 드리고자 합니다. 캐나다의 토론토에 있는 T.B.한테 저의 운명 소식을 꼭 알려주시기 바랍니다……. 그리고 또 뉴욕에 있는 중국원호위원회 사람들에게도 저의 운명소식을 알려주시기 바랍니다. 제가 이곳에 와서 아주 행복하게 지내다 갔다고 그들에게 전해 주십시오. 한이 있다면, 그것은 단 한 가지, 제가 더 많은 일을 하지 못하고 가게 되었다는 것입니다.

뉴욕에 있는 B에게는 제가 갖고 있는 일본검과 중국검을 보내주시기 바랍니다……. 저의 모든 사진과 일기와 글 그리고 여기에서 찍은 모든 활동사진들은 T.B.에게 넘겨주시기 바랍니다. 또 그에게 활동사진 하나가 곧 완성될 것이라는 사실도 알려주시기 바랍니다(활동사진은 전혀 도착되지 않았다).

또한 중국원호위원회측에 연락하여 제 이혼한 부인에게 나를 대신하여 다소의 금전 지급을 요청하여 주시기 바랍니다. 아마 분할해서 지급하는 방법도 괜찮을 것입니다. 그녀에 대한 저의 책임은 부정할 수 없는 것이며, 제 자신한테 돈이 없다는 그 단순한 이유 하나 때문에 그녀를 모른 척 내버려둔다는 것은 있을 수 없는 일이라 생각합니다. 그녀에게 제가 아주 행복했었다고 말해 주십시오. 저의 간이침대 두 개는 당신과 당신 부인에게 드리겠습니다. 영국제 구두 두 켤레도 당신에게 드립니다. 승마용 부츠와 바지는 노 장군에게 드리고 싶습니다. 사단 사령관 하에게는 제 물건들 중에서 그가 기념품으로 갖고 싶은 것을 하나 선택하시라고 말씀해 주십시오.

왕진가방 두 개는 우리 지구의 위생국장에게 주어져야 합니다. 그리고 닥터 유는 나의 수술기구들 가운데 여덟 개를, 닥터 임과 닥터 봉 역시 여덟 개씩을 가져야 합니다. 의학교 교장 닥터 장은 기념품으로 두 개를 선택하기 바랍니다.

나는 나의 수행원인 수와 나의 요리사인 장에게 각기 모포 한 장씩을 주고 싶습니다. 일본군 신발 한 켤레도 수에게 돌아가야 합니다. 우리는 지금 매년 2백50파운드의 키니네와 3백 파운드의 철분제제(iron compounds)를 필요로 하고 있습니다. 그것들은 말라리아 환자와 빈혈증 환자를 위한 것입니다. 의약품을 구입할 때는 절대 보정(保定), 천진, 북평 같은 도시에서 사지 말기를 바랍니다. 그곳의 가격은 상해나 홍콩보다 두 배나 비쌉니다. 미스 하에게는 우리에게 베풀어준 도움에 대해 제가 굉장히 감사하고 있다는 것을 꼭 전해 주시기 바랍니다.

T.B.와 나의 모든 캐나다와 미국 친구들에게 나의 영원한 사랑을 전해 주시기 바랍니다. 그들에게 내가 정말 행복했었다고 전해 주십시오. 유감스러운 점이 있다면, 그것은 제가 더 많은 일을 하지 못하게 되었다는 것뿐입니다. 지난 2년은 제 생애에 있어서 가장 중요하고 가장 의미 있는 기간이었습니다. 때때로 외로움도 느꼈지만, 저는 이곳의 사랑하는 동지들 틈에서 최고의 생활을 발견하게 되었습니다.

더 이상 쓸 힘이 없군요……. 당신과 모든 동지들에게 크나큰 고마움을 느낍니다.

노먼 베쑨

(이 유서는 중국어를 재번역한 것임.)

그는 이 유서를 끝마치자, 맥이 쫙 풀리면서 뒤로 벌렁 넘어졌다. 바람에 종이들이 바닥으로 흩어져 뒹굴게 되었다.

58

또 하루가 흘러갔다. 섭 장군으로부터, 연안으로부터, 진찰기 정부로부터, 야전의무대들로부터 긴급문의가 잇따라 날아들었다. 동과 봉은 혹시나 하는 심정으로 철야를 계속했다. 이제 베쑨은 식음을 전폐한 상태였다. 그러나 두 눈만은 열 이상의 빛으로 불타고 있었다.

그는 어떤 알지 못할 마지막 기력이 용솟음치는지 계획했던 의료기관들의 미래를 위한 권고사항들을 동에게 받아적게 했다. 그리고 저녁때까지 잠들어 있다가, 다시 갑자기 깨어나더니 이렇게 물었다.

"동지들, 전투는 어떻게 돼가나?"

동이 부드러운 목소리로 대답했다.

"많은 군대가 마천령에서 교전중에 있습니다. 적군은 그 산악지역에 대병력을 투입했지만, 그들은 지금 우리의 함정 속으로 빠져들고 있는 중입니다. 노 장군이 매복지점에서 공격시간만을 기다리고 있으니까요."

베쑨이 속삭이듯 이렇게 말했다.

"그렇다면 섭 장군의 예측대로 되겠구먼."

그리고는 천장을 멍하니 바라보면서 한참 동안 침묵을 지켰다. 그가 다시 침묵을 깨고 이렇게 덧붙였다.

"부상병들이 많이 생기겠군…… 유 동지와 임 동지에게 전령을 보내 전선으로 이동하라고 지시해야겠군……."

황석구에 밤이 다가왔다. 베쑨은 이빨을 꽉 깨물고 온돌침대 위에서 부들부들 떨었다. 촛불 속에서 그의 두 눈이 어두운 공동(空洞)으로 변해 가고 있었다.

이른 새벽 그는 몸을 일으키려고 애쓰면서 보통때와는 다른 떨리는 목소리로 이렇게 말했다.

"동, 저기 큰 상자에 있는 내 서류들을 가져다주게."

동이 머뭇거리자, 그가 다시 말했다.

"내 서류들……. 동, 그 서류들을 갖다주게."

그의 음성에는 따르지 않을 수 없는 비장감이 배어 있었다.

베쑨은 자신이 원하는 것을 찾을 때까지 고개를 고통스럽게 치켜들고 수십 가지의 원고와 편지와 보고서와 일기들을 힘겹게 훑어 내려갔다. 원하는 서류를 찾자, 그는 나머지 서류들을 모두 바닥에 떨어뜨리고 그것을 읽어보려는 기색이었다. 그러나 그는 그 일을 계속할 수 없었다. 그는 그 서류를 자신의 성한 팔로 동에게 내밀면서 이렇게 말했다.

"섭 장군에게 보내는 이 편지 그리고 이것……. 내가 말하고 싶은 이야기는 그 두 가지 속에 다 들어 있네."

동이 그 원고를 베쑨의 떨리는 손으로부터 건네받았다. 그것은 베쑨이 산서에 있을 때 써두었던 '부상'이라는 제목의 글이었다.

머리 위에서 빛을 내고 있는 등유 램프가 꿀벌통처럼 계속 위이잉 하는 소리를 내고 있다. 진흙으로 만든 벽. 진흙으로 만든 바다. 진흙으로 만든 침대. 창호지 문. 피냄새와 클로로포름 냄새. 추위. 새벽 정각 3시. 팔로군과 함께 보내는 북부 중국 임주 근처의 겨울.

부상을 당한 사람들……

피가 엉겨붙어 살갗에 꽉 달라붙어 있는 낡고 더러운 붕대들, 조심, 먼지 더 잘 축일 것. 넓적다리를 잘라라. 그 자른 다리를 주워들어라. 물론 그것은 하나의 자루처럼, 하나의 기다랗고 헐렁헐렁한 붉은 스타킹처럼 보일 것이다. 무슨 종류의 스타킹? 크리스마스 스타킹.

그 훌륭하고 강인했던 뼈막대기가 이제 어떻게 되었나? 10여 개의 뼛조각으로. 당신의 손가락으로 그 조각들을 주워들어라. 개 이빨처럼 허옇고, 톱니처럼 날카롭고 들쭉날쭉한. 자, 더듬어 보라. 남아 있는 것은 더 없는가? 그래, 여기 있군. 이 근육은 죽어 있는가? 꼬집어보자. 그래, 죽어 있군. 그럼 베어내라. 치유가 어떻게 가능하겠는가? 예전에는 그렇게 강했던, 그러나 이제는 그토록 찢어지고 황폐해지고 파괴된 그 근육들이 어떻게 그 자랑스러운 팽팽함을 되찾을 수 있겠는가?

괴저증이란 놈은 살며시 다가오는 교활한 친구다. 이 부상병은 살아 있는가? 그렇다, 그는 살아 있다. 기술적으로 말하자면 그는 분명 살아 있다. 정맥주사로 그에게 식염수를 주입하라. 아마도 그의 신체 속에 있는 무수한 작은 세포들이 기억할 것이다. 그 세포들은 그 뜨겁고 짠 바닷물을, 그들 조상의 집을, 그들이 최초로 맛본 음식을 기억할지도 모른다. 백만 년의 기억과 함께, 그 세포들은 다른 조류들과 다른 대양들 그리고 생명이란 바다와 태양으로부터 태어난다는 사실을 기억할지도 모른다.

그리고 이 소년병. 그가 추수 때가 되면 다시 행복한 비명을 지르면서 노새를 끌고 길거리를 뛰어다닐 수 있겠는가? 아니다. 이 소년병은 다시는 결코 그러지 못할 것이다. 당신이라면 외다리로 뛰어다닐 수 있겠는가? 그렇다면 그는 무엇을 할 것인가? 물론 그는 다른 소년들이 뛰어다니는 것을 앉아서 쳐다만 볼 것이다. 그는 그 모습을 보면서 무엇을 생각할까? 그는 당신과 내가 생각하고자 했던 것을 생각할 것이다. 그를 동정하지 마라. 동정은 그의 희생가치를 감소시킬 뿐이다. 그는 중국을 지키기 위해 다리를 자르지 않았는가?

신체란 얼마나 아름다운가. 그 각 부분들은 또 얼마나 완벽한가. 그것은 얼마나 정확하게 움직이는가? 그것은 얼마나 유순하며 얼마나 자랑스러우며 얼마나 강인한가. 그런데 그것이 찢긴다면 얼마나 참혹하겠는가? 생명의 작은 불꽃이 점점 더 줄어들어 깜박거리다가 마침내 꺼져버린다.

그것은 촛불처럼 조용하고 부드럽게 꺼진다. 그것은 소멸 앞에서 항거를 하다가 이내 굴복하고 만다.

수술 환자가 더 없나? 네 명의 일본군 포로, 그들도 들여보내게. 이 고통의 공동체 속에서는 적이란 것이 있을 수가 없다. 그 피로 얼룩진 군복을 잘라버려라. 그 출혈부위를 지혈시켜라. 그들을 다른 부상병들 옆에 눕혀라. 그들도 물론 우리의 형제인 것이다. 이들이 직업적인 살인마들인가? 아니다. 이들은 무장을 한 아마추어일 뿐이다. 이들은 군복을 입은 노동자일 뿐이다.

더 없다구. 아침 6시. 아, 방 안이 춥군. 문을 열어라. 저 멀리 동쪽 암청색 산악 위에서 창백하고 희미한 광선이 나타나고 있다. 한 시간만 지나면 태양이 산 위로 떠오를 것이다. 자, 이젠 자야지.

그러나 잠이 오지 않는 것이다. 이 잔학행위의 원인은 무엇인가? 이 어리석은 행위의 원인은 무엇인가? 무수한 일본의 노동자들이 이곳으로 와서 무수한 중국의 노동자들을 시체나 병신으로 만들고 있다. 왜 일본의 노동자들은 단지 스스로를 방어하지 않을 수 없는 그들의 형제 노동자들을 공격해야 하는가. 일본의 노동자들이 중국의 노동자들을 죽이면 이득이 있단 말인가? 아니다. 그들이 무슨 이득을 보겠는가. 그렇다면 도대체 누가 이득을 본단 말인가? 이 일본 노동자들에게 이런 살인임무를 맡기고 있는 자들은 과연 누구인가? 그럼으로써 이득을 보게 되는 자들은 과연 누구란 말인가?

소수 부유한 반동배들이, 소수 계급의 사람들이 무수한 사람들을 설득하여 마찬가지로 가난한 또 다른 무수한 사람들을 공격하고 파괴시키게 만든다는 것이 과연 가능하단 말인가? 이 부유한 사람들이 더욱 더 부유해질 수 있도록? 무서운 생각! 그들이 어떻게 이 가난한 사람들을 설득하여 중국으로 보냈는가? 그들에게 진실을 말함으로써? 아니다. 진실을 알았다면, 그들은 결코 오지 않았을 것이다.

그자들이 과연 자기들이 원하는 것은 보다 싼 원료와 보다 넓은 시장과 보다 높은 이윤이라고 이 노동자들에게 말했을까? 아니다. 그들은 이 노동자들에게 이 야수적 전쟁이 '민족의 운명'과 '황제의 영광' '국가의 영예'를 위한 것이라고 말했을 것이다.

허위다, 악마 같은 허위다! 그렇다면 침략전쟁이란, 식민지 정복전쟁이란, 그저 대규모사업이나 다름이 없는가? 그렇다. 그러한 국가적 범죄자들이 어마어마한 추상적 표현과 이상을 내세우면서 아무리 그들의 진짜 목적을 숨기려 해도, 그것은 분명한 사실이다. 그들은 살인에 의해 시장을 빼앗기 위해, 강탈에 의해 원료를 빼앗기 위해 전쟁을 일으킨다. 그들은 교환보다는 절도가 더 값싸며, 구입보다는 학살이 더 수월하다고 생각한다.

이 모든 것들 뒤에는 이윤이란 이름의 그 지독하게 집요한 사업과 피의 신이 버티고 있다. 만족할 줄 모르는 몰록(moloch : 옛날 페니키아 사람들이 어린아이를 산 제물로 바치던 신)처럼 돈이란 놈은 그 이익과 그 보답을 요구하면서, 설사 그 욕심을 위해 무수한 살인이 요구된다 할지라도, 그 어느 것 앞에서도 결코 멈추지 않을 것이다. 군대의 뒤에는 군국주의자들이 있다. 그 군국주의자들 뒤에는 금융자본과 자본가들이 있다. 피를 흘리는 형제들과 죄를 범하는 동료들.

이 인류의 적들은 어떻게 생겼을까? 그들이 범죄자라는 표지를 하고 다니는가? 아니다. 그와 정반대로 그들은 존경스러운 인물들이다. 그들은 존경을 받는다. 그들은 스스로를 신사라 부르며, 남들한테도 신사라 불리고 있다. 그들은 국가의 동량이요,

교회의 동량이요, 사회의 동량이다. 그들은 자신들의 넘치는 부를 가지고 사적 공적 자선을 다 베풀고 있다. 그들은 자신들의 개인적 생활에 있어서 친절하고 사려 깊은 사람들이다. 그러나 그들의 이윤을 축소시키겠다고 위협해 보라. 그러면 그들은 야만인처럼 무자비해지고, 미친 사람처럼 야수적이 되며, 망나니처럼 무정한 사람으로 변해 버린다……. 그들이 살아 있는 한, 이 세상에는 영구적인 평화가 찾아올 수 없다. 그러한 사람들이 존재하도록 허용하는, 그러한 조직의 인간사회는 폐지되지 않으면 안 된다.

그들이 바로 부상을 입히는 사람들이기 때문이다.

그날 아침 마을 사람들이 일하기 위해 들판을 향해 마을 밖으로 떼지어갈 때, 이상하게도 동이 유의 집 문간에 나와 있었다. 그들은 동이 서 있는 데서 발길을 멈추고 백구은의 안부를 물어보았다.

동이 그들에게 대답했다.

"선생은 돌아가셨습니다."

1939년 11월 13일 오전 5시 20분의 일이었다.

59

그들은 산악을 넘고 넘어 그를 운반하였다. 그것은 투사들과 동지들의 운구행렬이었다. 그들은 어둠을 이용하여 이 마을에서 저 마을로 이동을 계속했다. 그리고 낮 동안에는 농부들의 오두막에 몸을 숨겼다. 이렇게 그들은 닷새 밤을 천천히 꼬부랑길을 돌고돌아 서쪽으로 이동해 갔다.

그가 병자들과 부상병들을 치료해 주었던 마을을 지나갈 때면, 그들은 잠깐씩 멈추어서 간단한 의식을 거행했다. 그들이 그의 시신을 눕힌 들것을 내려놓으면, 동이 그의 삶과 죽음에 대해 이야기했다. 그리고 그를 마지막으로 전송하기 위해 줄을 지어 모여든 사람들은 구슬픈 눈물을 흘렸다. 그들은 이렇게 별이 총총한 하늘 아래를 계속해서 이동했다. 그들은 산서 동부의 어느 한 골짜기에다 마침내 그를 매장했다. 그리고 그 무덤 주위에 간단한 표지를 남겨두었다.

그의 사망소식은 팔로군의 무선통신망을 통해 삽시간에 전파되었다. 그리고 그의 사망소식을 전해들은 사람들은 머리털이 곤두서는 송연함 속에서 침묵에 잠겼다. 오대산 줄기에 위치한 참모본부에서 섭 장군은 그의 참모들과 함께 고개를 숙이고 눈물을 흘렸다.

캐나다 인민들에게 보내는 메시지에서 닥터 리처드 브라운은 이렇게 말했다.

"노먼 베쑨은 자신이 공산주의자임을 자랑스레 말하였다. 그러나 나는 감히 이렇게 말하겠다. 그는 신의 성도였다고"

전선의 병사들은 일본군이 그들의 함정에 빠져들자, "백구은!"을 외치며 언덕바지 아래로 우르르 돌격하여 아베 장군과 그의 참모 및 병사들을 모두 물리쳤다.

동굴들에서, 그가 세운 병원과 학교들에서, 그가 의료활동과 현대적 위생조치를 처음으로 실시해 준 수많은 마을들에서는, 사람들이 대성통곡을 하였다. 모택동은 그의 동료들에게 "우리는 한 인간의 서거 이상의 것을 통곡합니다"라고 하면서 이렇게 말했다.

> 일반 민중들에 대한 닥터 베쑨의 헌신은 우리 모두에게 교훈입니다. 우리가 그의 죽음을 애도하는 방식 자체가 그의 인격이 우리들에게 얼마나 깊은 흔적을 남겨놓았는지를 잘 보여주고 있습니다. 우리들 모두는 그의 무사(無私) 정신을 다투어 배우지 않으면 안 됩니다. 민중들에게 쓸모 있는 사람이 된다는 것, 그것이 우리의 출발점이지 않으면 안 됩니다. 한 개인은 커다란 능력을 가질 수도 있고 또 아주 작은 능력을 가질 수도 있습니다. 그러나 그러한 무사정신의 소유자라면, 누구나 모두 민중의 이익을 위해 자신의 이익을 내던지는 중요한 인간, 완전한 인간, 덕 있는 인간으로 발전할 수 있습니다.

연안에서는 팔로군 부대들이 성대한 영결식을 거행했다. 그들의 대열은 벌집 모양의 절벽들 사이에 있는 광대한 골짜기 하나를 가득 메웠다. 베쑨의 대형 사진을 앞에 건 임시 연단에서, 공산군 총사령관인 주덕은 그곳에 모인 사람들에게 이렇게 말했다.

"베쑨 동지의 죽음은 우리에게 커다란 손실이 아닐 수 없습니다. 그의 죽음은 우리 팔로군의 모든 동지들에게 커다란 슬픔과 고통을 가져다주었습니다. 그의 위대한 사랑, 그의 속 깊은 연민, 그의 강인한 투쟁의지는 바로 혁명적 덕성의 최고 수준을 보여주는 것이었습니다.

그는 중국의 민족해방을 위해 자신의 목숨을 바쳤습니다. 중국 민족은 사랑과 숭모의 정으로써 영원히 그를 기억할 것입니다. 그리고 언젠가는 모든 진보적 인간들이 그의 이름을 가슴속에 소중히 간직할 것입니다.

우리의 투사들과 지도자들은 비탄의 눈물로써 그리고 배전의 용기로써 그의 희생을 몸으로써 기억할 것입니다."

거대한 군중들이 큰소리로 외치기 시작했다.
"침략자를 타도하자! 백구은 선생을 기억하자!"
"투쟁을 위해 모든 것을 희생하자! 백구은 선생을 기억하자!"
"자유로운 중국 만세! 백구은 선생을 기억하자!"
"세계 평화를 위해 노력하자! 백구은 선생을 기억하자!"

■ 에필로그

 그가 그렇게 혐오하였던 전쟁이 세계를 집어삼키고 있던 동안, 게릴라 부대들과 애국시민들과 침략군의 장갑부대들은 그의 무덤 위를 밀려왔다 밀려갔다 하기를 계속했다.

 파시스트 침략자들은 이 나라를 점령하고 저 나라를 점령했다. 그들은 3개 대륙에 퍼져 있는 이 도시 저 도시에서 인민의 재산을 약탈하고 주민을 살해했다. 산서 동부에 있던 그들은 그가 묻혀 있는 골짜기까지도 포탄의 사정범위 안에다 끌어넣었다.

 섭영진 장군은 이렇게 맹세했다.

 "나는 그 신성 모독을 징치할 때까지 그 골짜기로 절대 돌아가지 않겠다."

 그로부터 9년 후, 그는 떳떳하게 그 골짜기를 다시 찾을 수 있게 되었다. 이제 중국 본토에는 외국군이 전혀 남아 있지 않았다. 이제 베쑨의 동지들은 중국의 통치자들이 되었다. 이제 드디어 그 신성 모독은 징치될 수 있었다. 그들은 그의 유해를 북경의 남동쪽에 위치한 석가장 시의 순교자 묘역으로 운반하여 그를 영면케 했다.

그후 또 많은 세월이 흘렀다. 세월이 흘러감에 따라 사람들에 대한 평가 역시 변하기 마련이다. 그래서 어떤 사람들의 명성은 감소되었고, 어떤 사람들의 명성은 증대되었다. 그러나 베쑨의 명성은 아무런 도전 없이 계속 커질 뿐이다. 중국 각지로부터 그리고 세계 도처로부터 사람들은 그가 가담했던 그 믿기 어려운 전투 이야기들을 다시 한 번 듣기 위해서, 보헤미안적인 무책임의 세계로부터 스페인과 중국의 전쟁터에 목숨을 던진 이 사나이의 개인적 오디세이를, 그 파란만장한 장정을 다시 한 번 상기하기 위하여 태양이 넘실거리는 이 석가장의 거리로 찾아오고 있다. 그들은 차를 타고 지나가다가 베쑨 국제평화병원(the Bethune International Peace Hospital)과 베쑨 의과대학(the Bethune Medical School)을 보게 된다. 그리고 순교자 묘역에 도착하면 두 개의 대형 철문 가운데 하나를 지나 아름다운 공원처럼 보이는 거대한 묘역으로 들어간다. 그들은 나무들 사이를 걸으면서 이제는 역사와 함께 흘러가버린 무명의 묘비들과 애국자들의 무덤을 지나간다. 그러다 그 끝없는 가로수길에 깊숙이 들어서면, 그들은 갑자기 자유를 위한 중국의 투쟁을 생생하게 상징하는 눈이 부시도록 새하얀 기단에 돌로 형상화된 두 명의 빨치산과 화강암 어깨 위에 소총을 메고서 그들을 바라보고 있는 여성 게릴라들과 마주치게 된다. 그 기넘물을 지나면, 장방형의 회색빛 돌들이 단순한 선을 이루고 있는 우뚝 선 박물관 건물이 나타난다.

실내는 조용하고 시원하다. 한쪽 벽에는 중국의 유명한 영웅들의 초상화들이 쭉 걸려 있다. 베쑨은 생시와 마찬가지로 죽고 나서도 그 턱수염 얼굴에 아직도 세계에 도전장을 내미는 듯한 그 치켜올린 눈썹을 하고서 그들 사이에 끼여 있다. 반대편 벽에 있는 한 특별 벽감에는 실물의 4분의 3크기의 그의 조상이 서 있다. 그는 한 손에 청진기를 들고서 그 스스로가 기초가 되기를 바랐던 미래를 응시하고 있다. 그 근처에는 그의 기념 액자가 하나 걸려 있는데, 늘 꽃으로 둘러싸여 있다. 서양인들이 가져온 장미꽃들, 화려하게 장식된 조화의 영원한 광휘.

방문객들은 다시 찬란한 태양빛 속으로 나가게 된다. 이제 안내원은 그들을 커다란 원형 잔디밭으로 안내한다. 잔디밭 중앙에는 십자가 위에 놓여진 관대가 나타난다. 베쑨의 무덤은 그 뒤 왼쪽에 위치한 끌로 다듬은 기다란 화강암 석판으로 덮여 있다. 그리고 그 석판 위에는 단순한 모양의 원주가 곧추세워져 있고 영어와 중국어로 된 그의 이름이 새겨져 있다. 그 오른쪽에는 베쑨과 함께 일하기 위해 진찰기로 잠입하려다 사망한 인도인 닥터 코트니스의 무덤이 있다.

이 무덤들의 설치와 디자인은 세계의 고통소리를 느낄 줄 아는 어느 예술가에 의해 고안되었다. 여기 이 사랑스러운 공원 속에서, 나무들 사이를 살랑거리는 미풍소리만이 들리는 이 고요 속에서, 두 사람의 인간이 전투 때와 마찬가지로 죽음 속에서도 다시 한 번 흑인과 백인의 형제애, 아시아인과 아메리카인의 형제애, 보다 나은 세계를 염원하는, 파시스트 침략자들의 힘을 타파하기 위해 투쟁에 나선 모든 사람들의 형제애를 보여주고 있다.

베쑨의 무덤을 찾는 수많은 방문객들 가운데에는 농민들도 있고, 유명인사들도 있고, 무명의 노동자들도 있다. 그들은 똑같은 존경심을 가지고 이 무덤 앞에 선다. 그리고 그들은 똑같은 고마움을 느끼며 무덤 앞을 떠난다. 베쑨의 삶 자체가 위대한 사람들에게는 그들 힘의 원천이 되는 민중들을 되돌아보게 하며, 또 일반 민중들에게는 누구나 위대한 도정에 오를 수 있다는 실례를 보여주는 것이기 때문이다.

■ 역자 후기

 배변의 무료함을 달래기 위해 피터 현의 『중공기행』을 들척거리고 있을 때의 일이었다. 「중국의 붉은 별」이라는 소제목이 나오기에 그 내용을 대충 훑어보게 되었는데, 묘하게도 나의 시선을 자꾸만 붙잡는 대목이 있었다.

 "중국인들은 에드가 스노우를 근대중국 역사에서 4명의 위대한 인물 가운데 하나로 칭송하는데, 나머지 3명은 모택동과 주은래 그리고 2차대전 중 중국인 병사들의 목숨을 구하기 위해 자신을 희생한 캐나다 의사 노먼 베쑨 박사이다."

 노먼 베쑨, 노먼 베쑨이라…… 어디선가 분명 보기는 봤던 이름 같은데, 언뜻 생각이 나지 않았다. 나는 다시 한 번 아랫배에 끙 힘을 주었다. 그때 뱃속이 시원해지면서 어떤 얼굴 하나가 떠올랐다.

 몇 년 전 후배들 몇과 함께 번역실이란 것을 한답시고, 술이나 축내며 보내던 시절, 당시 오퍼상 일로 흥망을 반복하던 어떤 선배한테서 책 한 권을 얻었던 것이다. 아, 혹시…… 나는 서둘러 집 안 구석을 여기저기 뒤지기 시작했다. 다행히 책은 한구석에 남아 있었고, 그것이 바로 이 노먼 베쑨의 전기였다.

이래저래 꽤 뒤늦은 소개가 되었다. 80년대에 들어서면서 그동안 꽁꽁 막혀 있었던 여러 금서들이 그렇게도 쏟아져 나왔건만, 이 놀라운 휴머니스트의 삶이 여지껏 우리에게 알려지지 않았다. ……여기에는 나의 나태도 한 몫을 한 셈이다.

또 죄송한 말씀 한마디, 의학용어, 인명, 지명 등 제대로 확인하지 못한 것들이 제법 있다는 사실을 미리 자백해 두고 싶다. 도움을 받을 만한 몇 분에게 자문도 구해 보고 대형 지도와 씨름도 해보고 나름대로 애를 쓰지 않은 것은 아니었으나, 정작 중요한 중국측 원자료는 참고할 수 없었다. 아량을 바란다.

일을 다 끝냈다 생각하니, 착잡한 마음을 가눌 길 없다. 하릴없이 흘려보낸 지난 세월이 가슴을 찌르기 때문이다.

작업을 처음 시작하면서는 베쑨이라는 사람이 그저 인간적으로 재미있다는 느낌이었다. 그러나 작업이 진행됨에 따라 나는 그의 인생 행로 하나하나가 모종의 내부적 힘에 의해 끈질기게 이어지고 있다는 사실을 깨닫게 되었다. 그것은 바로 생명에 대한 존중, 모든 인간의 생명에 대한 끝없는 애정으로부터 나오는 힘이었다. 나는 이 의사가 보여주는 철저한 자기 각성과 지칠 줄 모르는 소명의식과 뜨거운 인간애 앞에서 작업 도중 간간이 눈물이 왈칵왈칵 솟구치는 것을 가까스로 참아내지 않으면 안 되었다. 그리고 심한 부끄러움을 느꼈다.

모쪼록 이 전기가 우리 모두에게 반성과 분발의 계기가 되기를 빈다.

1991년 1월

역자 천희상

■ 노먼 베쑨의 생애

1890년   캐나다 온타리오 주의 그레이븐허스트에서 목사인 아버지 말콤 니콜슨 베쑨(Malcolm Nicholson Bethune)과 어머니 엘리자베스 앤 굿윈(Elizabeth Ann Goodwin) 사이의 장남으로 태어남.
1897년   토론토로 이주.
1914년   캐나다 육군에 자원 입대해 제1차 세계대전 참전.
1915년   토론토 대학교 의학부 졸업.
         대학시절 증기선 화부, 벌목 노동자 등의 아르바이트를 하는 한편 도안과 회화, 조각에 대한 열정도 키움. 졸업 후 영국 해군에 입대해 군의관으로 일함.
1918년   캐나다 비행단으로 전출 의무장교로 근무.
1919년   영국에서 제대. 런던에 있는 아동병원에서 인턴으로 근무. '잃어버린 세대'의 한 사람으로서 보헤미안적인 자유분방함을 만끽.
1923년   스코틀랜드 에딘버러시 명문가의 외동딸인 22세의 프란시스 캠벨 페니(Frances Cambell Penny)와 결혼.
1924년   신혼여행과 유학을 겸해 유럽 대륙 여행. 빈, 베를린, 파리 등지의 유럽 최고의 외과의사 밑에서 공부.

	이해 늦겨울 미국 디트로이트에서 병원 개업. 개업의로서 큰 성공을 했으나 의료현실을 둘러싼 사회 모순에 눈뜸.
1926년	결핵이 발병해 뉴욕주 소재의 트뤼도 요양소 입원.
1927년	죽음이 눈앞에 있다고 생각하고 아내의 새 인생을 위해 프란시스에게 이혼 통지. 입원중 존 알렉산더 등이 연구한 인공 기흉술을 요양소 측에 강력히 요청하여 기적적으로 회복됨으로써 의학사의 새로운 장을 추가하게 됨.
1929년	캐나다 몬트리올 왕립 빅토리아 병원의 세계적인 흉부외과의사 아취볼드 밑에서 일하면서 맥길 대학교 의과대학 교수로 출강.
1930년	프란시스와 다시 결합. 늑골박리기, 베쑨 기흉기, 기계팔, 베쑨 늑골절단기 등을 개발.
1934년	몬트리올 성심병원의 흉부외과 과장이 됨. 결핵의 외과적 처치에 큰 업적을 남기고 보건의료운동에 뛰어듦.
1935년	러시아 방문. 사회주의 의료제도를 둘러봄. 빈민아동을 위한 몬트리올 아동미술학교를 설립하고 자신의 집을 학교로 사용함. 의료혜택을 가장 절실히 필요로 하는 사람들에게 의료혜택을 제공하려는 목적의 몬트리올 국민보건그룹 창설. 캐나다 공산당 입당.

아메리카 흉부외과학회의 정위원이 됨.

1936년 북미 스페인 민주주의 원호위원회가 파견하는 의료지원단을 이끌고 스페인 행. 이동식 혈액은행을 설립해 전시의료분야를 개척.

1937년 스페인공화국 지원기금 마련을 위한 북미 순회강연.

1938년 스페인보다 더 열악한 조건에서 파시스트 침략자들에게 맞서 싸우는 중국 의료봉사대에 자원. 1월 2일 캐나다 밴쿠버를 떠나 홍콩, 한구(漢口), 정주(鄭州), 서안을 거쳐 일본군의 저지선을 뚫고 3월 말 연안에 도착.

일본군에 의해 포위되어 있는 해방구 진찰기(晋察冀) 지역 팔로군의 의료 책임자 및 진찰기 통일전선정부 의료고문으로 임명되어 6월 초 진찰기 전선에 도착.

전선 기동의무대를 조직해 최전선을 누비며 헌신적인 의료활동을 펼치는 한편 송암구 시범병원(후일 베쑨국제평화병원으로 명명)을 비롯하여 20여 곳의 기지병원을 설립, 유격전 의료체계를 혁신함으로써 중국 민중의 영웅으로 추앙을 받음.

1939년 수술중의 손가락 감염에 의한 패혈증으로 11월 13일 정현(定縣) 황석구(黃石口)에서 사망.

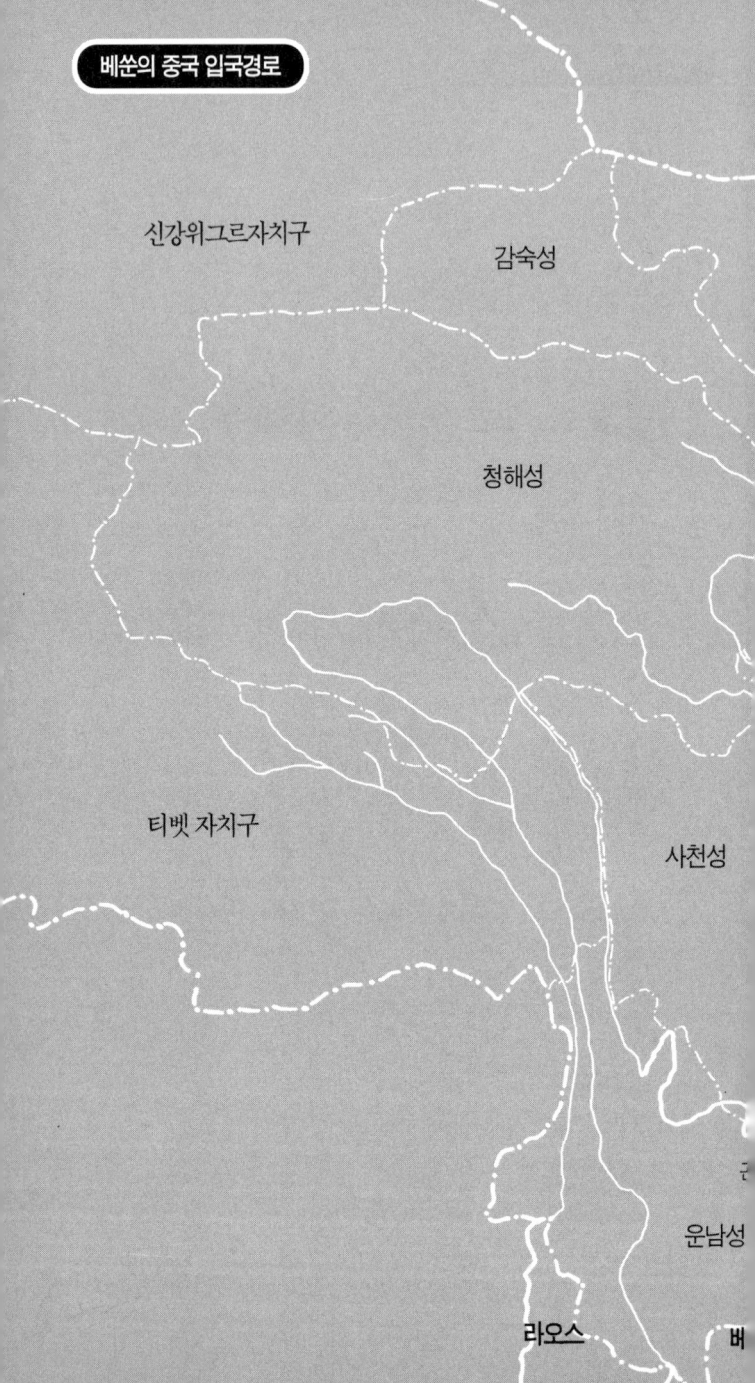